한국목간학회총서 18

木簡과 文字 연구

18

| 한국목간학회 엮음 |

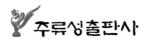

주류성출판사

덕흥리벽화고분 전실 서벽의 태수내조도

| 59번 | 60번 | 61번 | 62번 | 63번 | 64번 | 67번 |

마도 1호선 목간

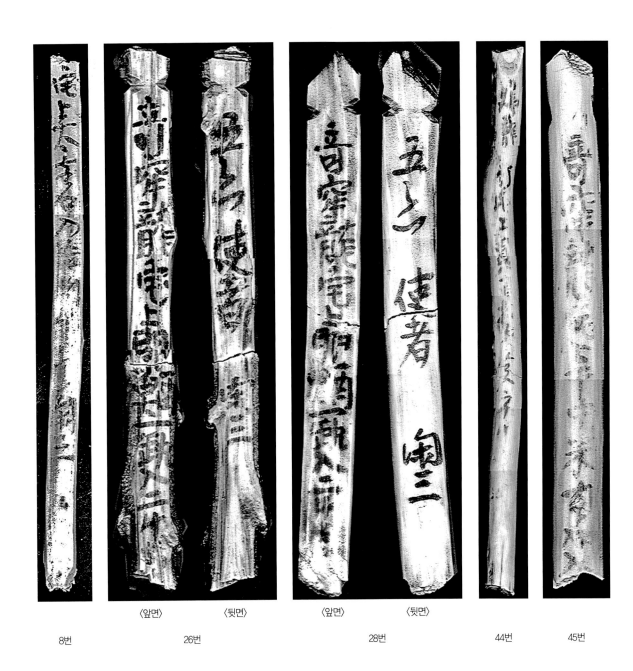

8번	26번	28번	44번	45번
	〈앞면〉 〈뒷면〉	〈앞면〉 〈뒷면〉		

마도 2호선 목간

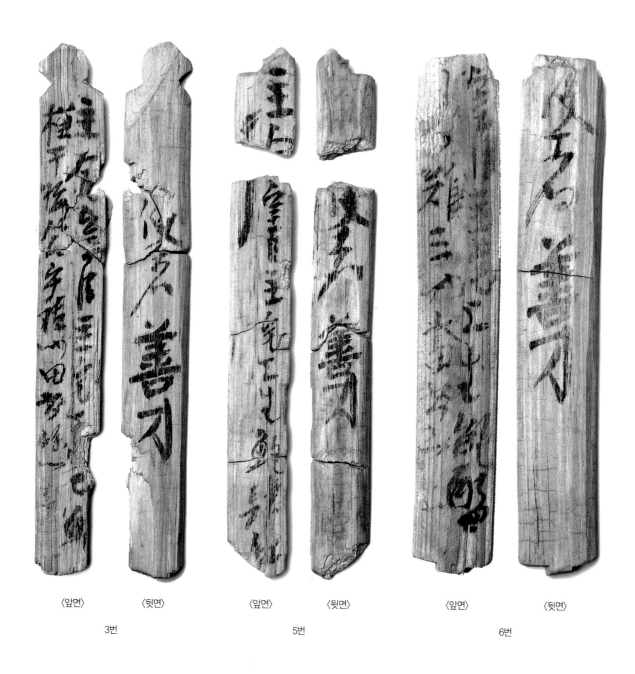

〈앞면〉 〈뒷면〉 〈앞면〉 〈뒷면〉 〈앞면〉 〈뒷면〉

3번 5번 6번

마도 3호선 목간

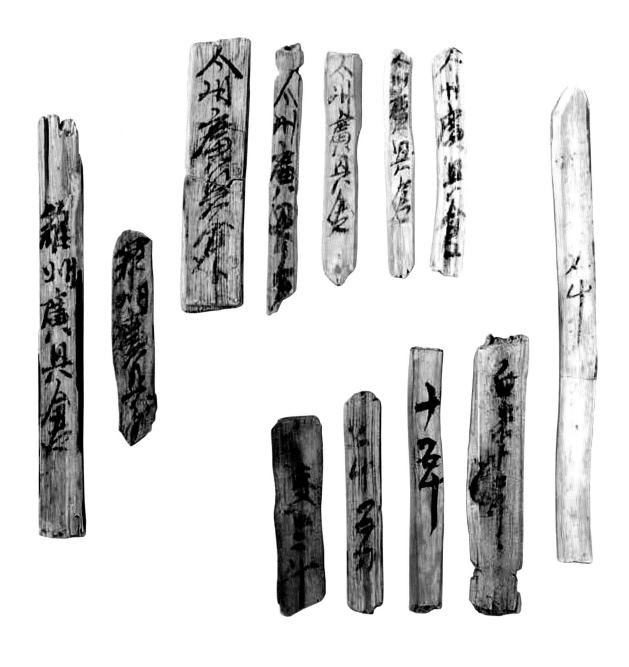

마도 4호선 목간

〈전〉 〈후〉

표면처리 전·후 마도 출토 죽간

長沙吳簡에 보이는 '市布'

8

木簡과 文字

第19號

| 차 례 |

특/집

태안해역 고려 침몰선 발굴과 출수 목간

노경정[*]

I. 머리말
II. 태안해역 고려 침몰선과 출수 목간
III. 맺음말

〈국문초록〉

한국의 수중발굴은 1976년 시작된 신안선 발굴 이후 약 40년의 역사를 갖고 있다. 그동안 총 25차례의 수중발굴이 이루어졌으며, 고려시대 침몰선을 비롯한 다양한 유물이 출수되어 우리나라 수중고고학 발전에 큰 기여를 하였다. 특히, 태안해역에서는 2007년부터 지속적으로 고려시대 침몰선과 함께 다량의 목간들이 출수되었다. 이 목간들로 인해 선박의 역사적 성격뿐만 아니라 선적된 화물들에 대한 다양한 정보를 알 수 있게 되었다. 태안해역은 지리적, 역사적 배경으로 인해 침몰선에 대한 조사가 꾸준히 이루어지고 있으며, 앞으로도 수많은 수중고고학적 성과가 기대된다.

▶ 핵심어: 고려시대, 침몰선, 목간, 수중발굴

I. 머리말

한국의 수중발굴은 1976년에 시작된 신안선 발굴 이후 약 40년의 역사를 갖고 있다. 그 동안 총 25차례의 수중발굴이 이루어졌으며, 고려시대 침몰선을 비롯한 다양한 유물이 출수되어 우리나라 수중고고학의 발전에 큰 기여를 하였다. 그중에서도 특히 목간은 선박의 성격을 밝히는데 결정적인 역할을 하고

---

* 국립해양문화재연구소

있다.

중국의 목간은 신안선 발굴을 통해 확인이 되었지만, 우리나라의 목간은 2007~2008년 태안 대섬 앞바다 수중발굴 이전까지는 확인된 적이 없다. 즉, 우리나라의 수중발굴이 시작된 지 31년 만에 태안선[1]에서 최초로 고려시대 목간이 발굴된 것이다. 태안선에서 목간이 발굴된 이후 태안 마도해역에서도 꾸준히 목간이 발굴되면서 선박에 실린 화물들에 대한 수많은 정보들을 제공해 주었다.

태안해역에서 지속적으로 수중발굴이 이루어지는 것은 지리적·역사적인 요인에서 기인한다. 태안 앞바다는 서쪽으로 돌출된 지형적인 특징으로 인해 조류의 흐름이 매우 빠르다. 또한 안개도 잦고, 보이지 않는 암초들이 많아서 배가 다니기에는 최악의 조건이었다. 이 때문에 과거부터 '難行梁'이라고 불릴 만큼 선박의 침몰사고가 빈번하여 후에 '安興梁'으로 이름을 바꿔 선박 운항에 안전을 빌기도 하였다.[2] 이러한 악조건들이 현재의 수중발굴로 이어지게 된 것이다.

수중발굴의 특성상 목간은 조사 중에 유실되거나 파손될 가능성이 매우 높다. 또한 묵서가 지워지거나 아예 사라져 버릴 위험성도 있다. 따라서 수중조사가 진행될 때 매우 주의 깊은 취급이 필요하다. 뿐만 아니라 인양이 된 후에도 실험실에 인계되기 전까지 발굴된 그대로의 상태를 유지시키기 위해 응급 보존처리 등의 조치를 취해야만 한다.

이 글에서는 우리나라에서 출수된 고려시대 침몰선과 목간[3]의 발굴개요 및 출수현황에 대해 간략히 살펴보고자 한다.

표 1. 우리나라의 수중발굴조사 현황

연번	발굴연도	발굴유적	발굴기관	발굴문화재 성격
1	1976~1984	신안 방축리 신안선 발굴 (전남 신안군 증도면 방축리)	문화재청, 해군합동	14세기 중국 무역선 1척, 동전 28톤, 도자기 등 23,000여 점
2	1980, 1983, 1996	제주 신창리 수중발굴 (제주도 북제주군 한경면 신창리)	문화재청, 제주대학교박물관	12~13세기 금제장신구류, 중국 도자기 등
3	1981~1987	태안반도 수중발굴 (충남 보령군 태안반도 근해)	문화재청, 해군합동	고려청자 40여 점, 조선백자 등 14~17세기 유물

---

1) 우리나라의 고선박은 발굴된 곳의 지명이나 섬의 명칭을 따서 선박의 이름을 부르고 있다. 태안 대섬 앞바다에서 발굴된 선박은 태안에서 처음 발견되었다는 의미로 '태안선'이라고 명명되었다. 본고에서는 태안 대섬 앞바다에서 이루어진 수중발굴을 '태안선 수중발굴'로 칭하기로 한다.

2) 增東國輿地勝覽, 卷19, 忠靑道 泰安郡
安興梁은 군의 서쪽으로 34리의 지점에 있는데 옛날에는 難行梁이라 불렸다. 바닷물이 험하여 漕運船이 누차 침몰하였으므로, 사람들이 그 이름을 싫어하여 지금의 이름으로 고쳤다.

3) 태안선 수중발굴 이후에 태안 마도1·2·3호선에서는 목간과 함께 죽찰도 발굴되었다. 본고에서는 각각 개별적으로 지칭할 경우를 제외하고 통칭할 경우에는 목간이라는 용어를 사용하기로 한다(임경희, 2010, 「마도 1호선 목간의 분류와 주요 내용」, 『태안 마도1호선 수중발굴보고서』, 국립해양문화재연구소, p.607 참고). 한편 이 글에서는 주제를 고려시대로 한정하였으므로 2015년에 발굴된 마도4호선의 목간은 제외하였다.

연번	발굴연도	발굴유적	발굴기관	발굴문화재 성격
4	1983~1984	완도 어두리 완도선 발굴 (전남 완도군 약산면 어두리)	문화재청	12세기 고려선박 1척, 도자기 3만여 점, 선원생활용품 등
5	1991~1992	진도 벽파리 진도선 발굴 (전남 진도군 고군면 벽파리)	국립해양유물전시관	13~14세기 중국 통나무배 1척 출토
6	1995~1996	무안 도리포 수중발굴 (전남 무안군 해제면 송석리)	국립해양유물전시관, 해군합동	14세기 고려상감청자 638점
7	1995	목포 달리도선 발굴 (전남 목포시 충무동 달리도)	국립해양유물전시관	13~14세기 고려선박 1척
8	2002~2003	군산 비안도 수중발굴 (전북 군산시 옥도면 비안도)	국립해양유물전시관, 해군합동	12~13세기 고려청자 등 2,939점
9	2003~2004	군산 십이동파도선 수중발굴 (전북 군산시 옥도면 십이동파도)	국립해양유물전시관	12세기 고려선박 1척, 고려청자 등 8,122점
10	2004~2005	보령 원산도 수중발굴 (충남 보령시 오천면 원산도)	국립해양유물전시관	13세기초 청자향로 편 등
11	2005	신안 안좌도선 발굴 (전남 신안군 안좌도 금산리)	국립해양유물전시관	14세기 고려시대 선박 1척, 고려상감청자 등 4점
12	2006~2009	군산시 야미도 수중발굴 (전북 군산시 옥도면 야미도리)	국립해양유물전시관	12세기 고려청자 4,547점
13	2006	안산시 대부도선 발굴 (경기도 안산시 대부도 서쪽해안)	국립해양유물전시관	12~13세기 고려선체 편
14	2007~2008	태안 대섬 태안선 발굴 (충남 태안군 근흥면 대섬 인근)	국립해양유물전시관	12세기 고려선박 1척, 고려청자 등 25,000여점
15	2008~2010	태안 마도해역 및 1호선 발굴 (충남 태안군 근흥면 마도 인근)	국립해양문화재연구소 (※'09.4.6 명칭변경)	13세기 고려선박 1척, 고려청자 등 940점
16	2009~2010	태안 마도 2호선 발굴(3차) (충남 태안군 근흥면 마도 인근)	국립해양문화재연구소	13세기 고려선박 1척, 고려청자 등 974점
17	2010	태안 원안해역 발굴 (충남 태안군 원안해수욕장 인근)	국립해양문화재연구소	고려청자 등 244점
18	2011	태안 마도 3호선 발굴(4차) (충남 태안군 근흥면 마도 인근)	국립해양문화재연구소	13세기 고려선박 1척, 고려청자 등 336점
19	2011~2012	태안 마도해역 발굴(5차) (충남 태안군 근흥면 마도 인근)	국립해양문화재연구소	고려청자 등 667점
20	2010, 2012~2013	인천 영흥도선 발굴 (인천 옹진군 영흥면 섬업벌 인근)	국립해양문화재연구소	통일신라선박 1척, 고려청자 등 723점
21	2012~2014	진도 명량대첩로해역 발굴(1~3차) (전남 진도군 고군면 오류리 인근)	국립해양문화재연구소	고려청자, 총통 등 589점
22	2014	태안 마도해역 발굴(6차) (충남 태안군 근흥면 마도 인근)	국립해양문화재연구소	고려청자, 백자 등 289점

연번	발굴연도	발굴유적	발굴기관	발굴문화재 성격
23	2015	안산 대부도2호선 발굴 (안산 대부도 방아머리해수욕장 인근)	국립해양문화재연구소	12세기 고려선박 1척, 고려청자 등 79점
24	2015	태안 마도4호선 발굴(7차) (충남 태안군 근흥면 마도 인근)	국립해양문화재연구소	15~16세기 조선선박 1척, 분청 등 332점
25	2016~2017	진도 명량대첩로해역 발굴(4~5차) (전남 진도군 고군면 오류리 인근)	국립해양문화재연구소	고려청자 등 170여 점(진행 중)

II. 태안해역 고려 침몰선과 출수 목간

1. 태안선 수중발굴과 출수 목간

태안선은 태안 대섬 앞바다에서 2007~2008년에 발굴된 12세기대의 고려시대 선박이다. 태안선에서는 청자, 도기, 선체부속구, 목간 등 다양한 유물 23,800여 점이 출수되었다.

태안선은 저판[4], 갑판, 船首材, 船尾材 등은 모두 유실되고 외판[5] 4단만 발굴되었다. 외판 4단의 잔존 규모는 길이 8.2m, 폭 1.5m로 확인되었지만, 외판재 양쪽에 존재하는 연결부 등을 감안하면 선박의 전 체규모는 길이 20m 가량의 대형 선박으로 추정되고 있다. 선체의 특징은 지금까지 출수된 고려시대 선 박보다 외판재가 얇고 길다는 점이다. 특히 외판의 상하단 간의 결구방법에서 기존의 선박과 차이를 보 인다. 기존에 발굴되었던 고려시대 선박의 경우 외판 상하단 연결은 나무못을 수직으로 관통하는 방식을 사용하고 있으나, 태안선은 외판 상단 하부에서 외판 하단 상부까지 나무못을 비스듬하게 연결하는 방식 을 사용하고 있다. 이와 같은 결구방법은 태안선 만의 독특한 방식이다. 다소 위험하게 느껴지는 이러한 조선방식을 왜 사용하였는지는 추가적인 고선박 발굴과 연구로 밝혀져야 할 부분이다.

발굴유물의 대부분은 청자이다. 총 23,000여 점이 인양되어 고려시대 청자의 편년 및 시대사를 밝히는 데 큰 역할을 하였다. 또한 도기, 솥, 인골 등의 유물도 확인되었다.

태안선 발굴에서 무엇보다도 중요한 것은 고려시대의 목간이 수중발굴을 통해 처음 출수되었다는 점 이다. 목간들은 총 34점이 출수되었으며, 주로 발우 등 양질의 청자가 매장된 구역에서 주로 수습되었다. 목간은 포장된 도자기 꾸러미의 옆에 매달았던 것으로 확인되었다. 이를 통해 도자기의 생산지, 출항지, 거래관계, 운송책임자, 선박 적재단위 등까지 알 수 있게 되었다. 태안선은 다량의 도자기를 싣고 강진에

---

4) 우리나라 고선박에서 선체의 기반을 이루는 가장 중요한 부재로서 本板 또는 배밑이라고도 한다. 선박의 바닥면을 이루며 선체의 부재들 가운데 가장 두꺼운 편이다.
5) 杉板 또는 舷板이라고 하며, 선체의 양측면을 이루는 부재이다.

목간 홈부분의 매듭   수결이 적힌 목간

서 개경으로 향하던 선박이었다.

한편 목간을 통해 태안선의 선적방법도 엿볼 수 있다. 화물들은 기형별로 모두 모아서 적재하지 않고 수취인별로 위치와 공간을 분할했던 것으로 보인다. 특정 수취인이 적힌 목간들이 특정 구역에서 다수가 발굴되었고, 동일 기형의 도자기가 다소 멀리 떨어진 곳에 선적된 점으로 미루어 알 수 있다. 즉, 태안선에서는 먼저 수취인별로 선적공간을 확보한 후 화물의 안전성과 적재량 등을 고려하여 해당 위치에 적합하게 화물을 적재하였던 것으로 추정된다. 물론 동일 기형의 유물이 너무 많기 때문에 이러한 구분이 무의미할 수도 있다.

태안선에서 최초로 확인된 목간은 이후에 지속적으로 확인될 목간의 시발점이었으며, 수중고고학의 새로운 지평을 열어주는 계기가 되었다.

2. 마도1호선 수중발굴과 출수 목간

마도1호선은 태안 마도 앞바다에서 2009~2010년[6]에 발굴된 13세기대의 고려시대 선박이다. 조사 결과 청자, 도기, 곡물류, 생선뼈, 목간, 죽찰 등의 유물 480여 점이 출수되었다.

마도1호선의 잔존규모는 길이 10.8m, 폭 3.7m이고, 수중발굴 최초로 7열의 저판을 가진 선박이다. 특이한 점은 중앙저판을 제외한 나머지 부재들이 기존 선박들과는 달리 단면의 형태가 벌목 후 외피만 제거한 거의 통나무 형태라는 것이다. 이러한 형태는 배의 전체적인 모습이 상당히 견고하게 느껴지게 한다. 선체의 저판과 외판의 연결방식은 기존에 발굴된 고려시대 선박과 유사하다. 마도1호선에서는 선체들과 함께 선수재도 발굴되었다. 이 선수재는 십이동파도선[7] 발굴에서 확인된 것과 상당히 유사한 모습

---

6) 마도1호선에 대한 조사는 2009년에 선체인양까지 완료되었으며, 2010년은 추가유물 매장여부를 확인하기 위한 조사였다. 한편 2008년에도 마도 인근에서 조사가 진행되어 유물이 발굴되었으나, 이때 확인된 유물은 마도1호선과는 관련이 없는 유물들이다.

7) 2003~2004년에 발굴된 11세기 후반~12세기 초반경의 고려시대 선박이다. 8,100여 점의 유물이 출수되었으며, 도자기가 주를 이룬다. 도자기의 선적방법도 확인되었던 발굴이었으나 목간이 발견되지 않아 선박의 성격이 명확히 밝혀지지는 않았다

목간 수중노출상태   볏섬 사이이 죽찰

을 띠고 있으며, 저판에 연결시켰던 부분이 거의 완벽하게 남아있었다.

마도1호선의 청자 대부분은 선체 상부에서 수습되었다. 이들이 꾸러미별로 매장된 것을 보면 이전에 확인된 태안선이나 십이동파도선의 포장방법과 비슷하다. 볍씨와 메밀 등의 화물은 선체의 저부에서 인양되었다. 벼의 경우 볏짚을 짠 볏섬이 확인되며, 목간 기록에 石의 단위가 보이는 것으로 보아 볏섬 단위로 포장하여 선적되었음을 알 수 있다. 또한 항아리 내부에서 게껍질이나 생선뼈가 확인되는 것으로 보아 젓갈류는 항아리에 담은 채로 운반하였던 것으로 보인다.

그밖에도 선원들이 선상에서 사용하던 용품들과 대나무반, 바구니 등의 공예품도 다수 확인되었다. 또한 특이한 점은 선체 내·외부 여러 곳에서 석탄이 발견된 것이다. 당시 이 석탄을 선박의 연료로 쓴 것인지 운송하기 위한 것이었는지는 알 수 없다.

목간은 나무로 만든 목간 15점, 대나무로 만든 죽찰 58점으로 총 73점이 출수되었다. 특히 죽찰은 마도1호선에서 최초로 확인된 것이다. 목간들이 주로 발굴된 곳은 유물들이 매장되어 있는 지점이었으나, 일정한 곳에 집중되지 않고 선체의 내·외부 여러 곳에 산포되어 있었다. 목간이 출수된 지점의 인근에서는 항상 유물이 발굴되었으며, 볍씨의 경우는 죽찰이 볏섬 사이에 끼워져 있기도 하였다. 도자기의 경우는 태안선과 비슷하게 유물이 적재된 곳 옆에 매듭을 이용하여 목간이 연결되어 있었다. 이를 통해 목간이 당시의 물표 역할을 하였다는 점을 다시금 확인하게 되었다.

선체 내·외부의 유물을 모두 인양하고 선체를 인양한 후에도 선체의 밑부분에서 죽찰이 인양되었는데, 여기서 인양된 죽찰이 마도1호선의 성격을 규명하는데 결정적인 역할을 하였다. 이 죽찰에는 김순영(金純永)이라는 인물이 등장하는데, 다른 목간에서 확인된 丁卯와 戊辰의 간지와 상호 비교를 통해 이 시기가 1207년과 1208년이라는 사실이 밝혀졌다. 화물의 발신지는 해남, 나주, 영암, 장흥 등이었으며, 수신자는 개경에 있는 관직자들이었다.

(국립해양유물전시관, 2005, 『군산 십이동파도 해저유적』).

3. 마도2호선 수중발굴과 출수 목간

마도2호선은 태안 마도 앞바다에서 2010년에 발굴된 13세기대의 고려시대 선박이다. 조사 결과 청자, 도기, 곡물류, 동물뼈, 철제솥 등 400여 점의 유물이 출수되었다.

마도2호선의 잔존규모는 길이 12.6m, 폭 4.4m이며, 선수부가 선미부보다 넓게 제작되었다. 선체의 저판과 외판의 연결방식은 기존에 발굴된 고려시대 선박과 유사하다. 저판은 마도1호선과 마찬가지로 7열로 이루어져 있다.

마도2호선의 내부는 마도1호선과 같이 대형 원통목들이 균일하게 배치되어 있었다. 이는 횡강력 유지, 화물의 받침, 선체 내부의 구획 설정 등의 용도로 사용되었던 것으로 추정된다. 또한 다량의 다듬어지지 않은 소형 원통목들은 기존 수중발굴에서도 확인된 바 있는데, 마도2호선 발굴을 통해 위에 화물을 올리기 위한 일종의 받침대였음이 밝혀졌다.

마도2호선에서 출수된 여러 도자기 중에 가장 주목되는 것은 매병 2점이다. 이 매병들에는 각각 죽찰이 매달려 있었다. 이 죽찰을 통해 그동안 용도를 정확히 알 수 없었던 매병이 저장과 운반의 역할을 했으며, 매병을 당시에 '樽'이라 칭했다는 사실이 최초로 확인된 것이다. 이 매병과 죽찰들은 현재 보물로 지정되어 있다.

목간은 나무로 만든 목간 22점, 대나무로 만든 죽찰 25점으로 총 47점이 출수되었다. 목간에는 화물의 수취인과 발송자, 종류, 수량, 포장단위 등이 적혀있어 물표의 성격이 확실히 나타난다. 목간의 형태는 대체적으로 홈을 파서 매달은 형태지만 일부는 홈이 없는 것도 있다. 홈이 없는 것 중 뾰족하게 다듬은 목간은 볏섬 또는 초섬에 꽂아서 사용했을 가능성도 있지만 확실하지는 않다.[8] 목간들의 출수양상은 대체적으로 마도1호선과 유사하다.

목간의 분석결과 화물의 출항지 또는 생산지는 고창과 정읍 일대이며, 목적지는 개경에 있는 관직자들이었다. 또한 마도2호선의 침몰시기는 1213년 이전이라는 것이 밝혀졌다.

목간 수중노출상태

매병과 죽찰

8) 임경희, 2011, 「마도2호선 목간의 분류와 내용 고찰」, 『태안 마도2호선 수중발굴조사보고서』, 국립해양문화재연구소, p.438.

4. 마도3호선 수중발굴과 출수 목간

마도3호선은 태안 마도 앞바다에서 2011년에 발굴된 13세기대의 고려시대 선박이다. 조사 결과 청자, 도기, 곡물류, 동물뼈, 목간, 죽찰 등 330여 점의 다양한 유물이 출수되었다.

마도3호선의 잔존규모는 길이 12m, 폭 8.5m이며, 5열의 저판으로 이루어져 있다. 선수부가 선미부보다 넓게 제작되어 있다. 선체의 저판과 외판의 연결방식은 기존에 발굴된 고려시대 선박과 유사하다. 마도3호선에서는 지금까지 온전한 상태로 발굴되지 않아 파악하기 어려웠던 선수재와 선미재의 구조를 비교적 정확하게 알게 해 주었다. 선체 중앙부에서는 돛대 구조물도 확인되었다. 돛대구멍만 확인되다가 돛대가 직접 발견된 것은 처음이다. 마도3호선은 현재까지 확인된 선박 중 잔존상태가 가장 양호한 편이다. 따라서 선체 내외부의 유물은 모두 인양한 후 선체는 다시 매몰해 놓고 통째 인양을 준비하고 있다.

마도3호선에서 주목되는 유물은 다량의 도기호다. 파편으로 나온 것을 복원한 것과 완형을 합쳐 68점에 이른다. 도기호에는 전복과 홍합 젓갈, 물고기 기름 등을 담아서 운송했는데, 이외에도 식수를 담는 용도로도 쓰였다. 목간을 통해 편년과 용도가 밝혀지고, 많은 완형유물이 발굴되어 향후 도기연구에 귀중한 자료가 될 것으로 보인다.

목간은 나무로 만든 목간 15점과 대나무로 만든 죽찰 20점으로 총 35점이 출수되었다. 화물의 주요 적재공간이었던 선체의 중앙부와 선미부에서 주로 출수되었으며, 선수부에서는 한 점도 발굴되지 않았다. 출수양상은 마도1·2호선과 유사하다.

마도3호선의 성격 역시 목간을 통해 밝혀졌다. 목간 판독 결과 수취인으로 나오는 신윤화(辛允和), 유천우(俞千遇), 김준(金俊)의 관력을 통해 마도3호선이 1265~1268년 사이에 침몰한 선박임을 알게 되었다. 출항지는 여수를 포함한 남부지역이며, 목적지는 당시 고려의 임시수도였던 강화도다. 또한 마도1·2호선의 목간에 비해 가장 특징적인 점은 도관, 중방, 삼별초 등의 관청이 수취인으로 나타난다는 점이다.

볏섬 사이의 죽찰

대나무바구니와 죽찰

III. 맺음말

 이상으로 태안해역에서 출수된 고려시대 침몰선과 목간의 발굴개요 및 출수상황에 대해 간략히 살펴보았다. 침몰선의 성격은 모두 목간을 통해서 밝혀짐을 알 수 있다. 또한 태안해역의 침몰선들은 화물의 선적방법과 목간의 출수양상이 대체로 유사함을 확인하였다.

 태안해역에서는 지리적·역사적 배경으로 인해 태안선 발굴을 시작으로 꾸준히 침몰선에 대한 조사가 이어지고 있다. 또한 태안선에서 최초로 목간이 확인된 이후 지속적으로 목간들이 발굴되고 있다. 이러한 목간의 발굴로 인해 침몰선의 성격은 물론이고 지금까지 밝혀지지 않았던 수많은 역사적 사실들이 드러나고 있다. 앞으로 활발한 수중발굴을 통해 더 많은 침몰선과 목간이 확인되기를 기대해 본다.

투고일: 2017. 10. 31.   심사개시일: 2017. 11. 13.   심사완료일: 2017. 11. 29.

참/고/문/헌

국립해양유물전시관, 2005, 『군산 십이동파도 해저유적』.

국립해양문화재연구소, 2009, 『高麗靑磁寶物船』.

국립해양문화재연구소, 2010, 『태안 마도1호선 수중발굴조사보고서』.

국립해양문화재연구소, 2011, 『태안 마도2호선 수중발굴조사보고서』.

국립해양문화재연구소, 2012, 『태안 마도3호선 수중발굴조사보고서』.

〈Astract〉

Goryeo dynasty shipwrecks and wooden tablets excavated from waters of Taean

Roh, Kyeong−jung

The underwater excavation of Korea has a history of about 40 years since the excavation of shinan shipwreck, which started in 1976. A total of 25 underwater excavations have been made in the meantime, and a variety of artifacts including the sunken ship of the Goryeo dynasty have been excavated and contributed greatly to the development of underwater archaeology in Korea. Especially, in waters of Taean, since 2007, a lot of wooden tablets have been excavated along with the Goryeo dynasty shipwrecks. These wooden tablets allow us to know not only the historical characteristics of the ship but also various information about shipments. Due to the geographical and historical background, the waters of Taean are constantly being investigated and many archaeological achievements are expected in the future.

▶ Key words: Goryeo dynasty, sunken ship, wooden tablet, underwater excavation

마도1호선에서 출수된 목간의 수종과 보존처리

윤용희 · 차미영 · 김응호[*]

Ⅰ. 서론
Ⅱ. 목간의 수종분석
Ⅲ. 보존처리
Ⅳ. 결론

〈국문초록〉

　태안 마도 1호선 발굴에서 해양에서 처음으로 출수된 57점의 죽찰과 함께 18점의 목간도 출수되었다. 출수된 목간 75점의 수종분석한 결과는 총 8종의 수종으로 식별되었다. 주목속을 제외한 수종은 주변에서 쉽게 볼 수 있어 화물물표로 사용된 목간들은 주변에서 쉽게 구할 수 있는 수종을 가지고 목간을 제작하였음을 알 수 있었다.

　죽찰의 수량이 많아 세척과정 중 유물 상태를 관찰하여 부후 정도에 따라 그룹화한 후 순차처리하였다. 또한 치수안정화과정에서 부후가 많이 진행된 죽찰은 PEG 4000, 부후가 많이 진행되지 않은 죽찰은 PEG 2000으로 처리하였다. 처리 완료 후 일부 죽찰은 두께에 비해 길이가 긴 편이라 처리 후 무게를 지지해주는 견고성이 많이 떨어졌다. 따라서 묵서가 없는 면에 PEG 2000 100% 용액을 접착제로 사용하여 레이온지를 배접하는 방식을 취하였다. 이는 견고성을 높이면서 형태유지에도 좋은 효과를 보였다.

▶ 핵심어: 마도 1호선, 목간, 죽찰, 수종식별, 진공동결건조

---

* 국립해양문화재연구소 수중발굴과

I. 서론

태안 대섬주변 해양에서 고려시대 목간이 처음 출수되었고 그 이후 발굴에서도 지속적으로 목간이 출수되었다. 마도1호선 발굴에서는 죽찰이 처음 출수되었으며 수량도 50점 이상으로 많은 수량이 출수되었다. 이는 대나무가 주변에서 쉽게 구할 수 있는 재료이며 고려시대 사람들이 대나무를 많이 이용했음을 보여주는 단적인 예이다.

해양에서 출수된 죽찰과 목간 내용에는 선박의 운항시기와 선박의 적재물의 내용, 발송지, 수취인 등 선박의 성격과 유물을 이해하는데 중요한 단서를 제공해 준다. 마도1호선 죽찰과 목간을 통해서 죽산현(竹山縣, 현 해남)과 회진현(會津縣, 현 나주), 수령현(遂寧縣, 현 장흥) 등지에서 걷어 들인 곡물 등을 싣고 1207년에서 1208년에 출항했다가 마도해역에서 침몰한 선박이라는 것을 밝혀낸 바가 있다(국립해양문화재연구소, 2010).

마도1호선에서 출수된 목간의 수종을 통해 어떤 나무로 만들었는지를 살펴보고 보존처리에서는 수침 대나무에 대한 보존처리 방법이 많이 소개되지 않아 이를 다루고자 한다.

II. 목간의 수종분석

마도1호선에서는 목간 18점, 죽찰 57점으로 총 75점의 목간이 출수되었다. 목간의 시료채취는 목간의 형태 및 판독에 영향을 미치지 않는 범위 내에서 극소량만을 채취하였다.

1. 수종분석 방법

목간의 수종분석용 시료는 시료의 크기가 매우 작아 실체현미경으로 각 단면을 확인한 후 비교적 단단한 시료는 핸드섹션(hand section)을 하여 글리세린으로 봉입한 후 임시프레파라트를 만들었다. 또한 부후가 심하게 진행된 수종분석용 시료는 샤프라닌(safaranin)으로 염색한 후 알코올로 탈수하여 파라플라스트(paraplast)로 포매하였다. 포매한 시료는 삼단면의 절편을 제작한 후 퍼마운트(permount)로 봉입하여 영구프레파라트를 만들었다.

대나무의 수종분석 시료는 2% Paraformaldehyde + 2% Glutaraldehyde in 0.05M cacodylate buffer(pH 7.2)로 4시간 고정 후 동일 buffer로 2회 세척하였다. 아세톤 계열 탈수 후 Spurr's 수지로 포매하여 초미세박편절단기(Ultramicrotome)으로 절편을 제작하였다. 제작된 절편은 toluidne blue로 염색한 후 글리세린으로 봉입하여 임시프레파라트를 만들었다(국립해양문화재연구소, 2010).

2. 수종분석 결과

수종분석 결과는 다음과 같으며 총 8수종으로 식별되었다. 하지만 목간 2점은 극소량의 시료를 채취해 식별정보가 불충분하여 미식별되었다. 여기서는 수종의 해부학적인 특징보다는 수목학적 특징을 중심으로 간략하게 기술하고자 한다.

1) 물푸레나무속 - 물푸레나무과(Oleaceae) 물푸레나무속(*Fraxinus* spp.)

6점의 목간이 물푸레나무속으로 식별되었다(그림 1). 우리나라에는 물푸레나무, 들메나무, 쇠물푸레나무 3종류가 자생한다(이필우, 1997). 산기슭이나 골짜기에서 자라는 수종으로 어느 지방에서나 발견되는 흔한 수종이다.

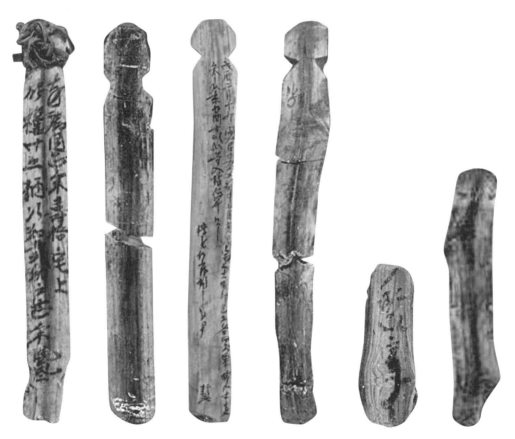

그림 1. 물푸레나무속으로 식별된 목간 6점

2) 팽나무속 - 느릅나무과(Ulmaceae) 팽나무속(*ulmus* spp.)

2점의 목간이 팽나무속으로 식별되었다(그림 2). 낙엽활엽교목으로 산비탈 암석 계곡, 충적 대지, 해안 산기슭, 강 제방 등에서 자라며 전국에 분포한다. 강과 육지의 경계인 제방이나 바다와 육지의 경계인 해안 충적 구릉지에서 자주 발견되는 해안지역에서는 흔한 수종이다. 느티나무 서식처와 중첩되기도 하

지만, 느티나무는 내륙 쪽에 치우
쳐 분포한다면, 팽나무는 바닷바람
을 쐴 수 있는 곳에 치우쳐 산다(김
종원, 2013).

3) 밤나무속
- 밤나무과(Fagaceae)
밤나무속(*castanea* spp.)

2점의 목간이 밤나무속으로 식
별되었다(그림 3). 하록활엽(夏綠
闊葉) 교목성으로 산기슭, 농촌 주
변 산지, 숲정이, 계곡 입구 등에
서 자란다. 밤나무속은 해양성기후
와 습윤하고 비옥한 토양을 좋아한
다. 그런 이유로 남부지방에서 밤
나무가 좀 더 흔하게 관찰된다(김종원, 2013).

그림 2. 팽나무속으로 식별된 목간 2점

그림 3. 밤나무속으로 식별된 목간 2점

4) 소나무류 - 소나무과(Pinaceae) 소나무속(*Pinus* spp.)

2점의 목간이 소나무류로 식별되었다(그림 4). 상록침엽수로 전국에
분포한다. 소나무류는 자생지를 고려해 육송과 해송으로 구별하지만 곰
솔이 해송의 본래 이름이다. 해부학적으로 차이는 없지만 수목학적으로는 수피와 잎의 길이 등에서 차이
가 난다(김종원, 2013).

5) 주목속 - 주목과(Taxaceae) 주목속(*Taxus* spp.)

1점의 목간이 주목속으로 식별되었다(그림 5). 우리나라에는 주목을 비롯해 눈주목, 화솔나무, 설악눈
주목이 자라고 있다(이필우, 1997) 현재는 관상용으로 주변에서 흔히 볼 수 있지만 원래는 해발
700~2500m 사이에 분포하는 고산지대에서 자라는 수종이다.

6) 가래나무속 - 가래나무과(Juglandaceae) 가래나무속(*Juglans* spp.)

1점의 목간이 가래나무속으로 식별되었다(그림 6). 우리나라에는 가래나무와 호두나무가 생장한다. 경
상북도, 충청북도 이북지방에서 자라는 수종이다. 비교적 서늘한 산록이나 계곡주변에서 잘 자란다(이필
우, 1997).

그림 4. 소나무류로 식별된 목간 2점

그림 7. 서어나무속으로 식별된 목간 1점

그림 5. 주목속으로   그림 6. 가래나무속으
식별된 목간 1점   로 식별된 목간 1점

7) 서어나무속
- 자작나무과(Betulaceae)
서어나무속(*carpinus* spp.)

1점의 목간이 서어나무속으로 식별되었다(그림 7). 서어나무속은 낙엽교목 및 관목으로 우리나라 중부 및 남부지방에서 까치박달나무, 서어나무, 개서어나무, 소사나무, 왕개서어나무 5종이 자생한다.

8) 대나무아과
- 화본과(Gramineae)
대나무아과(*bambusoideae* spp.)

57점의 죽찰 모두를 대나무아과로 식별하였다. 대나무는 왕대, 솜대 등 다양한 종류의 대나무가 있지만 해부학적으로는 차이가 없기 때문에 대나무아과로 식별하였다. 우리나라에서는 아주 오래 전부터 대나무가 재배되어 왔으며 남부지방의 각 지역 특히 전남북과 경남북 지역에 분포면적이 대부분을 차지하고 있어 주변에서 쉽게 구할 수 있는 재료이다(김사일 등, 2005).

III. 보존처리

마도1호선에서 출수된 죽찰과 목간 모두 저농도 PEG 함침 후 진공동결건조법을 사용하여 보존처리하였다. 18점의 목간은 PEG 4000으로 처리하였으며 57점의 죽찰은 수량이 많아 부후정도가 서로 많이 상이하여 취급이 어려울 정도로 상태가 안 좋은 죽찰부터 현생의 것과 유사할 정도로 강건한 죽찰까지 다양한 상태였다. 부후정도에 따라 그룹화하여 순차처리하는 방법으로 보존처리를 실시하였다.

목재로 만들어진 목간에서는 묵서를 잘 보이게 하기 위해 처리 후 재색이 밝아지는 진공동결건조법으로 처리하지만 대나무로 만들어진 죽찰의 경우에는 수침대나무의 보존처리방법에 대해서 많이 보고된 바가 없었다. 이에 예비실험으로 강화제 선정 실험을 통해 저농도 PEG 함침 후 진공동결건조법이 가장 좋은 효과를 보였고 유물에 적용한 사례에서도 좋은 결과를 보여 같은 방법으로 보존처리하였다. 목재의 진공동결건조법에 대해서는 많이 알려져 있으므로 여기서는 죽찰의 보존처리 방법에 대해서 기술하도록 하겠다.

1. 치수안정화처리

치수안정화처리 전에 세척은 묵서부분을 조심하면서 붓으로만 세척하였다. 내층과 표피부에 가공처리 없이 자른 상태에서 묵서가 적혀있었고 세균에 대한 침해로 많이 약해져 있는 표면이 세척으로 인해 그 부분의 세포층이 떨어지면서 묵서부분도 같이 떨어져 없어질 수 있으므로 그 점을 주의하면 세척하였다. 세척과정 중 유물의 상태를 관찰하여 부후정도에 따라 그룹화하였으며 이에 따라 치수안정화과정에 있어서 분자량이 다른 강화제를 사용하였다.

상당히 부후가 진행된 죽찰에는 PEG 4000을 사용하였고 부후 정도가 약한 죽찰에는 PEG 2000을 사용하였다. 이는 현생의 것과 유사할 정도로 강건한 상태라 고분자량인 PEG 4000을 사용 시 치수안정화 과정에서 유물 내부로 깊이 침투하는 것이 어려워 치수안정화 효과가 떨어질 것이라 판단되어 저분자량인 PEG 2000을 사용하여 처리하였다. 약품의 침투가 잘 이뤄지도록 45℃ 항온수조 내에서 처리하였으며 함침 종료 농도는 10%에서 단계적으로 올려 40%에서 종료하였다.

2. 진공동결건조

PEG 2000과 PEG 4000으로 40%까지 처리한 죽찰은 −40℃에서 예비동결하였다. 예비동결하기 전 건조과정 중 휨 현상을 방지하고자 폴리카보네이트판에 밀착되게 죽찰을 놓고 고정하였다. 이전 마도1호선에서 출수된 대나무소반 치수안정화 후 진공동결건조과정에서 휨이 발생하였다. 이는 목재와 달리 대나무의 최외층과 최내층을 이루고 있는 세포조직이 다르기 때문에 진공동결건조과정에서 세포 구조 차이에 따른 휨의 발생이라 생각되어 폴리카보네이트판에 밀착시켜 건조하였다. 죽찰의 두께 및 부후정도에 따라 폴리카보네이트판에 밀착시켜 순차적으로 진공동결건조하였다. 진공동결건조 종료시점은 유물의 상태마다 달랐지만 대부분 상판온도 0℃에서 유물의 온도가 상온 5℃정도를 유지할 때 종료하였으며, 유물 건조 시간은 약 4~5일정도 소요되었다.

3. 표면처리 및 접합

진공동결건조 후 죽찰 표면에 여액의 PEG 제거를 위한 표면처리에는 스팀다리미를 사용하였다. 일반적으로 공업용 열풍기를 사용하지만 죽찰의 경우 가공을 많이 하지 않은 죽찰은 곡률이 있거나 매장당시 부후로 인해 표면이 고르지 부분에서는 열풍이 고르게 퍼지지 못해 과다한 열기가 전달되어 PEG가 과다하게 용출되어 재색이 어두워진 것을 보완하고자 사용하였다.

스팀다리미 열판의 열기와 스팀이 빠르게 여액의 PEG를 녹여주었고 열기가 고르게 닿지 않는 곳도 공업용 열풍기보다는 빠른 시간 내에 녹여 표면의 재색변화가 많이 일어나지는 않았다(그림. 8·9).

접합과정에서는 부러진 부분이 정확히 맞는 부분은 시아노아크릴게이트계의 순간접착제를 사용하여 붙여주었다. 정확히 맞지 않는 죽찰들의 경우는 접합면이 마모되어 정확히 붙지 않는 것과 부러진 편들이 건조과정에서 약간의 휨이 발생되어 정확히 붙지 않는 것이 있었다. 이럴 경우 일반적으로는 수지를 이용해 접합면을 메꿔주는 방식으로 접합을 하지만 죽찰은 두께에 비해 길이가 길어 이런 방식은 접합 후 접합부분이 유물 전체 지지가 잘 되지 않아 다시 부러지는 요인이 되었다. 이는 유물의 이동이나 전시 중 유물이 재손상될 가능성이 있어 접합과정에서 견고성을 높이면서 유물의 형태를 유지 할 수 있는 방법을 생각해야 했다.

접합을 통해 유물 형태 유지와 견고성을 높일 수 있는 방법으로 배접하는 방법을 이용했으며 배접지로는 레이온지를, 레이온지와 유물표면 사이에 접착제 역할은 PEG 2000을 사용하였다. 레이온지는 합성섬유로 주변환경에 크게 영향을 받지 않고 접착제로 사용한 PEG 2000도 일정한 열을 가하면 금방 녹아 레이온지 제거가 쉬우므로 향후 발생할 수 있는 재처리 문제나 배접으로 인한 유물 손상이 없다고 판단되어 사용하였다. 접착제의 농도는 건조가 완료된 유물이라 다시 수분이 유물에 침투하게 되면 유물의

그림 8. 표면처리 전 죽찰   그림 9. 표면처리 후 죽찰   그림 10. 배접한 후 죽찰(앞면)   그림 11. 배접한 후 죽찰(뒷면)

변형을 발생시킬 수 있으므로 100% 농도의 PEG 2000을 사용하였다. 이 방법으로 묵서가 없는 면인 최외층에 PEG 2000 100% 용액을 접착제로 사용하여 레이온지를 배접하여 유물 형태 유지와 함께 견고성도 높일 수 있었다(그림 10·11). 다만 내측과 외측 모두에 묵서가 있는 죽찰의 경우에는 세로로 쪼개놓은 잘린 단면에만 레이온지를 배접하여도 같은 효과가 있었다.

IV. 결론

마도1호선에서 출수된 목간은 총 75점으로 그중 목간은 18점, 죽찰은 57점이었다. 수종분석결과 소나무류(2), 팽나무속(2), 물푸레나무속(6), 밤나무속(2), 주목속(1), 가래나무속(1), 서어나무속(1), 대나무아과(57) 총 8수종으로 식별되었으며 사용된 수종들이 주변에서 쉽게 구할 수 있는 나무로 만들었다는 것을 알려주는 것이라고 생각된다. 하지만 고산지대에서 자라는 주목나무와 비교적 추운 지방에서 자라는 가래나무가 각 1점씩 식별된 점은 주목할 만하다.

해양에서 처음으로 나온 죽찰의 보존처리를 위해 본 연구소에서 진행했었던 강화제 선정 연구와 마도1호선 출수 대나무소반 처리결과를 참고해 저농도 PEG 진공동결건조로 처리하였다.

부후 정도에 따라 치수안정화과정에서 분자량이 다른 PEG 4000과 PEG 2000을 사용하였고 진공동결건조 후 표면처리는 스팀다리미를 사용하였다. 또한 접합과정에서는 접합면이 정확히 맞지 않는 부분은 수지를 사용하여 접합하기 보다는 묵서가 없는 면에 레이온지를 PEG 2000 100%로 배접하여 견고성을 높이면서 형태를 유지하도록 하였다.

투고일: 2017. 11. 2.　　　심사개시일: 2017. 11. 15.　　　심사완료일: 2017. 11. 30.

이필우, 1997,『한국산 목재의 성질과 용도; (Ⅰ) 목재의 구조 및 성질과 용도』, 서울대학교 출판부.

국립해양문화재연구소, 2010,『태안마도1호선 수중발굴조사 보고서』, 국립해양문화재연구소 학술총서 제 20책.

김사일, 정종성, 원주상, 2005,『대나무의 모든 것』, 국립산림과학원편, pp.5-92.

차미영, 2013,『태안해역 출수 목간의 수종분석』, 해양문화재 Vol.6, pp.184-215.

김종원, 2013,『한국식물생태보감 1; 주변에서 늘 만나는 식물』, 자연과 생태.

차미영, 박선영, 윤용희, 이경로, 2014,『태안 마도1호선에서 출수된 대나무 소반의 보존처리』, 보존과학 연구 Vol.35, pp.46-55.

⟨Abstract⟩

Identification and Conservation of wooden tablets excavated from Mado Shipwreck No.1

Yoon, Yong-hee, Cha, Mi-young, Kim, Eung-ho

Mado shipwreck No.1 is where a total of 75 wooden tablets were discovered. Bamboo tablets first excavated in the sea.

As a resulf of identification of species, they were identified as *Fraxinus* spp.(6), *Ulmus* spp.(2), *Castanea* spp.(2), *Pinus* spp.(2), *Taxus* spp.(1), *Juglans* spp.(1), *Carpinus* spp.(1), *Bambusoideae* spp.(57). It is identified by a total of 8 species.

It treated low concentration PEG vacuum freeze drying treatment refer to the method that research finding consolidation about waterlogged wood before. PEG 2000 and PEG 4000 used to consolidation materials but some wooden tablets that treated PEG 4000 surface color have been darken using heat gun at surface treatment. So the residual PEG on object's surface was remove steam iron. Bonding used to put PEG 2000 100% the rayon paper in the surface for stabilization and giving a strength.

▶ Key words: Mado shipwreck No.1, bamboo slips, Vacuum freeze drying, surface treatment

마도 4호선 출수 목간

김병근*

〈국문초록〉

2015년 태안 마도해역에서 발굴한 마도 4호선은 수중에서 발굴된 최초의 조선시대 선박이다. 선박은 상단과 좌현 외판의 일부를 제외하고 외형이 잘 남아 있었다. 선체 내부에는 다량의 곡물류, 목간, 분청사기, 목제와 석재유물 등이 적재되어 있었다. 분청사기는 선박의 연대와 성격을 구명하는 결정적인 역할을 하였다. 이는 분청에 새겨진 '內贍'명문이 15세기 초기에 만들어진 것으로 밝혀졌다. 특히 목간에 묵서된 '羅州廣興倉'은 나주에서 출항하여 당시 수도인 한양의 광흥창에 세곡을 운반한 조운선임을 확인하였다. 이는 고려시대 선박인 마도 1·2·3호선에서 발견된 목간이 개인이나 기관에 보낸 화물이었다. 하지만 마도4호선은 공적물류시시템에 의한 세곡의 운송을 목간이 증명한다.

▶ 핵심어: 마도 4호선, 목간, 조운선, 분청사기

* 국립해양문화재연구소

I. 머리말

마도 4호선이 발굴된 태안해역은 '바닷속의 경주'라 불린다. 이는 2007~2008년 태안해역 대섬에서 발굴한 태안선과 고려청자 등 23,000여 점이 주목을 받기 시작하면서 부터이다. 이후 2009년 마도 1호선, 2010년 마도 2호선, 2011년 마도 3호선 등 잇달아 고려시대 화물선을 발굴하였다. 그리고 우리나라 수중 발굴이 시작된 후 약 40년 만인 2015년 최초로 조선시대 선박인 마도 4호선이 방점을 찍었다.

마도 4호선은 상단(갑판)과 좌현 외판의 일부를 제외하고 외형이 잘 보존된 상태로 남아 있었다. 선체 내부에는 다량의 곡물류와 목간, 분청사기, 목제·석제유물 등이 적재되어 있었다. 특히 분청사기는 선박의 연대와 역사적 성격을 밝히는 가장 결정적인 역할을 하였다. 총 155점의 분청사기 중 3점의 분청접시에 '내섬內贍'이라는 명문을 통해 마도 4호선이 15세기 초 공물을 싣고 가다 침몰되었을 것으로 추정하였다.[1] 또한 목간에 묵서된 '나주광흥창羅州廣興倉'은 나주에서 출항하여 당시 수도인 한양의 광흥창에 세곡을 운반한 조운선임이 확인되었다.

이에 본고에서는 마도 4호선의 목간 등 유물 출수 양상, 목간의 형태별 분류와 특징, 묵서내용을 간략하게 소개하고자 한다.

II. 목간 등 유물 출수 양상

마도 4호선은 2014년 시굴조사를 실시하여, 선체의 존재를 확인하였다. 유물의 출수양상은 2015년 조사내용이다.

마도 4호선은 제토를 위해 가로 8m×세로 14m의 그리드를 설치하였다. 그리드의 구분은 1m 간격의 정사각형이다. 그리드 번호는 동→서(가로) 방향으로 A1~H1 8칸, 북→남(세로)A1~A14 등 14칸으로(그림 1 참조) 구분하였다. 노출은 3차로 나누어 단계별로 실시하였다.[2]

1. 제1차 노출유물 출수양상

제1차 노출면은 그리드를 기준으로 깊이 80㎝까지이다.(그림 1 참조) 이 층은 유물이 일부 확인되었으나 교란층이었다. 적재유물은 1m정도부터 집중적으로 나타났다.

제토는 그리드 아래 깊이 40㎝ 정도에서 선체 내부를 수평으로 다듬었다. 이는 일정한 깊이로 유물의

---

1) '내섬內贍'이라는 관청명을 분청사기에 새긴 시점으로 시대를 추론하였다. 이후에는 관청 외에 장인 등이 추가된다. 따라서 침몰 년대의 기준으로 삼았다.
2) 마도 4호선의 노출유물 출수양상은 보고서 내용을 정리 요약하였다.
   국립해양문화재연구소, 2016, 『태안마도4호선』, pp.73~90.

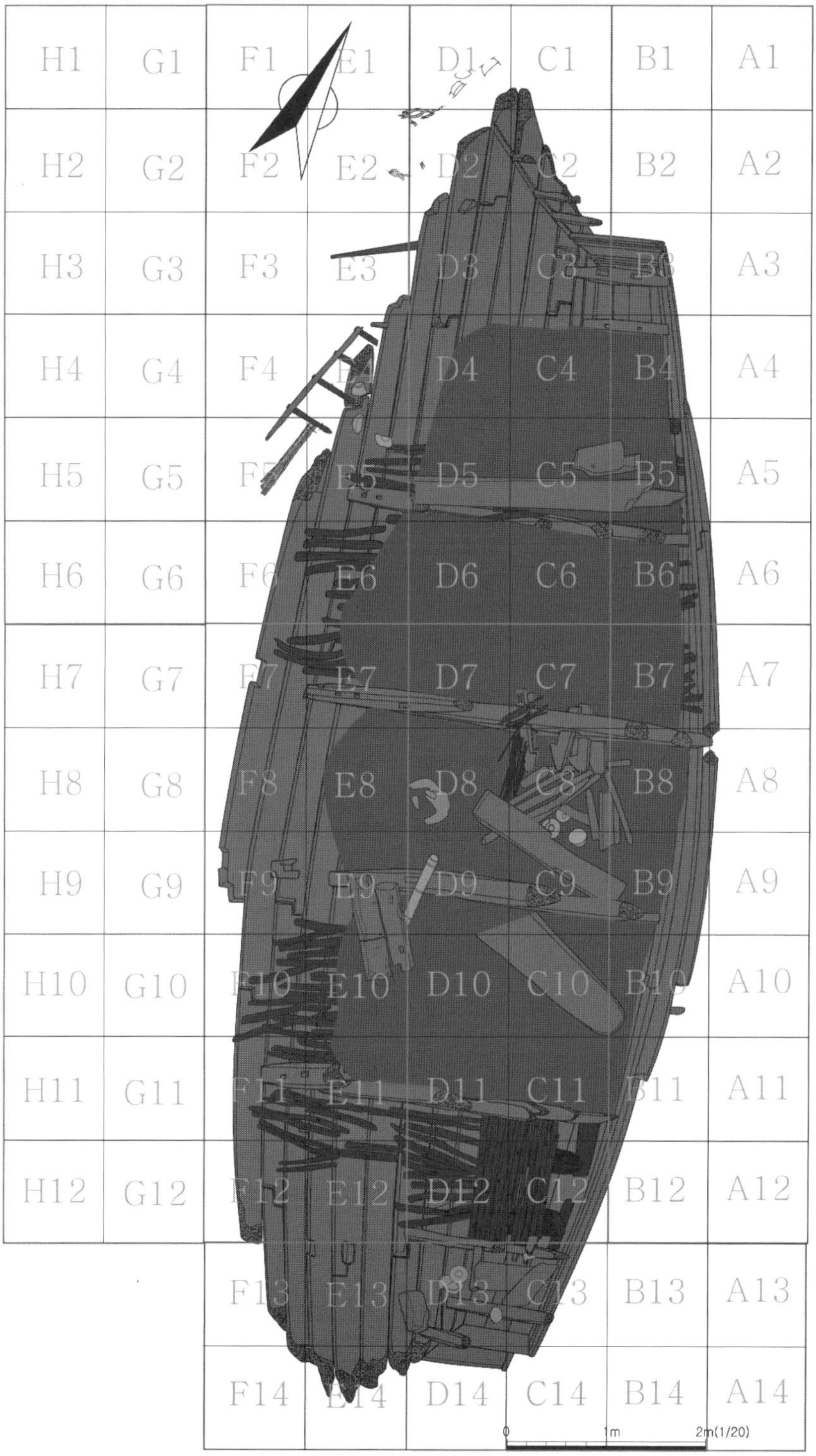

그림 1. 제1차 노출유물 출수양상

출수맥락을 확인하기 위해서였다. 일부 선체가 노출된 좌현 그리드B를 시작으로 우현 그리드H 방향으로 제토하였다. 먼저 그리드B~H까지 해저 면을 깊이 40㎝로 평평하게 하였다. 이후 다시 노출면을 깊이 60㎝로 전면 제토하였다. 선체의 좌현 일부가 노출된 B라인 방향은 선체 내부를 우선적으로 실시하였다. 제토 과정에서 그리드B8에서는 가공흔적이 있는 목제 구조물을 확인하였다. 구조물은 가룡목駕龍木으로 기존에 발굴한 고려시대 선박과는 다르게 굵은 목재를 사용해 매우 견고하였다. 좌현 외판이 4단만 남고 그 상부 외판들이 사라져 우현에 설치된 가룡목들이 겹쳐 있었다.

선수에서는 볏짚과 볍씨들이 소량 확인되었다. 선체 좌현 중앙부에 해당하는 그리드B9에서는 분청발과 깨어진 도기호편, 밧줄 등을 발굴하였다. 좌현 선미 그리드B4에서는 외판에 설치되어 있는 원통목들이 노출되었고, 소량의 석탄을 발굴하였다. 그리드C5~C8에서도 원통목, 대나무편이 확인되었다.

그리드C6 제토 과정에서 최근의 것으로 추정되는 직물도 있었다. 그리드F5에서는 용도미상의 깨어진 유리조각이 출수되었는데, 근대의 유리 부표로 추정된다. 이러한 노출상황으로 보아 60㎝ 제토 구간은 노출과 매몰이 반복된 교란층이다.

이후 80㎝까지 제토 결과 유물 출수양상은 60㎝층과 비슷하였다. 좌현이 노출된 그리드B 라인은 외판재·원통목·분청발·초본류 등이 확인되었다. 우현도 선수부분의 선체 일부가 노출되었는데, 그리드F11~E11에서 외판과 결구된 두께 20㎝ 가량의 가룡목이 노출되기 시작하였다. 선수 부분의 그리드C13~D13에서는 용도미상의 사각형 석재 3점이 확인되었다. 그리드C10·C11에서는 분청발 3점이 목재 구조물사이에서 확인되었고, 생선뼈 2점이 담겨있는 분청발 2점이 출수되었다. 그리드B11에서도 외판과 원통목 사이에 끼어 있는 분청발 2점과 도기편이 확인되었다. 이는 침몰 당시 선체가 좌현으로 기울면서 원통목에 끼인 상태로 매몰되었을 것으로 추정된다. 그리드C11에서는 얇은 대나무와 함께 겹겹이 쌓여 있는 초본류 뭉치도 확인하였다.

선미의 그리드C4에서 가룡목이 확인되는데, 선체의 폭이 좁아지는 선미에 위치해 길이는 짧다. 그리드B5 선체와 원통목 사이에서 자귀형 목제품이 출수되었다.

선체 외부에서도 유물들이 출수되었다. 그리드C2 제토 중 말의 골각이 1점을 발굴하였다. 하지만 적재되었던 유물인지 교란 유물인지에 대해서는 좀 더 면밀한 검토가 필요하다. 또 선미 우현 외곽인 그리드 D1에서는 키에 눌려있는 밧줄과 분청발들이 확인되었다. 그리드F4~5에서는 대나무를 새끼줄에 엮어 만든 발이 출수되었다. 선미부의 일부가 노출되기 시작했으며, 선체 내·외부에서 곡물과 초본류가 넓게 분포하였다.

2. 제2차 노출유물 출수양상

제2차 노출면은 그리드 아래 깊이 80~120㎝까지이다.(그림 2 참조) 제2차 노출면은 화물로 적재한 곡식, 도기와 자기 등을 발굴하였다. 선체 중앙에서는 선원들이 사용했던 철제솥, 도기, 청동숟가락, 젓가락 등 선상생활용품들이, 선수·선미 부분은 곡물들과 볏섬들이 다량 확인되었다. 선심이 얕은 선수·선미는 저판 일부가 드러났다. 이를 선수·중앙·선미로 구분하면 아래와 같다.

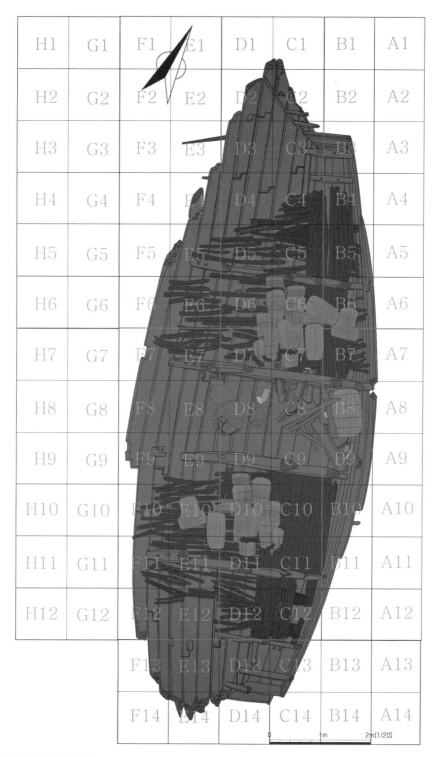

H1	G1	F1	E1	D1	C1	B1	A1
H2	G2	F2	E2	D2	C2	B2	A2
H3	G3	F3	E3	D3	C3	B3	A3
H4	G4	F4	E4	D4	C4	B4	A4
H5	G5	F5	E5	D5	C5	B5	A5
H6	G6	F6	E6	D6	C6	B6	A6
H7	G7	F7	E7	D7	C7	B7	A7
H8	G8	F8	E8	D8	C8	B8	A8
H9	G9	F9	E9	D9	C9	B9	A9
H10	G10	F10	E10	D10	C10	B10	A10
H11	G11	F11	E11	D11	C11	B11	A11
H12	G12	F12	E12	D12	C12	B12	A12
		F13	E13	D13	C13	B13	A13
		F14	E14	D14	C14	B14	A14

0   1m   2m(1/20)

그림 2. 제2차 노출유물 출수양상

첫째, 선수에서 여러 종류의 목제품과 석재들이 출수되었다. 항해와 관련된 유물들로 보인다. 선수 부분인 그리드C13에서 석재 3점이 길이 50㎝ 정도로 크기가 비슷하다. 그리드D12 제토구간에서 도기편이 일부 확인되었는데, 굴껍질 등 패각이 함께 확인되어 선체의 노출을 짐작할 수 있다. 그리드C13 제토 중 파손되어 혼입된 선재들과 밧줄·자귀·젓가락·뜰채·바구니의 테두리로 보이는 둥근 형태로 가공된 대나무 등 선상용품과 볏섬으로 보이는 화물들이 출수되었다. 선수는 노출결과 좌현 4단까지 남아 있었다.

둘째, 선체 중앙 그리드A7~H7부터 선미 그리드A4~H4까지 넓은 범위에 걸쳐 화물로 적재한 볏섬들의 적재되어 있었다. 그리드A8~H8부터 그리드A10~H10 등 선체내부에 전반적으로 벼와 가마니로 보이는 초본류가 적재되어 있었다.

선체 중앙에서는 주로 분청발이 출수되었다. 그리드D7·E7에 걸쳐있는 가룡목 옆에서 분청접시 11점이 다발형태로 발굴되었다. 그리드D8 가룡목 부분에는 화목더미가 있었다. 그 하부에는 나무를 엮어 만든 발이 있으며, 도기항아리와 분청꾸러미가 확인되었다.

마도 4호선의 목간은 곡물과 초본류가 분포된 지역을 제토하던 중 선상의 거름망에 목간 조각이 처음 확인되었다. 이후 그리드G10에서 수피가 남아 있는 완형의 목간과 죽찰竹札이 처음으로 출수되었다. 또 용도를 알 수 없는 목간 형태의 목재도 함께 출수되었다. 그리드D9에서 용도미상의 대나무와 대나무 젓가락이 여러 점 확인되었다. 노출된 볏섬은 켜켜이 쌓여 있었다. 볏섬의 크기는 길이 1m 내외이며, 가는 새끼줄로 엮었다. 볏섬의 형태 연구를 목적으로 큰 사각 스테인리스 타공판과 상자를 이용해 인양을 시도하였다. 그리드E11에서는 신우대 다발, 그리드E7~E8에서는 망태기가 확인되었다. 망태기 내부에 손잡이가 달린 직사각형으로 된 바가지형 목제용기가 있었다. 곡물을 담아 옮기거나 양을 측정했던 용기로 추정된다.

셋째, 선미부분의 그리드C3의 좁은 선체 내부 공간에서 막대형태의 표면이 매끄러운 검은 돌 다발이 얇은 밧줄에 엮인 상태로 확인됐다. 후에도 주변에서 형태가 동일한 석재들이 여러 점 확인되었다. 이는 숫돌로 보인다. 그리드B3~C3에서는 짚신 1쌍이 출수되었다. 선미 외곽에서는 키와 주변에 밧줄과 자기 등을 확인하였다.

우현 선수 외곽인 그리드G11~H10에서는 그리드H 외곽까지 연결된 무너진 2단의 외판재와 10㎝ 이상의 두꺼운 밧줄도 있었다. 그리드C1~H5에 길이 약 6m의 키도 노출되었다. 그리드G7에서는 도기편들이 출수되었다. 그리드F4~5에서 확인되던 대나무 다발 하부에는 사다리 형태의 목제품도 출수되었다.

3. 제3차 노출유물 출수양상

제3차 노출면은 그리드 아래 깊이 120~140㎝까지이다.(그림 3 참조) 노출면은 선체의 바닥 층으로 다양한 유물이 매몰되어 있었다. 가장 하부의 제토구간으로 선체는 이미 제2차 노출면에서 선수·선미가 대부분 노출되었다. 따라서 중앙부인 그리드A7~H7와 그리드A7~H9 사이에 있는 투시간3)을 중심으로 발

---

3) 투시간은 선원들의 생활공간으로 주방의 기능이 핵심이다. 중간 돛대를 중심으로 선원들이 취사는 물론 취침공간으로 사용

굴하였다.

선체의 중앙부인 투시간에서는 분청사기와 생선뼈가 가득 찬 도기호와 생활용품들이 주로 출수되었다. 그리드C8·D8 가룡목 아래 망태기 속에서 다발로 분청사기가 발굴되었다. 제토 결과 여러 단으로 쌓여 있었으며 총 60점이었다. 특히 분청사기 3점에 '내섬內贍'이라 명문이 새겨져 있어, 마도 4호선의 활동시기를 파악하는 단서가 되었다. 그리드E7·D9에서도 분청발이 10여점이 포개져있었고, 별도의 포장재는 없었다.

투시간의 제토 중 분청사기 외에도 생활용기들과 불에 탄 흔적이 있는 목재들이 지속적으로 확인되었다. 그리드D8의 가룡목과 직교해 있던 화목 더미를 제거하자 나무발과 도기항아리, 분청꾸러미가 확인되었다. 선원들의 선상 생활용품과 적재 시 주의가 필요한 자기나 도기 등의 화물은 투시간에 적재했던 것으로 보인다. 출수된 도기호는 총 8점으로 완형도 있지만 대부분 깨진 파편상태로 출수되었다. 내부에는 생선뼈가 다량 들어있다. 일부 도기호에는 밧줄을 그물처럼 만들어 외부를 감았다. 도기호를 충격에서 보호하기 위한 목적과 이동할 때 손잡이 역할을 하는 것으로 추정된다. 일부 도기호는 크기가 대형으로 내용물과 호를 따로 분리하여 수습했다.

그리드D8에서는 선수부에서 출수된 적이 있던 뜰채가 1점 더 출수되었다. 뿐만 아니라 대나무로 만든 참빗등대도 출수되었다. 그리드C9·D9에서는 약 2m 길이의 용도미상 대나무가 확인되었는데, 끝 마디에는 두 개의 구멍이 가공되어있다.

투시간의 유물을 모두 수습하자 저판이 드러났다. 저판에서는 다리가 1개 남아있는 철제솥 1점과 솥뚜껑 1점, 석재 2점, 솥뚜껑, 청동숟가락 등이 출수되었다. 그리드C9의 외판재 부근에서는 초립이 1점 확인되었다. 선체 내부에 적재된 볏섬과 곡물은 일부 수습하고 제토를 통해 모두 제거했다.

목간의 출수 양상은 '나주광흥창羅州廣興倉'과 수량단위, 곡물 종류 등이 곡물과 볏섬 사이에서 지속적으로 공반 출수되었다. 목간은 대부분 곡물이 적재된 그리드에서 발굴되었다. 목간은 볏섬에 매달거나 꽂아서 곡물을 구분하는 용도로 사용하였다.

그리드C6에서는 목제빗과 참빗이 확인되었다. 또한 길이 약 35㎝의 용도미상의 대나무 조각들 12개가 함께 출수되었다. 곡물이 제거된 하부에는 곡물들이 물에 젖지 않도록 빽빽하게 설치한 원통목들이 배치되어 있었다. 하지만 앞서 언급된 투시간에는 원통목이 설치되어 있지 않아 선체 내부 공간의 활용에 관한 정보를 제공해 주었다. 저판에 설치된 원통목들은 가룡과 가룡 사이만큼의 길이로 설치되었고, 그 하부 양쪽은 직교하게 설치된 2개의 괴임목이 있다. 다시 그 괴임목 하부는 작은 괴임목으로 다시 받쳐서 총 3단의 목재를 이용해 화물들을 저판과 40㎝ 가량 이격시키고 있다. 괴임목들 역시 직경 10~20㎝의 원통형 목재를 사용했는데, 그리드B7에 설치된 괴임목의 경우 가룡 형태의 목재이다. 이미 다른 곳에 사용했던 선재를 재활용한 것으로 추정된다. 외판의 원통목들은 정형성이 떨어지는 형태가 많고 별도의 괴임

된 지역이다. 특히 투시간에는 물을 저장하는 대형도기가 있어서 항해에 필수적인 물을 보관하는 중요한 역할을 하였다. 현재까지 발굴된 고려시대 대부분의 선박에서 대형도기가 발굴되어 이를 반증한다. 마도 4호선에서도 대형도기가 발굴되었다.

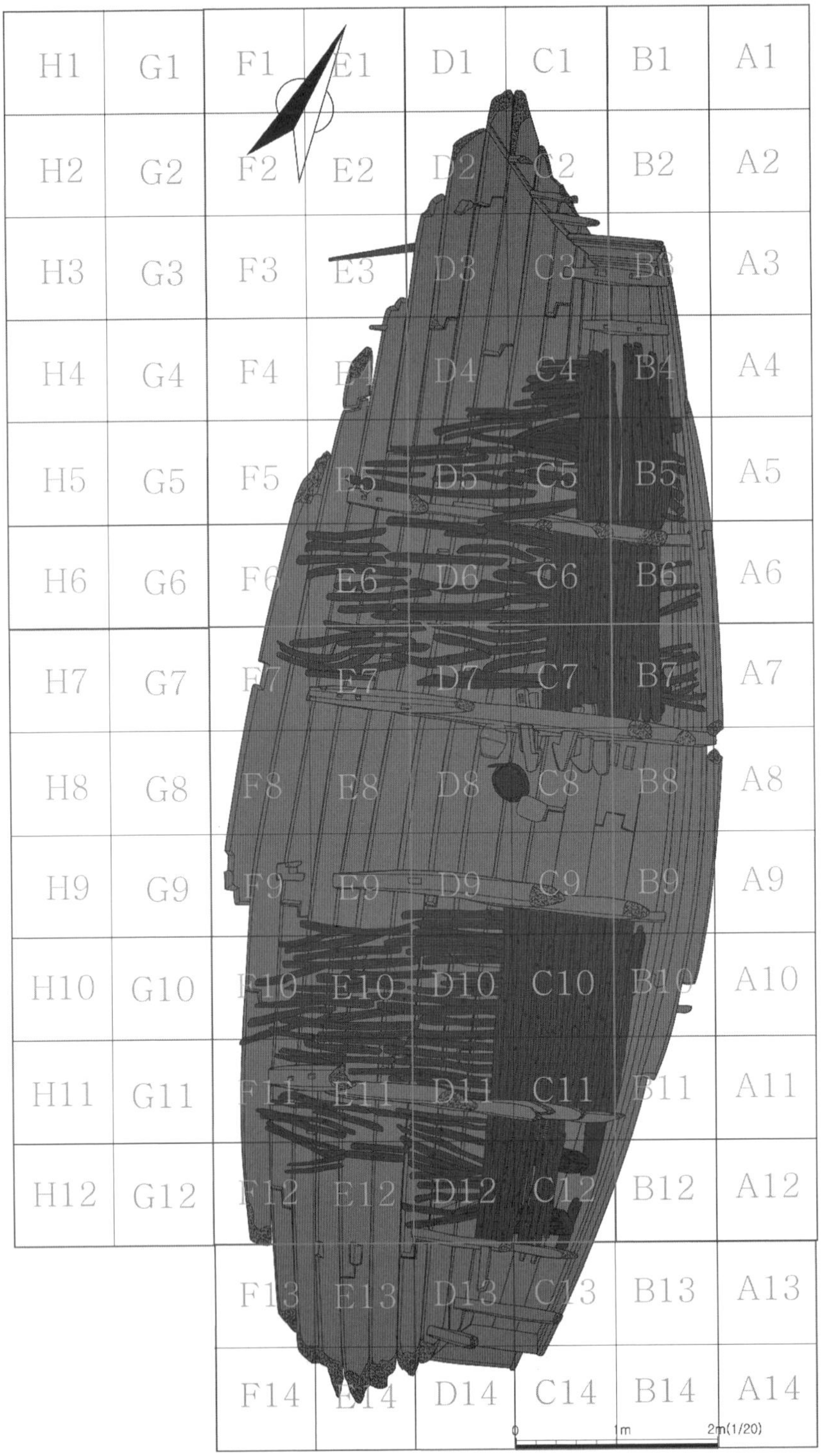

그림 3. 제3차 노출유물 출수양상

목은 사용하지 않았다. 외판은 저판에 비해 침수의 영향을 비교적 덜 받기 때문이었을 것이다.

　선체 내부의 유물을 수습한 후 사진 촬영, 영상촬영 그리고 기록을 남긴 뒤 내부의 원통목들과 그 하부의 괴임목을 그물망에 담아 제거했다. 제거과정에서 원통목 사이에 끼어있었던 색대, 그물 수선용 대나무 바늘 등을 추가로 확인하였다.

III. 마도 4호선 목간의 형태별 분류와 특징

　마도 4호선에서는 신안선[4], 태안선[5], 마도 1·2·3호선[6]과 같이 화물운송표로 쓰인 목간이 다량 발굴되었다. 발굴조사 결과 목간으로 분류된 유물은 총 63점이다.

　마도 4호선 목간의 재질은 나무와 대나무 두 종류로 목간 43점, 죽찰 20점이다. 목간이나 죽찰은 형태상, 내용상 특성이 차이점이 없어 재질별 분류는 무의미하다. 따라서 분류는 하나로 묶었다. 형태 분류의 첫 번째 기준은 이전 마도 1·2·3호선과 마찬가지로 목간을 화물을 매달기 위한 홈의 유무다.[7] 홈이 있는 것은 I형, 홈이 없는 것은 II형으로 나눴다. I형은 모두 '✕'모양의 홈을 가지고 있다. 묵서내용에 따라 글자를 쓰는 방법이 위쪽에서 내려 쓰는 방법과 아래쪽에서 올려 쓰는 차이가 있었다. 이를 A, B으로 구분하였다. II형은 몸통 모양을 기준으로 삼아 직사각형 형태의 A형과, 상단 또는 하단을 뾰족하게 다듬은 B형으로 나눴다. 분류기준을 적용해 분류하면 〈표 1〉과 같다.

표 1. 마도 4호선 목간의 형태 분류

분류		특 징	수량	기타
I	A	위쪽에 '✕'모양의 홈이 있음	2	
	B	아래쪽에 '✕'모양의 홈이 있음	2	
II	A	홈이 없으며 직사각형 모양	40	
	B	홈이 없으며 상·하단을 뾰족하게 다듬음	19	
총　계			63	

---

4) 문화재관리국, 1988, 『신안해저유물』 종합편.
5) 국립해양문화재연구소, 2009, 『고려청자보물선』.
6) 국립해양문화재연구소, 2010, 『태안마도1호선』.
　국립해양문화재연구소, 2011, 『태안마도2호선』.
　국립해양문화재연구소, 2012, 『태안마도3호선』.
7) 마도 1·2·3에서는 다량은 목간이 출수되어 선박침몰의 절대연대, 출발지, 발송처(발신자), 수취처(수신자), 화물품목, 도량형 등 당시 사회를 밝히는 중요한 자료를 제공하였다.

마도 4호선에서 출수된 목간의 크기는 다양하지는 않다. 목간은 대부분 길이 15㎝ 내외이다. 목간의 크기가 30㎝ 이상은 한 점도 없다. 완형도 대부분 10~15㎝ 크기이다. 이는 마도 1·2·3호선에서 출수된 목간에 비해서 크기가 매우 작다. 이는 고려시대의 선박은 사선의 성격이 강하여, 정확한 기록이 필요하였을 것이다. 따라서 발신자, 수신자, 수량, 화물종류 등이 자세하게 기록되었다. 하지만 마도 4호선은 조선 초기에 중앙집권화에 의해 왕권이 강화되면서, 관선체계가 확실하게 정립되었다.[8] 이에 조운선의 목간에 발송처와 수취처를 적고 일부 세곡의 종류와 수량만 기재하였다. 따라서 목간도 크게 만들 필요가 없었을 것이다. 목간을 만드는 방법도 차이가 있다. 기 발굴된 목간은 나무나 대나무 가공을 매끄럽게 하였다. 하지만 마도 4호선의 목간은 이에 미치지 못한다. 목간의 일부는 가공에 정성을 들여 전·후면을 기공하였다. 하지만 대부분 나무나 대나무를 벌채한 후 한쪽 면을 가공하여 글씨를 썼다. 목간을 만들기 위해 벌채한 나무나 대나무도 수령이 오래되지 않아 가늘고 강도도 뛰어나지 않다. 일부 목간에는 나무의 수피가 원형대로 남아있다.

출수된 목간의 수종분석결과 침엽수재 3점, 활엽수재 40점, 벼과 대나무아속 20점으로 식별되었다. 침엽수재는 모두 소나무속 적송류였으며, 활엽수재 중 참나무속 상수리나무류 1점, 밤나무속 3점, 물푸레나무속 6점이 식별되었고 30점은 미식별 되었다.[9]

Ⅰ형은 목간 상단에 '〉〈'형태의 홈을 만든 Ⅰ-A형과 Ⅰ-B형이다. 수량은 매우 적다. 63점 중 4점이다. 홈은 초본류 끈을 묶어 목간을 화물에 매달기 위해 만든 것이다. 끈을 묶는 위치는 아래 부분과 윗부분이 일정하다.

Ⅱ형은 끈을 묶기 위한 홈이 없다. Ⅱ-1형은 직사각형 형태로 홈을 파지 않고, 끈을 묶었을 가능성도 있지만 어떤 방법으로 사용했는지는 알 수 없다. 주목되는 것은 상단 또는 하단을 뾰족하게 다듬은 Ⅱ-2형태다. 곡물류는 『高麗圖經』에 나오는 '草苫'처럼 풀을 엮어 만든 것으로 운반했을 것이다. 이점은 마도 1·2·3호선에서 발견된 볏섬을 통해서도 확인할 수 있다. 그렇다면 뾰족하게 다듬은 목간은 볏섬 또는 초점에 꽂아서 사용했을 것이다.[10]

죽찰은 마도 1·2·3호선에서도 나왔는데, 형태상 특징은 동일하다. 묵서가 어떻게 적혀 있는가 하는 점에서는 차이가 있다. 마도 1호선 죽찰은 대나무를 반으로 가른 후 약간의 가공을 하고 대나무 안쪽부터 글을 적어 나갔으며, 추가 내용이 있는 경우나 혹은 발송자만을 뒤에 적었다. 마도 2·3호선 죽찰 역시 대나무를 반으로 가른 후 가공을 한 것은 동일하지만, 대나무 바깥쪽부터 또는 그곳에만 글을 쓴 것이 있다. 따라서 마도 2·3호선 죽찰의 앞면과 뒷면은 형태적인 특징이 아니라 묵서가 어디에서부터 적기 시작했는가를 기준으로 삼아 구별했다. 마도 4호선 죽찰도 대나무를 반으로 가른 후 가공을 하였지만 대부분

---

8) 마도 4호선의 침몰연대는 대략 세조~세종 년 간(1417~1425)으로 추정된다. 당시는 조선건국 이후 중앙집권체제를 완성하는 단계이다. 특히 고려 말, 조선초기의 혼란시기를 극복하고, 재원확보를 위해 세조 때 조운선을 새로 건조하였다.

9) 남태광·차미영, 「마도4호선 선체와 목제유물의 수종분석」, 『태안마도4호선』, 국립해양문화재연구소, p.314.

10) 임경희, 2011, 「마도2호선 목간의 분류와 내용고찰」, 『태안마도2호선』, 국립해양문화재연구소, pp.439-440.

대나무 내부를 가공하고 바깥쪽은 가공을 하지 않았다. 묵서는 대부분 가공한 내부 쪽에 하였고, 일부가 바깥쪽을 가공한 후 묵서한 것이 있다.

Ⅳ. 마도 4호선 목간의 내용별 분류

마도 4호선 목간은 선박에 실린 화물의 운송표로 발송처와 수취처, 곡물종류, 수량 등이 적혀 있다. 대부분은 발송처와 수취처이다. 내용에 따른 분류는 다음과 같이 적용했다. 첫 번째 기준은 발송처와 수취처가 Ⅰ형이다. 두 번째는 곡물과 수량이 묵서된 것을 Ⅱ형으로 분류했다. 기타 판독이 불가한 것은 Ⅲ형으로 분류했다.

Ⅰ형은 발송처와 수취처가 함께 나타나면 A형, 발송처만 있으면 B, 전면에 발송처와 수취처 그리고 후면에 묵서가 있으면 C형으로 나눴다.

표 2. 마도 4호선 목간의 내용 분류

분류기호		분류특성	수량, 묵서내용
Ⅰ형	A	발송처나 수취처가 적혀 있음	51점(羅州廣興倉)
	B	발송처만 적혀있음	1점(羅州)
	C	전면에 발송처와 수취처 그리고 후면에 묵서	2점 (전: 羅州廣興倉 후: 白米十五斗, 전: 羅州廣興倉, 후: /)
Ⅱ형		곡물이나 수량이 적혀 있음	7점(十五斗 등)
Ⅲ형		묵서 없거나 판독 불가	2점
총 계		63점	

내용별 분류에서 가장 특징적인 것은 Ⅰ-C형이다. 2점만이 전·후면에 묵서가 보인다. 특히 '白米十五斗'라고 묵서되어, 백미도 조운선에 선적하였음을 알 수 있다. 이는 일반적으로 가공하지 않은 볍씨를 운송하는데 별도로 백미를 취급하였음을 알 수 있다. 곡물과 수량은 '麥十五斗' 형식과 '九斗' 등으로 표기하였다. 석으로 표기되지 않고 적은 수량 단위를 표기하였다.

Ⅴ. 마도 4호선 목간의 주요 내용

1. 공납품의 발송지역

마도 4호선 목간 중 지명은 '羅州'가 유일하다. 총 52점이다. 목간에 나오는 지명은 공납품의발송처이다. 이는 공납품의 수취지역, 즉 전출田出 곡물의 경우 토지가 있는 지역과 특산품을 수합하여 발송하는 지역이다.

또한 지명을 통해 마도 4호선의 출항지를 명확하게 밝혔다. 조선초기 나주를 중심으로 인근 수조지역의 곡물과 특산물을 수합하여 보내는 영산창에서 출항하였다.

2. 수취처

목간 중 수취처를 파악할 수 있는 것은 총 50여점이다. 수신처는 목간에 광흥창을 뜻하는 '羅(소)州廣興倉'이 적혀있다. 이는 전라남도 나주 영산창에서 거둬들인 세곡 또는 공납품을 관리의 녹봉을 관리하던 조선 시대 국가 기관인 광흥창으로 옮기던 것으로 해석할 수 있다. 광흥창廣興倉은 조선 시대까지 관리들의 녹봉을 관장하던 기관으로 고려 충렬왕 때 최초 설치되어 조선 시대까지 존속한 관아이다. 현재 서울 마포구 창전동에 자리한 광흥창역(지하철 6호선) 부근이 당시 광흥창이 있던 자리다. 이전에 발굴한 마도 1·2·3호선은 대부분 고려시대의 권력자나 개인에게 보낸 화물들을 운송하던 선박으로 조운선 여부가 명확하지 않다. 하지만 마도 4호선은 광흥창이라는 국가기관으로 보내는 공물을 적재했다는 점에서 우리나라 역사를 통틀어 최초로 확인된 조운선이고, 아울러 수중발굴에서 발굴된 최초의 조선시대 선박이자 조운선이다.

3. 화물 종류

마도 4호선 목간에서 화물의 종류를 확인할 수 있는 목간은 총 2점이다. '白米十五斗', '麥三斗'이다. 이외의 목간은 벼를 의미한 것으로 사료된다.

4. 마도 4호선의 연대

마도 4호선의 연대 추정은 출수된 분청사기로 시도하였다. 목간에 묵서된 내용으로 시대편년의 근거는 부족하였다. 출수된 분청사기 대접과 접시는 150여 점으로 그중 3점에 '內贍'이라는 글자가 새겨져 있다. 이는 조선 시대 궁궐에 물품을 관리하던 내섬시內贍寺를 의미하는데 '내섬'을 분청사기에 새기기 시작한 때는 관청의 명칭을 표기하도록 하는 1417년(태종 17)으로 알려졌다. 이와 함께 자기의 형태, 문양, 제작 기법 등을 살펴보면 15세기 초반 제작 양식임을 알 수 있다. 따라서 마도 4호선은 1410~1420년대(태종~세종)에 물품을 싣고 항해하다가 마도 해역에서 침몰하였을 것으로 추정된다. 이를 좀더 구체화하면, 마도 4호선에서 출수된 '內贍'명분청사기의 제작시기는 내섬시의 설치 시점인 1403년, 제작시기 하한이 1418년 6월인 경승부敬承府명분청사기의 양식, 합천 장대리 요지 퇴적층에서 연속하여 단계별로 확인된 사선司膳명자기, 경승부명분청사기, 제작시기 상한이 1418년 8월인 '三加仁壽府'명분청사기와의 비교를 통해 1413년에서 1418년 사이로 구체화하였다.[11]

---

11) 박경자, 「마도 4호선 분청사기의 제작시기」, 『태안마도 4호선』, 국립해양문화재연구소, p.369.

또한 방사선탄소연대 분석과 위글매치 연대분석 결과를 종합적으로 판단하였다. 선체부재인 선미판재 2단을 대상으로 위글매치 분석을 하였다. 이는 일본에 의뢰한 방사선탄소연대 분석결과를 근거로 95.4% 신뢰구간에서 AD 1331~1391 또는 1410~1433년으로 산출되었다. 단년생인 곡물류는 AD 1415~1455년 (95.4% 신뢰구간) 사이에 난파된 것으로 판단하였다.[12] 이를 종합하면 마도 4호선의 침몰연대는 14세기 초기가 확실한 것으로 보인다.

VI. 맺음말

마도 4호선은 조선시대 선박으로 현재까지 발견된 적이 없는 최초의 조운선이다. 마도 4호선은 나주에서 보낸 세금을 광흥창으로 옮기던 조운선이었던 것이다. 고려시대 선박인 마도 1·2·3호선에서 발견된 목간은 개인이 개인이나 기관에게 보낸 화물이다. 이에 조운선 여부가 아직도 설왕설래 하고 있다. 하지만 마도 4호선은 공적 물류시스템에 의한 세곡의 운송을 목간이 증명하고 있다.

투고일: 2017. 10. 30.　　　심사개시일: 2017. 11. 10.　　　심사완료일: 2017. 11. 27.

---

12) 남태광, 「마도 4호선의 방사성탄소연대 분석」, 『태안마도4호선』, 국립해양문화재연구소, p.323.

참/고/문/헌

문화재관리국, 1988, 『신안해저유물』 종합편.
국립해양문화재연구소, 2009, 『고려청자보물선』.
국립해양문화재연구소, 2010, 『태안마도1호선』.
국립해양문화재연구소, 2011, 『태안마도2호선』.
국립해양문화재연구소, 2012, 『태안마도3호선』.
국립해양문화재연구소, 2016, 『태안마도4호선』.

〈Abstract〉

Wooden tablets excavated Taean Mado shipwreck No.4

Kim, Byung-keun

Mado shipwreck No.4, excavated in 2015 in waters of Taean Mado, is the first Josen dynasty ship discovered in the underwater. The hip had a good shape except for the upper and the outer board. There was a large amount of grains, wooden tablets, buncheong ware, woods and stone artifacts inside the shipwreck. Buncheong ware played a crucial role in identifying the age and character of the ship. It was found to have been made in the early 15th century due to chinese characters '內贍' written in the buncheong ware. Especially, it was able to find out that it was tax carrier who transported grains to 'Gwangheungchang', the capital city of Hanyang, at the time of departure from Naju because of '羅州廣興倉' written on the wooden tablet. Mado shipwreck No. 1, 2, 3, a ship of the Goryeo dynasty, was a cargo sent to an individual or organization. However, Mado shipwreck No. 4 proves the transportation of grain tax by the public logistics system through the wooden tablet.

▶ Key words: Mado shipwreck No.4, Wooden tablet, tax carrier, buncheong ware

고려 출수 목간의 지역별 문서양식과 선적방식

김재홍[*]

〈국문초록〉

이 글은 태안 침몰선 출수 고려 목간을 대상으로 목간의 생산지인 지명을 중심으로 게재된 내용을 분석하여 고려 문서의 지역성과 양식을 추출하였다. 그리고 문서 양식을 통해 운송과 선적에 대해 검토하였다.

고려 침몰선 목간은 郡縣을 달리 하여 제작되었으며, 발송지, 수신지, 물품을 기입하고 있다. 특히, 마도 1호선의 죽산현은 干支 등이 포함된 양식에서 다른 군현과 다른 모습을 보이고 있다. 군현 내에서도 발송인이 각자 작성하여 기록한 목간임을 알 수 있다. 그러나 대체적으로 발송지, 수취인, 물품, 운송인, 선적인을 기록하는 것은 거의 동일하다. 고려 목간의 일반적인 양식을 추출할 수 있으며, 꼬리표 목간에 해당하는 檢과 楬에 해당하는 내용으로 구성되어 있다.

고려 목간이 사용되던 시기에는 종이문서가 일반화되어 있던 紙木竝用期였으므로 서로 보완적인 관계를 형성하고 있었다. 고려 목간에는 운송과 선적 과정에서 작성된 것이므로 운송시 작성한 목간의 내용이 선적시에 다시 기입되기도 하였다. 이를 통해 운송 대장에 해당하는 종이문서를 추출할 수 있었다.

군현에서 수취한 물품은 군현의 창고에 수납되었다가 향리들이 조창으로 운반하였다. 군현의 창고는

---

* 국민대학교 한국역사학과

군현의 중심지에 소재하였으며, 관할 조창으로 운반하여 선적하였다. 마도 2호선에서는 백산성과 고사부리성의 창고에서 보관하였다가 조창인 안흥창으로 운반하였을 것이다.

▶ 핵심어: 고려 목간, 선적(船積), 지목병행기, 조창(漕倉), 향리

I. 머리말

고려는 해양왕국으로 불릴 정도로 바다를 통해 여러 지역을 연결하여 하나의 국가를 이루었다. 시조인 왕건도 예성강 하구를 통해 서해를 무대로 활동하였으며, 이를 기반으로 후삼국을 통일하였다. 고려는 전국의 포구를 활용하여 해상 교류의 거점으로 삼았으며, 조창을 설치하여 물류의 교류를 촉진하였다. 전국의 물류는 조창을 통하여 개경으로 전해졌으며, 조운선 등 해상을 통한 운송 활동도 활발하게 전개되었다.

고려가 해상을 통하여 물류를 교류한 사실은, 『고려사』, 『고려사절요』 등의 사서를 통해 알 수 있으나 구체적인 상황을 알기는 어려웠다. 그런데 최근 국립해양문화재연구소의 연구팀이 충청남도 태안 앞바다에서 침몰한 고려의 배를 건져 올렸으며, 여기에서 청자 등 다양한 물품과 함께 木簡과 竹簡이 다량 발견되었다. 2007년 태안 대섬 앞바다에서 건져 올린 '태안선'에서 목간이 발견된 것을 시작으로, 2011년까지 '마도 1·2·3호선'에서도 목간이 다량 출수되었다.[1] 4척의 태안 고려 침몰선에서는 목간과 이에 기재된 물품의 실물이 확인되어 화물과 목간을 비교하여 연구할 수 있는 좋은 자료로 평가된다.

태안 침몰선 出水 木簡을 대상으로 한 연구는 동 연구소의 임경희에 의해[2] 세밀한 분석이 이루어져 고려 목간 연구의 기본서로서 구실을 하고 있다. 이 연구를 기초로 목간의 내용을 재분석한 시도를 이루어졌다. 향후의 연구는 목간의 형식분류[3] 등 목간 자체에 대한 연구도 있으나 대부분 고려의 조운,[4] 적재 화

---

1) 국립해양문화재연구소, 2009, 『高麗靑磁寶物船』; 국립해양문화재연구소, 2010, 『태안 마도 1호선 수중발굴조사보고서』; 국립해양문화재연구소, 2011, 『태안 마도 2호선 수중발굴조사보고서』; 국립해양문화재연구소, 2012, 『태안 마도 3호선 수중발굴조사보고서』.

2) 임경희, 2009, 「태안 대섬 고려 목간의 분류와 내용」, 『高麗靑磁寶物船』, 국립해양문화재연구소; 임경희, 2010, 「마도 1호선 목간의 분류와 주요 내용」, 『태안 마도 1호선 수중발굴조사보고서』, 국립해양문화재연구소; 임경희, 2010, 「마도 2호선 목간의 판독과 분류」, 『木簡과 文字』 6, 한국목간학회 ; 임경희, 2011, 「마도 2호선 목간의 분류와 내용 고찰」, 『태안 마도 2호선 수중발굴조사보고서』, 국립해양문화재연구소; 임경희, 2011, 「마도 3호선 목간의 현황과 판독」, 『木簡과 文字』 8, 한국목간학회; 임경희, 2011, 「태안 목간의 새로운 판독」, 『해양문화재』 4, 국립해양문화재연구소; 임경희·최연식, 2008, 「태안 청자운반선 출토 고려 목간의 현황과 내용」, 『木簡과 文字』 창간호, 한국목간학회; 임경희·최연식, 2009, 「태안 마도 1호선 발굴 목간의 현황과 내용」, 『木簡과 文字』 5, 한국목간학회.

3) 임경희, 2009, 「태안 대섬 고려 목간의 분류와 내용」, 『高麗靑磁寶物船』, 국립해양문화재연구소; 한정훈, 2015, 「동아시아 중세 목간의 연구현황과 형태 비교」, 『사학연구』 119, 한국사학회; 한정훈, 2016, 「고대 목간의 형태 재분류와 고려 목간과의 비교」, 『木簡과 文字』 16, 한국목간학회.

물, 곡물,[5] 식생활[6] 등의 역사학적인 연구가 이어졌다. 최근에는 목간의 고고학적 환경을 고려하여 목간이 만들어져 소비되는 과정을 염두에 두면서 목간에 보이는 문서 양식에[7] 대한 접근도 이루어지고 있다.

이 글은 위의 연구성과를 바탕으로 다른 방향에서 논지를 전개하려고 한다. 먼저 태안선, 마도 1·2·3호선 등 고려 침몰선에서 출수된 목간의 제작지가 다르다는 점에 주목하여 목간 양식의 지역성을 살펴보고자 한다. 이어 고려 목간의 공통 양식을 찾아 고려 문서의 양식을 추출하고자 한다. 이를 통해 고려시대 지역에서 수취한 화물이 이동하는 경로를 추적하여 고려의 물류 시스템을 고찰하고자 한다.

II. 목간 제작지의 검토

1. 현황과 형식분류

고려 목간은 태안선에서 20점(1131년), 마도 1호선에서 73점(1208년), 2호선에서 47점(1197~1213년), 3호선에서 30점(1265~1268년) 등이 출수되었다. 목간은 대부분 고려 중기, 무신집권기를 중심으로 하는 시기에 제작된 것으로 추정된다. 목간에는 발송지, 발송인, 수취인, 수신처, 선적인, 화물 종류 등 다양한 내용이 들어 있어 고려 지방사회를 이해하는데 있어서 중요한 시사점을 주고 있다. 먼저 기본적인 내용을 정리하여 논지를 전개하려고 한다. 이를 표로 정리한 것이 〈표 1〉이다.[8]

고려 출수 목간의 내용을 이해하기 위해서는 일차적으로 목간의 형태를 형식분류할 필요가 있다. 고려 목간에는 홈형이 중요하므로 홈의 유무를 기준으로 분류하여 홈이 있는 것은 I형, 홈이 없이 전체가 장방형의 것은 II형, 홈이 없이 하단부가 뾰족한 것은 III형으로 분류하고자 한다. I형은 다시 홈이 상하단에 있는 a형, 상단부에 있는 b형, 중간부분에 있는 c형, 하단부에 있는 d형으로 분류한다. II형은 단순 장방형으로 되어 있는 것을 a형, 장방형에다가 상단에 구멍이 있는 것은 b형으로 세분하고자 한다. III형은 상하단부가 뾰족한 형태의 a형, 상단부가 사선인 b형으로 나누고자 한다.[9] 그런데 고대 목간 중에서 상단부에 홈이 있고 하단부가 뾰족한 형식이 많은 수량을 차지하지만, 고려 목간에서는 한 점도 확인되지 않아 당시에는 기능을 상실한 목간임을 알 수 있다.

4) 문경호, 2011, 「泰安馬島1號船을 통해 본 高麗의 漕運船」, 『한국중세사연구』 31, 한국중세사학회; 한정훈, 2011, 「12·13세기 전라도 지역 私船의 해운활동: 수중 발굴성과를 중심으로」, 『한국중세사연구』 31, 한국중세사학회.
5) 신은제, 2012, 「마도 1·2호선 出水 목간·죽찰에 기재된 곡물의 성격과 지대수취」, 『역사와 경계』 84.
6) 김정옥, 2010, 「마도 1호선 발굴 유물관 고려시대의 식생활」, 『태안 마도 1호선 수중발굴조사보고서』, 국립해양문화재연구소; 고경희, 2015, 「태안 마도 3호선 해양유물 중심으로 본 고려시대 음식문화」, 『한국식생활문화학회지』 30-2.
7) 졸고, 2016, 「태안 침몰선 고려 목간의 문서양식과 운송체계」, 『한국중세사연구』 47, 한국중세사학회.
8) 〈표 1〉은 林敬熙, 2014, 「高麗沈沒船貨物標木簡」, 『古代日本と古代朝鮮の文字文化交流』, 國立歷史民俗博物館 平川南 編, 大修館書店, p.111의 〈표 1〉; 졸고, 2016, 앞의 논문, p.223, 〈표 1〉을 참고로 이 글에 맞게 수정 보완한 것이다.
9) 졸고, 2016, 「태안 침몰선 고려 목간의 문서양식과 운송체계」, 『한국중세사연구』 47, 한국중세사학회, pp.224-225.

표 1. 고려 목간의 출토 현황과 특성

구분	태안선	마도 1호선	마도 2호선	마도 3호선
수량	20점	73점	47점	30점
발송지	耽津縣 (강진)	會津縣(나주) 竹山縣(해남) 遂寧縣(장흥) 安老縣(영암)	長沙縣(고창) 茂松縣(고창) 古阜郡(정읍) 高敞縣(고창)	呂水縣(여수)
발송인		鄕吏, 개인	使者	使者, 개인
목적지	개경	개경	개경	江都
난파년	1131년 (인종9)	1208년 (희종4)	1197년(신종1) ~1213년(강종2)	1265년(원종6) ~1268년(원종9)
수취인	개경의 고위관리, 하급무관	개경의 관리	개경의 관리	江都의 무인세력, 관청
화물	도자기	곡물 발효식품	곡물 발효식품	어류, 곡물, 布
선적인	次知(鄕吏)	次知(鄕吏)	次知(개인)	次知(향직)

고대 한국과 일본에서 사용된 꼬리표 목간에는 대략 5가지의 유형이 존재하였다(그림 1).[10] 꼬리표 목간은 기본적으로 상하단의 양측에 있는 홈의 유무와 상하단의 끝부분이 형태가 뾰족한 것과 밋밋한 것으로 차이를 보인다. 목간에 있는 홈과 뾰족한 형태는 화물에 쉽게 부착할 수 있었다. 실제로 고려 목간의 상단과 하단에 있는 홈에 끈이 달려 화물과 결합한 목간이 발견되기도 하였다. 고대에는 홈이 상·하단에 있는 기본형이 다른 유형과 함께 발견되는데,[11] 이는 한국이나 일본에서 목간이 사용되는 시기에 종이문서가 사용되는 紙木竝用期였기[12] 때문이다. 중국에서 사용되는 목간의 다양한 형태가 동시에 도입되어 사용되었던 것이다.

고려 목간은 홈이 간략화하는 방향을 택하고 있으며, 상단에만 홈이 있는 목간이 대부분이다. 신안선 목간이 하단을 뾰족하게 가공하는 방향으로 나아가는 것과는 다른 방향성을 가지는 것이다. 고려 목간에는 고대 목간에 보이는 꼬리표 목간의 형식이 모두 존재하지만 기본형은 거의 없어지고 간략화된

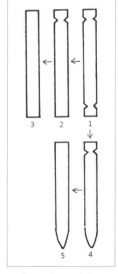

그림 1. 꼬리표 목간의 분류

---

10) 〈그림 1〉은 今泉隆雄, 1978, 「貢進物付札의 諸問題」, 『硏究論集Ⅳ』, 國立奈良文化財硏究所, p.21의 그림을 기초로 일부 수정한 것이다.

11) 飛鳥資料館, 2010, 『木簡黎明』, 飛鳥資料館開館35年, pp.36~38.

12) 平川南, 2005, 「木と紙」, 『文字と古代日本』 2, 文字による交流, 吉川弘文館, pp.70~107.

형태가 주류를 이루게 된 것이다.

형태와 더불어 내용을 기준으로 분류를 할 수 있다. 기존 연구에서는 고려 목간의 내용 중에서 ①수취인 ②발송지(발송인) ③물품 종류 ④수량에 주목하여 분석이 이루어져 왔다. 이 4가지 요소는 많은 목간에서 확인되는 내용이지만 다른 요소에 대한 분석을 시도하지 않는 측면을 지니게 된다. 전체 내용을 놓고 분석할 필요성이 제기되는 것이다. 고려 출수 목간에 기재된 내용을 분류하면, '연대, 발송지(+발송인), 수취인, 물품(+수량), 印(封), 船積人, 花押' 등을 추출할 수 있다.

2. 목간의 제작지

목간의 제작지이자 화물의 발송지로서 여러 지역이 나오고 있다. 목간의 지역 중에서 태안선에 耽津縣(강진), 마도 1호선에 會津縣(나주)·竹山縣(해남)·遂寧縣(장흥)·安老縣(영암), 마도 2호선에 長沙縣(고창)·茂松縣(고창)·古阜郡(정읍)·高敞縣(고창), 마도 3호선에 呂水縣(여수)=麗水縣이 기입되어 있다.

태안선의 목간에서는 지명으로 탐진현이 나온다. 耽津縣은 신라 때 경덕왕 때 지금 이름으로 고치고, 陽武郡의 영현이 되었다. 고려에 와서 영암으로 옮겨 소속되었으나 장흥부에 내속하였다.[13] 지금의 강진군에 해당하는 곳으로 고려 당시에 청자의 생산지로 유명하였다.

마도 1호선의 목간에 죽산현·수령현·회진현·안로현 등의 지명이 나타난다. 먼저 竹山縣은 신라 경덕왕 때 양무군의 영현이 되었다. 고려에 와서 지금 이름으로 바꾸고, 영암군의 속현이 되었다.[14] 지금의 해남에 해당하며, 고려 당시에는 영암군의 속현이었다. 태안선의 목간에 나오는 탐진현과는 경계를 접하고 있으며, 한 때 동일한 영암군의 속현이었다. 遂寧縣은 신라 경덕왕 때 이름을 馬邑이라 하고 寶城郡의 영현이 되었다. 고려에 와서 지금 이름으로 바꾸고, 영암군에 소속되었으나 뒤에 장흥부의 속현이 되었다.[15] 지금의 장흥으로 비정되며, 고려 당시에는 영암군이나 장흥부의 속현이었다.

會津縣은 신라 경덕왕 때 지금 이름으로 고치고, 나주목에 내속하였으며 고려에서 그대로 이어받았다.[16] 회진현은 지금의 나주이며, 고려 때도 나주 소속이었다. 安老縣은 신라 경덕왕 때 이름을 野老로 고치고, 潘南郡의 영현이 되었다. 고려에 와서 지금 이름으로 바꾸고, 나주목에 내속하였다.[17] 안로현은 지금의 영암에 해당한다.

마도 1호선 목간에 나오는 지명인 죽산현·수령현·회진현·안로현 등은 고려 당시에 소속 군이 서로 다른 지역이나 마도 1호선에서 지명이 함께 나오고 있다. 죽산현과 수령현은 장흥부 소속이고 회진현과

---

13) 耽津縣本百濟冬音縣, 新羅景德王, 改今名, 爲陽武郡領縣. 高麗, 移屬靈岩, 後來屬. 別號鼇山. 有富仁島·恩波島·碧浪島·仙山島. 又有莞島.(『高麗史』권56, 지10, 全羅道)

14) 竹山縣本百濟古西伊縣, 新羅景德王, 改名固安【固一作同】, 爲陽武郡領縣. 高麗, 更今名, 來屬.(『高麗史』권56, 지10, 全羅道)

15) 遂寧縣本百濟古馬彌知縣, 新羅景德王, 改名馬邑, 爲寶城郡領縣. 高麗, 更今名, 屬靈岩, 後來屬.(『高麗史』권56, 지10, 全羅道)

16) 會津縣本百濟豆肹縣, 新羅景德王, 改今名, 來屬. 高麗因之.(『高麗史』권56, 지10, 全羅道)

17) 安老縣本百濟阿老谷縣, 新羅景德王, 改名野老, 爲潘南郡領縣. 高麗, 更今名, 來屬.(『高麗史』권56, 지10, 全羅道)

안로현은 나주 소속으로 나오고 있다. 그런데 고려사 지리지에서는 장흥부가 본래 고려 定安縣으로 영암군의 속현이었으나 인종 때 知府事로 승격되었다고 한다.[18] 따라서 인종 이후에는 장흥부가 성립되었고, 죽산현과 수령현이 장흥부의 속현이었다. 따라서 마도 1호선의 목간이 희종 4년(1208)에 제작되었을 것이므로 죽산현과 수령현은 장흥부의 소속이었고 영암군의 속현은 아니었다. 회진현과 안로현은 고려 때 나주목에 속하였다.

마도 2호선의 목간에는 고부군·고창현·장사현·무송현 등의 군현이 나온다. 古阜郡은 신라 경덕왕과 고려 현종 때 지금 이름으로 불렸으며, 충렬왕 때 영광에 병합되었다.[19] 고부군은 지금의 정읍에 해당한다. 高敞縣은 신라 경덕왕 때 武靈郡의 영현이 되었으며, 고려 때 고부군에 내속하였다.[20] 지금의 고창으로 비정된다. 고려 때 고창현은 고부군의 속현이었다.

長沙縣은 신라 경덕왕 때 무령군의 영현이 되었으며, 고려에서는 무령군이 바뀐 영광군의 속현이 되었다.[21] 지금의 고창에 해당한다. 茂松縣은 신라 경덕왕 때 무령군의 영현이 되었으며, 고려에서는 무령군이 바뀐 영광군의 속현이 되었다.[22] 고려

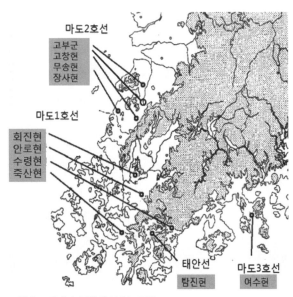

때 장사현과 무송현은 모두 영광군의 속현이었다. 신라 때는 고창현, 장사현, 무송현이 모두 영광군의 전신인 무령군의 영현이었다. 고부군도 고려 충렬왕 때에는 일시적으로 영광군에 병합되기도 하였으므로 마도 2호선의 목간에 보이는 지명은 서로 역사적인 관계를 가지고 있었다. 물론 마도 2호선의 목간이 제작되었을 시기인 신종 1년(1197)~강종 2년(1213)에는 서로 다른 군에 소속되어 있었다. 고창현은 고부군에, 장사현과 무송현은 영광군에 속하였다.

마도 3호선의 목간에 나오는 지명은

그림 2. 고려 출수 목간에 나오는 지명

---

18) 사료 비판을 통하여 정안현의 장흥부 승격을 의종 때로 수정한 견해도 도출되었다(윤경진, 2012, 『高麗史 地理志의 分析과 補正』, 여유당, pp.435-436).

19) 古阜郡本百濟古沙夫里郡, 新羅景德王, 改今名. 太祖十九年, 稱瀛州觀察使. 光宗二年, 爲安南都護府, 顯宗十年, 復今名. 忠烈王時, 倂于靈光. 尋復舊. 屬郡一, 縣六. (『高麗史』 권56, 지10, 全羅道)

20) 高敞縣本百濟毛良夫里縣, 新羅景德王, 改今名, 爲武靈郡領縣. 至高麗, 來屬, 後以尙質監務, 來兼. (『高麗史』 권56, 지10, 全羅道)

21) 長沙縣本百濟上老縣, 新羅景德王, 改今名, 爲武靈郡領縣. 高麗仍之. 後置監務, 兼任茂松. (『高麗史』 권56, 지10, 全羅道)

22) 茂松縣本百濟松彌知縣, 新羅景德王, 改今名, 爲武靈郡領縣. 高麗仍之. 後以長沙監務, 來兼. (『高麗史』 권56, 지10, 全羅道)

여수현이다. 呂水縣 즉, 麗水縣은 신라 경덕왕 때 海邑縣으로 고치고, 승평군에 내속하였다. 고려에 와서 지금 이름으로 바꾸고, 그대로 승평군에 소속시켰다.[23] 고려 때 승평군에는 富有縣, 突山縣, 麗水縣, 光陽縣 등 4개가 속현이 있었다. 여수현은 지금의 여수시 일대에 있었던 군현이었다.

이러한 지명이 분포하는 지역을 보면, 하나의 경향을 읽을 수 있다. 탐진은 남해안의 강진이고 회진·죽산·수령·안로현은 영산강유역에 분포하며 장사·무송현·고부군·고창현은 전북 서해안에 있는 고을이다. 이들 지명은 물품을 거두어들인 생산지이자 물품을 송부한 발송처이다. 모두 군현 단위의 지역으로 구성되어 있는데, 물품의 수취가 군현 단위로 이루어져 조창으로 운송되었기 때문이다. 여기의 지명을 지도에 표시한 것이 〈그림 2〉이다.[24]

III. 고려 목간의 지역성

1. 태안선

태안선은[25] 태안 대섬 앞마다에서 침몰한 고려의 배로서 여기서 최초의 고려 목간이 출수되었다. 태안선에서 출수된 목간은 크게 5가지의 형식으로 나눌 수 있다.

Ⅰ형식 : 발송지+수취인+물품+*印*+선적인+화압
 ·耽津縣在京隊正仁守戶付砂器壹裏印
 ·次知載缸 長 화압 (태안선 1번 목간)
Ⅱ형식 : 연대+(발송지)+수취인+물품
 辛亥□□在京安永戶付沙器一裏 (태안선 9번 목간)
Ⅲ형식 : 수취인+물품+*印*
 × 柳將命宅上砂器印 ×
Ⅳ형식 : 수취인
 崔大卿 宅上 (태안선 14번 목간)
Ⅴ형식 : 수량
 上卅七 下卄 (태안선 19번 목간)

---

23) 麗水縣本百濟猿村縣, 新羅景德王, 改爲海邑縣, 來屬. 高麗, 更今名, 仍屬. 忠定王二年, 置縣令. 有吳島·伊烏島·弓斤島·安才島·樸島. (『高麗史』 권56, 지10, 全羅道)

24) 橋本繁, 2015, 「沈沒船木簡からみる高麗の社會と文化」, 『古代東アジアと文字文化』, 國立歷史民俗博物館 小倉慈司 編, 同成社, p.158.

25) 국립해양문화재연구소, 2009, 『高麗靑磁寶物船』.

Ⅰ형식은 "耽津縣/在京隊正仁守戶付/砂器一裏印/次知載舡 長 화압"으로 구성되어 있으며, 발송지+수취인+물품+印+선적인+화압으로 분석할 수 있다. "탐진현에서 개경에 있는 대정 인수의 집으로, 보내는 도자기 한 꾸러미이다. 배에 싣는 일을 맡은 책임자, 화압."이라고 해석된다. 이 목간을 이해하기 위해 가장 중요한 것은 印과 화압이며, 인과 화압은 각각 다른 문서를 나타내고 있다. 인으로 끝나는 하나의 문서가 있고 다시 화압으로 끝나는 또 다른 문서가 있다. 앞면은 발송지에서 수신인에게 도자기를 발송한다는 운송 문서이고, 문서의 말미에 인장을 찍었다는 표시로 인을 적고 있다. 뒷면은 이를 배에 실으면서 선적인이 확인하는 점검 문서이며, 선적인의 화압이 적혀 있다. 먼저 작성된 운송 문서에 도장이 찍혀 있었고 이를 확인한 선적인이 확인을 하는 과정에서 기초가 된 문서의 내용을 다시 목간에 적은 최종 문서인 것이다. Ⅰ형식 목간은 '印'이 찍힌 운송 문서와 이를 확인하는 花押이 이루어진 점검 문서가 최종적으로 기입되어 제작되었다. 태안선에서 Ⅰ형식은 모두 8점이 출수되었는데, 그 형태를 알 수 있는 것은 홈이 있는 형태Ⅰ형식이 1개, 세장방형의 형태Ⅱ형식은 2개이다. 목간의 형태는 동일한 형식이 아니라 다양하였음을 알 수 있다. 태안선에서는 목간의 형태보다는 내용을 기준으로 하였던 것이다.

Ⅱ형식은 "辛亥/□□在京安永戶付/沙器一裏"이며, 연대+(발송지)+수취인+물품으로 분석할 수 있다. 이 형식의 목간에는 운송하는 시점을 알 수 있는 간지인 신해가 기록되어 있다. 신해년은 출수된 청자의 연대나 목간에 등장하는 인명으로 보아 인종 9년(1131)으로 추정할 수 있다. Ⅱ형식은 간단히 다듬은 형태와 하단을 뾰족하게 다듬은 형태Ⅲ형식이 있다. 형태보다는 내용상으로 동일한 형식의 목간이다.

Ⅲ형식은 "× 柳將命宅上/砂器/印 ×"이며, 수취인+물품+印으로 분석할 수 있다. 아래 위가 파손되어 있어 완전한 내용을 알기 어려우나 앞에 발송지(탐진현)나 연대가 있었을 가능성도 있다. 이 목간은 상하단이 모두 결실되었으며, 다른 목간에 비해 폭이 매우 좁은 특징을 가지고 있다.

Ⅳ형식은 "崔大卿 宅上"이며, 수취인만을 기록하고 있다. 수신인만 존재하기 때문에 내용이 생략된 목간 정도로 보지만 이것도 하나의 목간 형식이다. 수신인만으로 하나의 문서로서 기능하였던 것이다. 그 자체로 봉함의 의미를 가지는 목간의 檢이며, 검 중에서 수신인만 표현한 목간임을 알 수 있다. 검은 수신처를 위주로 기입하는 것이므로 내용물을 알려주는 楬 등의 목간이나 종이문서가 함께 있었을 것이다. 종이 문서에는 물품과 수량을 표시하는 목간인 갈에 해당하는 내용이 들어 있었을 것이다. 목간의 형태가 상단 양편에 홈이 있는 형태Ⅰ형식으로, 물품에 매달기 위한 용도를 상정하였음을 알 수 있다.

Ⅴ형식은 "上卅七 下卄"이며, 수량이 기입되어 있다. 태안선은 화물의 대부분이 청자이므로 운송 꾸러미에 들어 있는 수량을 나타내고 있다. 위 꾸러미에 37점의 청자가, 아래 꾸러미에 20점의 청자를 묶었다는 것을 보여주고 있다. 이는 선적하는 과정에서 적은 목간으로 보인다. 이 목간은 뾰족한 세모꼴로 머리를 다듬고 한 쪽에만 홈을 낸 독특한 형태이다.

목간 중에서 공통하는 내용은 발송지로서 耽津縣, 수신처로서 在京이 기록되어 있으며, 화물의 대부분이 청자이다. 탐진현은 장흥부의 속현이다. 태안선은 탐진현에서 수도인 개경으로 보내는 청자를 실은 배임을 알 수 있다. 그런데 목간의 형식과 글씨체로 보아 목간의 제작과 문자의 기입은 발송인(선적인)이나 수신인과 관련을 가지고 있다. Ⅰ형식은 탐진현에서 대정 인수에게 청자를 보내는 내용이고, Ⅱ형식은 신해년에 (탐진현)에서 개경의 안영에게 청자를 보내는 것이다. Ⅲ형식은 내용이 완전하지 않으나 (탐진현)에서 개경의 유장명에게 청자를 보내며 작성한 목간이다. Ⅳ형식은 (탐진현)에서 (개경의) 최대경에게 보내는 물품에 붙어 있던 목간이다. Ⅴ형식은 짐꾸러미 속에 있는 청자의 수량을 적은 목간이다. 이와 같이 태안선 목간은 발송인과 수신인과 관련하여 제작하고 기록한 목간임을 알 수 있다. 목간의 형식이 동일하지 않은 것으로 보아 발송인이 각자 작성하여 기록한 목간임을 알 수 있다.

2. 마도 1호선

마도 1호선은 태안 마도 앞바다에서 침몰한 배이며, 모두 73점의 목간이 출수되었다. 출수 목간의 내용 중에 보이는 戊辰이라는 간지로 보아 희종 4년(1208)에 침몰한 것으로 추정된다. 발송지로는 會津縣(나주)·竹山縣(해남)·遂寧縣(장흥)·安老縣(영암)이 나온다. 지역별로 4개의 군현으로 나눌 수 있다.

Ⅰ형식 : 會津縣(나주), 발송지+수취인+물품

會津縣在京□□宅田出太肆石入卅斗 (마도 1호선 18번 목간)

Ⅱ형식 : 竹山縣(해남), 연대+물품+印/발송지+수취인+화압

·丁卯十月日田出正租貳拾肆石各入貳拾斗印

·竹山縣在京典廐同正 宋 화압 (마도 1호선 19번 목간)

Ⅲ형식 : 遂寧縣(장흥), 발송지+수취인+물품

遂寧縣在京別將同正(黃)永脩戶田出白米參拾□□□ (마도 1호선 11번 목간)

Ⅳ형식 : 安老縣(영암), 발송지+수취인+물품+화압

安老縣在京宋□宅上□□□各入拾□□ 화압 (마도 1호선 34번 목간)

Ⅰ형식은 회진현에서 발송한 목간이다. 이것은 "會津縣+在京□□宅+田出太肆石入卅斗"로 구성되어 있으며, 발송지+수취인+물품으로 분석된다. "회진현에서 개경에 있는 □□집으로, 전출 콩 4섬, 각 스물 말이 들어 있다"라고 해석된다. 회진현 목간은 모두 3점이며, 발송지+수취인+물품이나 발송지+물품의 양식으로 되어 있다. 회진현 목간은 내용을 구성하는 양식이 통일되어 있다. Ⅰ형식은 홈이 있는 형태Ⅰ형식과 장방형인 형태Ⅱ형식으로 구성되어 있다.

Ⅱ형식은 竹山縣(해남)에서 발송한 목간이다. 이것은 "·丁卯十月日+田出正租貳拾肆石各入貳拾斗+印 /·竹山縣+在京典廐同正 宋+화압"으로 구성되어 있으며, 연대+물품+印/발송지+수취인+화압으로 분석된다. 이것은 Ⅱa식이며, 연대는 丁卯와 戊辰이 있다. 정묘의 간지는 5점, 무진의 간지는 4점이 발견되었다.

Ⅱa식은 印과 화압이 중요한 요소이며, 이것으로 보아 2개의 문서가 하나의 목간에 다시 기록된 예이다. 이 목간은 '丁卯十月日(연대)+田出正租貳拾肆石各入貳拾斗(물품)+印'으로 이루어진 문서와 '竹山縣(발송지)+在京典廐□同正(수신인) 宋(발송인) 화압'으로 구성된 2개의 문서가 합쳐진 양식을 보여주고 있

다. 전자는 수취와 관련된 내용으로 보아 수취문서의 일부로, 후자는 발송인이 존재하는 것으로 보아 운송문서의 일부로 추정할 수 있다. 이러한 2개의 문서를 기초로 새로운 마도 1호선 19번과 20번 목간을 작성하였다. 기초가 된 문서는 종이문서와 목간 모두를 상정할 수 있다. 만약 종이문서라면 실제로 도장이 찍혀 있었을 것이며, 이를 전재하는 과정에서 목간에는 印이라고 표현하였던 것이다. 목간이라면 전자는 갈형 목간, 후자는 검형 목간으로 정의할 수 있다. 무엇을 가정하더라도 2개 이상의 문서가 하나의 목간으로 재구성되었다는 것을 알 수 있다. 따라서 Ⅱa형식은 운송과정에서 작성된 목간이라는 사실을 알 수 있다.

Ⅱb식은 "竹山縣+在京校尉尹邦俊宅+蟹醢壹缸入四斗"과 같이 발송지+수취인+물품의 것인데, Ⅱa식을 간략히 한 형식이다. Ⅱ형식은 홈이 있는 형태Ⅰ형식과 장방형인 Ⅱ형식으로 구성되어 있다. 죽산현 목간은 일정한 양식으로 통일되어 있어 다른 군현의 목간과 구별된다. 특히 간지를 기록하고 있다는 점에서 특징적이다.

Ⅲ형식은 遂寧縣(장흥)에서 발송한 목간이다. "遂寧縣+在京別將同正(黃)永脩戶+田出白米參拾□□□"로 구성되어 있으며, 발송지+수취인+물품으로 분석된다. 죽산현 Ⅱb형식과 같은 양식이며, 수령현 목간 1점이 출수되었다. Ⅲ형식은 홈이 있는 형태Ⅰ형식만 있으나 1점의 자료로 단정하기는 곤란하다.

Ⅳ형식은 安老縣(영암)에서 발송한 목간이다. "安老縣+在京宋□宅上+□□□各入拾□□+孝格"으로 구성되어 있으며, 발송지+수취인+물품+발송인(화압)으로 분석된다. 발송인으로 효격이 나오고 있다. Ⅳ형식은 홈이 있는 형태Ⅰ형식만 있으나 1점의 자료로 단정하기는 곤란하다.

마도 1호선의 목간은 내용상 간지를 기록한 목간이 많으며, 田出, 畬이라는 토지와 관련된 용어를 사용하고 있다. 전출은 밭에서 났다는 의미이고 여는 개간한 밭이라는 뜻이다. 형태상으로는 홈이 있는 Ⅰ형식과 장방형인 Ⅱ형식이 사용되어 내용과 상관없이 형태를 제작하였음을 알 수 있다.

발송지와 발송인은 함께 기입된 경우도 있으나 각각 하나씩만 기입되기도 하였다. 발송지의 지명은 전라도 연안에 있는 곳으로 서로 인접하여 있으며, 회진·죽산·수령·안로현은 영산강 유역에 분포한다. 이들 지명은 물품을 거두어들인 생산지이자 물품을 송부한 발송지이다. 모두 군현 단위의 지역으로 구성되어 있는데, 물품의 수취가 군현 단위로 이루어져 조창으로 운송되었기 때문이다.

발송지 회진현과 안로현은 나주목의 속현이고, 수령현은 장흥부의 속현이며, 죽산현은 영암군의 속현이다. 소속 주현을 달리하고 있으나 하나의 배로 운송하고 있었다. 목간은 군현을 달리 하여 제작되었으며, 발송지, 수신지, 물품을 기입하고 있다. 현재 자료로는 군현별로 양식을 달리 하였다고 일반화하기는 곤란하다. 그러나 죽산현은 간지 등이 포함된 양식에서 다른 군현과 다른 모습을 보이고 있다.

3. 마도 2호선

마도 2호선도 태안 마도 앞바다에서 침몰한 배이며, 모두 47점의 목간이 출수되었다. 출수 자료로 보아 신종 1년(1197)~강종 2년(1213)에 침몰한 것으로 추정된다. 발송지로는 長沙縣(고창)·茂松縣(고창)·古阜郡(정읍)·高敞縣(고창)이 나온다. 지역별로 4개의 군현으로 나눌 수 있다.

Ⅰ형식 : 長沙縣(고창), 수취인+발송지+물품

校尉□□□宅上長沙縣田出太壹石各入拾伍斗 (마도 2호선 1번 목간)

Ⅱ형식 : 茂松縣(고창), 발송지+수취인/발송인(화압)

·茂松縣在京韓宅田出末醬壹石各入貳拾斗

·使者金順 (마도 2호선 29번 목간)

Ⅲ형식 : 古阜郡(정읍), 수취인+발송지+물품/선적인

·大卿庾宅上古阜郡田出大壹石入拾伍斗

·次知果祚 (마도 2호선 31번 목간)

Ⅳ형식 : 高敞縣(고창), 발송지+수취인+물품+印

高敞縣事審□宅麯一裏人六十員印 (마도 2호선 20번 목간)

Ⅰ형식은 長沙縣(고창)에서 발송한 목간이다. 이것은 "校尉姜仁□宅上+長沙縣+田出太壹石各入拾伍斗"로 구성되어 있으며, 수취인+발송지+물품으로 분석된다. "교위 강인□ 댁으로, 회진현에서 전출 콩 한 섬, 각각 한 섬에 15말이 들어 간다"라고 해석된다. 장사현 목간은 1점이며, 가운데 홈이 있는 형태Ⅰ 형식 목간으로 홈의 위치가 독특하다.

Ⅱ형식은 茂松縣(고창)에서 발송한 목간이다. 이것은 "·茂松縣+在京韓宅+田出末醬壹石各入貳拾斗/·使者 金順"로 구성되어 있으며, 발송지+수취인+물품/발송인(화압)으로 분석된다. 사자 김순은 발송인이자 운송인으로 보인다. 무송현 목간은 모두 13점 정도 파악되며, 이를 다시 분류할 수 있다. Ⅱa식은 발송지+수취인+물품/발송인(화압)이며, 마도 2호선 29번 목간의 예이다. Ⅱa식은 1점이며, 형태로 세장방형인 형태Ⅱ식이다. Ⅱb식은 발송지+수취인+물품+印(封)이며, "茂松+在京朴□+各入太十八斗印"(마도 2호선 24번 목간)이다. Ⅱc식은 발송지+수취인+물품이며, "茂松縣+在京別將同正尹□精戸付+白米一石各入十八斗"(마도 2호선 29번 목간)이다. Ⅱb식과 Ⅱc식은 대부분 홈이 있는 형태Ⅰ식의 목간이다.

Ⅲ형식은 古阜郡(정읍)에서 발송한 목간이다. 이것은 "·大卿庾宅上古阜郡田出大壹石入拾伍斗/·次知果祚"으로 구성되어 있으며, 수취인+발송지+물품/선적인으로 분석된다. "대경 유씨 댁으로, 고부군에서 전출 콩 한 섬, 한 섬에 15말이 들어간다./일을 맡은 자는 과조이다."라고 해석된다. Ⅲ형식은 고부군에서 제작한 것으로, 4점이 모두 동일한 형태와 양식으로 이루어져 있다. 고부군에서 대경 유씨에게 보내는 中米, 콩에 대한 꼬리표 목간이며, 과조가 운송이나 선적을 담당한 것으로 보인다. 모두 형태상으로 홈이 있는 형태Ⅰ형식이다.

Ⅳ형식은 高敞縣(고창)에서 발송한 목간이다. 이것은 "高敞縣事審□宅麯一裏人六十員印"으로 구성되어 있으며, 발송지+수취인+물품+印으로 분석된다. "고창현에서 개경의 사심관에게, 누룩 한 꾸러미, 60원이 들어간다. 印."라고 해석된다. 동일한 내용의 목간이 2점 발견되었으며, 모두 홈이 있는 형태Ⅰ식이다.

발송지와 발송인은 함께 기입된 경우도 있으나 각각 하나씩만 기입되기도 하였다. 발송지로는 長沙縣(고창)·茂松縣(고창)·古阜郡(정읍)·高敞縣(고창)이 기입되어 있다. 장사현·무송현·고부군·고창현은 전북 서해안에 있는 고을이다. 이들 지명은 물품을 거두어들인 생산지이자 물품을 송부한 발송처이다. 모두 군현 단위의 지역으로 구성되어 있는데, 물품의 수취가 군현 단위로 이루어져 조창으로 운송되었기 때문이다.

마도 2호선의 목간에 보이는 발송지인 장사현과 무송현은 영광군의 속현이고, 고창현은 고부군의 속현이다. 영광군과 고부군 소속의 군현이 보이고 있다. 소속 주현을 달리하고 있으나 하나의 배로 운송하고 있었다. 목간은 군현에 따라 비슷한 양식을 보여주고 있으며, 발송지, 수신인, 물품을 기입하고 있다. 기본적으로 발송지, 수취인, 물품, 운송인, 선적인을 기록하는 것은 거의 동일하다. 목간 중에서 고부군 목간 4점은 동일한 수신인, 발송지, 선적인을 보여주고 있으므로 발송인이나 선적인이 별도로 제작하였다는 것을 알 수 있다.

4. 마도 3호선

마도 3호선은 태안 마도 앞마다에서 침몰한 고려의 배로서 모두 30점의 목간이 출수되었다. 출수 자료로 보아 원종 6년(1265)~원종 9년(1268)에 침몰한 것으로 추정된다. 발송지로는 呂水縣(여수)이 나온다. 태안선에서 출수된 목간은 크게 3가지의 형식으로 나눌 수 있다.

I 형식 : 발송지+수취인+물품/선적인+화압
· 呂水縣副事審宅田出皮麥柒斗 □□/□□□□
· 次知載舡 丞同正吳 화압 (마도 3호선 23번 목간)

II 형식 : 수취인+물품/발송인+화압
· 房□主宅上生鮑醢/□□雉三以畬出印
· 使者 善才 (마도 3호선 6번 목간)

III 형식 : 수취인+물품
· 右三番別抄都上
· 乾蛟壹石 (마도 3호선 13번 목간)

I 형식은 呂水縣에서 발송한 목간이다. "· 呂水縣副事審宅田出皮麥柒斗 □□/□□□□ · 次知載舡 丞同正吳 화압"으로 구성되어 있으며, 발송지+수취인+물품/선적인+화압으로 분석된다. "여수현에서 부사 심 댁으로, 겉보리 7말……/배에 싣는 일을 맡은 사람은 승동정 오 이다"라고 해석된다. 마도 3호선에서 출수된 목간 중에서 유일하게 지명을 띠고 있다. 23번 목간은 앞면에서 뒷면으로 계단상으로 층을 두어 다듬고 있어 독특한 형태를 띠고 있다. 이 형식 중에서 동일한 선적인이 기록된 것이 7번 목간이다. 7번 목간에는 "· 副事審宅上+缸壹/· 次知上丞同正吳 화압"으로 구성되어 있으며, 발송지는 없으나 수취인+물품/선적인+화압으로 분석된다. 7번 목간은 발송지가 없으나 23번 목간과 수취인과 발송인이 같은 목간이다. '次知上'은 차지가 맡다는 뜻이고 상은 올린다는 의미이므로 배에 올리는(싣는) 일을 맡았다는 것이므

로 '次知載舡'과 같은 의미다. 따라서 7번 목간도 여수현에서 발송하고 선적하면서 기록한 목간임을 알 수 있다. 29번 목간에도 '次知 뭇'도 동일한 선적인으로 볼 수 있으나 수취인은 '寄待郞宅上'으로 다르다.

Ⅱ형식은 구체적인 지명이 없어 발송지나 선적지를 알 수 없다. 이것은 "·房□主宅上+生鮑醢□□雉三以耑出+印/·使者 善才"로 구성되어 있으며, 수취인+물품+인/발송인+화압으로 분석된다. "房□主 댁으로, 생전복 젓갈, 꿩 3마리 답출이다. 印. 발송인은 사자 선재이다."라고 해석된다. 수취인인 '房□主'이고, 발송인이 '使者 善才'라는 목간은 3번, 5번, 6번 목간의 3점으로 물품이 생전복 젓갈, 생전복으로 해산물이나 가공식품이다. 해산물의 이름으로 보아 발송지나 선적지는 남해 연안의 지역으로 보이며, 여수현일 가능성도 높다. 이 형식의 목간에는 발송인으로 사자 선재 이외에 男 景池, 玄礼 등이 있다. 남 경지와 현례는 사자 선재와 달리 사자라는 역명이 없이 이름만을 적고 있다.

Ⅲ형식도 구체적인 지명이 없어 발송지나 선적지를 알 수 없다. 이것은 "·右三番別抄都+上/·乾蛟壹石"로 구성되어 있으며, 수취인+물품으로 분석된다. "우삼번별초도에 올린, 마른 홍합 한 섬"라고 해석된다. 삼별초 등 관청으로 보내는 물품에 달린 목간이다. 다른 예로는 15번 목간 "·辛允和侍郞宅上/·生鮑醢一缸"의 예와 같이 개인에게 생전복 젓갈 한 항아리를 보내는 내용도 있다.

마도 3호선 목간에 보이는 발송지나 선적지로는 여수현이 유일하다. 전체적인 상황으로 보아 여수현에서 발송되거나 선적되었을 것으로 보인다. 그러나 여수현을 기록한 목간이 1점밖에 없어 다른 지역의 화물도 같은 배에 실었을 가능성도 있다. 마도 3호선의 목간은 형태가 23번 목간을 제외하고는 Ⅰ형식이며, 아래가 뾰족한 것은 없고 네모난 각진 형태이다.

Ⅳ. 목간과 종이문서의 양식

고려 출수 목간이 제작되어 사용되던 시기에는 종이 문서가 제도적으로 확립된 시기였다. 그럼에도 불구하고 수취와 관련된 문서에서 목간도 일정한 기능을 수행하고 있었다. 목간이 종이 문서의 보조적인 위치에서 제한적으로 사용된 측면도 있으나 종이 문서로 대체할 수 없는 경우에는 목간 그 자체도 문서의 기능을 하였던 것이다. 나무는 종이와 달리 견고하여 출수 목간과 같이 물품의 이동과 관련하여 사용하였다. 목간을 여러 개 늘어놓고 정보를 집적하거나 그것을 정리하여 종이에 기록하였던 것이다. 이와 반대로 종이에 쓰인 정보는 분해하여 목간에 기록하기도 하였다.[26] 따라서 목간을 종이 문서와 결부하여 이해할 필요가 있으며, 목간을 통해 종이 문서의 양식을 일정 부분 추출할 수 있는 것이다.

물품의 수송과 관련하여 사용된 목간으로는 檢과 楬이 있다. 수신처만 표시하는 문서목간은 漢代에 檢이라고 불렀다.[27] 문서를 보낼 때 봉함의 기능을 하는 목간으로 나무의 일부분에 凹凸을 새기고 파진 부

---

26) 市大樹, 2012, 『飛鳥の木簡』, 中央公論新社, p.10.

27) 大庭修 編, 1998, 『木簡』, 大修館書店, pp.38-39.

분에 진흙을 넣고 印을 누른 뒤에 나무 위에 수신인(처)와 송달 방법을 기록하는 것이다. 태안선 14번 목간의 "崔大卿 宅上"은 그 자체로 봉함의 의미를 가지는 목간의 檢이며, 檢 중에서 수신인만 표현한 목간임을 알 수 있다. 검은 수신처를 위주로 기입하는 것이므로 내용물을 알려주는 楬 등의 목간이 함께 있었을 것이다. 마도 1호선 7번 목간에는 '會津縣畲白米入貳拾肆石'이 기입되어 있는데, '발송지(인)+물품+수량'의 형식이다. 발송지는 회진현이며, 물품은 畲白米이고 수량은 貳拾肆石이다. 이 목간은 다른 마도 1호선 목간과 달리 나무껍질만 벗기고 다듬지 않고 적은 것이며, 물품을 매달기 위해 판 홈이 없다. 이것은 내용상으로 중국 목간의 楬에 해당하는 것으로 물품을 묶은 끈에 고정하거나 물품을 넣은 자루나 가마니 등에 넣었을 것이다. 검과 갈의 내용이 함께 기록된 목간도 있다. 마도 1호선 9번 목간에 보이는 "崔郎中宅上/古道醢壹缸"으로 수신인을 표시한 검과 물품의 내용물을 전하는 갈이 하나의 목간에 기록된 예이다.

목간에 기입된 '印'과 화압은 문서의 끝에 붙는 사인으로 별개의 문서가 하나의 목간에 기재되었다는 것을 보여 준다.

·丁卯十月日田出正租貳拾肆石各入貳拾斗印
·竹山縣在京典廏同正 宋 화압 (마도 1호선 19번 목간)

이 목간은 '丁卯十月日(연대)+田出正租貳拾肆石各入貳拾斗(곡물, 수량)+印'으로 이루어진 문서와 '竹山縣(발송지)+在京典廏□同正(수신인) 宋(발송인) 화압'으로 구성된 2개의 문서가 합쳐진 양식을 보여주고 있다. 전자는 수취와 관련된 내용으로 보아 수취 문서의 일부로, 후자는 발송인이 존재하는 것으로 보아 운송 문서의 일부로 추정할 수 있다. 이러한 2개의 문서를 기초로 새로운 마도 1호선 19번 목간을 작성하였다. 기초가 된 문서는 종이문서와 목간 모두를 상정할 수 있다. 만약 종이문서라면 실제로 도장이 찍혀 있었을 것이며, 이를 전재하는 과정에서 목간에는 印이라고 표현하였던 것이다. 목간이라면 전자는 갈형 목간, 후자는 검형 목간으로 정의할 수 있다. 이 경우 印은 두 가지 의미를 가지고 있다. 하나는 목간에 보이는 진흙인 封泥에 찍은 음각도장이고, 목간의 형식이 남아 있는 상황을 반영하고 있다. 다른 하나는 종이문서에 찍은 양각도장이며, 印이 적힌 목간은 종이문서를 다시 적은 것이다. 무엇을 가정하더라도 2개 이상의 문서가 하나의 목간으로 재구성되었다는 것을 알 수 있다. 이 목간은 수취와 운송 과정에서 작성된 목간이라는 사실을 알 수 있다. 이 목간은 '印'이 찍힌 수취 문서와 이를 확인하는 花押이 이루어진 운송(점검) 문서가 최종적으로 기입되어 제작되었다.[28]

印과 관련하여 동일한 위치에 적은 '封'이라는 문자가 주목된다. 마도 2호선 23번 목간의 "·重房都將校 吳文富/·宅上眞盛樽封"은(그림 3) '수신인+물품+용기+封'이라는 형식이다. 목간과 함께 참기름을 담았

---

28) 졸고, 2016, 앞의 논문, p.239.

을 것으로 추정되
는 매병이 발견되
었는데,[29] 당시 명
칭은 樽이었을 것
이다. 이것은 단지
'물건을 봉하였다'
하는 밀봉 행위에
만 초점을 맞추기
보다는 목간의 문
서 행정에 사용된
"印을 찍어 문서를
封緘하였다"라는
것이 원래적인 의
미였다. 인이 도장

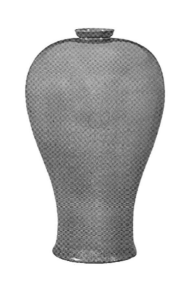

그림 3. 마도 2호선의 참기름을 담은 매병과 목간

그림 4. 着姓草押

이라는 실물을 반영한다면 봉은 도장을 찍어 봉함한다는 의미를 반영하고 있다.

고려 출수 목간에서 문서 양식상 가장 중요한 요소이나 거의 주목하지 않은 것이 手決인 花押이다. 花押에는 이름을 그대로 적거나 조금 흘리는 着名과 성명을 초서로 변형하여 적는 着押이 있다.[30]

먼저 착압이 있다. 태안선 1·2번 목간에는 선적인으로 '次知載船 長 화압'이 기입되어 있는데, 맡은 임무와 직책만 있고 성명을 적지 않고 있다. 이는 고려사에 보이는 不姓草押에 해당한다. 다음으로 着姓草押도 확인된다. 마도 3호선 7·23·29번 목간의 '次知載船丞同正 吳 화압'(그림 4)은 맡은 직책과 더불어 성이 정확하게 쓰여져 있으나 이름은 화압으로 처리하고 있다. 이는 고려사에 보이는 着姓草押으로 보인다. 不姓草押과 着姓草押을 쓴 대상자는 화물을 배에 선적하는 호장일 가능성이 높아 선적을 담당한 호장의 사회적 지위가 높다는 사실을 알 수 있다.

착명은 착성명과 성명이 있다. 着姓名은 마도 1호선 16번 목간의 '長 宋椿', 마도 3호선에서는 8·26번 목간의 '南 景池'가 있다. 특히 남경지는 南을 크고 정확하게 쓰고 景池를 아래로 내려 작은 글씨로 조금 날려 적고 있다. 성명은 마도 1호선 34번 목간의 '孝格', 22·38·71번 목간의 '大三'이 있으며, 마도 2호선 18·31·32·42번 목간의 '次知 果祚', 8·26·28번 목간의 '使者 閑三'이 쓰여져 있다. 착명은 신분이 상대적으로 낮은 계층에서 사용하였다는 것을 알 수 있다.[31]

---

29) 국립해양문화재연구소, 2011, 『태안 마도 2호선 수중발굴조사보고서』, pp.208~209; 국립해양문화재연구소, 2011, 『梅瓶 그리고 樽』, pp.26~27.

30) 박준호, 2009, 『예禮의 패턴: 조선시대 문서 행정의 역사』, 소와당, pp.39~53.

31) 졸고, 2016, 앞의 논문, pp.236~237.

V. 운송과 선적

1. 창고와 운송

고려 출수 목간은 기본적으로 조창이 있는 포구에서 배에 물품을 선적하면서 최종적으로 작성하였던 것이다. 경우에 따라서는 군현에서 물품을 조창으로 운송하는 과정에서 작성한 것도 존재하고 있다. 두 경우에 모두 운송과 관련되었다는 점에서 공통점을 가지고 있다. 그렇지만 목간의 내용 중에는 군현에서 일반 민호에게 조세를 수취한 물품도 존재하고 있으므로 생산지에서 수행한 물품의 수취에 관한 목간의 존재도 상정할 수 있다.

이 경우에 참조가 되는 것이 함안 성산산성 목간의 내용이다. 이것은 신라 上州에서 수취한 물자를 下州의 함안으로 보낸 목간으로 '지명(발송지)+인명(수납인)+곡물명+수량'이라는 양식으로 기록되어 있다. 이를 참고로 한다면, 고려시대 생산지에서 물품을 수취할 때에도 이와 유사한 내용을 담은 목간이 물품에 따라 붙었을 것이다. 그런데 민호에게 물자를 수취하기 위해서는 수취대장이 있었을 것이며, 종이 문서인 대장과 대조하면서 꼬리표 목간을 작성하였을 것이다. 이러한 개별 가호단위로 수취된 물품과 함께 꼬리표 목간도 군현에서 모아져 조창으로 운반되었을 것이다.

군현 단위에서 모아진 화물을 집적하는 창고는 관아시설과 관련하여 검토할 수 있다. 마도 2호선에 나오는 고부군, 고창현, 무송현, 장사현이 있었던 지역과 관련하여 고고학적인 자료가 주목된다. 이와 관련된 것이 백산성과 구고부읍성의 자료이다.

白山城은 현재 부안군에 있으며, 해발 47.4m의 백산에 위치하고 있다. 백산은 동진강 하구의 넓은 충적평야에 위치하고 있으며, 이곳에 백산성이 자리하고 있다. 백산성은 평야 가운데 솟은 산에 위치하여 주변을 조망할 수 있고, 고부의 고사부리성과 능선으로 연결되어 있다. 백산성은 백산의 정상부를 감싸고 있는 테뫼식 산성으로 전체 둘레는 1,064m에 달하며, 평면 장축 길이는 358m, 폭 230m에 이른다.[32] 발굴조사에서 고려시대 생활면을 찾지는 못하였으나 농경과 관련된 다양한 자료가 출토되었다. 원삼국시대의 유적에서 쌀·밀·보리·조·콩·팥 등의 탄화된 곡물 종자와 다양한 잡초 종자, 그리고 동물뼈 등이 다량으로 출토되었다. 다양한 종류의 곡물류는 이곳이 농산물의 집산지로서 유통 거점이 되었다는 사실을 알려 준다. 이 유적은 3·4중의 환호로 둘러싸여 있어 방어하기에 편리한 구조로서[33] 주변 평야에서 생산한 농산물을 보관하는 창고의 기능을 하였을 것이다.[34] 백산성은 마도 2호선에서 출수된 목간에 보이는 고부군이 위치한 고사부리성에 가깝고, 김제의 벽골제와도 근거리에 위치하고 있다. 현재 발굴조사 자료로는 원삼국시대의 환호유적으로 한정되어 있으나 동학농민전쟁 때에 농민군들이 사용한 것을 보

---

32) 전영래, 2003, 『전북 고대산성조사보고서』, 전라북도·한서고대연구소.

33) 전북문화재연구원, 2010, 『부안 백산성』, 유적조사보고 47; 전북문화재연구원, 2011a, 『부안 백산성 Ⅱ』, 유적조사보고 51; 전북문화재연구원, 2011b, 『부안 백산성 Ⅲ』, 유적조사보고 61.

34) 최완규, 2013, 「김제 벽골제와 백제 중방성」, 『호남고고학보』 44, p.186.

그림 5. 고사부리성 서문지

면, 고려시대에도 사용하였을 가능성이 있다. 위치상으로 주변 평야지대에 독립적으로 형성된 구릉상에 있어 시대를 불문하고 이용하였을 것이다. 백산성의 중요성은 바로 농산물을 보관하는 장소이자 보호하는 성곽으로 기능하였다는 것에 있다.

고부구읍성(그림 5)은[35] 古沙夫里城으로 불리며, 백제시대에 최초의 성벽이 축성되었다가 이후 조선시대까지 계속하여 사용한 성곽이다. 해발 133m의 성황산의 두 봉우리를 감싸고 있는 포곡식 산성으로 형태는 북서–남동 방향으로 길게 뻗은 반달모양이다. 말안장과 같이 양쪽이 높고 가운데가 낮은 지형의 바깥쪽으로 성벽을 둘렀다. 성벽의 길이는 1,055m, 긴 쪽의 길이가 418m, 짧은 쪽의 길이 200m이며 면적은 63,484㎡이다. 상대적으로 낮은 봉우리에 위치하지만 정읍, 부안, 김제, 고창 부근까지 조망할 수 있으며, 서해로 나아갈 수 있는 수로 교통망, 남–북으로 뻗은 도로 교통망 등 탁월한 입지 조건을 갖추고 있다.[36] 내부에서 백제부터 조선시대까지의 건물지 등이 조사되었다. 최근의 발굴조사에서는 백제시대와 통일신라시대의 기와 등이 출토되어 이 지역의 중심지로서 기능하였음을 알 수 있다. 특히 북문지에서

---

35) 전북문화재연구원, 2013, 『정읍 고사부리성–종합보고서(1~5차 발굴조사)』, 유적조사보고 72; 정읍시박물관·전북문화재연구원, 2013, 『백제의 중방문화, 고사부리성에서 찾다』, 특별전 도록.

36) 정읍시박물관·전북문화재연구원, 2013, 위의 책, p.55.

출토된 '上部上巷'명의 인각와를 근거로 고부구읍성이 백제 중방 고사부리성일 가능성도 제기되었다.[37] 여기에서 출토된 '本彼官'명 기와 등을 보면, 통일신라시대에도 관아가 있었던 것으로 추정된다. 고려시대 고부군의 소재지로서 관아가 있었을 가능성이 있다. 관아 있었던 고부구읍성에는 고부군에서 수취한 곡물을 저장하는 창고가 존재하였을 것이다. 고부군 관내에서 수취한 물품은 군현의 창고인 고부구읍성의 창고에서 보관하였다가 조창인 안흥창을 거쳐 개경으로 운반되었을 것이다.

태안 침몰선 출수 목간에 보이는 벼와 쌀, 보리, 메밀, 조, 콩 등은 생산지에서 수취하여 일차적으로 군현의 창고에서 보관하였다. 군현의 창고로 상정할 수 있는 장소 중의 하나가 백산성과 고사부리성이다. 백산성과 고사부리성에는 주변 평야지대에서 수취한 농산물을 보관하였을 것이며, 여기에 모인 농산물을 조창인 安興倉으로 보냈을 것이다.

군현 단위에서 수취물의 징수에 관여하고 실질적으로 책임을 졌던 것은 군현의 향리였을 것이다. 또한 물품을 漕倉으로 운반하는 업무도 향리의 몫이었다.[38] 출수 목간에서 호장 등 향리가 발송인으로 등장하는 것도 이러한 이유에서였다. 고려에서 조세체계가 잘 유지되던 때에는 향리가 조세의 수취와 운송에서 안정적으로 임무를 수행하는 과정에서 가능하였을 것이다. 그런데 목간의 기재 내용으로 보아 발송인은 향리 → 사자 → 특수 인명 등으로 변화하고 있다. 고려에서는 초기에 국가의 지방 지배와 관련을 가지는 향리가 운송을 책임졌으나 차츰 물품의 발송에 대하여 사자가 책임을 수행하였고 다시 후기에는 특정 개인이 이를 담당하였음을 알 수 있다.[39]

2. 조창

군현의 창고에 보관되었던 수취물은 배나 수레 등을 통하여 포구가 있는 조창으로 운반되었다. 태안선은 탐진현에서 생산한 청자를 개경으로 실어 나르는 배로서 탐진현 大口所에서 생산한 청자를 유통시키기 위하여 운송하고 있었다. 태안선에는 수만 점의 청자가 대량으로 선적되어 있었으며, 수 많은 청자를 운송하는 방법에 대해 논란이 있다. 먼저 탐진현 대구소에서 생산한 청자는 조창인 영암 長興倉에 보관하였다가 潮東浦에서 선적하여 개경으로 운송되었을 것으로 추정하기도 한다. 탐진현은 장흥부의 속현이므로[40] 장흥창으로 화물을 운송하였다. 당시 일반적인 조운선의 출발경로를 인정하는 것이다(그림 6).[41] 장흥창은 전라도 서남단의 세곡을 거두어 서해안의 해로를 이용하여 경창으로 조세를 운송하였다.[42] 장흥창은 현재 영암군 군서면 해창리 원해창 마을로 추정되면 조동포에 있었다. 조창인 장흥창의

---

37) 최완규, 2013, 위의 논문, p.189.

38) 박종진, 2000, 『고려시기 재정운영과 조세제도』, 서울대출판부, pp.103-104.

39) 졸고, 2016, 앞의 논문, p.246.

40) 목간에 보이는 지명의 주-속현 관계는 박종기 역주, 2016, 『고려사 지리지 역주』, AKS 역주총서015, 한국학중앙연구원출판부를 참조하였다. 이하 지명도 마찬가지이다.

41) 문경호, 2014, 『고려시대 조운제도 연구』, 혜안.

42) 국립해양문화재연구소, 2009, 『고려 뱃길로 세금을 걷다』, 특별전 도록, p.57.

수세구역은 장흥부, 영암군, 진도현 관할이므로 인정할 수 있다. 한편으로 대규모의 청자를 실은 태안선의 경우에는 彌浦와 같이 대구소에 인접한 강진만의 포구를 선적지점으로 보기도 한다.[43]

마도 1호선은 태안선과 달리 여러 군현의 화물이 탑재되어 있었다. 1호선에 탑재된 물품과 목간의 발송지인 군현이 다르듯이 관할 조창도 구별된다. 회진현과 안로현은 나주목의 속현이므로 회진현과 안로현의 화물은 해릉창에 보관하였다. 그리고 수령현은 장흥부의 속현이고 죽산현은 영암군의 속현이었으므로 수령현과 죽산현의 화물은 장흥창에 수납하였다. 海陵倉은 영산강 유역의 중심에 위치하며, 수세구역도 영산강 유역의 군현으로 구성되어 있었다. 영산강을 이용하여 운송하였으므로 화물의 운반이 편리하였을 것이다. 해릉창의 수세구역은 나주목, 해양현, 능성현 관내이다. 해릉창은 나주시 영산면 일원으로 추정되며, 고려시대 通津浦에 있을 것으로 보인다.[44] 일반적인 형태라면 마도 1호선의 화물은 장흥창이 있는 조동포와 해릉창이 있던 통진포에서 각각 화물을 선적하여 개경으로 출발하였을 것이다. 군현의 관할 조창이 다르지만 마도 1호선에는 여러 조창의 것을 모아 개경으로 운반하고 있었다. 그러나 화물의 선적을 편리하게 하기 위하여 하나의 조창에서 개경으로 실어 날랐을 가능성도 있다. 마도 1호선의 4개 군현의 화물을 장흥창에서 모아 보관하였다가 조동포에서 선적하였던 것으로 추정하기도 한다.[45]

마도 2호선에는 4개의 군현에서 모은 화물을 탑재하고 있었다. 장사현과 무송현은 영광군의 속현이고 고창현은 고부군의 속현이다. 2호선에 탑재된 물품과 목간의 발송지 군현이 다르듯이 관할 조창도 구별된다. 장사현과 무송현의 화물은 부용창에 보관하였고, 고부군과 고창현의 화물은 안흥창에 수납하였다. 芙蓉倉은 현재 영광군 법성면 법성리 고법성에 있던 조창으로 영광 와탄천 부근에 위치하였을 것으로 추정된다. 부용창의 수세구역은 영광군 관내이므로 영광군 속현인 장사현과 무송현의 화물을 보관하였을 것이다. 安興倉은 현재 부안군 보안면 영전리에 있던 조창으로 고려시대 濟安浦가 위치한 곰소만 지역에 있었다. 안흥창의 수세구역은 남원부, 고부군의 관내이다. 고창현은 고부군의 속현이므로 고부군과 고창현의 화물은 안흥창에 보관되었다.

군현의 관할 조창이 다르지만 마도 2호선에는 여러 조창의 것을 모아 개경으로 운반하고 있었다. 마도 2호선은 먼저 영광군의 부용창이 있던 영광에서 화물을 선적하고, 다시 곰소만의 안흥창이 있던 제안포에서 최종적으로 화물을 싣고 개경으로 출발하였다. 그러나 장사현, 무송현, 고창현, 고부군은 서로 맞닿아 있을 정도로 인접해 있어 비록 소속 군을 달리하고 있으나 하나의 조창에서 운반하였을 가능성도 존재한다.

실지로 신라 때는 고창현, 장사현, 무송현이 모두 영광군의 전신인 무령군의 영현이었고, 고부군도 고

---

43) 한정훈, 2017, 「고려청자의 성격과 해운방식」, 『동북아 해양문물 교류의 허브, 새만금』, 해양왕국 고려, 2017년 제8회 전국 해양문화학자대회 자료집4, p.122.

44) 조창의 현재 위치와 수세구역은 국립해양문화재연구소, 2009, 앞의 책에 의한다.

45) 한정훈, 2011, 「12·13세기 전라도 지역 私船의 해운활동; 수중 발굴성과를 중심으로」, 『한국중세사연구』 31, 한국중세사학회, p.107.

려 충렬왕 때 일시적으로 영광군에 병합되기도 하였으므로 이들 지역은 일정한 관계를 맺었을 정도로 긴밀하였다. 따라서 역사적인 관계를 가지고 있었으므로 하나의 조창으로 보내졌을 가능성도 있다. 마도 2호선은 곰소만의 영흥창이 선적지였을 가능성이 있으나 화물을 민수용 청자로 파악하여 제안포나 인근의 금모포·여보포 등의 포구에서 자체적인 해운활동을 통해 수요처로 옮긴 것으로 보기도 한다.[46]

그런데 최근 마도 2호선의 도기를 분석하여 도기의 생산지가 전라남도 서남부지역, 특히 해남일 가능성을 제기한 연구가 있다.[47] 마도 2호선 선박의 출발지이자 모항은 전라도

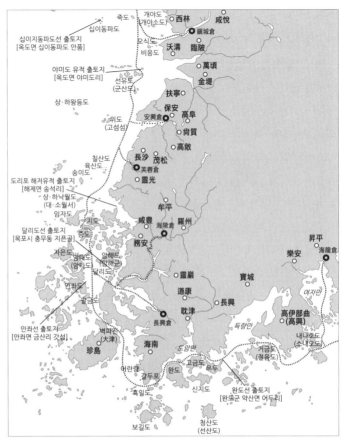

그림 6. 서남해 연안 조운로(문경호 2014)

서남부지역의 영산강 유역으로 추정하고 있다. 아직 고려 도기의 연구가 지역색을 완전히 설정할 정도로 많은 수량을 대상으로 한 것은 아니지만 앞으로 더 많은 자료를 축적하여 船籍地를 추정할 필요성을 제기하는 것이다.

마도 3호선에서 출수된 목간에서 지명으로 확인되는 것은 呂水縣이 유일하다. 여수현이라는 군현만 확인되어 화물의 생산지가 여수라는 것을 알 수 있으나 선적지가 여수현인지는 정확하지 한다. 여수현은 승평군의 속현이므로 평소대로라면 그 화물은 해룡창에 보관하였을 것이다. 海龍倉은 현재 순천시 홍내동·오천동 해룡산성 일원에 있었던 것으로 추정되며, 고려시대에는 승평군에 속하는 조양포에 있었다. 해룡창의 수세구역은 승평군, 보성군 관내이다. 마도 3호선의 화물은 승평군의 해룡창에서 선적하였을 것으로 추정된다. 그러나 여수현의 포구에서 선적하였을 가능성도 존재한다. 이는 최근 도기를 분석한

---

46) 한정훈, 2017, 앞의 논문, p.124.
47) 신종국, 2017, 「고려시대 선박의 船籍地에 대한 예비적 고찰」, 『동북아 해양문물 교류의 허브, 새만금』, 해양왕국 고려, 2017년 제8회 전국해양문화학자대회 자료집4, p.232.

연구에서 추정할 수 있다. 태안 침몰선에서 출수된 도기의 분석을 통해 마도 3호선의 도기가 울산 등 영남 동남해안지역의 도기와 유사한 것을 토대로 마도 3호선의 母港(船籍地)을 영남 동남해안지역으로 추정한 연구가 있어 앞으로 고려해야 할 중요한 사항으로 보인다.[48] 울산 부근에서 출발한 마도 3호선이 남해의 여러 포구에서 화물을 선적하였을 가능성을 고려해야 하기 때문이다. 그러나 현재로서는 일반적인 화물 운송의 방식을 따라 조창인 해룡창에서 선적한 것으로 볼 수 있다.

군현 단위로 선적된 물품을 관리하는 것은 군현의 향리였으나 짐을 배에 싣는 임무는 조창에 있던 향리인 色典이 담당하였다. 목간에는 '次知載船 長', '次知載舡戶長 宋' 등으로 표현되어 있다. 색전은 각 군현에서 도착한 물품을 선적할 경우에 확인하는 업무도 수행하였을 것이며, 이것이 출수 목간에 표현되었던 것이다.

VI. 맺음말

이 글은 태안 침몰선 출수 고려 목간을 대상으로 목간의 생산지인 지명을 중심으로 게재된 내용을 분석하여 고려 문서의 지역성과 양식을 추출하였다. 그리고 문서 양식을 통해 운송과 선적에 대해 검토하였다.

태안 침몰선 목간에 보이는 화물의 발송지로는 태안선에 耽津縣(강진), 마도 1호선에 會津縣(나주)·竹山縣(해남)·遂寧縣(장흥)·安老縣(영암), 마도 2호선에 長沙縣(고창)·茂松縣(고창)·古阜郡(정읍)·高敞縣(고창), 마도 3호선에 呂水縣(여수)=麗水縣이 기입되어 있다. 이는 곧 목간의 생산지를 이르는 것이다.

목간은 군현을 달리 하여 제작되었으며, 발송지, 수신지, 물품을 기입하고 있다. 특히, 마도 1호선의 죽산현은 연대 등이 포함된 양식에서 다른 군현과 다른 모습을 보이고 있다. 군현 내에서도 발송인이 각자 작성하여 기록한 목간임을 알 수 있다. 그러나 대체적으로 발송지, 수취인, 물품, 운송인, 선적인을 기록하는 것은 거의 동일하다. 고려 목간의 일반적인 양식을 추출할 수 있으며, 꼬리표 목간에 해당하는 檢과 楬에 해당하는 내용으로 구성되어 있다.

고려 목간이 사용되던 시기에는 종이문서가 일반화되어 있던 紙木竝用期였으므로 서로 보완적인 관계를 형성하고 있었다. 고려 목간에는 운송과 선적 과정에서 작성된 것이므로 운송시 작성한 목간의 내용이 선적시에 다시 기입되기도 하였다. 이를 통해 운송 대장에 해당하는 종이문서를 추출할 수 있었다. 이를 구별할 수 있는 것이 花押과 印의 존재이다. 목간에 보이는 인(封)과 화압은 문서의 말미에 찍거나 사인한 것으로 다른 성격의 문서가 하나의 목간에 기입되었다는 것을 보여준다.

군현에서 수취한 물품은 군현의 창고에 수납되었다가 향리들이 조창으로 운반하였다. 군현의 창고는

---

48) 신종국, 2017, 위의 논문, p.233.

군현의 중심지에 소재하였으며, 관할 조창으로 운반하여 선적하였다. 마도 2호선에서는 백산성과 고사부리성의 창고에서 보관하였다가 조창인 안흥창으로 운반하였을 것이다.

투고일: 2017. 10. 21. 심사개시일: 2017. 10. 30. 심사완료일: 2017. 11. 24.

국립해양문화재연구소, 2009,『고려 뱃길로 세금을 걷다』, 특별전 도록.

국립해양문화재연구소, 2009,『高麗靑磁寶物船』.

국립해양문화재연구소, 2010,『태안 마도 1호선 수중발굴사보고서』.

국립해양문화재연구소, 2011,『태안 마도 2호선 수중발굴사보고서』.

국립해양문화재연구소, 2012,『태안 마도 3호선 수중발굴사보고서』.

문경호, 2014,『고려시대 조운제도 연구』, 혜안.

박종기 역주, 2016,『고려사 지리지 역주』, AKS 역주총서015, 한국학중앙연구원출판부.

박종진, 2000,『고려시기 재정운영과 조세제도』, 서울대출판부.

박준호, 2009,『예禮의 패턴 : 조선시대 문서 행정의 역사』, 소와당.

윤경진, 2012,『高麗史 地理志의 分析과 補正』, 여유당.

전북문화재연구원, 2010,『부안 백산성』, 유적조사보고 47.

전북문화재연구원, 2011a,『부안 백산성 Ⅱ』, 유적조사보고 51.

전북문화재연구원, 2011b,『부안 백산성 Ⅲ』, 유적조사보고 61.

전북문화재연구원, 2013,『정읍 고사부리성–종합보고서(1~5차 발굴조사)』, 유적조사보고 72.

전영래, 2003,『전북 고대산성조사보고서』, 전라북도·한서고대연구소.

정읍시박물관·전북문화재연구원, 2013,『백제의 중방문화, 고사부리성에서 찾다』, 특별전 도록.

大庭修 編, 1998,『木簡』, 大修館書店.

飛鳥資料館, 2010,『木簡黎明』, 飛鳥資料館開館35年.

市大樹, 2012,『飛鳥の木簡』, 中央公論新社.

고경희, 2015,「태안 마도3호선 해양유물 중심으로 본 고려시대 음식문화」,『한국식생활문화학회지』30–2.

김재홍, 2016,「태안 침몰선 고려 목간의 문서양식과 운송체계」,『한국중세사연구』47, 한국중세사학회.

김정옥, 2010,「마도 1호선 발굴 유물관 고려시대의 식생활」,『태안 마도 1호선 수중발굴조사보고서』, 국립해양문화재연구소.

문경호, 2011,「泰安馬島1號船을 통해 본 高麗의 漕運船」,『한국중세사연구』31, 한국중세사학회.

신은제, 2012,「마도1·2호선 出水 목간·죽찰에 기재된 곡물의 성격과 지대수취」,『역사와 경계』84.

신종국, 2017,「고려시대 선박의 船籍地에 대한 예비적 고찰」,『동북아 해양문물 교류의 허브, 새만금』, 해양왕국 고려, 2017년 제8회 전국해양문화학자대회 자료집4.

임경희, 2009,「태안 대섬 고려 목간의 분류와 내용」,『高麗靑磁寶物船』, 국립해양문화재연구소.

임경희, 2010,「마도 1호선 목간의 분류와 주요 내용」,『태안 마도 1호선 수중발굴조사보고서』, 국립해양문화재연구소.

임경희, 2010, 「마도 2호선 목간의 판독과 분류」, 『木簡과 文字』 6, 한국목간학회.

임경희, 2011, 「마도 2호선 목간의 분류와 내용 고찰」, 『태안 마도 2호선 수중발굴사조보고서』, 국립해양 문화재연구소.

임경희, 2011, 「마도 3호선 목간의 현황과 판독」, 『木簡과 文字』 8, 한국목간학회.

임경희, 2011, 「태안 목간의 새로운 판독」, 『해양문화재』 4, 국립해양문화재연구소.

임경희·최연식, 2008 「태안 청자운반선 출토 고려 목간의 현황과 내용」 『木簡과 文字』 창간호, 한국목간 학회.

임경희·최연식, 2009, 「태안 마도 1호선 발굴 목간의 현황과 내용」, 『木簡과 文字』 5, 한국목간학회.

한정훈, 2011, 「12·13세기 전라도 지역 私船의 해운활동 : 수중 발굴성과를 중심으로」, 『한국중세사연구』 31, 한국중세사학회.

한정훈, 2015, 「동아시아 중세 목간의 연구현황과 형태 비교」, 『사학연구』 119, 한국사학회.

한정훈, 2016, 「고대 목간의 형태 재분류와 고려 목간과의 비교」, 『木簡과 文字』 16, 한국목간학회.

한정훈, 2017, 「고려청자의 성격과 해운방식」, 『동북아 해양문물 교류의 허브, 새만금』, 해양왕국 고려, 2017년 제8회 전국해양문화학자대회 자료집4.

橋本繁, 2015, 「沈沒船木簡からみる高麗の社會と文化」, 『古代東アジアと文字文化』, 國立歷史民俗博物館 小倉慈司 編, 同成社.

今泉隆雄, 1978, 「貢進物付札の諸問題」, 『研究論集Ⅳ』, 國立奈良文化財研究所.

林敬熙, 2014, 「高麗沈沒船貨物標木簡」, 『古代日本と古代朝鮮の文字文化交流』, 國立歷史民俗博物館 平川 南 編, 大修館書店.

平川南, 2005, 「木と紙」, 『文字と古代日本』 2, 文字による交流, 吉川弘文館.

⟨Abstract⟩

Goryeo period's Mokgan tags discovered from water
− Forms of Documents that appeared upon them,
and how cargo−loading seemingly proceeded at the time, in various local regions −

Kim, Jae−hong

Examined in this article are the wooden tags found from wrecks excavated from the sea near the Tae'an region. Names of local areas indicated on those wooden tags are analyzed, in order to determine the local nature and formats featured by Goryeo period's documents. Also, the transportation and shipment process of the time are also examined here.

Wooden tags were created in different fashions, according to the Gun & Hyeon(郡縣) regions where they were generated. But in most of the cases, general contents of such tags included the place of origin, place of the recipient, and nature of the item being shipped. For example, the Juksan−hyeon area −as indicated from the wooden tag found from the Mado 1 wreck, displayed a practice somewhat different from other regions in terms of the way years and dates(干支) were indicated. We can see that the sender itself created that wooden tag, who revealed in that tag where the shipment departed, who was to receive it, what was the item, who was transporting it, and who shipped it, etc.

In the Goryeo period, it was already a norm to use not only wooden Mokgan tags but paper documents as well. In other words, wooden tags and paper documents were complementing each other. The Goryeo wooden tags were created while the items were being transported and loaded, and sometimes contents of shipments −which were initially recorded during transport− were sometimes re−recorded when they were being uploaded on board. By examination of such records, we can also deduce the forms of paper documents.

Items collected in local Gun and Hyeon areas were transported and then transferred over to the custody of in−region warehouses, and were then relocated to predesignated "Jochang" warehouses by the Hyang'ri clerks. The Gun/Hyeon warehouses were located at the center of such local units, and then moved to Jochang facilities in the vicinity. The items on board the Mado 2 wreck would have been initially in custody of warehouses in the Baeksan−seong or Gosaburi−seong fortresses, and then moved to the Anheung−chang Jochang warehouse.

▶ Key words: Goryeo period's Wooden Tags(Mokgan), shipping(loading, 船積), period in which paper and wood tags were both used, Jochang(漕倉) warehouses, local Hyang'ri clerks

태안해역 출수 木簡의 비교를 통한 해운활동 고찰[*]
- 마도 4호선을 중심으로 -

한정훈[**]

I. 머리말
II. 마도 4호선 목간 검토
III. 고려 하찰목간과 마도 4호선 목간 비교
IV. 맺음말

〈국문초록〉

　본 연구는 태안해역에서 出水된 목간의 형태와 묵서 내용을 비교·분석하면서 한국 중세시기 해운 양상에 관해 살펴보았다. 주요 논지는 다음과 같이 정리할 수 있다. 첫째, 마도 4호선 목간의 형태는 고려시대에 성행하던 홈형 목간이 크게 줄어든 반면 장방형과 첨형(尖形) 목간의 비율이 크게 늘어났다. 이것은 항아리류의 화물 용기를 많이 이용한 고려시대 침몰선과 달리, 마도 4호선의 경우는 항아리류가 줄고 운반 및 포장재로 볏섬이나 망태기, 꾸러미 등을 사용하였기 때문이었다. 둘째, 마도 4호선의 하찰목간은 고려시대의 그것에 비해 목간의 크기가 전반적으로 줄어들고 형태도 단순화의 경향을 보이며, 묵서 내용도 '나주광흥창(羅州廣興倉)'으로 수록 정보가 발송지와 수신처만이 기재된 간명한 양상을 띠었다. 이것은 고려시기에 비해 목간의 정보전달 기능이 축소된 사회 환경과 함께 마도 4호선이 조운(漕運)이라는 公的인 운송시스템을 이용하였기 때문이었다. 셋째, 마도 4호선의 출항지에 관해 최근에 금강 하구로 보는 견해가 제기되었지만, 조선 초기 전라도지역 조운체제의 정비와 마도 4호선 목간의 묵서 내용 등을 고려하면 여전히 나주 영산창일 가능성이 더 높은 것으로 이해하였다.

▶ 핵심어: 마도 4호선, 장방형 목간, 포장재, 조운, 출항지

* 　이 논문은 2009년도 정부(교육부)의 재원으로 한국연구재단의 지원을 받아 수행된 연구임(NRF-2009-361-A00007).
** 　목포대학교 사학과

I. 머리말

2015년 8월 어느 날, 각종 언론에서 '최초의 조선시대 조운선'이라는 제목으로 마도 4호선의 발굴을 특종으로 보도하였다. 그전까지 해저에서 13척에 달하는 古船體를 건져 올렸지만, 조선시대 선박은 한 척이 없었고 더욱이 한국 중세 해양활동의 상징인 漕運船도 찾지 못한 상태였다. 이러한 해양 발굴성과에 비춰 보면, 마도 4호선은 여러 측면에서 흥미로운 보물선이었다.

2007년에 목간과 함께 出水한 태안선을 비롯하여 마도 1·2·3호선의 발굴 성과를 통해 고려시대의 해운활동에 관해서는 어느 정도 논의가 진행되어 일정한 성과도 거두었다. 하지만 선적 화물이나 선박의 성격과 같은 기본적인 문제에 관해 여전히 상반된 의견이 병립하는 상황이었기에, 고려시대 침몰선과 성격을 달리하는 해양유물이 발굴되기를 기다렸다. 그러한 기다림에 부응한 것이 바로 마도 4호선이었다. 필자는 선행 연구에서 발굴기관의 의견과 달리, 태안선·마도 1호선에 실린 화물이 私的인 목적으로 海運되었고, 이로 인해 이들 船體도 조운선일 가능성이 낮은 것으로 이해하였다.[1] 하지만 마도 4호선은 이들 사례와 달리 廣興倉이라는 국가기관으로 보내는 稅穀을 적재한 조운선이 확실하였다. 이러한 측면에서 마도 4호선은 조선시대 최초의 선박이라는 수식어보다 관영 물류시스템인 漕運制를 확인할 수 있는 문화유산이라는 점에서 더 큰 의미가 있다. 이러한 까닭에 한국 중세 해양문화사의 관점에서 마도 4호선과 고려시대의 여러 침몰선과의 비교 연구는 앞으로의 중요한 연구과제이다.

본고에서는 이들 침몰선에 동반하여 出水된 목간을 통해 상호 간의 비교 연구를 시도하고자 한다. 그것의 전제로 2장에서는 새로운 자료인 마도 4호선 목간의 형태와 묵서 내용에 관해 살필 것이다. 그 내용을 바탕으로 3장에서는 고려시대 하찰목간과의 비교를 통해 마도 4호선의 실체와 양자의 화물 운송 양상의 차이점을 밝히고자 한다.

II. 마도 4호선 목간 검토

2016년 겨울에 발행된 『태안 마도 4호선 수중발굴조사 보고서』 안에 수록된 특별 논고가 해당 목간에 관한 유일한 연구이다.[2] 따라서 본고의 내용은 발굴조사 보고서의 본문 내용과 해당 논고에 기초하여 작성하였다.

1. 형태 분류와 특징

마도 4호선 목간도 여타의 침몰선과 같이 해저에서 건져 올렸기 때문에 목간의 형태를 짐작할 수 있는

---

1) 한정훈, 2011, 「12·13세기 전라도 지역 私船의 해운활동 −수중 발굴성과를 중심으로−」, 『한국중세사연구』 31.
2) 김병근, 2016, 「마도4호선 목간의 분류와 내용 고찰」, 『태안 마도4호선 수중발굴조사 보고서』, 국립해양문화재연구소.

비율이 73%(46/63점)정도로 높았다. 해저에서 수습한 총 63점의 목간 중 39점은 완형에 가까운 모습이고, 나머지 24점은 형태가 불완전하였다. 물론 결락된 목간 중에도 7점은 형태 확인이 가능하여 완형에 가까운 39점에 합치면 46점의 목간은 형태 분류가 가능하다. 이들 목간을 통해 아래의 〈표 1〉를 작성하였는데, 형태의 분류가 크게 복잡하지 않아 여타 하찰목간과의 형태 비교가 용이하였다.

표 1. 마도 4호선 목간의 형태 분류[3]

대분류	소분류		목간 번호	소계
①장방형			164·166·167·170·172·174·175·176·177·179·182·183·184·185·186·187·189·190·191·192·193·195·196·198·199·201·202·206·219·221·222번	31점
②홈형	a. 상단 홈형		171·(217번)	5점
	b. 하단 홈형		181·(200)·(209번)	
③첨형	a. 하단 첨형		165·169·173·178·188·213·216·226번	10점
	b. 상단 첨형		194·220번	
				46점

〈표 1〉의 마도 4호선 목간 형태의 분류는 중세 하찰목간에 관한 선행 연구 성과에 기초하였다.[4] 단순히 하찰목간 형상의 차이에 따라 분류하기보다는 짐[荷物]에 연결하는 방식과 가공부위의 기능에 주안을 두어 그 형태를 크게 ①장방형, ②홈형, ③첨형(尖形)으로 나누었다. 〈표 1〉 내용을 참고하여 각각에 대해 살펴보면 아래와 같다.

①장방형은 홈, 뾰족한 모양, 구멍 등 어떠한 추가적인 가공의 흔적이 없는 세로가 긴 직사각형의 기본적인 목간 형태를 의미한다. 위의 〈표 1〉에서 장방형으로 분류한 31점의 목간 대부분은 상·하단과 좌우·전후면을 반듯하게 잘라 가공하였지만, 일부는 거칠게 가공한 채 기본적인 모습만을 띠고 있다. 또한

---

3) 마도 4호선 목간 형태에 관한 선행 연구의 주요 내용은 아래와 같다(김병근, 2016, 위의 글, 국립해양문화재연구소).

분류기호		특징	수량
I	A형	위쪽에 ')('모양의 홈이 있음	2점
	B형	아래쪽에 ')('모양의 홈이 있음	2점
II	1	홈이 없으며 직사각형 모양	40점
	2	홈이 없으며 상·하단을 뾰족하게 다듬음	19점
			총계 63점

　본문의 〈표 1〉 형태 분류와의 차이점은 목간의 일부가 缺落되어 형태를 짐작하기 어려운 목간까지 포함시킨 점이다. 또한 주요한 기준으로 화물에 매달기 위한 홈의 유무를 기준으로 I유형과 II유형으로 나누어 그것을 다시 A·B형과 1·2형으로 구분하였다. 이러한 분류 기준과 각 목간 형태에 관한 세부적인 차이와 내용은 본문에서 언급할 것이다.

4) 한정훈, 2015, 「동아시아 중세 목간의 연구현황과 형태 비교」, 『사학연구』 119.

상·하단이 'ㅡ'자형이 아니라 상단을 圭形으로 마감한 것(196번), 상단은 규형으로 하단은 둥글게 마감한 것(199번) 그리고 상단을 둥글게 마감한 목간(219번)도 확인되지만 모두 장방형으로 분류하였다. 이처럼 목간 頭部·尾部의 세밀한 형상을 재분류하지 않고 ①장방형에 포함시킨 것은 이러한 형상의 차이가 짐에 연결하는 기능적인 측면에 직결되지 않는 것으로 이해하였기 때문이다. 특히 201번 목간은 형태상 ③-a.하단 첨형으로 볼 수 있지만, 하단의 예리하지 않은 뾰족한 형상이 짐에 연결할 때에 별도의 역할을 지니지 않는 것으로 판단하여 ①장방형으로 분류하였다.

장방형 목간은 제작이 비교적 용이하여 좌우·상하단을 간단히 마감 처리하고 전면만 다듬어 묵서한 경우도 있다. 이러한 탓에 176·190·201·206번 목간은 묵서 후면을 전혀 가공하지 않아 樹皮가 그대로 남아 있다. 마도 4호선 목간에서 형태 확인이 가능한 46점 가운데에서 ①장방형은 31점으로 2/3에 해당하는 67%(31/46점) 가량을 차지한다.

다음의 ②홈형은 목간에 파놓은 홈에 끈을 묶어 짐에 연결하는 방식이다. 이 형태의 목간은 古代이래로 동아시아 목간의 전형적인 형태로 고려시대 하찰목간에서도 다수를 차지하였다. 〈표 1〉에서는 a.상단 홈형과 b.하단 홈형으로 구분하였는데, 통상 목간 연구에서는 墨書가 시작하는 지점을 상단으로 본다. 이 기준에 따르면, 171번 목간은 '亽州廣興倉'이 묵서되어 있고 상단 양쪽에 홈이 파여 있다. 이와 달리 217번 목간은 예외적으로 양면에서 묵서가 확인되는데, 한 면에 '廣興倉'이 적혀있고 방향을 달리하여 다른 한 면에 '白米十〇斗'이 각각 명기되어 있다.(후술하는 〈그림 3〉 참조) '광흥창'이 적힌 면을 前面으로 본다면 상단에 홈이 있는 것이지만, '백미십〇두'가 있는 면을 前面으로 보면 홈이 하단에 있다고 말할 수 있다. 일단 본고에서는 전자의 경우라 생각하여 217번 목간을 상단 홈형으로 분류하면서 〈표 1〉에서 괄호( )로 표시하였다.[5] 217번 목간에 관한 상세한 내용은 묵서 내용까지 함께 고려해야 하므로 다음 절에서 후술하도록 한다.

이와 반대로 묵서가 적힌 아래쪽 하단의 좌우에 홈이 있는 하단 홈형 목간(②-b)에는 181번과 209번 목간이 해당한다.[6] 둘 다 竹札로 앞면에 '亽州廣興倉'이라는 묵서가 적혀 있다. 209번 목간의 경우는 상단이 결락되어 상단에도 홈이 있을 가능성이 있지만 일단 하단 홈형으로 간주하였다. 상·하단 홈형일 가능성이 남아 있기 때문에 마찬가지로 〈표 1〉에서 209번 목간에도 괄호( )로 구분하였다. 이처럼 목간 하단에 홈이 있는 형태는 신라 성산산성 하찰목간에서 전체 목간의 55% 이상을 차지할 만큼 주요한 목간의 형태이기 때문에[7] 양자의 비교에 관한 상세한 내용 서술은 Ⅲ장으로 미루어 둔다. 또한 200번 목간에 대해 『수중 발굴조사 보고서』에서는 하단에 홈이 있고 결락된 상단이 'ㅣ'모양의 尖形일 것으로 추측하였지

---

5) 김병근은 217번 목간을 Ⅱ-1형(직사각형) 목간으로 이해하였지만(앞의 글, 2016, p.410 〈표 1〉) 분명히 좌우에 홈의 흔적이 확인된다. 또한 171번과 209번 목간을 상단 홈형(②-a) 목간으로 지목하였지만, 209번 목간은 181번과 같이 하단에 홈이 있다.

6) 홈형 목간에 묵서가 시작하는 상단이 아니라 하단에 홈이 있는 유형이 존재한다. 이러한 목간 형태를 상정하지 않았기에 해당 보고서에서는 '181번 목간은 아래쪽에서부터 글자를 썼다'거나 '209번 목간은 묵서된 글씨가 반대로 쓰였다'고 서술하였다(국립해양문화재연구소, 2016, 『태안 마도4호선 수중발굴조사 보고서』, p.201·p.214).

7) 한정훈, 2016, 「고대 목간의 형태 재분류와 고려 목간과의 비교」, 『木簡과文字』 16, pp.173-176.

그림 1. 마도 4호선 출수 색대

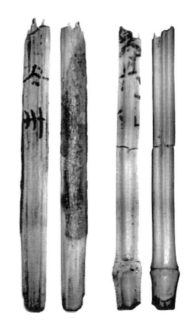

그림 2. 206번(좌)·212번(우) 목간

만,[8] 일단 하단 홈형 목간으로 분류하였다. 설령 상단이 첨형 이라 하더라도 상단의 형상보다 하단의 홈이 짐에 연결되는 하 찰목간의 가공 부위로서 기능하였을 가능성이 크기 때문이다. 〈표 1〉에서 괄호( )로 표시한 것은 결락된 상단도 홈형으로 상·하단 양쪽이 모두 홈형일 가능성을 열어두었기 때문이다.

　마지막 형태로, 목간의 기본 형태인 장방형에서 뾰족한 형상이 더해진 ③첨형도 다수 확인된다. ③첨형으로 분류한 10점의 목간은 기본적으로 'ㅅ'자형 모양이지만, 178번 목간은 하단을 비스듬히 깎은 斜線形이다.[9] ③첨형 목간 중 선명한 'ㅅ'자의 형상을 띤 169·173·188·226번 목간이 주목된다. 이들 목간의 뾰족한 형상은 고려 하찰목간은 물론, 신안선 하찰목간의 그것과 비교해도 각도가 예리하다(후술하는 〈그림 3〉 참조). 더욱이 이들 목간에서는 좌우 뿐 아니라 전후면도 비스듬하게 깎은 흔적이 확인되어 이 부위는 끈을 끼우기가 용이하였을 것이다. 이렇게 목간에 고정된 끈을 짐에 연결하는 것을 염두에 두고 가공한 것이다. 또한 각도가 예리하지 않은 상단 첨형의 194·220번 목간에도 전·후면을 비스듬히 다듬은 흔적이 있는 것을 보면, 뾰족한 형상에 짐으로의 연결을 위한 기능적인 측면이 부여된 것으로 이해할 수 있다.

　선행의 연구에서는 통상적으로 뾰족하게 다듬은 이들 ③첨형 목간을 볏섬 또는 초섬에 꽂아 사용한 것으로 이해하였다.[10] 하지만 뾰족한 형상의 예리함을 고려할 때에 그보다는 새끼줄 사이에 끼워서 짐[荷物]에 연결하였을 가능성을 생각할 수 있다. 고려 하찰목간 뿐 아니라 마도 4호선 첨형 목간도 그렇게 사

---

8) 국립해양문화재연구소, 2016, 위의 발굴조사보고서, p.210. 보고서 말미에 실린 김병근의 글에서는 181번 목간과 같이 하단 홈형 목간으로 분류해 놓았다.

9) 斜線 형태는 짐과의 연결방식에서 어떠한 역할을 가졌기보다는 제작자의 취향 등에 따른 단순한 마감질의 형상으로 이해된다. 그렇지만 일단 ③첨형으로 분류하였다.

10) 임경희, 2011, 「마도2호선 목간의 분류와 내용 고찰」, 『태안마도2호선 수중발굴조사보고서』(김병근, 2016, 앞의 글, p.411 재인용).

용하기에는 그 예리함과 날카로움이 크지 않다. 이와 관련하여 마도 4호선과 함께 출수된 색대로 추정되는 목제유물이 주목된다. 색대는 가마니나 볏섬 속에 들어 있는 곡식이나 소금 따위의 물건을 찔러서 빼내어 보는 데 사용한 기구를 말한다.[11] 대나무로 만든 길이 23.6㎝의 유물로, 뾰족하고 날카로운 부위가 전체 길이의 절반에 가까울 만큼 예리하여 볏섬을 찔러 안에 있는 곡식의 상태를 확인할 수 있다. 이 목제유물의 경우를 참고하면, 그리 날카롭지 않은 뾰족한 부위의 ③첨형 목간을 볏섬 사이에 꽂아 짐에 연결하였다는 가설은 다시금 생각해 봐야 하지 않을까 생각한다.

2. 묵서 내용 분석

마도 4호선 목간 63점 중 묵서가 확인되는 목간은 61점에 이른다. 이들 묵서 목간을 확인한 뒤에 드는 생각은 고려시대의 목간에 비해 묵서 내용이 매우 간명하다는 것이다. 이것은 마도 4호선 목간 내용의 주요한 특징이다. 전체 63점에서 '羅州廣興倉'을 묵서한 것으로 추정되는 목간이 41점에 이르고,[12] 나머지 결락된 목간 중에도 廣興倉 전체 혹은 일부 글자나 羅州만이 확인되고 있어 아마도 '나주광흥창'명 목간은 더 있을 가능성이 높다. 이처럼 마도 4호선 목간이 전하려는 정보의 주요 내용은 '나주광흥창'으로, 여타의 하찰목간보다 묵서 내용의 획일성이 돋보인다. '나주광흥창'명 목간 중 198번 목간은 유일하게 묵서에 이어 手決이 부기되어 있다. 그 외의 묵서 확인이 가능한 목간 7점에서는 화물 양이나 종류에 관한 내용만이 간략히 적혀 있다.

이처럼 마도 4호선 묵서 목간의 주요한 내용인 '나주광흥창'을 기준에 두면 206번과 212번 목간은 조금은 다른 모습을 보인다. 완형인 206번 목간의 경우는 '羅州'만이 적혀 있어 단순히 광흥창을 생략한 것인지 아니면 다른 의미를 내포하는지 궁금할 따름이다. 그리고 상단이 부려져 결실된 채 '광흥창'이 묵서된 212번 죽찰은 '나주광흥창'명 목간이 아니라 '광흥창'명 목간으로 볼 수 있다. 왜냐하면 '나주광흥창'명 목간 중 세로 길이가 가장 긴 목간(176번)이 18.9㎝이고 竹札은 16.2㎝(166번 목간)인데, 212번 목간의 길이가 15.3㎝이므로 결실된 부분에 '나주'가 묵서되었을 가능성이 낮기 때문이다. 그렇다면, 마도 4호선 목간에서 대다수의 '나주광흥창'명 목간 이외에 '나주'명 목간(206번)과 '광흥창'명 목간(212번)이 확인된 셈이다.(위의 〈그림 2〉 참조)

이러한 '광흥창'명 목간에 해당하는 것으로 217번 목간도 있다. 이 목간은 앞서 언급했듯이 전면에 '廣興倉'의 묵서 뿐 아니라, 특이하게 후면에도 '白米十五斗'가 적혀 있다. 목간은 도정한 쌀을 의미하는 '白米 15斗'를 廣興倉에 보낸다'는 내용의 정보를 앞·뒷면에 걸쳐 담고 있다. 그런데 이 목간은 전면과 후면의 글자가 시작하는 지점이 반대로 되어 있어, '광흥창'이 적힌 전면의 상단 좌우에 있는 홈은 후면에서는 하단부에 위치하게 된다. 앞 절에서는 '광흥창'이 있는 면을 전면으로 보고 217번 목간을 상단에 홈이 있

---

11) 국립해양문화재연구소, 2016, 『태안마도2호선 수중발굴조사보고서』, p.248.
12) 202번 목간의 경우는 육안으로 확인되지 않지만 적외선 촬영으로 확인 가능하다는 발굴보고서의 내용에 따랐다(2016, 『수중발굴조사보고서』, p.211).

는 목간(②-a형)으로 분류하였다.

〈그림 3〉에 보는 바와 같이, '백미 15두'의 후면에는 하단에 홈이
있는 꼴이다. 이와 관련하여 하단 홈형(②-b형) 목간에 관해서는 신
라 성산산성 목간 연구에서 한 차례 논의가 이루어졌다. 형태 유추가
가능한 성산산성 하찰목간의 55% 이상을 차지하는 하단 홈형 목간의
형태를 묵서의 書寫작업상의 편리성 때문으로 보는 견해와 편의성보
다는 지역과 시대에 따른 유행으로 보는 견해가 제시되었다.[13] 전자
의 경우는 하찰목간을 물품에 붙인 상태에서 글자를 쓸 때에 상단부
보다 하단부의 홈이 끈으로 고정되어 있으면 書寫者가 묵서를 쓰기에
편리한 각도 조절이 가능한 것으로 이해하였다.[14] 반면에 후자는 하
찰목간에 새겨진 홈의 위치는 목간의 제작과 부착의 과정상 차이이기
보다는 지역과 시대에 따른 유행의 차이 정도로 이해하였다.[15] 그런
데 마도 4호선 217번 목간의 경우를 참고하면, 하단에 홈을 판 이유를
위의 두 견해보다는 정보 확인의 편리성에서 기인한 것으로 봐야 할
것이다.

그림 3. 217번 목간

마도 4호선 목간의 또 다른 하단 홈형인 181번 목간은 홈이 있는 부분에까지 '나주광흥창'의 '倉'字가 걸
쳐 있다.(〈그림 4〉 참조) 따라서 앞의 三上喜孝와 같이 끈으로 짐에 고정한 상태에서 묵서를 기록했다고
볼 수는 없을 것이다. 또한 홈을 상단에 파느냐 하단에 가공하느냐는 제작자의 기호이거나 시대의 유행일
수도 있지만, 그보다는 해당 가공 부위에 부여된 기능을 보다 충실히 규명할 필요가 있을 것이다. 이런 관
점에서 보면, 217번 목간이 상단에 홈이 있는 전면의 '광흥창'과 후면 묵서의 기재 방향을 달리 한 것은 목
간을 들어 전면의 '광흥창'이라는 수신처를 확인한 다음, 후면으로 돌리면 '백미 15두'라는 해당 물품과 수
량이 바로 보이도록 제작한 것이다. 적어도 하찰목간의 전·후면에 묵서를 기재할 때에 양면을 동일한 방
향에서 써내려 가는 것보다는 한 면은 방향을 달리하여 기록하는 것이 적재·운송·보관으로 이어지는 일
련의 漕運과정에서 운송 화물에 연결된 하찰목간에 기록된 정보를 쉽게 확인할 수 있기 때문이다.

부연하면, 곡물이나 수량이 적힌 7점을 제외한 41점 이상의 목간에는 발송지와 수신처에 해당하는 '나
주광흥창', '나주', '광흥창'의 내용이 기록되어 있다. 이러한 수신처와 발송지는 화물과 함께 이동하는 하
찰목간에서 가장 중요하고 기본적인 묵서 항목이었다. 하지만, 앞서 언급하였듯이 거의 대부분은 '나주광
흥창'의 발송지와 수신처가 함께 기록되어 있지만 일부 목간은 그러한 발송지와 수신처 중 하나가 생략되

---

13) 성산산성 하단 홈형 목간에 관해서는 다음의 연구를 참고하였다(한정훈, 2016, 앞의 논문, pp.176~177). 이 연구논문은 성
　　산산성 목간에서 하단 홈형 목간이 압도적으로 많은 것을 정보 확인의 편리성에 기인한 것으로 이해하였다.

14) 三上喜孝, 2007, 「일본 고대 목간에서 본 함안 성산산성 목간의 특징」, 『함안 성산산성 출토 목간의 의의』, 국립가야문화재
　　연구소, pp.90~91(한정훈, 2016, 위의 논문, p.176 재인용).

15) 이경섭, 2013, 『신라 목간의 세계』, 경인문화사, pp.349~350.

어 '나주' 혹은 '광흥창'만이 확인된다. 고려시대 하찰목간 중 주요 정보를 전하는 목간의 경우도 발송지(인)를 생략하는 경우는 있어도 수신처를 생략하는 경우는 거의 없다. 그런데 마도 4호선 206번 목간의 묵서에는 발송지인 '나주'만이 적혀 있고 수신처와 관련된 어떠한 기록도 남아 있지 않다. 이것은 206번 목간과 동반한 화물의 운송자가 해당 화물의 수신처가 광흥창임을 알고 있을 뿐 아니라 운송시스템을 인지하였기 때문에 군이 '광흥창'이라는 수신처를 적지 않았을 가능성이 크다. 이처럼 마도 4호선의 해운활동은 漕運이라는 公的인 운송시스템으로 授受관계가 명확하고 관습화되었기 때문에 위와 같이 묵서 내용이 간명하거나 혹은 기본 정보인 수신처를 생략해도 별다른 어려움이 없이 화물 운송이 가능하였다.

그림 4. 181번 목간

이처럼 일부 목간에서 발송지나 수신처만을 기록하였지만, 전체 목간의 65% 이상(41/63점)의 목간은 '羅州廣興倉'이라는 완벽한 정보를 담고 있다. 즉 마도 4호선에 실린 화물의 발송지는 나주이고, 수신처는 한양의 광흥창이었다. 2015년 8월 발굴 때부터 마도 4호선이 나주 榮山倉에서 거둬들인 세곡과 공납품을 관리의 녹봉을 관리하던 조선시대 국가 기관인 廣興倉으로 옮긴 것으로 판단하였다.[16] 이후『수중 발굴조사보고서』에 실린 논고에서도 조선 초기 나주를 중심으로 인근 수조지역의 곡물과 특산물을 수합하여 영산창에서 출항하여 광흥창으로 수납한 것으로 이해하였다.[17]

그런데, 최근에 마도 4호선의 출항처가 나주 영산성(창)이 아니라 금강유역의 德城倉 혹은 鎭浦라는 주장을 제기하면서, 그로 인해 목간에 '영산성 광흥창'이 아니라 '나주 광흥창'이라 적혀 있다고 주장하는 새로운 견해가 나왔다.[18] 이 견해는 태종 14년(1414) 전라도 조운의 방책으로 '전라중도·하도는 용안성 혹은 진포로 육운하여 조운토록 하였다'는 내용[19]을 근거로 삼아 나주에서 거둔 세곡과 공물이 금강변의 收租處인 龍安城(뒷날 덕성창)이나 진포까지 육운되었고, 이곳에서 마도 4호선이 출항한 것으로 파악하였다.

이하의 내용에서는 위와 같이 논란이 있는 출항처를 비롯한 마도 4호선 목간의 내용에 관해 추가하여 살펴 보려한다. 우선 문헌 기록상 漕運활동에서 木簡이 이용된 사례를 찾기는 좀처럼 쉽지 않다. 다만 宋代의 법령집인『天聖令』倉庫令 2條에 "무릇 (창고에서) 세를 받을 때에 순서대로 목패[牓]를 거둔다. ⋯⋯ 수납이 끝나면 영수증[鈔]를 지급하고 모두 [상부에] 보고한다."는 기사와 3條의 '(창고에 곡물을 쌓고)

16) 「문화재청 보도자료 – 최초의 조선시대 조운선, 600년 긴 잠에서 깨어나다」(2015년 8월 26일).

17) 김병근, 2016, 앞의 글.

18) 문경호, 2016, 「조선 초기의 조운제도와 태안 마도4호선」, 『태안 마도4호선 수중발굴조사 보고서』, 국립해양문화연구소, pp.393-397: 2016, 「泰安 馬島 4號船 出水 遺物을 통해 본 朝鮮 初 漕卒의 船上 生活」, 『島嶼文化』 48.

19) 주 22) 참고.

길이 3척, 가로세로 4寸인 나무패(木牌)에 곡물의 斛 수·연월 및 수령 官人 성명을 기록하여 세워두고, 倉屋의 출입문 위에는 나무판에 [앞의] 나무패와 같은 내용을 써서 편액을 만들어 걸어둔다.'는 내용이 참고 된다.[20] 3條에는 창고 안에 보관 중인 곡물 앞에 세워둔 사이즈가 제법 큰 木牌와 창고 출입문 위에 걸어둔 목패 두 종류 모두 창고용 목간으로 선행의 한국고대 목간연구에서 말하는 좁은 의미의 附札木簡을 의미한다. 이에 반해 2條의 내용에서 확인되는 '창고에 稅穀과 더불어 바친 목패[牓]'는 화물과 함께 이동한 하찰목간일 것이다.

위의 창고령 2조의 목패와 같이, 한국 중세시기 조세수납과정에서 목간이 사용되었음을 알려 주는 물질자료가 바로 마도 4호선의 목간이다. 마도 4호선의 침몰시기에 관해서는 선행 陶瓷史의 연구 성과를 통해 동반 출수 분청사기의 제작시기인 태종 13년(1413)~태종 18년(1418)으로 구체화하였다.[21] 이 시기 전라도지역 조운체제의 변화와 관련된 주요 내용은 다음의 두 가지이다. 첫 번째는 태종 14년(1414) 9월에 "全羅中道·下道의 각 고을은 龍安城 혹은 鎭浦에 정월에서 2월에 이르기까지 육지로 운수하여 창고를 짓고 수납하였다가, 3·4월에 이르러 그곳에서 京倉으로 조운토록 하였다."[22] 즉 나주 권역에서 수확한 미곡을 금강변의 용안성까지 육운하였다가 그곳에서 조운활동을 시작했다는 의미이다. 그리고 두 번째는 세종 9년(1427) 2월에 "(이전까지) 나주와 광주 이남 각 고을의 居民들이 軍資監에 바칠 米豆는 羅州 榮山倉에서 漕運하고, 각 官司에 바치는 米豆는 龍安의 德城倉으로 운반하여 漕運하니, 牛馬의 피해가 적지 않으므로 지금부터 光州 이남 居民들은 각 官司에 바칠 田稅와 軍資 모두를 榮山倉에 운반하여 조운하도록 하였다."[23] 다시 말해 나주·광주 이남지역의 이원화되어 있던 조세 수납처를 영산창으로 일원화하는 조치를 내린 것이다. 앞서 마도 4호선의 출항처를 용안성 혹은 진포로 본 견해는 이 두 기사를 근거로 나주권역 미곡의 육운화 조치가 태종 14년(1414)부터 세종 9년(1427)까지 지속된 것으로 이해하였다.

하지만 당시 전라도의 조운체제 정비와 마도 4호선 목간의 묵서 내용 등을 감안하여 마도 4호선의 출항처를 금강변의 용안성이 아니라 나주의 영산창으로 보고자 한다. 조선 초기 태종과 세종 재위 시기는 전국의 전세수납체계를 재정비하면서 漕運穀의 안정한 항해를 위해 水軍의 지원을 받거나 私船을 활용하는 등 다양한 논의와 시도가 이어졌다.[24] 태종 15년(1415) 6월에 敗船率이 낮은 私船을 조운활동에 적

20) "諸受稅 皆令乾淨 以次第收牓[牓]……隨訖給鈔總申", "…鑿博銘 記斛數·年月及同受官人姓名 置之粟上 以苫覆之 加槁五尺 大櫜兩重 築土高七尺 竝堅木牌 長三尺 方四寸 書記如博銘 倉屋戶上 以版題牓如牌式"(김진우, 2013, 「倉庫令」, 『天聖令 譯註』(김택인·하원수 주편), 혜안).

21) 박경자, 2016, 「마도4호선 분청사기의 제작 시기」, 『태안 마도4호선 수중발굴조사 보고서』, 국립해양문화연구소.

22) "全羅上道各官則內浦 中道下道則龍安城或鎭浦 自正月至二月 陸轉作庫納之 至三四月 悉令漕運"(『태종실록』 권28, 태종 14년 9월 12일).

23) "羅州·光州以南各官居民軍資監納米豆 輸于羅州 榮山倉漕轉 各司納稅米豆 輸于龍安 德城倉漕轉 一戶田稅 分處輸轉 非唯牛馬困斃 未得及期輸納 其弊不小 請上項羅·光州以南居民各司納田稅 竝於榮山倉輸納軍資 一時漕轉."(『세종실록』 권35, 세종 9년 2월 2일).

24) 六反田豊, 1997, 「朝鮮初期漕運制における船卒·船舶の動員制」, 『朝鮮文化研究』 4, 東京大學文學部 朝鮮文化研究室; 한정훈, 2014, 「조선 건국기 漕運體制의 정비와 그 의미」, 『震檀學報』 120.

극 이용하면서 軍船으로 하여금 호송하도록 하였다.[25] 전라하도의 이러한 정황은 태종 17년에 於瀾梁 水軍萬戶나 각 浦의 兵船이 조운에 관여한 내용을 통해 확인할 수 있다.[26] 이러한 기조는 세종대에도 이어져 私船에 항해 통행증을 발급하고, 일종의 사선 항해규칙을 마련하였다.[27] 또한 세종 5년(1423) 1월 20일에는 충청도와 전라도 조운선이 패몰되는 것을 막기 위해 기존의 指海船을 보완하여 각 포구와 연해 州郡으로 하여금 標木이나 배를 배치하도록 하였다.[28]

이와 같이 안전한 항해와 효율적인 조운활동을 위한 다양한 대책이 강구되던 시기에 태종 14년의 육운화 조치가 세종 9년까지 줄곧 유지되었는가에 대해서는 의구심이 든다. 또한 태종 14년 용안성이나 진포로의 육운화 조치, 세종 9년 이전 덕성창과 영산창으로의 二元的인 조운 운영, 세종 9년 영산창으로의 일원화 조치도 이러한 다양한 조운책 중의 하나였을 것이다.

이러한 조선 초기 조운체제에 관한 이해 속에서 마도 4호선의 출항처를 나주 영산창으로 추측하는 주요한 근거는 마도 4호선 목간의 묵서 내용이다. 앞서 간략히 언급하였듯이 목간 형태나 제작의 완성도 그리고 묵서의 필체 등에서 보이는 다양성을 감안하면, 마도 4호선 목간은 여러 지역 혹은 발송자(집단)가 제작하여 화물과 함께 마도 4호선에 선적한 것이다. 그중에는 '나주광흥창'명의 완전한 정보 전달체인 목간 뿐 아니라 '나주'와 '광흥창'만이 기록된 불완전한 상태의 정보를 수록한 것도 포함되어 있었다. 이 점을 고려하면, 나주 관내의 여러 고을(발송단위)에서 용안성 혹은 진포로 육운한 다음 그곳에서 조운을 시작했다고 생각하기는 쉽지 않다. 다시 말해, 나주권역에서 용안현의 덕성창으로 陸運의 과정을 거쳤다면, 목간에 授受관계와 관련된 여러 정보(화물명, 수량, 발송자, 수취처, 운송 담당자 등)를 담고 있어야 하지 않았을까.

물론 나주 주변의 여러 고을에서 덕성창으로의 육운활동이 나주의 특정 장소에 모여 함께 이루어졌는지, 아니면 각 발송단위(郡縣)별로 행해졌는지에 따라 목간의 발송지 표기는 달라질 가능성이 있다. 이중 덕성창으로의 육운은 후자의 방식으로 이루어졌을 가능성이 높다. 왜냐하면 첫째, 태종 14년(1414)에 전라중도·하도의 미곡을 전라상도와 함께 충청도 內浦로 일원화하지 않고 용안성 혹은 진포로 나누어 陸運하도록 한 것은 이러한 운수활동으로 인해 牛馬가 지치고 쓰러지는 것을 막기 위함이었다.[29] 둘째 운수활동의 효율성을 고려할 때, 나주 이북의 영산창 수세구역인 장성·담양·곡성 등의 미곡은 특정 장소에 집산해 한꺼번에 운송하기보다는 각 고을에서 개별적으로 용안성으로의 陸運활동을 수행하였을 가능성이 크다. 만약 각 발송단위에서 용안성으로 육운하였다가 마도 4호선이 그곳에서 출항하였다면, 그러한 운송과정에 비해 동반한 하찰목간의 묵서 내용은 지나치게 소략한 것이다. 물론 용안성에서 그곳으로

---

25) 『태종실록』 권29, 태종 15년 6월 17일·6월 25일.

26) 『태종실록』 권33, 태종 17년 5월 11일·윤5월 28일.

27) 『세종실록』 권5, 세종 1년 9월 4일; 권15, 세종 4년 2월 21일; 권28, 세종 7년 6월 23일.

28) 『세종실록』 권19, 세종 5년 1월 20일. 태종·세종 연간 전라도를 중심으로 한 水軍의 지원과 私船의 활용 양상은 선행 연구를 참고하였다(한정훈, 2014, 위의 논문, pp.71~74).

29) 주 22) 참조.

육운된 미곡에 대해 검수한 다음, 그곳에서 일괄적으로 조운활동에 관한 내용만을 기재하였다면 마도 4호선의 간명한 묵서명은 이해될 것이다. 하지만 목간의 형태·묵서의 필체 등이 한 곳에서 한꺼번에 목간을 제작하고 묵서를 적었다고 보기에는 한계가 있고, 화물의 여러 발송지를 나주로만 표기한 점도 납득이 가지 않는다. 따라서 이러한 용안성으로의 육운화 과정에 비해 목간에 묵서된 간략한 내용을 고려한다면, 마도 4호선의 출항처는 용안성(혹은 진포)보다는 나주의 영산창일 가능성이 높다.[30]

III. 고려 하찰목간과 마도 4호선 목간 비교

앞 장에서 살펴 본 마도 4호선 목간의 형태와 묵서 내용에 관한 서술 내용을 바탕으로 해당 목간의 특징과 선박의 성격을 보다 명확하게 밝히기 위해 고려시대 출수 하찰목간과의 비교를 시도해 본다.

1. 목간의 형태 비교

우선 양자의 형태 비교를 위해 동일한 기준으로 분류할 필요가 있다. 이를 위해 작성한 〈표 2〉는 필자의 목간 형태에 관한 선행 연구 결과와 앞서 제시한 〈표 1〉의 내용을 합친 것이다.[31] 다만 이전의 고려시대 하찰목간 연구에서 ①장방형·②홈형과 함께 '기타형'으로 분류한 내용을 여기서는 마도 4호선 목간의 형태에 맞추어 ③첨형과 ④기타형으로 세분화하였다. 마도 4호선 목간에서는 확인되지 않으면서 고려시대 하찰목간에서 보이는 상단부 구멍형, 上端 斜線形을 ④기타형 목간에 포함시켰다.[32] 다시 말해 조선시대의 마도 4호선 목간에서는 ①장방형과 ②홈형 이외에 ③첨형만이 확인되고, 고려시대까지의 가공부위인 구멍이 확인되지 않고, 후술하는 홈의 모양이나 위치 등에서 하찰목간의 형태가 단순화의 경향을 띠는 것으로 판단할 수 있다.

〈표 2〉 내용에서 마도 4호선 목간을 중심에 두고 살펴보면, 태안선~마도 3호선 출수 하찰목간에 비해 ①장방형 목간의 비율이 월등히 높다는 것이 가장 큰 특징이다. ①장방형 목간이 전체의 69.5%(32/46점)을 차지하는 점은 신라시대의 대표적인 荷札인 성산산성 목간이 22.3%, 고려시대 하찰목간이 10.4%인 통계[33]에 비해 꽤 높은 편이다.

---

30) 문경호는 용안성으로 육운하였기 때문에 목간의 묵서가 '영산성 광흥창'이 아니라 '나주 광흥창'으로 기록되었다고 하였다 (2016, 앞의 논문, p.397). 하지만 반대로 나주에서 출항했더라도 '나주 광흥창'이라 기록했을 가능성이 충분하며, 그런 식으로 이해한다면 용안성에서 출항하였기 때문에 '용안현 광흥창' 혹은 '덕성창 광흥창'으로 기록되어야 할 것이다.

31) 태안해역에서 출수된 고려시대 하찰목간의 형태 분류에 관해서는 다음의 연구를 활용하였다(한정훈, 2015, 「동아시아 중세 목간의 연구현황과 형태 비교」, 『사학연구』 119, p.264 〈표 6〉 참고).

32) 고려시대 하찰목간에서는 구멍형 목간이 1점(마도1호선 23번 목간), 上端 斜線形 목간이 2점(태안선 2번 목간·마도2호선 39번 목간) 확인된다.

33) 한정훈, 2016, 앞의 논문, p.181 〈표 4〉 성산산성 목간과 고려 하찰목간 형태 비교 참고.

표 2. 태안해역 출수 목간의 형태 분류

구 분		태안선 목간		마도 1호선 목간		마도 2호선 목간		마도 3호선 목간		마도 4호선 목간		비고
①장방형		1		9		3		0		31		
②홈형	a. 상단 홈형	6	4	41	37	35	33	23	22	5	2	
	b. 하단 홈형						1				3	
	c. 기타		2		4		1		1		–	
③첨형	a. 하단 첨형	1	1	2	1	1	1	0	0	10	8	
	b. 상단 첨형				1						2	
④기타형		1		1		1		0		–		
합 계		9		53		40		23		46		

이에 반해 태안선~마도 3호선 목간에서 전체의 80% 이상을 차지할 뿐 아니라 각 船體에서도 골고루 높게 분포하는 ②홈형 목간이 마도 4호선에서 10.6%(5/46점)로 낮은 비율인 점도 눈에 띈다. 더욱이 두 그룹의 ②-a.상단 홈형 비중을 비교하면 그 차이는 더 커진다. 고려시대 하찰목간에서 76% 이상 분포하는 ②-a.상단 홈형 목간은 하찰목간의 전형적인 형태이면서, 이러한 형태로 하찰목간의 형태가 정형화나 규격화된 것으로 이해한 견해도 있다.[34] 이에 반해 마도 4호선 목간은 상단 좌우에 ')〈'형 홈이 있는 ②-a형의 비중이 나머지 ②-b. 하단 홈형과 거의 비슷하다. 이것은 상단 홈형(②-a) 목간에서 원인을 찾기보다 마도 4호선에서 ②홈형 목간의 효용성이 전반적으로 떨어졌기 때문이다. ②-c.기타 홈형은 고려시대 하찰목간에서 확인되지만 마도 4호선에서는 확인되지 않는 여러 형태의 ②홈형 목간을 포함한다.[35] 마도 4호선 목간에서 ②-a형과 ②-b형 이외의 기타 홈형(②-c)이 확인되지 않는 것은 고려시대 하찰목간보다 홈의 모양(〉〈)과 위치(상단·하단)가 정형화·규격화되었음을 의미하는 것이다.

그리고 ②홈형 목간 중 마도 4호선에서 2점, 고려 마도 2호선에서 1점(2번 목간)만이 확인되는 ②-b. 하단 홈형 목간이 신라 성산산성 하찰목간에서는 60% 이상 차지하는 특이점을 보인다.[36] 성산산성 하찰목간에 비해 고려·조선시대 목간에서 해당 목간 형태의 비중이 확연히 줄었지만 여전히 한국 중세 하찰목간의 한 형태로 이해할 수 있다. ②-b.하단 홈형 하찰목간이 신라에 이어 고려와 조선시대에 전승되어 일부라도 사용된 이유는 앞 장에서 언급하였듯이 목간의 묵서 내용(정보)을 확인하기에 편리하였기 때문

---

34) 한정훈, 2016, 앞의 논문, pp.181-182.

35) ②-c.기타 홈형 목간에는 상단 한쪽에만 홈이 있는 유형(태안선 목간 2점·마도 1호선 목간 3점 확인), 상·하단부 양쪽에 홈이 있는 유형(마도 1호선 목간 1점), 목간의 중간부에 홈이 있는 유형(마도 2호선 목간 1점), 異形 홈이 있는 유형(마도 3호선 목간 1점)이 분포한다(한정훈, 앞의 논문, p.264 [표 6] 참고).

36) 신라 성산산성 하찰목간에서 ②홈형이 전체 목간의 66% 가량을 차지하는데, 고려 하찰목간과 달리 상단 홈형인 ②-a형이 3.2%이고 하단 홈형인 ②-b형이 60% 이상을 차지한다(한정훈, 2016, 앞의 논문, pp.170-177).

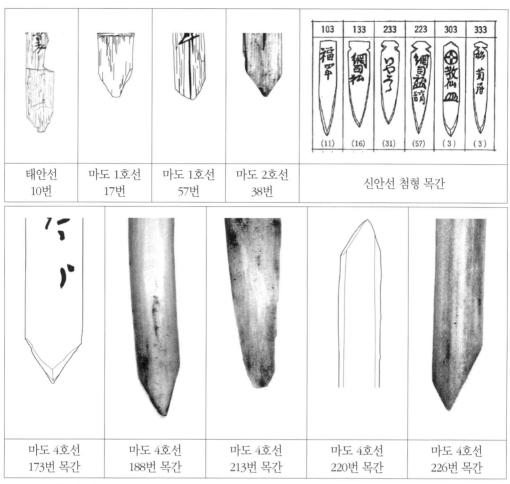

				신안선 첨형 목간					
				103	133	233	223	303	333
				福罕	網引松	弓ヶ	網引盆韻	敎仙皿	荷将
				(11)	(16)	(31)	(57)	(3)	(3)
태안선 10번	마도 1호선 17번	마도 1호선 57번	마도 2호선 38번						

마도 4호선 173번 목간	마도 4호선 188번 목간	마도 4호선 213번 목간	마도 4호선 220번 목간	마도 4호선 226번 목간

그림 5. 고려 침몰선·신안선·마도 4호선 첨형 하찰목간 비교

이다.

다음의 ③첨형 목간은 형태 확인이 가능한 마도 4호선 목간 46점 중 10점으로 21.7%이다.[37] 고려 하찰 목간에서 첨형 목간이 5%에도 미치지 못하는 점을 고려하면 다소 높은 편이다. 그런 만큼 첨형이 짐에 연결되는 부위로서의 역할에 유용한 형태였다고 말할 수 있다. 필자는 이전 연구에서 고려시대 하찰목간에서 ③첨형의 수효도 적고 뾰족한 부위의 각도가 무뎌서 짐에 연결하는 가공 부위로서의 의미를 낮게 평가하였다.[38] 이러한 내용에 견주어 볼 때에 마도 4호선의 ③첨형 목간은 다른 양상을 보인다. 이들 목

---

37) 선행연구에서는 전체 63점의 목간 중 19점이 첨형에 속하는 것으로 이해하였다(김병근, 앞의 논고, 〈표 1〉). 하지만 174·192·196·199·202·207·210·211·219번 목간은 첨형으로 분류할 수 없거나 결락된 목간이라 통계 수치에 오류가 있는 것으로 판단된다.

간 중 173·188·213·220·226번 목간의 형상은 첨형이 주요한 형태였던 신안선 목간만큼은 아니지만 고려 하찰목간보다는 확실히 그 각도가 예리하다. 특히 목간의 반 이상이 결실된 213번 목간은 하단부의 뾰족한 형상이 신안선의 전형적인 尖形에 비교될 만큼의 각도를 보인다.(〈그림 5〉 참조) 따라서, 마도 4호선의 첨형은 끈으로 짐에 연결하는 부위로서 실질적인 역할을 담당하였을 가능성이 높다.

이상의 내용과 같이 고려 하찰목간의 형태와 비교해 본 결과, 마도 4호선 목간은 ①장방형의 비중이 훨씬 늘어난 반면 ②홈형은 대폭 줄어들었으며 목간과 짐을 연결하는 가공 부위인 ③첨형은 일정 정도의 비중을 차지하였다. 이 내용을 고려시대에서 조선시대로의 하찰목간 형태상의 변화로 이해해서는 곤란할 것이다. 무엇보다도 고려시대 태안선·마도 1·2·3호선 하찰목간과 다른 마도 4호선의 개별적 상황이 출수 목간의 형태와 묵서 내용에 반영되었을 것이다.

이러한 하찰목간 형태를 결정짓는 주요한 요소 중의 하나는 목간이 연결된 화물의 포장재가 무엇인가 하는 점이다. 고려시대 하찰목간의 형태와 포장재를 분석한 결과에 따르면, 76% 이상을 차지하는 꼬리표 형태의 ②-a.상단 홈형 목간은 곡물류가 담긴 볏섬 뿐 아니라 해산물·젓갈·기름 등 물기가 있는 화물 종류의 포장 및 운반용기인 항아리류(缸·樽)에서 확인되었다. 이에 반해 ①장방형과 ③첨형 목간은 곡물류와 메주 등을 담은 볏섬에서만 확인된다.[39] 고려 하찰목간에서 ②-a.상단 홈형 즉, 꼬리표형 목간의 비중이 높은 것은 물기가 있는 화물 종류(해산물·젓갈·기름 등)의 포장 및 운반용기로 항아리류(缸·樽)가 다수 존재하였기 때문이다.

마도 4호선의 발굴 보고서에 따르면, 곡물류는 투석간을 제외한 선체 전반에서 확인되고 일부 볏섬은 형태를 유지한 채 발굴되었으며, 더욱이 155점의 분청사기 중 60점이 고려시대 자기 포장 방법과 달리 10점 혹은 20점 단위로 포갠 후 성글게 엮어 만든 망태기에 담겨 포장되어 있었다.[40] 또한 출수 유물 중 선상용품이 아닌 화물의 성격을 지닌 27점의 숫돌도 가는 새끼줄이 두 군데 묶여진 꾸러미 상태로 출수되었다.[41] 이처럼 마도 4호선은 주로 볏섬이나 새끼줄을 이용하여 화물을 포장·운반하였기 때문에 여타의 운반용기를 사용하지 않으면서 ②홈형 목간의 비율이 현저히 떨어진 것이다. 홈에 끈을 달아매어 꼬리표 형태로 화물에 연결하는 ②홈형 목간은 갈피 형태로 짐에 연결된 ①장방형이나 갈피 혹은 끈으로 연결된 ③첨형 목간보다 화물에 목간을 확실히 고정시킬 수 있었다. 이러한 ②홈형 목간이 마도 4호선에서 비중이 줄어든 것은 포장재가 볏섬인 점에서 기인한 바도 있지만, 이전보다 유통경제가 활발해짐에 따라 종이문서의 역할이 증대하면서 목간의 정보 전달 역할이 축소된 문자 활동의 환경 변화와 함께 조운시스템에 편입되어 있던 마도 4호선의 정황이 반영되었기 때문일 것이다.

---

38) 한정훈, 2015, 앞의 논문.
39) 한정훈, 2015, 앞의 논문, pp.268-272.
40) 국립해양문화재연구소, 2016, 『태안 마도4호선 수중발굴조사보고서』, p.19·p.280.
41) 국립해양문화재연구소, 2016, 『태안 마도4호선 수중발굴조사보고서』, pp.268-269.

2. 목간의 내용 비교와 해운 양상

고려시대 하찰목간과 구별되는, 마도 4호선 목간에서 유추할 수 있는 화물 운송상의 특징은 앞서 언급한 목간의 형태보다 묵서 내용에서 보다 쉽게 찾을 수 있다. 고려시대 하찰목간의 경우는 干支·날짜·수취인·발송지(인)·화물명·수량·선적자·手決 등 授受정보에 관한 여러 항목이 확인된다. 이에 반해 마도 4호선에서는 '羅州廣興倉'명 목간이 41점에 이르고, 일부 목간에서 白米·麥의 곡물 종류와 수량만이 확인되어 정보의 양과 질이 매우 간단명료하였다. 이렇게 목간이 전달할 정보량이 적었기 때문에 굳이 크게 제작할 필요도 없었다. 마도 4호선과 마찬가지로 곡물을 주로 실었던 마도 1·2호선 목간의 제원을 비교하더라도 큰 차이가 난다. 마도 4호선 목간의 대부분은 길이가 15㎝이하, 너비가 1.8㎝ 이하인데 반해, 마도 1호선은 길이 20·30㎝ 이상에, 너비도 2·3㎝ 이상이다. 마도 2호선의 경우도 폭이 조금 좁긴 해도 마찬가지로 세로 25~35㎝, 가로 2~3.5㎝의 제원을 보인다. 대부분의 마도 4호선 목간은 '羅州廣興倉'이라는 정형화된 묵서 내용에 적합한 사이즈로 제작되었다. 이처럼 마도 4호선 목간의 크기가 작아진 것은 기록할 내용이 줄어든 것과 함께 목간의 기재 내용 이외의 정보 전달은 漕運시스템 속에서 이미 관행화되어 정보 전달 면에서 목간의 역할이 크게 축소되었기 때문이었다.

그렇다면, 마도 4호선 목간의 대부분을 차지하는 '나주광흥창'명 목간 내용을 고려시대 하찰목간과 비교해 보자. 묵서 내용에서 발송지가 羅州인 점은 고려시대 하찰목간도 발송자보다 발송지를 표기하고 있어 별반 차이가 나지 않지만,[42] 수신처의 경우는 다른 양상을 보인다. 태안선의 수신처는 '崔大卿 宅'을 비롯한 4명의 집(宅·戶)이고, 마도 1호선의 경우는 '檢校大將軍 尹起華 宅'과 같이 15건의 개인 집(宅·戶)이며, 마도 2호선도 '李克偦 郎中 宅'을 비롯한 15건 이상이 개인의 집이고 마도 3호선의 경우도 '金侍郎主宅' 등 18건 이상의 개인 집이다.[43] 태안선·마도 1·2·3호선 하찰목간 묵서에서 확인되는 수신처는 모두 ○○의 집(宅·戶)이고, 더욱이 1척의 선박에 적재된 화물의 수신처가 개경에 있는 10곳 이상의 여러 집이라는 점이 적재 화물과 선박의 성격을 이해하는 데에 가장 중요한 근거로 작용한다. 필자는 이 점을 근거로 이전 연구에서 태안선~마도 2호선에 실린 화물을 私的인 성격의 화물로 이해하면서 이들 선박도 조창에 배속된 조운선이기보다는 개인 소유의 私船일 가능성을 제기하였다.[44] 마도 3호선 적재 화물과

---

42) 고려시대 하찰목간의 묵서에서 확인되는 발송자에 관한 분석은 다음의 연구논문이 참고된다(신은제, 2012, 「마도1·2호선 出水 목간·죽찰에 기재된 곡물의 성격과 지대수취」, 『역사와 경계』 84). 마도 1·2호선 목간에서 논란이 있는 '田出' 곡물을 관인에게 분급된 收租地에서 발생하는 田稅가 아니라 사유지 혹은 田莊에서 발생하는 地代로 보면서, 목간의 발송자를 사유지의 지대 수취와 발송을 담당한 자들로 이해하였다. 다만 마도 1호선 목간의 '長 宋春'과 같은 지방 향리가 발송자인 경우에 대해서는 향후의 보완이 요구된다.

43) 마도 3호선 목간에서 확인되는 수신처는 '呂水縣副事審宅'·'辛允和侍郎宅'·'俞承制宅'·'事審金令公主宅'·'奇待郎宅'·'右三番別抄都領侍郎宅'·'右三番別抄本' 등 18건 이상이다. 물론 마도 3호선에서 보이는 '右三番別抄 都(혹은 本口)'을 집단이나 기관으로 볼 여지는 있다.

44) 한정훈, 2011, 「12·13세기 전라도지역 私船의 해운활동-수중 발굴성과를 중심으로-」, 『한국중세사연구』 31; 2016, 「고려시대 강진지역 교통입지와 청자 유통」, 『다산과 현대』 9; 2016, 「고려시대 안흥창과 부안 청자의 운송방식」, 『島嶼文化』 48).

선박의 성격에 관해 별도로 다루지 않았지만, 위의 내용과 같이 私的인 성격의 해운활동으로 짐작한다.[45]

이에 반해 마도 1호선의 선체 구조와 형태상의 특징을 근거로 각 조창에 배속된 조운선으로 보는 다른 견해도 있다.[46] 이에 대해 필자는 마도 1호선이 哨馬船급의 규모를 가진 선박이지 조창 배속의 조운선은 아닌 것으로 본다. 그것의 주요 근거로 묵서된 田出의 성격, 개인 집이 수신처인 점과 함께 마도 1호선 목간 묵서에서 조창·조운시스템과 관련된, 또는 그것을 유추해 볼 수 있는 어떠한 내용도 확인되지 않는 점을 들 수 있다. 물론, 마도 1호선 목간에 私的 화물에 관한 정보만 싣고, 나머지 세곡·공납품과 관련된 정보는 기록하지 않았을 가능성도 있다. 하지만 이러한 여러 가설을 고려하더라도, 다양한 화물(곡물류·젓갈류·메주·죽제품)을 開京에 있는 15곳 이상의 개인 집으로 발송한다는 정보를 담고 있는 마도 1호선 목간의 내용을 감안하면 선적품은 私的인 성격의 화물일 가능성이 높다. 현재로서는 태안선과 마도 2·3호선의 경우도 유사할 것으로 이해한다.

이상과 같이 고려시대 하찰목간 묵서에서 확인되는 수신처 등의 정보를 통해 유추한 화물운송의 양상과 달리, 마도 4호선 목간의 묵서에는 '廣興倉'이라는 단일한 수신처가 명시되어 있어 선적 화물과 선체의 성격이 명확하다. 마도 4호선은 나주 관내의 조운 세곡과 공납용 분청사기 등을 실어 한양의 광흥창에 수납하는 조운시스템 속에 편입되어 있었기 때문에 '나주광흥창'이라는 간단명료한 기본 정보만으로도 화물의 수수관계가 충분히 전달되었다. 양자를 단순 비교하면, 고려시대 하찰목간과 같이 다양한 授受관련 정보를 묵서한 목간은 사적인 성격의 해운활동의 또 다른 징표일 가능성이 있다.

IV. 맺음말

지금까지 태안해역에서 出水된 하찰목간의 형태와 묵서 내용을 비교·분석하면서 한국 중세시기 화물운송의 양상에 관해 살펴보았다. 본문의 주요한 내용은 다음과 같이 대략적으로 정리할 수 있다. 첫째, 조선왕조 태종대에 제작된 것으로 알려진 마도 4호선 목간의 형태는 고려시대에 성행하던 홈형 목간이 크게 줄어든 반면 장방형과 尖形 목간의 비율이 크게 늘어났다. 이것은 항아리류의 화물 용기를 많이 이용한 고려시대 침몰선과 달리, 마도 4호선의 경우는 항아리류가 줄고 포장재로 볏섬이나 망태기, 꾸러미

---

45) 마도 3호선의 성격을 간략히 언급한 연구논문으로 다음의 것이 있다(윤용혁, 2016, 「태안선과 마도3호선의 침몰 연대」, 『한국중세사연구』 44, pp.194-196). 마도 3호선을 일종의 조운선으로 보면서 江都의 주요 관직자 혹은 주요 기관에 전달되는 특산물이 포함된 것으로 이해하였다. 아마도 三別抄로 상징되는 무인정권기 權臣들이 국가의 공적 시스템인 조운을 사적으로 활용하였을 가능성을 염두에 둔 듯하다.

46) 문경호, 2011, 「태안 마도1호선을 통해 본 고려의 조운선」, 『한국중세사연구』 31; 2015, 국립해양문화재연구소, 『고려시대 조운선(마도1호선) 복원 보고서』. 문경호의 견해를 수용하여 선체의 구조와 크기 등에서 마도 1·2·3호선을 비교적 정형화된 선박으로 이해하면서 각 조창에 배속된 조운선일 가능성이 높은 것으로 추정한 연구가 있다(윤용혁, 2013, 「고려의 뱃길과 섬, 최근의 연구 동향」, 『島嶼文化』 42, p.110·p.123).

등을 사용하였기 때문이었다. 둘째, 마도 4호선의 하찰목간은 고려시대의 그것에 비해 목간의 크기가 전반적으로 줄어들고 형태도 단순화의 경향을 보이며, 묵서 내용도 '羅州廣興倉'으로 수록 정보가 발송지와 수신처만이 기재된 간명한 양상을 띠었다. 이것은 고려시기에 비해 목간의 정보전달 기능이 축소된 사회환경과 함께 마도 4호선이 漕運이라는 公的인 운송시스템을 이용하였기 때문이었다. 셋째, 마도 4호선의 출항지에 관해 최근에 금강 하구로 보는 견해가 제기되었지만, 조선 초기 전라도지역 조운체제의 정비와 마도 4호선 목간의 묵서 내용 등을 고려하면 여전히 나주 영산창일 가능성이 더 높은 것으로 이해하였다.

이상의 내용과 같이, 목간의 출수 사례가 풍부하지 않은 상황 속에서 고려시대의 하찰목간과 마도 4호선 목간 상호 간의 비교 연구를 시도한 이유는 현재의 수중 발굴성과와 관련된 연구가 선체·도자기·목간 등 개별 유물이나 음식문화와 같은 특정 주제를 넘어서지 못한 채 선적 화물이나 선박의 성격과 같은 근본적인 주제 탐구에 소홀한 것이 아닌가하는 반성 때문이었다. 본문의 내용 중 荷札木簡의 형태를 가공 부위의 기능에 주안을 두어 분류한 점, 마도 4호선 목간을 고려시대 하찰목간과 비교하여 몇 가지 경향성을 파악한 점, 고려시대 침몰선에 선적된 화물에 대한 이해 등 몇 가지의 주요한 내용은 필자의 선행연구에서 빌려 온 것이다. 이러한 전제 속에서 본고의 내용은 고찰 대상을 마도 4호선 하찰목간에까지 넓힌 것이다. 이와 같은 방법론은 단순히 연구 대상을 확대한 것에 그치는 것이 아니라, 선행 연구에서 더 이상 진전이 없는 화물의 해운 양상과 침몰선의 성격에 관한 논의를 진작시킬 것으로 기대한다.

끝으로, 본고에서 마도 4호선 목간과의 비교를 위해 태안선·마도 1·2·3호선 하찰목간을 하나의 木簡群으로 이해한 점에 대해서는 향후에 세밀한 보완이 필요할 것이다. 아울러 침몰선의 해운활동에 관한 본격적인 고찰을 위해서는 목간 뿐 아니라 船體와 동반 유물에 관한 전면적인 조사와 분석이 뒤따라야 할 것이다. 지금까지 한국 중세의 해양활동을 상징하는 漕運은 문헌 기록 속에서만 존재하는 制度에 불과하였다. 그런 까닭에 앞으로 조운선인 마도 4호선과 조운활동의 실상을 알려주는 물질자료인 하찰목간의 가치에 대해 더욱 주목해야 할 것이다.

투고일: 2017. 11. 2.   심사개시일: 2017. 11. 16.   심사완료일: 2017. 12. 3.

참/고/문/헌

『태종실록』, 『세종실록』

국립해양문화재연구소, 2016, 『태안 마도4호선 수중발굴조사 보고서』.

이경섭, 2013, 『신라 목간의 세계』, 경인문화사.

김택인·하원수 주편, 2013, 『天聖令 譯註』, 혜안.

六反田豊, 1997, 「朝鮮初期漕運制における船卒·船舶の動員制」, 『朝鮮文化研究』 4, 東京大學文學部 朝鮮
    文化研究室.

三上喜孝, 2007, 「일본 고대 목간에서 본 함안 성산산성 목간의 특징」, 『함안 성산산성 출토 목간의 의의』,
    국립가야문화재연구소.

임경희, 2011, 「마도2호선 목간의 분류와 내용 고찰」, 『태안마도2호선 수중발굴조사보고서』.

한정훈, 2011, 「12·13세기 전라도 지역 私船의 해운활동 −수중 발굴성과를 중심으로−」, 『한국중세사연
    구』 31.

문경호, 2011, 「태안 마도1호선을 통해 본 고려의 조운선」, 『한국중세사연구』 31.

신은제, 2012, 「마도1·2호선 出水 목간·죽찰에 기재된 곡물의 성격과 지대수취」, 『역사와 경계』 84.

한정훈, 2015, 「동아시아 중세 목간의 연구현황과 형태 비교」, 『사학연구』 119.

김병근, 2016, 「마도4호선 목간의 분류와 내용 고찰」, 『태안 마도4호선 수중발굴조사 보고서』, 국립해양문
    화재연구소.

문경호, 2016, 「조선 초기의 조운제도와 태안 마도4호선」, 『태안 마도4호선 수중발굴조사 보고서』, 국립해
    양문화연구소.

박경자, 2016, 「마도4호선 분청사기의 제작 시기」, 『태안 마도4호선 수중발굴조사 보고서』, 국립해양문화
    연구소.

한정훈, 2016, 「고대 목간의 형태 재분류와 고려 목간과의 비교」, 『木簡과文字』 16.

윤용혁, 2016, 「태안선과 마도3호선의 침몰 연대」, 『한국중세사연구』 44.

〈Abstract〉

Consideration of Shipping Activities by Comparing Wooden Tablets Recovered from Taean Waters
- Focusing on Mado no. 4 -

Han, Jeong-hun

This study examined the shipping conditions in the Korean Middle Ages, while comparatively analyzing forms of wooden tablets recovered from sea and contents of ink inscriptions. Main points of the argument can be summarized: First, the groove-type of wooden tablet which was popularized in the Goryeo period was significantly reduced, while rectangle and periurethral(尖形) wooden tablets were substantially increased. The reason why is that straw rice-bags, net bags and bundles were more often used for transportation and package than the pot-type for Mado no. 4, different from sunken ships which often used pot-type as a freight container in the Goreo period. Second, the size and the forms of tag wooden tablets for Mado no. 4 were entirely decreased and tended to be simplified, respectively, compared with those in the Goreo period, and contents of ink inscription included Najugwangheungchang(羅州廣興倉), and therefore, collected information was concise, in that it only contained ports of dispatch and addresses. This is because wooden tablets' function to transmit information was declined and the shipping(漕運), a public transportation system was used by Mado no. 4. Third, although the opinion that the outport of Mado no. 4 may be identified as the mouth of Geumgang was recently proposed, it is still likely to be Yeongsanchang, Naju, given the arrangement of shipping systems in Jeolla-do areas in the early Joseon and the contents of ink inscriptions on wooden tablets of Mado no. 4.

▶ Key words: Mado no. 4, rectangle wooden tablet, package, shipping, outport

태안해역 출수 고려 목간의 서체적 특징
– 마도 1·2·3호선 목간을 중심으로 –

정현숙[*]

〈국문초록〉

본고는 주문받은 물품을 싣고 개경으로 향하던 중 충남 태안 해역에서 침몰된 세 척의 고려 선박에서 출수된 꼬리표목간의 서체적 특징을 살펴보기 위한 것이다. 발송지가 죽산현, 회진현, 수녕현, 안로현인 마도 1호선과 무송현, 고부현, 고창현, 장사현인 마도 2호선은 13세기 전반, 여수현인 마도 4호선은 13세기 후반의 것으로 밝혀짐에 따라 목간의 묵서를 통해 고려 말기 전라도 관리들의 서예 수준을 알 수 있다.

마도 1호선 목간에는 행서가 주를 이루고, 해서, 초서가 조금 사용되었다. 그 행서에는 초서의 결구와 운필이 많고 서풍이 다양하여 여러 관리가 꼬리표목간을 작성했을 것으로 추정된다. 전체적으로 백제 목간을 연상시키는 노련미와 절제미가 있는데, 특히 나주 복암리목간의 글씨와 분위기가 흡사하다. 드물게는 북위풍으로 쓰여 남북조풍 해서가 고려까지 전승되었음을 말해 준다. 초행서가 주를 이루는 가운데 수취인의 이름에는 오히려 해서의 필의가 많아 운송이 목적인 꼬리표의 용도에 맞는 서체를 선택했음을 알 수 있다.

마도 2호선은 대부분 해서로 쓰였는데, 그 솜씨가 초학자의 수준에 머물러 마도 1호선의 유창한 행서와 구별된다. 같은 수취인에게 보낸 꼬리표는 같은 발송인이 썼다는 사실, 지역에 따라 관리의 서사 솜씨가 다르다는 사실을 확인할 수 있었다. 그리고 개경에 사는 사람의 성만 적어도 운송이 된다는 점에서 마

---

* 원광대학교 서예문화연구소 연구위원

도 2호선의 성격을 짐작할 수 있다.

주로 개인에게 발송한 마도 1, 2호선과는 달리 마도 3호선에는 고위직의 개인뿐만 아니라 무신정권 관청이나 기관들에 보내는 화물이 많다. 서체도 행서가 주를 이룬 마도 1호선, 해서가 주를 이룬 마도 2호선과는 달리 해서와 초서 필의가 짙은 다양한 서풍의 행서가 고루 사용되었고, 각 서체의 서풍도 다양하며, 양면의 서체나 서풍이 같기도 하고 다르기도 하다. 시기가 가장 늦은 마도 3호선 목간의 글씨는 마도 1, 2호선의 목간 글씨보다 평균적으로 서사 수준도 높다. 특히 고려의 금석문에는 초당의 구양순풍이 많은 편인데, 3호선 목간의 해서에는 중당의 안진경풍도 쓰여 주목된다.

전체적으로 초서의 필의가 많은 행서 목간을 통해 고려에서는 향리들도 초서를 깊이 공부했음을 알 수 있다. 이것은 중국에서 송 사대가의 글씨를 중심으로 첩이 성행했고 그들의 글씨가 고려 중기의 문인들을 중심으로 널리 유포되었기 때문이다. 그리고 그 영향으로 고려 후기인 13세기에는 향리에 이르기까지 행초서가 널리 학습된 것으로 보인다. 이처럼 마도 1, 2, 3호선 목간에 쓰인 관리들의 생생하고 다양한 육필은 고려 후기 전라도 서예사를 재조명할 수 있는 계기를 마련해 준다.

▶ 핵심어: 고려 목간, 마도 1호선, 마도 2호선, 마도 3호선, 행초서, 나주 복암리목간, 무신정권, 전라도 서예, 송사대가

I. 머리말

충남 태안 마도에서 침몰한 세 척의 고려시대 배에서 출수된 고려 목간은 화물의 꼬리표로서 화물을 보내는 수취인 또는 화물의 선적 시기를 기록하고 있어 배의 침몰 시기를 편년할 수 있다. 1208년 침몰한 마도 1호선, 1219년 이전에 침몰한 마도 2호선, 1265년부터 1268년 사이에 침몰한 마도 3호선은 자기, 곡

표 1. 13세기 태안 마도 고려 목간 개요

침몰선명	침몰 시기 (간지목간)	목간(목간/ 죽찰)	양면목간/ 홈 끈 목간	발송지	발송인	수취인	서체
마도1호선	1208(무진 4점, 정묘 5점)	73점 (15/58)	6점/5점	竹山縣(7) 會津縣(3) 遂寧縣(1) 安老縣(1)	宋椿, 大三, 宋持	尹邦俊, 金純永, 尹起華, 權克平, 宋壽梧, 金周原, 李孝臣, 金洛中	행서, 해서
마도2호선	1219년 이전	47점 (23/24)	11점/2점	茂松縣(13) 古阜郡(4) 高敞縣(2) 長沙縣(1)	果祚, 金順, 閑三,	大卿庾, 李克偦, 奇牽龍, 鄭元卿	해서, 행서
마도3호선	1 2 6 5 - 1268	35점 (15/20)	26점/1점	呂水縣(1)	善才, 玄礼, 景池, 吳氏	辛允和, 俞千遇, 金俊 父子	해서, 초행서

물, 해산물 등 많은 화물을 운반하던 화물선이었다.

출수 목간으로 보면 마도 1호선은 73점, 마도 2호선은 47점, 마도 3호선은 35점이다. 화물에 붙이는 이 대량의 꼬리표목간은 13세기 고려 후기의 도자사와 서예사 그리고 도량 연구에 획기적 자료다. 특히 향리들의 육필을 통해 고려 무신정권 시기의 전라도 지역 서예 연구에 상당한 진전을 보게 되었다. 따라서 본고에서는 먼저 각 선박의 발굴 현황과 성과를 간략하게 언급하고, 이어서 목간 글씨의 특징을 서체별 또는 수취인과 발송인 별로 나누어 살펴보겠다.[1]

II. 마도 1호선 목간의 서체와 서풍

1. 마도 1호선의 발굴 현황 및 성과

2008년부터 2009년까지 충청남도 태안군 근흥면 인근 해역에서 수중 발굴 결과 '마도 1호선'과 도자기와 토기, 다량의 곡물류, 석탄, 대나무 제품, 목간 등을 인양했다. 마도 1호선은 고려 후기인 1196년 등극한 최충헌 무신정권 통치 기간인 1207년 정묘년부터 1208년 무진년까지[2] 전라도 遂寧縣, 竹山縣, 會津縣[3] 등에서 공물을 싣고 개경으로 향하던 중 1208년 봄 태안 마도 앞바다에서 침몰된 공물 운반선이다. 발송인은 宋椿, 大三, 宋持 등의 지방 향리며,[4] 수취인은 檢校大將軍 尹起華, 別將 權克平, 대장군 金純永 등 무신정권 관료들이다.[5] 김순영과 정묘·무진 간지가 적힌 목간으로 미루어 마도 1호선은 1208년 출항했음을 알 수 있다. 『高麗史』와 『高麗史節要』에 의하면 김순영은 무신정권 하에서 1199년 대장군으로 승진했으니 이후의 정묘, 무진은 각각 1207년, 1208년에 해당되기 때문이다. 따라서 마도 1호선은 최충헌 무신정권의 경제 기반을 위한 수취체제의 일면을 보여 주는 생생한 자료를 담고 있다.

마도 1호선에서 발굴된 유물은 선체 포함 총 489점이다. 그중 목간은 총 73점이며, 나무로 만든 목간은 15점, 대나무로 만든 죽찰은 58점이다.[6] 고려시대 목간으로는 2007년 태안 대섬 인근 해역에서 우리

---

1) 목간 번호는 국립해양문화재연구소의 수중 발굴 보고서를 따른다. 또 보고서를 따라 재료가 나무인 것은 목간, 대나무인 것은 죽찰이라 칭하고 전체를 목간이라 통칭한다. 이 글에 실린 목간은 국립해양문화재연구소 소장이다.

2) '정묘'목간은 12, 19, 20, 52, 69번, '무진'목간은 10, 17, 21, 26번이다.

3) 발송지가 적힌 목간은 모두 12점이다. '수령현'목간은 11번, '죽산현'목간은 10, 12, 19, 20, 37, 52, 58번, '회진현'목간은 7, 18, 29번, '안로현'목간은 34번이다.

4) 발송인이 '송춘'인 것은 15, 16(추정), 54(추정)번, '대삼'인 것은 22, 24, 25(추정), 38, 39, 71번, '송지'인 것은 56번이다.

5) 수취인이 '윤기화'인 것은 12, 13번, '권극평'인 것은 15, 16, 54번, '김순영'인 것은 59, 60, 61, 62, 63, 64, 67(추정)번이다. 이 밖에 奉御同正 宋壽梧인 것은 8번, 別將同正 (黃)永修인 것은 11번, 校尉 尹邦俊인 것은 37번, 金嗣原인 것은 42번, 李孝臣인 것은 57번, 郎中同正 金洛中인 것은 69번이다.

6) 국립해양문화재연구소, 2010, 『태안마도1호선』. 임경희·최연식은 전체 목간은 69점이며, 목간 16점, 죽찰 53점이라 했다. 임경희·최연식, 2010, 「태안 마도 수중 출수 목간 판독과 내용」, 『木簡과 文字』 5, 한국목간학회, p.186. 그러나 2010년 발굴시 죽찰 4점을 추가로 발견했다. 목간의 분류와 내용은 임경희, 2010, 「마도1호선 목간의 분류와 주요내용」, 『태안마도1호선』, 국립해양문화재연구소 참조.

나라 최초로 발굴된 목간에 이어 두 번째다.[7] 마도 1호선의 목간은 선내 한 곳에 집중된 것이 아니고 선체 안팎 여기저기에 산재해 있었다. 이들 대부분은 납작하고 평평한 모양으로 다듬은 후 '어떤 물건을 누구에게 보낸다'는 내용을 적은 꼬리표목간이다. 따라서 상부에 '〉〈' 모양의 홈이 있는데, 이것을 경계로 머리와 몸통으로 구별된다. 양을 나타내는 숫자는 위·변조를 방지하기 위해 대부분 갖은자로 썼다. 그리고 도자기, 곡물류 등의 유물이 적재된 곳 옆에 매듭을 이용하여 목간이 연결되어 있었다. 특히 벼, 조, 피, 콩, 메밀 등의 곡물이 있었던 구역에서는 대부분 목간이 함께 발굴되었고, 거기에는 '누구에게 얼마의 곡물을 보낸다'는 내용이 적혀 있었다. 곡물 가운데 벼가 가장 많았고 벼는 볏섬과 함께 출수된 경우도 있었는데, 그 사이에 죽찰이 발견되기도 했다.

목간의 내용에서 발송인과 수취인의 상하관계를 알 수 있다. 발송인보다 수취인이 상위인 경우는 '누구 댁이 올린다'를 뜻하는 '宅上' 또는 '누구 댁'을 뜻하는 '宅'이라 쓰고, 동급이거나 하위인 경우는 '누구 집에 준다'를 뜻하는 '戶付'라 썼다.[8] 이름 앞에 관직을 적거나, 관직 앞에 '在京'을 표시거나, 이름 뒤에 '宅上'을 쓴 형식, 즉 '在京+관직+이름+宅上'으로 표기한, 상위직에게 올린 목간이 대부분을 차지한다. 그리고 발송인의 경우 이름 대신 서명인 手決(花押)을 쓰기도 했는데,[9] 수결은 12세기의 태안 대섬 목간에서 이미 다양한 형태로 쓰였다.[10] 발송인이 같으면 대체로 수취인이 같으며, 발송인이나 수취인이 미상인 경우 묵서의 유사성으로 이것을 추정할 수도 있다.

2. 마도 1호선 목간의 서체와 서풍

마도 1호선 목간 73점 가운데 양면목간은 6점이며, 홈에 매듭이 묶인 것이 5점이다.[11] 이들 가운데 글자 수가 비교적 많고 완형의 식별이 가능한 목간을 중심으로 수취인의 직위를 나누고 그 안에서 서체별로 나누어 묵서를 살펴보겠다. 수취인은 상위자와 동급자 또는 하위자로 나뉘는데, 대부분 상위자다.

1) 수취인이 상위인 목간

발송인보다 상위의 수취인은 윤방준, 윤기화, 송수오, 권극평, 김순영 등이다. 그리고 동일한 수취인에게 보내는 복수의 목간도 다수다. 김순영이 5점으로 가장 많고 권극평 3점, 최낭중 2점, 윤기화 2점 순이다. 목간의 서체는 대부분 행서로 쓰였는데, 해서나 초서의 필의가 있는 것도 있다. 드물게 해서로 쓴 것도 있다.

먼저 해서로 쓴 목간으로 단면죽찰 37번(그림 1)이 있다. 이것은 8번, 16번처럼 홈에 묶은 끈이 남아

---

7) 12세기의 태안 대섬 목간 34점은 국립해양문화재연구소, 2009, 『高麗靑磁寶物船』 본문, pp.370-383 참조.

8) '戶付'라 쓴 것은 27, 35, 36, 56, 58번이다.

9) 수결을 쓰는 것을 畵押이라 한다. 수결목간은 8, 10, 17, 19, 20, 21, 27, 34(?), 46번이다.

10) 손환일, 2008, 「高麗 木簡의 書體 -忠南 泰安 해저 출수 목간을 중심으로」, 『韓國思想과 文化』 44, 한국사상문화학회 참조.

11) 양면목간은 9, 42, 43, 46, 47, 57번, 매듭이 있는 것은 8, 16, 38, 39, 68번이다.

있어 목간의 사용법을 알려
준다. 1행 18자인 묵서 "竹
山縣在京校尉尹邦俊宅[12]蟹
醢壹缸入四斗"는 "죽산현에
서 개경에 있는 교위 윤방
준 댁에 올림. 게 젓갈 한
항아리. 네 말을 담음."으로
풀이된다. 보통 목간은 머
리를 둥글게 혹은 팔각형으
로 다듬었으나 이것은 대나
무 마디를 경계로 다듬은
후 화물에 매달 줄을 묶기
위한 홈만 팠다. 이는 최낭
중 댁에 보낸 죽찰 9번과 유
사하다. 많은 목간이 위·변
조를 방지하기 위해 숫자를
갖은자로 썼는데, 이 목간
은 예외다. 한 항아리를 네
두라고 하여 고려시대의 量
器 연구에 중요한 자료다.

묵서는 마도 해역 목간에
서는 드물게 완전한 북위풍
해서로 쓰였다. 전체 길이
20㎝에 홈까지의 길이를 제

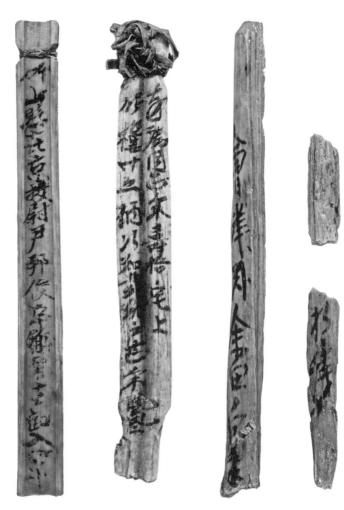

그림 1. 마도 1호선   그림 2. 마도 1호선 목간   그림 3. 마도 1호선 목간 7번, 25×1㎝
목간 37번, 20.2×   8번, 25×3㎝
1.9㎝

하고 약 19㎝ 길이에 18자를 썼으니 한 자의 길이는 1㎝ 정도다. 너비 1.9㎝에서 좌우 여백을 제하면 한
글자의 너비는 1.2㎝ 정도다. 따라서 글자는 정방형 또는 편방형이고, 당연히 자간과 획간은 밀하다. 가
로획은 우상향이고, 가로획보다는 세로획이 굵으며, 획의 수가 적은 글자는 획은 굵고 글자는 작게, 획의
수가 많은 글자는 획은 가늘고 글자는 크게 썼다. 그 결과 결구에 변화가 많고 서풍은 웅건무밀한데, 이
는 전형적인 북위 해서의 특징이다. 한 행만으로도 서사 솜씨가 탁월함을 알 수 있다.

이 목간은 13세기 초 고려의 북위풍 해서를 보여 준다는 점에서 서예사적 의미가 크다. 고려 금석문의

---

12) 보고서에는 '宅上'으로 판독되어 있으나 묵흔에서는 '宅'자만 길게 쓰였고, '上'자는 보이지 않는다. 마도 목간에는 '상'자를
생략한 경우가 종종 있다. 13번 1행의 마지막도 '宅'자로 끝났다. 41, 52번에도 '상'자가 없다.

해서는 초당의 구양순풍이 주를 이루기 때문이다. 목간 4번의 첫 자인 '有'도 웅건한 북위풍 해서로 쓰였다. 서풍의 이런 특징을 감안하면, 마도 1호선 발송 지역의 하나인 죽산현의 이 향리는 구양순풍보다는 북위풍 해서를 더 많이 연습했음을 알 수 있다.

다음으로 행서로 쓴 목간으로는 단면목간 8번(그림 2)이 있다. 이것은 상하에 홈이 파였으며, 상술한 37번처럼 상부 홈에 매듭이 묶여 있어 역시 목간의 사용법을 보여 준다. 묵서는 1행 9자, 2행 12자로 총 21자인데, 마지막의 수결을 포함하면 22자인 셈이다. 묵서 "奉御同正宋壽梧宅上」竹□卄五柄次載舡戶長宋押"은 "봉어동정 송수오 댁에 올림. 죽□ 스물다섯 자루. 선적을 맡은 사람 호장 송. 수결."로 해석된다. 1행은 수취인에 관한 정보를, 2행은 물품의 종류와 수량 그리고 발송인에 관한 사항을 적었다. '舡'자는 '船'자의 속자다. 보낸 물품은 죽제품인데, 마도 해역 발굴물 가운데 대나무[竹]로 만든 것으로는 盤, 빗, 바구니 등이 있다.

묵서는 행서인데, 해서와 초서도 혼재되어 있다. '宅上'은 해서, '奉', '次'자는 초서에 속한다. 이는 길이 25㎝에서 상하 홈 부분을 제외하면 실제로 글자를 쓸 수 있는 길이는 20㎝가 채 되지 않는데, 2행의 경우 거기에 12자와 글자의 두 배 길이에 해당되는 수결을 썼기 때문에 한 글자의 길이가 약 1.5㎝ 정도다. 그나마 획의 수가 적은 '竹', '卄', '五', '次'자 전후에는 여백이 조금 있다. 너비 3㎝에 꽉 채워 2행을 썼으니 한 글자의 가로가 1.5㎝ 정도이고 글자는 당연히 정방형 또는 편방형이다. 1행은 2행보다 네 자 적어 길이에 여유가 있음에도 불구하고 2행과 맞추기 위해 크기를 비슷하게 썼다.

글씨가 정교하지 않고 딱딱하여 꼬리표의 용도에 부합하며, 좁은 서사 공간을 고려하여 행서를 초서와 섞어가면서 편하게 썼다. 서사 솜씨가 뛰어난 편은 아니며, 선명한 수결이 나머지 글자에 비하여 유려한 편이다. 자신의 서명이니 당연히 반복 연습했을 것이다.

한편 형태가 꼬리표가 아닌 것으로 보이는 목간이 눈길을 끈다. 목간 7번(그림 3)은 발굴 당시는 세 편이었으나 탈염 처리 과정에서 약하게 연결된 부위가 부러져 현재는 네 편이다. 보통의 꼬리표목간과는 달리 나무껍질만 벗긴 후 따로 다듬지 않고 글씨를 썼다. 너비도 꼬리표목간의 2~4㎝에 비해 1㎝로 좁으며, 끈을 묶는 홈 형태도 없다. 11자의 묵서 "會津縣畬白米入貳拾肆石"은 "회진현 새밭의 백미 스물네 섬을 들임."으로 해석된다. '畬'는 개간한 지 2, 3년 된 밭을 뜻한다. '入'은 납부의 의미도 있지만 '거두어 들인다'는 의미로 본다면, 또 꼬리표에는 분명히 기록된 수취인은 없고 단순히 물품의 종류와 수량만 적힌 것을 감안한다면 꼬리표가 아닌 곡물을 거둔 사실을 기록한 목간일 수도 있다.

상부에 홈이 없기 때문에 보통 꼬리표목간의 길이인 25㎝에 비교적 여유 있게 글씨를 썼다. 첫 글자인 '會'자의 하부 曰이 별개의 '日'자로 보이고, '畬'자도 하부의 田이 별개의 '田'자로 보일 정도로 글자를 넉넉하게 배치했다. 1㎝의 폭에 초서의 필의가 있는 행서로 좁고 길게 쓴 글씨는 날렵하고 세련된 서풍, 여유로운 포치, 노련한 필법이 돋보인다.

초서의 필의가 많은 행서 목간도 다수 있다. 이들 가운데 발송인 글씨의 연관성을 알아보기 위해 수취인이 분명한, 그리고 가급적 동일한 수취인에게 보낸 다수의 목간 위주로 살펴보자.

수취인이 낭중 최씨인 것은 홈의 모양이 유난히 선명한 단면죽찰 3번, 양면죽찰 9번이다.(그림 4) 목간

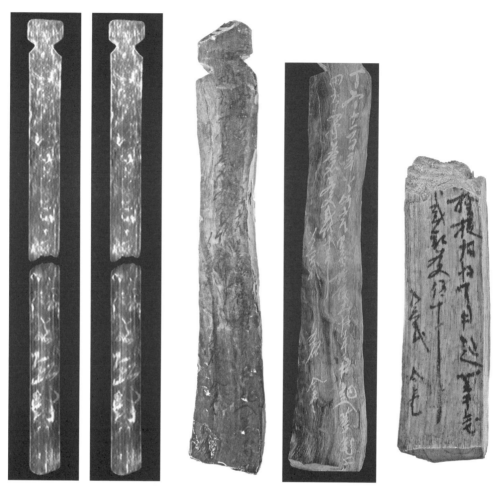

그림 4. 마도 1호선 목간 3번, 9번, 19.8
×1.4cm, 18.5×1.5cm

그림 5. 마도 1호선 목간 12번(실물·적외선), 13번, 38.7×6.7cm, 15.4×4.7cm

3번에서 끈을 묶어 죽찰을 화물에 매달기 위해 판 홈의 위쪽은 사각형이고, 아래는 긴 직사각형으로 하단을 둥글게 다듬었다. 10자의 묵서 "崔郞中宅上(魚)醢壹缸封"는 "최낭중 댁에 올림. 젓갈 한 항아리. 封."으로 해석된다. '封'은 두 가지 의미로 생각할 수 있다. '항아리나 단지에 액체를 담은 후 封緘했다'는 의미와 '올린다'는 의미인데, 후자를 뜻하는 '宅上'은 이미 있으므로 封緘의 의미 또는 수결일 가능성이 있다.

목간 9번에서 네다섯 자로 보이는 후면은 판독이 힘들다. 전면의 1행 10자인 묵서 "崔郞中宅上古道醢壹缸"은 "최낭중 댁에 고등어 젓갈 한 항아리를 올린다"로 해석된다. 전면에서 古道는 古道魚의 줄임말로 고등어를 가리키는데, 古刀魚라고도 한다. 마도 1호선에서 생선, 멸치, 새우, 게의 뼈나 껍질 등이 발굴되었고 생선 찌꺼기가 남은 陶器壺가 여러 점 나와 이를 뒷받침한다. 3번의 물품도 젓갈[魚醢] 한 항아리인 것으로 보아 최 낭중 집안은 생선 젓갈을 즐겼음을 알 수 있다.

둘 다 초서의 필의가 많은 행서로 쓰였다. 3번은 글씨가 뚜렷하지 않지만 남은 묵흔만으로도 그 유창함이 9번과 유사함을 알 수 있다. 9번은 1.5㎝의 좁은 폭에 쓴 전면의 글씨가 유려하면서 노련하고, 4, 5자로 추정되는 후면의 초서는 전면보다 더 과감한 필치로 써 힘차면서 능숙하고, 변화미를 더해 서자의 서사 수준이 상당히 높음을 알 수 있다. 3번의 전체적인 분위기와 '缸'자 등의 필법이 9번 글자와 흡사하여 두 글씨의 서자는 동일인임을 알 수 있다.

윤기화에게 보낸 물품의 꼬리표인 단면목간 12번, 13번(그림 5)은 다른 목간에 비해 너비가 2, 3배 정도 넓고, 따라서 둘 다 3행으로 쓰인 점이 1, 2행으로 쓰인 다른 목간과 비교된다.

12번의 41자 묵서 "丁卯十二月二十八日竹山縣在京檢校大將軍尹起華宅上」田出[13]粟參石各入二十斗」□□□ □□ □□」"는 "정묘년 12월 28일 죽산현에서 개경에 있는 검교대장군 윤기화 댁에 올림. 전출의 조 세 섬. 각 스무 말을 담음. □□□ □□ □□"으로 해석된다. 화물은 정묘년인 1207년 12월 28일 전남 해남군 죽산현에서 발송되었고, 수취인은 개경의 검교대장군 윤기화며, 화물은 전출 조 3석인데, 20두 단위로 포장하였다.

상단이 결락된 13번의 하단에 남은 20자 묵서 "檢校大將軍尹起華宅[14]」貳缸各入伍斗」□□□ □□」"는 "검교대장군 윤기화 댁(에 올림). 두 항아리. 각 다섯 말을 담음. □□□ □□"으로 해석된다. 최낭중 댁에 보낸 물품의 꼬리표목간 3번에서 젓갈[魚醢], 9번에서 고등어 젓갈[古道醢], 윤방준 댁에 보낸 물품의 꼬리표목간 37번에서 게 젓갈[蟹醢], 金嗣元 댁에 보낸 물품의 꼬리표목간 42번에서 젓갈[魚醢]을 담는 항아리를 '缸'으로 표기한 것으로 보아 13번의 물품도 젓갈류일 것으로 보인다. 최낭중 댁에는 두 종의 젓갈을 보낸 반면 윤기화 댁에는 두 종의 다른 물품, 즉 곡식과 젓갈류를 보냈음을 알 수 있다.

목간 12, 13번은 3행의 구성, 마지막 행의 포치, 마지막 두 글자의 유사성, 글자를 이어 쓴 필법, 2행 마지막 글자인 '斗'자의 긴 세로획 등 여러 면에서 동일한 서자의 글씨임을 알 수 있다. 다만 변화를 주기 위해서 12번 '斗'자의 세로획은 가늘게 늘어뜨린 懸針法으로, 13번 '斗'자의 세로획은 굵게 늘어뜨린 垂露法으로 처리한 점이 다르다. 두 목간의 글씨는 물 흐르듯 유려하여 서자는 행서와 초서에 매우 능숙하다는 사실을 알 수 있다.

다음으로 권극평에게 보낸 물품의 단면 꼬리표목간 15, 16, 54번을 살펴보자.(그림 6) 행서로 쓴 16번은 8번처럼 목간을 매단 매듭이 묶여 있어 목간의 사용법을 알려 준다. 전면에만 있는 2행 총 16자의 묵서 "別將權克平宅上末醬入貳拾斗長宋椿"은 "별장 권극평 댁에 올림. 메주 스무 말을 담음. 장 송춘"으로 해석된다. 메주인 말장의 수량은 적지 않고 20두 단위로 포장했다. 발송인 송춘은 지역 미상의 향리다.

글씨를 살펴보면 '別將權'은 한 행으로 크게, 그 아래는 2행으로 조금 작게 썼다. '克平'은 그 아래 글자보다 커 좌측 행의 '貳拾'은 더 작게 써도 여백 없이 부딪친다. 그 이하는 두 행 다 같은 너비를 차지한 정상적 장법으로 써 안정감이 있다. 1행에서 '醬'자는 유난히 길어 상하가 별개의 두 글자인 것처럼 보이고,

---

13) 마도 목간의 곡물류 앞에 쓰인 전출의 의미는 임경희·최연식, 2010, 앞의 글, pp.200-202 참조.

14) '上'자는 생략되었다. 만약 '上'자를 쓰고자 했다면 다음 행의 첫머리가 아닌 '宅'자 아래나 옆에 끼워 썼을 것이다. 37번, 52번에서도 '上'자가 생략되었다.

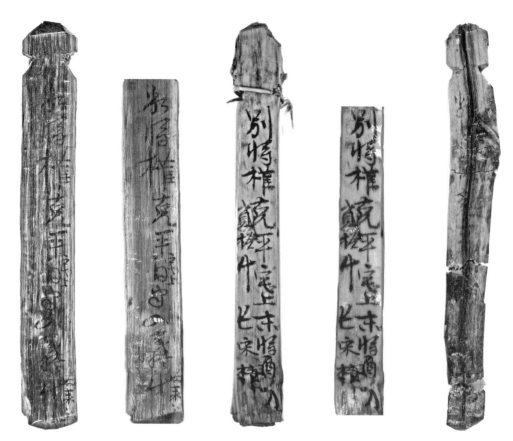

그림 6. 宋椿, 마도 1호선 목간 15·16(실물·적외선), 54번, 30×3.5cm, 29×3cm, 36×5.1cm

'入'자의 파책은 나무가 떨어져 나가 더 좁아진 우측의 여백을 감안하여 뻗치지 않고 안으로 오므렸다. 2행에서 '斗'자의 세로획은 아래 여백이 넉넉하기 때문에 긴 수로법으로 처리했고 '長'자는 초서에서 보이는 간략한 결구를 취했다. 전체적으로 복잡한 획은 간략하게 처리했으나 수취인의 이름 '權克平'과 발송인의 이름 '宋椿'은 해서에 가깝게 써 정확하게 읽힌다. 이것은 수취인과 발송인이 분명해야 하는 운송의 목적에 부합하는 꼬리표의 서체며, 따라서 서체의 선택은 서자의 의도적 선택인 듯하다. 노봉의 16번 글씨는 15번과 더불어 뛰어난 편은 아니며, 꼬리표로서의 역할을 위한 기록이라 볼 수 있다.

목간 15번 전면에는 1행 15자의 묵서 "別將權克平宅上白米入貳拾斗□來"가 쓰여 있다.[15] "별장 권극평 댁에 올림. 백미 스무 말을 담음. □래"로 해석되는데, 현재 마지막 두 글자는 의미를 알 수 없다. 서체의 유사성으로 보아 발송인은 16번과 동일한 송춘으로 추정된다. 본행 우측에 작은 글자로 쓴 '宅上'과 '□來'는 추기한 것으로 보인다. 추측컨대 16번을 먼저 썼고 거기에 '宅上'을 썼으니 생략했는데, 다 쓴 후 다시

---

15) 보고서에는 '□來□'로 읽어 16자라고 되어 있으나 마지막 부분에 세 점의 묵흔은 있으나 글자로 보기는 어려울 것 같다.

보니 정7품의 고직위인 별장 권극평에게 '宅上'을 쓰는 것이 예의에 맞다고 여겨 추기한 것으로 생각된다. '□來'의 경우도 마지막 글자인 '斗'자의 세로획을 수로법으로 길게 쓴 것은 통상 마지막에 아래 여백이 있을 때 사용하는 기법이니[16] 여백의 끝까지 세로획으로 채우고 '宅上'을 쓸 때 추기한 것으로 보인다. 처음부터 전체 15자를 다 쓰려고 했다면 글자의 길이를 적절하게 조절했을 것이다. 이름 '권극평'이 아래 글자보다 큰 것으로부터 이런 추정이 가능하다. 또 '別將權'이 유난히 큰 것도 16번과 유사하여 글씨와 더불어 구성적 면에서도 동일인의 필적임을 알 수 있다.

서체는 행서지만 16번과는 달리 첫머리 '別將' 등 여러 글자는 초서로 썼다. 반면 수취인 '권극평'은 16번처럼 해서의 필법이 강하다. 아마도 초서를 읽지 못하는 수취인 측 사람을 배려하여 이름만 인식 가능한 글자로 쓰고 나머지는 자신의 서사습관대로 초서의 필의로 쓴 듯하다. 따라서 이 묵서는 해서와 초서의 필의가 가미된 행서로 봄이 타당하다.

목간 54번에서는 "別將權克平" 다섯 자만 인식되는데, 비교적 선명한 글자인 '別', '克平'으로 보면 15번과 유사하다. 이런 차이점에도 불구하고 전체적 서풍과 필법을 보면 15, 16, 54번 세 목간은 송춘 한 사람이 쓴 글씨임을 알 수 있다.

대장군 김순영 댁으로 보낸 물품의 꼬리표는 죽찰 59, 60, 61, 62, 63, 64, 67번(추정) 일곱 점으로 가장 많다.(그림 7) 62번은 '金大將軍純永'이라 쓰여 있고, 67번은 '大將軍'만으로 김순영으로 추정한다.[17] 나머지는 모두 '大將軍金純永'으로 기록되어 있다. 모두 1행이며, 높이 28~33㎝, 너비 2.5~2.8㎝로 대략 크기가 비슷한 것으로 보아 한 사람이 죽찰을 준비한 것으로 보인다. 화물은 결락된 61번, 메주인 67번을 제외하고 모두 벼다.

59번	大將軍金純永宅上田出租陸石
60번	大將軍金純永宅上租陸石
61번	大將軍金純永宅上田出
62번	金大將軍純永宅上田出租陸石
63·64번	大將軍金純永宅上田出租陸石
67번	大將軍宅上末醬貳石入拾

죽찰 59, 63, 64번에는 "大將軍金純永宅上田出租陸石" 60번에는 "大將軍金純永宅上租陸石"이라 쓰여 있다. 61번의 "大將軍金純永宅上田出" 뒤 결락 부분은 다른 목간에 비추어 '租陸石'으로 추정된다. 67번은 "大將軍宅上末醬貳石入拾"으로 "대장군 댁에 올림. 메주 두 섬. 열 (몇 말)을 담음"으로 풀이되어 대장군이 김순영이 맞다면 같은 수취인에게 보내는 물품이 유일하게 다르다.

---

16) 목간 12, 13, 22, 38, 39번의 '斗'자, 신라 〈임신서기석〉(552)의 마지막 글자인 '年'자가 그렇다.
17) 국립해양문화재연구소, 2010, 앞의 책, p.441.

그림 7. 마도 1호선 목간 59, 60, 61, 62, 63, 64, 67번, 32.9×2.8cm, 32.9×2.5cm, 28.4×2.8cm, 33.4×2.6cm, 32.9×2.5cm, 33.4×2.6cm, 29.8×2.8cm

　목간 67번을 제외한 나머지 목간의 서체는 모두 초서의 필의가 가미된 행서다. 미끄러운 대나무의 성질과 제한된 안쪽 공간 때문인지 단아한 듯 유려하며, 절제미와 노련미가 있다. '金純永', '金純', '純永', '田出', '陸石'의 두세 글자가 이어진 것이 많고, 각 목간의 동일자를 비교하면 결구나 필법이 흡사하여 같은 관리가 대장군 댁 물품의 꼬리표를 썼음을 알 수 있다.

　목간 67번은 해서의 필의가 많은 행서로 쓰였다. '大', '上', '末醬'은 비교적 선명하게 인식된다. 다른 목간의 '大', '上'자와 비교해 보면, 무밀함과 노련함이 부족하고, 다른 목간에는 없는 '末醬'은 필법이 거칠면서 힘찬 서자가 같다고 보기는 어렵다. 만약 서자가 다르다면 수취인 '대장군'이 김순영이 아닐 가능성이 있다. 그러나 그것보다는 화물의 종류가 벼가 아닌 메주라 관리자가 다르고, 따라서 서자가 달라진 가능성이 더 커 보인다.

　이외에도 같은 발송인이 수취인 미상의 상위직에게 보낸 목간으로 죽찰 22, 24, 38, 39, 71번 여섯 점이 있다. 발송인 大三이 보낸 꼬리표는 "□□□宅上太壹石入拾伍斗"로 읽혀 "□□□ 댁에 올림. 콩 한 섬. 열다섯 말을 담음"으로 해석된다. 대삼이 상위직인 □□□에게 같은 곡물을 같은 양 보냈다. 따라서 같은 문장인 25번의 하부 결락 부분에도 발송인 이름인 '大三'이 적혔을 것으로 추정된다. 비교적 분명히 인식되는 22, 38, 71번은 글씨가 거의 일치하여 서자가 동일인임을 알 수 있다.

2) 수취인이 동급 또는 하위인 목간

수취인이 동급 또는 하위인 경우 기록하는 '수취인+戶付' 형식에 해당하는 목간은 모두 단면인 27, 35, 36, 56, 58번이다. 이 중 글자의 식별이 가능한 것은 목간 27번, 죽찰 56, 58번이다.(그림 8) 완형인 56번의 19자 묵서는 "(在京)許尤(?)本戶付白米四石各入二十斗印末持"다. 송지가 개경에 사는 허우(?)본 집에 백미 네 섬을 보내는데, 각 섬에 스무 말을 담았다. 숫자에 갖은자를 쓰지 않았다. 행서로 쓴 글씨는 상위자에게 쓴 글씨에 비하여 거친 편이지만 노련하고 속도감이 있다.

완형인 58번의 17자 묵서 "軍白□戶付竹山縣田出末醬一石入卄斗"는 "군인 백□ 집에 보냄. 죽산현 전

그림 8. 마도 1호선 목간 27, 56, 58번, 9×3.7cm, 28.5×2cm, 38.2×2.5cm

출 메주 한 섬. 스무 말을 담음"으로 풀이된다. 글씨는 56번과 유사한 서풍의 행서로 쓰였다.

총 세 편으로 나눠진 채 발굴된 27번은 하단에 식별 가능한 글씨가 남아 있다. 1행인 56, 58번과는 달리 중앙에 여백을 두고 좌우 2행으로 쓴 "□戶付田出白米」長宋수결」"은 "□집에 보냄. 전출 백미」장송. 수결」로 해석된다. 행서로 쓴 글씨는 56, 58번에 비해 차분하고 절제된 가운데 유려한 맛이 있다. 나무와 대나무라는 재료의 다름 때문일 수도 있다.

재료가 같은 대나무인 것으로, 수취인이 상위인자에게 보내는 꼬리표의 단아한 글씨와 동급 또는 하위인 자에게 보내는 꼬리표의 과감한 글씨의 차이는 상대의 지위에 따라 서풍이 달라진다는 사실을 보여 준다. 비록 문서가 아닌 꼬리표라 할지라도 상위자에게는 더 긴장된 마음으로, 동급자나 하위자에게는 편안한 마음으로 글씨를 썼기 때문인 것으로 추정된다.

마도 1호선 목간의 글씨는 행서가 주를 이룬다. 많지 않은 해서 가운데 죽산현 관리의 북위풍 해서인 37번은 서풍이 웅강무밀하고 필법이 변화무쌍하여 시선을 끈다. 이것은 상당한 수준의 글씨로, 당대

금석문에서 흔한 초당의 구양순이 아닌, 북위풍으로의 복고라는 점이 주목된다. 행서에는 초서의 필의가 강한 것이 많고, 해서의 필의가 가미된 것들도 있다. 특히 '權克平'처럼 수취인의 이름은 누구나 인식이 가능하도록 해서에 가깝게 쓰여 눈에 띠는데, 이는 화물표의 기능을 충분히 인식한 서자의 의지로 보인다. 특히 대장군 김순영 댁에 올린 곡물의 꼬리표 여섯 점은 모두 한 사람이 썼는데, 그 행서 솜씨가 능숙하다. 이는 동일한 수취인에게 배달되는 동종의 물품은 한 사람이 책임지고 관리했다는 사실을 보여 준다. 그리고 상위자보다는 동급 또는 하위자에게 보낸 꼬리표의 글씨가 더 질박한데, 이는 수취인에 대한 발송인의 부담 없는 마음을 글씨를 통해 보여 주는 대목이다.

III. 마도 2호선 목간의 서체와 서풍

1. 마도 2호선의 발굴 현황 및 성과

마도 2호선은 현재의 전라북도 고창군에 속한 戊松縣, 高敞縣, 長沙縣과 정읍인 高阜郡[18]에서 거둔 곡물류, 도자류 등의 화물을 싣고 개경으로 향하던 중 난파된 고려시대 곡물 운반선이다.[19] 고창과 정읍은 수운을 통해 줄포만으로 연결되니 마도 2호선은 이 근방에서 출항했을 가능성이 크다. 2009년 10월 배의 존재가 알려져 2010년 5월 4일부터 본격적 조사를 시작했고, 그해 10월 20일까지 총 125일간 조사가 이루어졌다. 비교적 양호한 상태의 고려시대 고선박 1척과 화물로서 볍씨 등 각종 곡식류, 청자매병, 통형잔 등 도자류, 화물의 물표인 목간, 각종 동물뼈, 선상용품으로서 철제솥과 청동숟가락, 청동그릇, 대나무젓가락 등 여러 종의 다양한 유물 400여 점이 출수되었다. 마도 2호선 발굴에서 몇 가지 중요한 성과를 얻었다.

첫째, 47점의 묵서목간이 발굴되었다.[20] 마도 1호선의 73점에 비하면 그 양이 절반을 조금 넘는다. 목간 23점, 죽찰 24점으로 재료에서 나무와 대나무의 비율이 비슷하다. 목간에는 화물의 발송지와 발송인, 수취인, 화물의 종류와 수량 등이 구체적으로 적혀 있어 마도 2호선의 역사적 성격을 밝힐 수 있었다. 수취인은 大卿庾, 李克壻, 奇牽龍, 鄭元卿 등이 있는데,[21] 이들 중 특히 1219년 樞密院副使를 지낸 李克壻가 郞中으로 기록되어 있어 마도 2호선의 시기를 유추할 수 있는 중요한 단서가 되었다. 발송인은 閑三, 果祚, 金順 등이 있다.[22]

---

18) 발송지가 적힌 목간은 모두 20점이다. '무송현'목간은 6, 10, 14, 15, 17, 22, 24, 29, 33, 35, 43, 46, 47번, '고창현'목간은 19, 20번, '장사현'목간은 1번, '고부군'목간은 18, 31, 32, 42번이다.

19) 전체 개요와 목간 개요는 국립해양문화재연구소, 2011, 『태안마도2호선』 참조.

20) 목간의 분류와 내용은 임경희, 2011, 「마도 2호선 목간의 분류와 내용 고찰」, 『태안마도2호선』, 국립해양문화재연구소 참조.

21) 수취인이 대경유인 것은 16, 18, 31, 32, 42번, 이극서인 목간은 2, 13번, 기견룡인 것은 8(추정), 26, 28, 44, 45번, 정원경인 것은 4, 46번이다.

22) 발송인이 한삼인 것은 8, 26, 28, 44(추정), 45(추정)번, 과조인 것은 16, 18, 31, 32, 42번, 김순인 것은 29번이다.

둘째, 목간에 적힌 화물의 종류는 벼, 쌀, 콩 등의 곡물류, 메주, 누룩, 젓갈류 등 다양하다. 이로 인해 고려인들의 식생활을 구체적으로 파악할 수 있게 되었다.

셋째, 수취인과 화물 이름을 적은 꼬리표목간이 달린 완형의 고급 청자매병 2점(상감, 음각)이 나왔다. 매병의 죽찰 묵서는 고려인들이 참기름, 꿀 등을 담은 생활용기인 매병을 '樽'이라 불렀다는 사실을 알려 준다. 이외에도 양질의 고려청자 꾸러미가 나왔다. 그중 뚜껑이 있는 아름다운 모양의 유색 잔은 강진과 더불어 고려청자 생산지로 유명한 부안에서 만들어져 부안산 고려청자 연구의 중요한 자료가 된다.

마지막으로 선체 내·외부에서 확인된 다량의 다듬어지지 않은 대·소형 원통목의 성격이 화물의 선적과 관련된 것임이 밝혀졌다.

여기서는 목간의 내용과 글씨가 마도 1호선과 어떻게 다른지 집중적으로 살펴보겠다.

2. 마도 2호선 목간의 서체와 서풍

마도 2호선 발굴 과정에서 출수된 목간은 총 58점이다. 그중 11점에는 꼬리표목간의 가장 큰 특징인 묶음 홈이 없으며, 묵흔도 보이지 않는다. 따라서 고찰 대상은 묵서목간 47점이다. 홈에 끈이 묶여져 있는 것이 두 점(12, 13번)이고, 홈의 위치가 상부, 중간(1번), 하부(2번)로 다양하다. 이것은 홈 대부분이 위에 있는 마도 1호선과 다른 점이다.[23] 양면목간은 11점으로 전체의 약 4분의 1을 차지하는데,[24] 6점으로 전체의 12분의 1에 불과한 마도 1호선 목간과 비교된다.

목간이 말하는 마도 2호선의 출항지는 전라북도 고창군과 정읍시 지역인데,[25] 무송현이 13점으로 가장 많다. 화물 종류는 白米, 中米 등의 미곡과 콩을 뜻하는 太, 豆, 매주인 末醬, 이외에도 알젓갈인 卵醢, 꿀인 精蜜, 참기름인 眞이 있다. 서체는 행서의 필의가 있는 해서가 주를 이루어, 초서 필의가 많은 행서 위주인 마도 1호선과 구별된다. 해서 목간부터 살펴보자.

가장 대표적인 것이 청자매병에 매달려 있었던 꿀과 참기름이 적힌 죽찰 두 점이다. 완형인 양면죽찰 23번, 27번은 선적하는 물품명을 제외한 나머지 내용은 모두 같으며, 크기도 거의 비슷한데, 정확하게는 23번이 약간 작다.[26](그림 9) 목간의 머리 부분인 홈 위쪽 모양이 육각인 것은 8세기 신라의 안압지목간 에서도 이미 보이는 형태다.[27] 다만 신라의 것보다 더 정연하게 다듬어졌다. 두 목간은 함께 발굴한 청자 상감매병 주둥이에 매달려 있었는데, 제토과정에서 묶은 줄은 사라진 것으로 보인다. 영상 촬영된 발굴

---

23) 신라에서 6세기의 함안 성산산성 꼬리표목간은 홈이 대부분 아래에 있고, 8세기의 안압지 꼬리표목간은 대부분 위에 있다. 백제 부여 지역 목간도 홈이 대부분 위에 있다.

24) 양면목간은 16, 18, 23, 26, 27, 28, 29, 31, 32, 38, 42번이다.

25) '장사현'목간은 1번, '고창현'목간은 19, 20번, '무송현'목간은 7, 10, 14, 15, 17, 22, 24, 29, 33, 35, 43, 46, 47번, '고부군'목 간은 31, 42번이다.

26) 국립해양문화재연구소, 2011, 앞의 책, p.285에는 '크기가 약간 크다'고 되어 있다. 크기가 바뀐 것인지, '작다'의 오기인지 확인이 필요하다.

27) 국립창원문화재연구소, 2006, 『한국의 고대목간』 개정판, p.160 참조.

과정을 보면 목찰이 매병에 연결되어 있었음을 알 수 있다. 23번 묵서는 전면 8자, 후면 6자로 총 14자며, 27번 묵서는 전면 8자, 후면 7자로 총 15자다. 후면에 적힌 물품명이 23번은 '眞', 27번은 '精蜜'이므로 한 자 차이가 난다.

23번 (전면) 重房都將校吳文富　(후면) 宅上眞盛樽封
　　　　중방 도장교 오문부 댁에 올림. 참기름을 단지에 채움. 封.
27번 (전면) 重房都將校吳文富　(후면) 宅上精蜜盛樽封
　　　　중방 도장교 오문부 댁에 올림. 좋은 꿀을 단지에 채움. 封.

둘 다 수취인은 중방에 소속된 도장교 오문부인데, '宅上'으로 인해 그가 상위자임을 알 수 있다. 23번 화물은 眞油를 뜻하는 眞, 즉 참기름이고, 27번은 精蜜, 즉 좋은 꿀이다. 마지막 글자인 封은 마도 1호선 목간 3번의 "崔郎中宅上(魚)醢壹缸封"와 같은 용례인데, 封緘을 뜻하거나 수결일 가능성이 있다. 이 두 묵서를 통해 고려인들은 梅瓶을 樽이라 불렀고, 매병에 술뿐 아니라 꿀, 참기름 등 귀한 식재료도 담았다는 사실을 알게 되었다.

두 묵서 다 행서의 필의가 있는 해서로 쓰였는데, 한 사람의 솜씨임을 한 눈에 알 수 있다. 양면 모두 길이와 너비를 꽉 채워 여백이 없다. 서사 공간에 비하면 글자가

그림 9. 마도 2호선 목간 23번, 27번, 13.4×1.4cm, 14.2×1.6cm

너무 크고 획의 굵기에도 변화가 없다. 따라서 마도 1호선의 해서 목간 37번과 비교하면, 힘차기만 할 뿐 필법이나 기교가 미치지 못한다.

수취인이 개경의 관직자인 여러 목간 가운데 수취인이 '郎中李克偦'인 단면죽찰 2번, 13번(그림 10)을 통해 이 배의 대략적 시기를 파악할 수 있다. 두 목간의 홈 위치는 서로 반대다. 대부분의 마도 2호선 목간처럼 13번은 홈이 상부에 있으며, 2번은 신라 함안 성산산성목간처럼 홈이 하단에 있다. 이는 꼬리표목

간은 화물에 매달기 위한 용도에 부합하면 되지 끈을 묶는 위치가 중요하지는 않다는 사실을 말해 준다. 13번은 홈에 초본류로 만든 끈이 묶여져 있어 역시 목간의 사용법을 알려 준다. 하단은 결락되었다. 육안으로는 네 번째 글자까지만 뚜렷이 보이고, 다섯 번째 글자부터는 적외선 사진으로만 판독이 가능하다. 화물도 2번처럼 전출된 곡물류로 추정된다.

묵서 2번은 16자, 묵서 13번은 8자다. 2번의 적외선 사진을 보면 '僧郎中' 앞에 묵흔이 남아 있는데, 13번으로부터 그것을 '李克'이라 추정할 수 있다.

그림 10. 마도 2호선 목간 2번, 13번.
30.1×3㎝, 16.3×2.2㎝

> 2번   (결락)僧郎中宅上田出中米壹石各入拾伍斗
>   (이극)서 낭중 댁에 올림. 전출 중미 한 섬. 열다섯 말
>   을 담음.
> 13번   李克僧郎中宅上田出   이극서 낭중 댁에 올림. 전출.

수취인 이극서는 『고려사』에 등장하는 인물이므로 그를 통해 마도 2호선의 연대를 추정할 수 있다. 그는 1219년에 樞密院副使, 1220년에 平章事가 되었다. 두 목간에서는 그의 관직이 郎中이므로 1219년보다 앞선 시기임을 알 수 있다. 여기에 마도 2호선 목간에 자주 등장하는 大卿庾를 함께 고찰하면 배의 시기를 대략 추정할 수 있다.

행서의 필의가 있는 해서로 쓴 두 묵서는 동일인의 글씨다. 대나무 안쪽에 글씨를 썼기 때문에 약간 위축된 느낌이 있으며, 획을 또박또박 썼으나 솜씨가 뛰어난 편은 아니다. 그러나 23번, 27번의 해서보다는 조금 우월한 편이다.

수취인이 大卿庾인 목간은 모두 양면목간인 16, 18, 31, 32, 42번 다섯 점이며, 후면에는 고부군의 발송인 次知 果祚가 적혀 있다. (그림 11)

> (전면)   16번   (大)卿庾   (대)경 유
>   18번   (大)卿庾宅上古阜郡田出中米壹石入拾伍斗
>   (대)경 유 댁에 올림. 고부군 전출 중미 한 섬. 열다섯 말을 담음.
>   31번   大卿庾宅上古阜郡田出大壹石入拾伍斗
>   대경 유 댁에 올림. 고부군 전출 콩 한 섬. 열다섯 말을 담음.
>   32번   大卿庾宅上古阜郡田出白米壹石入拾伍斗

대경 유 댁에 올림. 고부군 전출 백미 한 섬. 열다섯 말을 담음.

42번 　大卿庚宅上古阜郡田出太壹石入拾伍斗

대경 유 댁에 올림. 고부군 전출 콩 한 섬. 열다섯 말을 담음.

(후면) 모두: 次知 果祚 차지 과조

　　목간 16번은 전면 2자, 후면 4자로 총 6자다. 전면에 '卿庚'이 보여 '大卿庚'로 추정한다. 18번은 전면 17자, 후면 4자로 총 21자다. 수취인의 앞 글자가 결락되었지만 '大卿'임이 확실하다. 31번은 전면 17자, 후면 4자로 총 21자다. 32번은 전면 18자, 후면 4자로 총 22자다. 42번은 전면 17자, 후면 4자로 총 21자다. 후면의 세 번째 글자는 묵흔만 남아 있지만 이전에 '次知', 이후에 '祚'가 있어 '果'로 봄이 타당하다.

　　대경유는 대경 직위의 유 씨로 '관직+성'의 표기 방식이다. 관직이 포함된 수취인 표기 방법에는 성+관직, 관직+성, 관직+성·이름, 성·이름+관직, 성+관직+이름 등이 있다. '성+관직'은 대섬 목간의 崔大卿, 마도 1호선 목간의 崔郎中, 마도 2호선 목간의 奇牽龍이 있고, '관직+성'은 마도 2호선 목간의 大卿庚

그림 11. 果祚, 마도 2호선 목간 18, 31, 32, 42번. 30.8×5㎝, 35.4×3.6㎝, 36.4×3.3㎝, 37.8×4㎝

가 있고, '관직+성·이름'은 마도 1호선 목간의 大將軍金純永이 있고, '성·이름+관직'은 마도 2호선 목간의 李克偦郎中이 있고, '성+관직+이름'은 마도 1호선 목간의 金大將軍純永이 있다. 화물은 중미, 백미, 콩(大=太)으로 다양한 곡물이지만 양은 모두 한 섬, 열다섯 말로 동일하다.

이 다섯 점은 동일한 수취인에게 보내는 물표의 글씨는 같은 재료에 같은 관리가 썼다는 사실을 알려준다. 이는 마도 1호선의 목간 가운데 대장군 김순영에게 보내는 목간 일곱 점 중 적어도 여섯 점이 대나무에 동일한 서자가 글씨를 쓴 것과 같다. 묵서는 행서의 필의가 있는 해서로 쓰였는데, 거기에는 변화가 가미된 순박함이 있다. 마도 2호선 목간 가운데 자연스러운 어우러짐이 있는, 비교적 양호한 글씨에 속한다.

수취인 기견룡에게 보낸 꼬리표목간은 단면목간 8번(추정), 양면목간 26, 28번, 단면목간 44, 45번으로 다섯 점이다.(그림 12)

8번　(결락) 宅上太壹石入拾伍斗印 閑三 　(결락)댁에 올림. 콩 한 섬, 열다섯 말을 담음. 한삼.

26번　(전면) 竒牽龍宅上卵醢一缸入二斗　(후면)　五□ 使者 閑三
　　　　기 견룡 댁에 올림. 알젓갈 한 항아리. 두 말을 담음. 오□ 사자 한삼.

28번　(전면) 竒牽龍宅上卵醢一缸入二斗　(후면)　五□ 使者 閑三
　　　　기 견룡 댁에 올림. 알젓 한 항아리. 두 말을 담음. 끝. 오□ 사자 한삼.

44번　牽龍(竒)宅上(이하 판독 미상)　견룡 (기) 댁에 올림.

45번　竒牽龍宅上□中米壹石入(결락)　기견룡 댁에 올림. 중미 한 섬. 담음.

목간 26번은 전면 13자, 후면 6자로 총 19자다. 수취인 기견룡은 '성+관직' 형식으로 적었다. 使者는 수취인에게 화물을 보내는 일을 담당한 사람으로, 수취인과 개인적 관계가 있는 閑三이다. 사자 앞의 五□의 의미는 불분명하다. 마도 2호선 목간에서 발송인이 한삼으로 적힌 것은 8, 26, 28번 세 점이다. 8번은 상부가 결락되어 수취인 불명이며, 26, 28번의 수취인은 기견룡이다. 발송인 果祚가 적힌 목간 다섯 점의 수취인이 모두 大卿庾인 점을 고려한다면, 8번의 '宅上' 위 결락 부분에는 '기견룡'이 적혀 있었을 것으로 추정된다. 8번 묵서는 26, 28번 묵서보다 더 유창하여 행서의 필의가 많이 가미되어 있지만, 발송인의 이름인 '閑三'은 한 사람의 글씨로 보아도 무방하다. 따라서 수취인을 '기견룡'으로 추정하는 것은 타당해 보인다.

목간 28번은 전면 13자, 후면 6자로 총 19자며, 내용은 26번과 같아 발송인이 한삼이다.

목간 44번에는 홈이 없다. 현재 상태가 완형으로 판단되는데, 어떻게 꼬리표 역할을 했는지 알 수 없다. 묵서에서 판독 가능한 글자는 다섯 자다. '牽龍' 다음 글자는 일부 획만 남아 있지만 竒로 추정된다. '宅上' 다음에도 묵흔은 있으나 판독이 불가능하다. 희미하게나마 보이는 묵흔의 운필과 필법이 26, 28번과 유사하여 발송인을 한삼으로 여겨도 무방할 듯하다.

목간 45번은 총 11자. 결락 부분에는 포장 수량이 적혔을 것으로 추정된다. 후면 결락 부 분에 기견

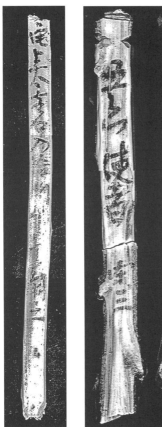
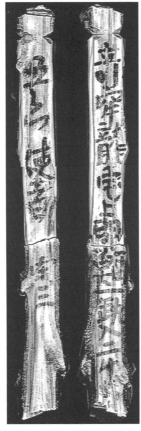

그림 12. 閑三, 마도 2호선 목간 8, 26, 28, 44, 45번, 19.3×2cm, 20.7×2.2cm, 37×2.3cm, 20.8×1.2cm

룡이 수취인으로 나타나는 다른 목간처럼 閑三이라는 발송자가 적혀 있었을 가능성이 크다. 묵서의 글씨로 보아도 26, 28번과 닮았으며, 따라서 발송인이 한삼인 듯하다. 수취인과 물품 관련 묵서에서 서체상의 닮음으로 인해 추정한 목간을 더하면 발송인이 한삼인 목간은 26, 28, 43, 45번 네 점은 모두 무기교의 해서로 쓰였는데, 힘차기는 하나 그 솜씨는 초학자의 수준이다. 8번은 상대적으로 행서의 필의가 많아 유려함이 있다.

목간의 형태가 색다르면서 서툰 해서로 쓴 것으로 양면목간 38번, 단면목간 39번이 있다.(그림 13) 38번은 하단을 V자형으로 뾰족하게 다듬었고, 39번은 우측이 높고 좌측이 낮게 비스듬히 손질했다. 홈이 없으니 묶을 수가 없고 그냥 곡물류에 꽂는 화물표인 듯하다. 38번은 전면 4자, 후면 4자 총 8자로, "人米九斗" "中米六斗"로 읽히며, "쌀 아홉 말을 담음" "중미 여섯 말"로 해석된다. 39번에는 "人米九斗"만 적혀 있는

그림 13. 마도 2호선 목간 38번, 39번, 13.3×2.2cm, 12×2.8cm

데, 같은 글씨인 "人米九斗"로 보아 두 묵서는 한 사람이 썼음을 알 수 있다. 두 목간의 첫 글자인 '人'을 '入'으로 해석했는데,[28] 그렇다 면 서자는 한자에 대한 이해가 부족한 초학자인 듯하다. 서사 수준 도 마찬가지다.

수취인이 정원경인 목간은 죽찰 4번, 46번 두 점이 있다. 둘 다 상부에 홈이 있는 마도 2호선 목간의 일반적 형태며, 전면에만 묵 서가 있다.(그림 14) 46번의 내용으로 보아 4번의 발송지도 무송현 으로 추정할 수 있다.

그림 14. 마도 2호선 목간 4번, 46번, 31.2 ×2.8cm, 37×3cm

> 4번   別將鄭元卿宅上田出末醬壹石各入□□
>   별장 정원경 댁에 올림. 전출 메주 한 섬. 각 □□을 담음.
> 46번   別將鄭元卿宅上茂松縣田出中米 石各入□斗
>   별장 정원경 댁에 올림. 무송현 전출 중미 섬. 각 □ 말을 담음.

목간 4번에서 판독 가능한 글자는 총 15자다. 화물의 종류와 수 량은 메주 한 섬이다. 다른 목간의 예를 보면 판독 되지 않는 묵흔 은 화물의 포장 단위일 것으로 보인다.

완형의 목간 46번은 총 26자다. '中米'와 '石'자 사이는 묵흔이 전 혀 없어 보이지만, 마도 2호선 목간 내용의 일반적 구조를 생각하 면 石의 수량의 적혀 있었을 것으로 추정된다. 이는 대나무의 특성 상 가능한 추론이다. 대나무는 나무와는 달리 표면을 덮고 있는 큐 티클 층이 있어 먹이 대나무 표피가 스며들지 못한 상태로 남아 있 다가, 갯벌이 떨어져나가면서 글씨가 같이 없어지는 경우가 있기 때문이다.[29] 화물은 중미며, 포장 단위 는 미상이다.

쪼갠 대나무의 안쪽에 쓴 행서는 한정된 공간으로 인해 절제된 유려함이 돋보인다. 서체는 다르지만 상술한 마도 2호선 목간의 해서에 비해 솜씨가 출중하다. 서풍과 운필의 유사함으로 보아 두 목간의 서자 는 동일인으로 추정된다.

수취인의 표기에 성만 적은 특이한 목간도 있다. 완형인 양면죽찰 29번은 원래 홈은 없었던 것으로 보

---

28) 국립해양문화재연구소, 2011, 앞의 책, pp.300-301.
29) 위의 책, p.308.

인다.(그림 15) 상부 3분의 1 지점에 '〔' 모양의 결락이 있고 가운데에 대나무 마디가 하나 있다. 대나무를 반으로 자른 후 표면부터 글씨를 써 표면이 전면, 안쪽이 후면이 된다. 마도 출수 죽찰이 대부분 대나무의 안쪽이 전면인 것과 대비된다. 전면 18자, 후면 4자 총 22자가 비교적 또렷해 판독에 어려움이 없다.

> (전면) 茂松縣在京韓宅田出末醬壹石各入貳拾斗 (후면) 使者金順
> 무송현에서 개경에 있는 한씨 댁(에 올림). 전출 메주 한 섬. 각 스무 말을 담음.
> 사자 김순.

무송현의 김순이 개경의 한씨 댁에 메주 한 섬을 보냈다. 그런데 수취인의 표기 방법이 독특하다. 수취인을 기술하는 다양한 방법을 상술했지만, 이것처럼 姓만 적은 경우는 처음이다. 개경에 사는 사람의 성만 적어도 화물이 전달된다는 의미로, 마도 2호선의 성격을 파악할 수 있다는 점에서 그 의미가 크다.

글씨도 마도 2호선 전체 목간과 구별된다. 마도 2호선 목간은 대부분 서툰 해서로 쓰였는데, 이것은 유창하고 노련한 초행서로 쓰였다. 자간이 밀하여 전체적으로 연결된 느낌이 들 정도로 물 흐르듯 유려하다. 사자 김순의 솜씨는 기견룡에게 화물을 보낸 사자 한삼이나 대경 유에게 화물을 보낸 차지 과조를 훨씬 뛰어 넘는다. 이것은 비록 서체는 다르지만 그 노련함이 마도 1호선 목간 37번의 해서에 견줄 만하다.

마도 2호선의 가장 큰 의의는 청자매병에 매달렸던 목간의 발견이다. 23번, 27번 두 죽찰은 고려인들이 매병을 樽이라고 불렀다는 사실과 술뿐만 아니라 꿀, 참기름 등 귀한 먹거리를 담는 병으로도 사용했다는 사실을 알려 주어, 도자사 연구에 획기적 자료가 되었다. 반면 목간 글씨의 서예사적 가치는 그것에 미치지 못한다.

마도 2호선 목간의 서체는 해서가 주를 이루고 행서도 간간히 있다. 이는 행서가 주를 이루고 해서가 드문드문 있는 마도 1호선 목간과 구별된다. 마도 2호선 목간의 해서 글씨는 대부분 평균에 미치지 못하여 예술적 가치보다는 기록을 위한 실용적 차원의 글씨에 속한다. 특히 崙 牽龍 댁 화물의 발송인 閑三의 해서 다섯 점 가운데 네 점은 초학자 수준이다. 그런 가운데 大卿 庾 댁 화물의 발송인 果祚의 해서 다섯 점은 자연스러운 어우러짐이 있다.

그림 15. 金順, 마도 2호선 목간 29번, 30.4×2.1cm

한편 행서를 살펴보면, 別將 鄭元卿 댁 화물의 발송인인 무명의 무송현 향리의 유려한 행서, 개경의 한씨 댁 화물의 발송인인 무송현 金順의 초서의 필의가 강한 유창한 행서는 해서보다 훨씬 더 우월하다. 무송현 향리들의 솜씨가 전문서가 수준이라는 사실은 그 지역의 서예문화가 그만큼 발달했음을 의미한다.

Ⅳ. 마도 3호선 목간의 서체와 서풍

1. 마도 3호선의 발굴 현황 및 성과

마도 3호선은 전라남도 呂水縣(현재 여수시)과 주변에서 거둬들인 곡물류, 전복과 홍합 등 고급 어패류, 상어 등을 싣고 당시 임시 수도였던 강화도로 향하던 배였다. 이 배의 발굴은 여러 면에서 성과가 컸다.

첫째, 다량의 목간 출수다. 마도 1, 2호선처럼 마도 3호선의 연대와 역사적 성격을 밝히는데 결정적 역할을 한 것은 목간이다. 목간의 경우 2007년 대섬 발굴에서 처음으로 확인된 이후 네 번째로 확인된 것이며, 죽찰은 2009년 마도 1호선 이후 세 번째로 확인된 것이다. 목간은 마도 3호선과 화물의 역사적 성격을 규명할 수 있는 매우 중요한 자료다. 마도 1호선과는 달리 마도 3호선 목간에서는 간지가 확인되지 않았다. 그러나 발송지는 여수현, 발송인은 善才, 玄禮, 承同正 吳 등이라는 것,[30] 수취인이 辛允和(『고려사』에 1260년 장군으로 나옴), 俞承制(승제=承宣, 俞千遇가 1264-1268년 승선직에 있음), 事審 金令公(당대 최고 권력인 무인집정 金俊) 등의 관인이었다는 것을 알 수 있었다.[31] 이로 인해 마도 3호선은 1265년부터 1268년 사이에 난파된 선박임이 밝혀졌다. 또 홍합(마른 것, 젓갈), 전복(생 것, 젓갈), 육포, 직물, 곡물류 등의 화물을 싣고 가던 배였음이 확인되었다. 따라서 김준과 주변 인물, 중방과 삼별초 등에게 보낼 물건을 실은 마도 3호선은 삼별초의 구체적 조직과 지휘체계, 지역관할제도에 관한 정보를 제공했다.[32]

둘째, 획기적인 도기들이 다량 나왔다. 그동안 수중 발굴 도자기들은 고려청자에 치중되었다. 자기에 비해 도기는 완형이 많지 않고, 편년할 수 있는 특징적 대표 유물도 찾기가 어려웠다. 그러나 마도 3호선은 목간을 통해 밝혀진 편년이 있으며, 도기의 형태나 특징을 밝힐 수 있는 완형이 많아 향후 한국 도기 연구의 기반이 될 수 있다.

셋째, 선원들의 생활 용기로 사용하던 청동 용기와 숟가락, 빗, 장기알 등을 통해 선상 생활의 복원이 가능해졌다. 청동 유물은 수리 흔적도 남아 있어 당시 사람들이 물건을 어떻게 수리해서 썼는지도 알 수 있다. 또 선상 생활의 지루함을 달래기 위해 둥그스름한 돌에 車·包 등을 써서 장기를 두었던 흔적도 고스란히 남아 있다. 난파선은 당대의 역사상을 고스란히 담고 있는데, 마도 3호선은 고려 후기인 13세기 후반의 정치·경제제도로부터 선원들의 일상생활에 이르기까지 풍부한 정보를 담고 있다.

---

30) 선재인 것은 3, 5, 6번, 현례인 것은 25, 27, 32번, 승동정 오는 7, 23번이다.
31) 신윤화인 것은 15번, 유승제인 것은 24, 28번, 김영공인 것은 25, 27, 32번이다.
32) 국립해양문화재연구소, 2012, 『태안마도3호선』, pp.12-13.

2. 마도 3호선 목간의 서체와 서풍

마도 3호선에서 출수된 목간은 35점인데, 목간이 15점, 죽찰이 20점이다. 거의 모든 목간은 마도 1, 2호선처럼 선박에 실린 화물의 꼬리표다. 주요 출수 지점은 선체 중간 부분과 선미며, 선수에서는 한 점도 발굴되지 않았다. 화물의 주요 적재 공간에서 꼬리표목간의 출수 비중이 높은 것은 당연하다. 마도 1, 2호선 목간처럼 마도 3호선 목간에도 화물의 발송지, 발송인, 수취인, 화물의 종류와 수량이 적혀 있어 배의 편년과 역사적 성격을 밝히는 근거가 된다. 발송지가 여러 곳인 마도 1, 2호선과는 달리 마도 3호선에서 기록된 발송지는 여수현 한 곳이다. 목간 23번을 통해서만 발송지를 확인할 수 있다.

마도 1, 2호선에서는 발송인과 수취인의 관계를 나타내는 방법이 두 가지였다. 상위자에게는 '宅上' 또는 '宅'으로, 동급이거나 하위자에게는 '戶付' 또는 '戶'로 표기했다. 그런데 마도 3호선에서는 상위자를 한층 더 높인 '이름+主宅上'이 등장한다. '~님 댁에 올림'을 뜻한다. '主宅上'으로 기록된 수취인은 主□房□, 事審金令公, 金侍郞이다.

主□房□이 수취인인 목간 3, 5, 6번은 모두 양면목간이다.(그림 16) 3번은 전면 2행 20자, 후면 4자로 총 24자다. 5번은 총 11자며, 2행에는 수결을 썼는데, 이것은 마도 1호선에서도 여러 번 나왔다. 6번은 전면 2행 17자, 후면 4자로 총 21자다.

그림 16. 마도 3호선 목간 3, 5, 6번. 15.4×2×0.79cm, 3 · 10.2×1.3×1cm, 11.1×1.77×0.6cm

(전면) 3번 主□房□主宅上生(鮑)」□干□公□□以田出□□□」

주□방□님 댁에 올림. 전복. □간□공□□전출로□□□

5번 主□房□主宅上生鮑肆缸」수결」

주□방□님 댁에 올림. 전복 네 항아리. 수결

6번 ×房□主宅上生鮑醢」×□□雉三以畓出印」

×방□님 댁에 올림. 전복 젓갈. (결락)꿩 세 마리. 답출로 바친 것임. 끝.

(후면) 모두: 使者 善才   사자 선재

세 점 모두 후면에는 발송인을 '使者+이름'으로 기록했다. 그는 수취인의 개인 심부름꾼으로 보이는 善才인데, 이는 마도 2호선의 목간 8, 26, 28번의 '使者 閑三'과 같은 형식이다. '田出' 대신 '畓出'을 쓴 경우는 6번이 처음이다. 세 목간은 형태, 수취인과 발송인, 그리고 글씨도 같다. 전면과 후면의 '使者'는 초서의 필의가 혼재된 유려한 행서로, 이어지는 '善才'는 힘찬 무기교의 해서로 써, 두 서체가 혼용되었다. 필사 기법으로 보아 서자가 두 명일 가능성이 크다. 후면 '善才'의 해서를 전면과 후면의 '使者'의 초행서와 비교해 볼 때 서풍, 운필, 그리고 필법이 다르기 때문이다. 다른 이의 글씨에 선재가 서명만 했을 가능성이 있다.

또 양면의 서체가 다른 것은 죽찰 9번과 13번이다.(그림 17) 9번은 전면 8자, 후면 4자로 총 12자고, 13번은 전면 7자, 후면 4자로 총 11자다. 보낸 화물은 마른 홍합이다. '石'자에서 섬을 나타내는 '石'자를 돌 '石'자와 구별하기 위해서 가로획을 사용하지 않은 것은 마도 1호선에서도 이미 나왔다.

(전면) 9번   右三番別抄本□上 우삼번별초 본□에 올림.

13번   右三番別抄都上 우삼번별초 도에 올림.

(후면) 2점 모두: 乾蚝壹石 마른 홍합 한 섬.

목간 13번의 수취인 '右三番別抄都'에서 都의 의미는 세 가지로 해석할 수 있다. 첫째, 都領에서 領자를 빠뜨린 것, 둘째, 우삼번별초의 우두머리를 의미하는 것, 셋째, 우삼번별초 그 자체(무리)를 의미하는 것이다. 그런데 마도 3호선 목간에서 관청이 수취인이 경우는 '上'자 앞에 '宅'자가 없다. 즉 田民(8번, 그림 20), 都官(12번), 重房右番(16번)은 모두 뒤에 '宅'자가 없고 '上'자만 있다. 따라서 13번도 우삼번별초 자체를 의미하는 都일 가능성이 크다.[33]

두 목간의 전면은 행서의 필의가 있는 안진경풍 해서로 쓰였고, 후면에서 9번은 행서의 필의가 있는 해서로, 13번은 초서의 필의가 있는 행서로 쓰였다. 위에서 서체가 다른 경우 서자도 다를 가능성을 제기했다. 그러나 여기에서는 비록 서체는 달라도 전체적으로 힘찬 기운, 대담한 운필, 획간의 시원한 공간

---

33) 위의 책, p.237.

그림 17. 마도 3호선 목간 9, 13, 19, 20번, 18.3×2.4×0.65cm, 21.8×2.3×0.51cm, 11.7×1.4×0.3cm, 13.3×1.5×0.35cm

등에 공통점이 있어 동일한 서자의 다른 서체일 가능성이 더 크다. 후면의 '壹石'에서 9번은 두 글자의 행서 필의로, 13번은 連字의 초서 필의로 써 변화를 주었지만 필법은 한 사람의 것으로 보인다. 이 두 목간의 글씨와 유사한 것으로는 '우삼번별초 본□ 댁에 올릴 개고기포[犭脯] 상자'의 꼬리표인 19번, '우삼(번)별초 都領侍郎 댁에 올릴 상어[沙魚] 한 상자'의 꼬리표인 20번이 있다.(그림 17) 두 묵서는 양면이 유사한 서풍의 해서인 점이 9번, 13번과 다르며, 20번 후면의 글씨는 전면의 글씨보다 행서의 필의가 짙다. 이 네 점은 관청인 우삼번별초나 그 곳의 고위직에게 보내는 화물표인데, 그 서풍으로 보아 발송인, 즉 서자는 동일인으로 추정된다.

이 네 목간보다 더 자유자재하면서 유사한 해서로 죽찰 15, 24, 25, 27, 28, 32번이 있다. 이들은 모두 수취인이 명확하여 마도 3호선의 편년뿐만 아니라 서자에 관해서도 중요한 정보를 제공한다. 결론부터 말하면, 이 배는 1260-1268년 사이의 배며, 묵서는 동일인의 글씨로 추정된다. 먼저 15, 24, 28번을 살펴 보자.(그림 18)

15번 (전면) 辛允和侍郎宅上　(후면) 生鮑醢一缸
　　　　신윤화 시랑 댁에 올림. 전복 젓갈 한 항아리.

24번 (전면) 俞承制宅上　　(후면) 生鮑醢古乃只一

유승제 댁에 올림. 전복 젓갈(을 담은) 고내기 하나.

28번　(전면)　俞承制宅上　　(후면)　乾蜬壹石

유승제 댁에 올림. 마른 홍합 한 섬.

　양면죽찰 15번의 묵서는 전면 7자, 후면 5자로 총 12자다. 수취인 신윤화 시랑은 '성명+관직'으로 기술했고, 화물은 전복 젓갈 한 항아리다. 『고려사』, 『고려사절요』에 의하면 신윤화는 1260년(원종 원년)에 몽골 사신으로 다녀오는데 그때 관직은 장군이다. 장군과 시랑은 모두 4품의 고위직이다. 이것으로 마도 3호선이 1260년 전후에 침몰되었음을 알 수 있다.

　양면죽찰 24번, 28번은 수취인이 俞承制고, 화물은 각각 전복 젓갈 한 고내기, 마른 홍합 한 섬이다. 수취인은 '성+관직'으로 표기했다. 承制는 고려시대 왕명 출납을 담당한 承宣의 다른 이름이다. 목간 15번의 수취인 신윤화가 시랑으로 재직한 1260년 전후에 승선직에 있는 俞氏로는 俞千遇가 있다. 유천우는 원종 초에 추밀원우부승선, 1265년에 지주사였고 1269년에 참지정사로 승진한다. 따라서 신윤화와 유천우의 관력을 살펴보면, 마도 3호선은 1260년부터 1268년 사이의 배로 추정된다. 화물인 古乃只는 운두가 높고 아가리가 넓은 고내기의 漢字 표현으로 본다. 마도 1-3호선 목간에서 젓갈은 缸이라 표현한 도기호에 담아 운반했음을 알 수 있는데, 24번을 통해 도기호를 이르는 다른 용어로 古乃只가 쓰였음을 알 수

그림 18. 마도 3호선 목간 15, 24, 28번, 19.0×1.4×0.28cm, 20.9×1.2×0.32cm, 20.4×2.3×0.58cm

있게 되었다. 마도 3-48 도기호 파편을 메우고 있던 갯벌을 제거하는 과정에서 나왔다는 출수 상황을 고려하면 이 점은 더욱 확실해진다.

이 세 목간에서 전면의 서체는 안진경풍의 해서로 쓴 공통점이 있다. 안진경 글씨의 특징인 세로획이 향세를 이루어 풍성한 맛이 있다. 그러나 후면의 글씨는 조금 다르다. 15, 24번의 '生鮑醢'은 행서의 필의가 있는 해서로 쓰였다. 그런데 여기에 특이한 점이 있다. 28번 후면의 '乾蛦'은 9번 후면의 '乾蛦'의 행서 글자와 흡사하고, 28번의 '壹石'은 13번의 '壹石'의 초서 글자와 흡사하다. 즉 물품도 수량도 같은 9, 13, 28번의 '乾蛦壹石'은 한 사람이 쓴 것으로 보아도 무리가 없다. 반면 15, 24번은 앙세보다는 평세와 부세가 많고, 28번은 앙세가 많다. 그럼에도 불구하고 전면의 '上'자, 후면의 '生'자 등 같은 글자의 결구와 필법을 비교하면 한 손에서 나온 것처럼 흡사하다. 이런 점을 감안하면 관청인 우삼번별초 또는 그 소속의 고위직에게 발송하는 꼬리표인 9, 13, 19, 20번, 신윤화, 유승제에게 발송하는 꼬리표인 15, 24, 28번 목간의 서자는 동일인일 가능성이 크다.

한편 세 편으로 나눠진 채 발굴된 양면죽찰 25번, 완형인 양면죽찰 27번은 배의 침몰 시기가 1265-1268년 사이라는 것을 알려 준다.(그림 19) 두 목간 다 전면 8자, 후면 9자로 총 17자의 묵서가 적혀 있다. 현례가 사심 김영공에게 각각 홍합젓갈과 생□ 다섯 항아리, 홍합 젓갈 한 항아리를 보낸다고 적었다.

25번 　(전면)　事審金令公主宅上　　(후면)　蛦醢生□合伍缸玄礼
　　　　　　　사심 김영공님 댁에 올림. 홍합 젓갈, 생□. 합쳐서 다섯 항아리. 현례.
27번 　(전면)　事審金令公主宅上　　(후면)　蛦醢一缸入三斗玄礼
　　　　　　　사심 김영공님 댁에 올림. 홍합 젓갈 한 항아리. 세 말을 담음. 현례.
32번 　(전면)　金侍郎主宅上　　(후면)　生鮑一缸入百介玄礼
　　　　　　　김 시랑님 댁에 올림. 전복 한 항아리. 백 개를 담음. 현례.

그렇다면 수취인 사심 김영공은 누구일까. 영공은 제왕에게만 쓰이던 극존칭이고, 異姓은 상서령 등만 사용하던 용어다. 당시 일반 신료로서 영공을 사용할 수 있는 사람은 무인집정 金俊이다. 김준은 1265년 府를 개설하고 海洋候에 봉해지기 때문에 영공이라는 호칭을 공식적으로 사용할 수 있었다. 15번의 신윤화, 24, 28번의 유천우를 통해 마도 3호선이 1260-1268년 사이에 좌초되었음을 알았다. 세 명의 수취인 신윤화, 유천우, 김준의 관력과 立府 시기를 종합해 보면, 배의 침몰 시기는 1265-1268년 사이임을 알 수 있다.

완형인 양면죽찰 32번의 묵서는 전면 6자, 후면 8자로 총 14자다. 현례가 김시랑에게 전복 100개를 넣은 항아리를 보냈다. 마도 3호선 목간에서 발송자가 玄礼인 25, 27, 32번 가운데 25, 27번은 수취인이 김영공, 즉 김준이다. 다른 목간에 비춰보면, 발송자가 같으면 수취인 간에도 연관성이 있다고 유추할 수 있다. 그런데 김시랑을 김준이라 단정할 수는 없다. 아니 아닐 가능성이 더 크다. 만약 김준이라면 김영공이라 기록했을 것이다. 그렇다면 김준과 혈연적 또는 정치적으로 연관된 사람일 가능성이 가장 크다.

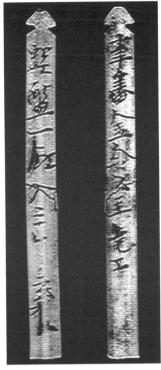

그림 19. 玄礼, 마도 3호선 목간 25, 27, 32번, 12.1×1.1×0.22cm, 12.4×1.2×0.25cm, 22.2×1.1×0.21cm

김준 집안사람으로 시랑직에 있었던 사람은 동생 金承俊, 아들 金大材, 金用材, 金式材(碩材)가 유력하다. 1265~1268년, 즉 마도 3호선 침몰 시기 전후에 김승준은 1263년 右副承宣, 세 아들은 1262년 모두 장군이었다. 시랑 같은 4품 벼슬은 세 아들에게만 해당한다. 따라서 김시랑은 김준의 세 아들 중 하나로 볼수 있다. 그렇다면 김준과 그 아들에게 물건을 보낸 책임자 현례는 어떤 사람일까. 고려시대에 향리 이상의 계층은 통상 성을 사용했는데, 그가 성을 기록하지 않은 것으로 보아 그 이하 계층으로 추측된다. 그러나 한편으로는 수취인이 김준이나 아들이기 때문에 성을 지닌 계층이어도 성을 생략했다고 볼 수도 있다.[34]

　묵서를 살펴보면 현례가 쓴 25, 27, 32번의 전면은 15, 24, 28번 전면의 글씨와 소랑한 분위기는 유사하나 행서의 필의가 더 많고 더 노련한 솜씨의 해서로 사경풍이 스며 있다. 노봉의 예리함과 리듬감 있는 획의 곡선미가 잘 어우러진다. 가로획이 대부분 우상향인 점도 15, 24, 28번과 다르다. 후면의 글씨는 더욱 차이가 난다. 15, 24, 28번은 부분적으로 행서의 필의가 있으나 솜씨가 졸박하고, 25, 27, 32번은 전체적으로 행기가 많아 유려하고 솜씨가 능숙하다. 무엇보다 양면의 글씨의 거스름이 없는 붓놀림으로 보아 현례의 공부는 상당한 수준에 이르렀음을 알 수 있다. 세 번 쓰인 '宅上'의 한결 같은 유려한 붓질을 15,

---

34) 위의 책, p.260.

24, 28번의 '宅上'과 비교해 보면 두 서자의 차이점이 확연히 드러난다. 특히 해서로 쓴 자신의 이름에서 '玄'자는 정방형으로, '禮'자는 여백 없이 이어서 장방형으로 써 한 몸처럼 보이는 구성에는 시원스러움과 멋스러움이 깃들어 있다. 세로획의 끝을 수로법으로 완성하여 안정감마저 주고 있다. 현례의 글씨 세 점은 해서와 행서의 조화가 자연스러움의 극치를 이루어 당시 최고위직이었던 김영공 부자의 화물 발송 책임자가 마도 3호선에서 이름을 드러낸 발송자 가운데 가장 뛰어난 사사 솜씨를 지녔다고 말할 수 있다.

그런가 하면 이들과는 전혀 다른 서풍의 해서로 쓴 목간도 있다. 크기가 비슷한 양면목간 8번, 26번은 수취인, 화물의 종류와 수량 등 묵서 내용이 일치한다.(그림 20) 26번은 식별은 가능하나 묵서의 선명도는 떨어진다. 후면 상부에 약간의 홈이 있어 '〉〈' 모양이 있었던 것 같다. 전면 6자, 후면 3자로 총 9자인 묵서 "田民上魚油缸""男景池"는 "전민에 물고기 기름 한 항아리를 올림. 남 경지"로 해석된다. 수취인은 기관인 田民이고 발송인은 景池다.

그림 20. 景池, 마도 3호선 목간 8번, 26번, 10.5×2.4×0.65cm, 12.4×2.4×0.67cm

전민은 전민변정도감 또는 전민추쇄도감 등 토지 겸병을 개혁하기 위한 임시 기구로 추정한다. 『고려사』, 『고려사절요』에 전민변정도감이 1269년(원종 10) 처음 나타나는데, 林衍이 정권을 잡으면서 김준이 소유한 토지를 몰수하기 위해 설치한 기구다. 마도 3호선은 1265-1268년 사이에 침몰한 선박이므로 사료의 전민변정도감 설치시기보다 앞선다. 이는 전민변정도감이 임시기구로 치폐를 거듭한 점을 생각한다면, 1269년 이전에도 종종 설치되었다는 사실이 마도 3호선 목간을 통해 처음 확인되는 것이다. 아마도 이때 설치된 전민변정도감은 김준이 崔竩를 제거하고 난 후 설치한 것으로 보인다.[35]

화물은 물고기 기름 한 항아리다. 물고기 기름의 용도는 불을 밝히는 원료로 본다. 마도 3호선 목간에서 '魚油'가 적힌 것은 이 두 목간과 더불어 죽찰 33번, 35번으로 총 네 점이다.[36] 그중 특히 33번은 도기호 파편과 함께, 35번은 마도 3-15 도기호 안에서 발견되었는데, 침몰 과정에서 도기호가 깨지면서 매달려 있던 목간이 휩쓸려 들어간 것 같다. 물고기 기름의 수량을 '缸'으로 표현한 것과 출수 상황이 맞아 떨

---

35) 위의 책, p.230.
36) 魚油에 관해서는 위의 책, p.231 참조.

어진다. 위 네 점의 목간은 마도 3호선 침몰 당시 물고기 기름을 활용한 직접적 사례를 보여주는 중요한 자료다.

마도 3호선 목간의 가장 중요한 특징 중 하나는 수취인으로 기구가 나온다는 점이다. 이전 태안군 대섬 발굴 태안선부터 마도 1, 2호선에 이르기까지 수취인은 모두 개인이었다. 그런데 마도 3호선 목간에서는 전민(변정도감)이나 중방, 우삼번별초 등 관청명이 나와 향후 마도 해역에서 발견된 고려시대 난파선의 성격을 밝히는데 큰 도움을 될 것으로 생각된다.

8번, 26번 전면 묵서 "田民上魚油缸"과, 후면 첫 자인 '男'자는 행서의 필의를 가진 속도감 있는 사경풍의 해서로, 필치가 과감하며 가로획의 우상향 정도가 심한 점은 상술한 현례의 해서와 유사하다. 그러나 그의 능숙함에는 미치지 못한다. 발송인의 이름인 듯한 후면의 '景池'는, 26번에서는 행서로 써 전면의 글씨와 어울리지만, 8번에서는 또박또박한 해서로 써 대필인 것처럼 보인다. 타인이 단순히 이름을 서명처럼 쓴 것이 아닌가 여겨진다. 이 점을 제외하면 전체적으로 발송인 景池의 글씨로 보아도 무방하다. 그리고 김영공 부자의 젓갈류 발송인이 현례 한 사람이듯 같은 관청에 보내는 같은 물품 물고기 기름의 발송인도 당연히 경지 한 사람이었을 것이다. 그러나 양인의 서사 솜씨에는 차이가 있다.

또 다른 기관에 보낸 물품의 꼬리표로 단면죽찰 12번, 14번이 있다.(그림 21) 12번에는 화물에 매달기 위한 끈이 남아 있어 목간 사용법을 알려 준다. 일곱 자의 묵서 "都官上布拾伍疋"는 "도관에 포 열다섯 필을 올림"으로 해석된다. 화물의 수취인은 都官이고, 화물은 직물인 布인데, 이 목간과 비슷한 위치에서 직물덩어리가 나와 여기에 묶여 있던 목간으로 보인다.[37] 상술했듯이 마도 3호선 목간의 특징 중 하나는 화물의 수취인이 개인과 더불어 기관이라는 점이다. 도관은 고려시대 상서형부의 속사로, 노비의 簿籍과 訴訟을 맡아보던 관청이다. 개인에게는 '宅上'을 쓰지만, 이 목간으로 인해 관청에게는 '上'을 쓴다는 사실을 알 수 있다.

목간의 서체는 정연한 해서지만 행서의 필의를 가미되어 있다. 한 자 한 자를 또박또박 썼지만 획간을 행서의 필의로 자연스럽게 연결한 솜씨가 예사롭지 않다. 일곱 자지만 약 2cm의 너비에 쓴 글자의 크기도 필획에 맞추어 적절하고, 획간의 연결이 자연스럽고 결구가 안정적이다. 상부가 결락된 14번의 네 글자 "上布拾疋"와 비교해 보면, 한 사람의 글씨임을 알 수 있다. 즉 직물류 발송을 담

그림 21. 마도 3호선 목간 12번, 14번, 12.9×1.2×0.17cm, 8.5×1×0.18cm

---

37) 위의 책, Ⅵ장 7절 직물류 참조.

당한 관리의 글씨다. 이 두 목간은 화물의 종류별로 담당자가 정해졌다고 추정할 수 있는 근거가 된다.

목간 12번, 14번과 달리 수취인이 개인이고 화물의 종류도 다르고 재료도 다르고 서체도 다르지만 묵서의 분위기가 비슷한 것으로 단면목간 10번(그림 22)이 있다. 이것은 마도 3호선 목간의 평균보다 두 배 이상 길어 가장 크며, 둥근 나무를 반으로 잘라 표피만 벗겨낸 상태로 이용했다. 14자의 묵서 "□□希宅田出□□壹石入貳拾斗"는 "□□희 댁(에 올림). 전출 □□ 한 섬. 스무 말을 담음."으로 해석된다. 수취인은 □□希며, 화물은 石 단위의 곡물류로, 양은 스무 말을 담은 한 섬이다. 마도 1, 2호선 목간에서 밝혀졌듯이 고려시대 石의 용량은 15두, 20두가 거의 동등하게 쓰였고 때로는 18두, 25두도 나타나는 것으로 보아 중요한 단위는 石이 아닌 斗라는 점을 여기서 다시 확인할 수 있다.

홈 위 머리 부분을 제하면 약 35㎝ 길이에 14자를 1행으로 썼다. 행서로 썼지만 마도 3호선 목간 가운데 초서의 필법이 가장 많아 가장 노련하고 유창하다. 여느 목간처럼 수취인의 이름인 시작 부분은 해서로 시작했지만 하부로 갈수록 행서 더 나아가 초서의 필법이 강하다. '壹', '斗'자는 당나라 회소의 초서나, 송사대가의 초서를 보는 듯하다. 이름 가운데 선명히 읽히는 '希'자의 하부 布는 12, 14번의 '布'자와 흡사하고, 전체적 서풍이 유사하여 마치 한 사람이 다른 서체를 구사한 듯한 느낌이 든다.

그림 22. 마도 3호선 목간 10번(적외선·실물), 37.9×3.5×1.72㎝

목간 10번의 글씨는 획의 굵기에 변화가 많아 강약이 분명하고 운필이 노련하여 결구에 흐트러짐이 없다. 마치 12, 14번 해서처럼 전체적으로 조화를 이루어, 유려한 가운데 힘차고 절제미와 세련미를 겸한 능수능란한 글씨다. 마도 출수 초행서 목간 가운데 수작으로, 마도 1호선의 행기가 있는 단면목간 37번이 해서로서 으뜸인 것과 괘를 같이 한다.

이 한 점의 목간은 전라도 여수 지역 향리들 사이에서도 고려 중기에 이미 성행한 송4대가의 행초 글씨가 어느 정도 유통되었다는 사실을 말해 준다.

한편 발송인과 수취인이 같은 양면목간 7번, 23번은 서체는 같은 해서로 쓰되, 서풍이 서로 달라서 특이하다.(그림 23) 완형인 7번은 홈 위는 연봉우리처럼 뾰족하게, 홈 아래는 매우 정연하게 다듬어져 있다. 묵서는 전면 7자, 후면 9자로 총 16자다. 하나로 이어지는 3개의 편으로 발굴된 23번은 발송지, 수취인, 발송인을 모두 알려 준다. 목간의 전면은 2행 총 20자, 후면은 10자로 전체 30자다.[38] 뜻이 분명치 않

---

38) 위의 책, p.249에는 전면 25자, 후면 11자로 되어 있다.

그림 23. 丞同正吳(7·23번), 마도 3호선 목간 7, 23, 29번, 12.6×1.35×0.67㎝, 23.2×2.5×1.62㎝, 15.3×1.7×0.17㎝

은 전면의 둘째 행은 '斗'자에 맞춰 시작되었다.

   7번 (전면) 副事審宅上缸壹 (후면) 次知上丞同正吳수결
             부사심 댁에 올림. 항아리 한 개. 올리는 것을 담당함. 승동정 오. 수결
  23번 (전면) 呂水縣副事審宅田出皮麥柒斗□□□」 □□□□」 (후면) 次知載船丞同正吳수결
             여수현에서 부사심 댁(에 올림). 전출 피맥 일곱 말. (이하 의미 불명)
             배에 싣는 것을 맡음. 승동정 오. 수결

   목간 7번은 종류 미상의 화물 항아리 한 개를 부사심 댁에 올린다는 내용인데, '용기+수량'으로 적은 특이한 문구다. 발송자는 '올리는 것을 담당한다'는 '次知上'과 '직함+성'인 '丞同正吳'가 적혀 있다. 끝에는 두 글자 크기의 수결이 있다.

   목간 23번은 홈의 형태가 독특하다. 일반적으로 '〉〈' 모양의 홈에 끈을 묶어 해당 화물에 매다는 방식과는 달리 전면이 계단식으로 표면에서 후면으로 층을 두고 다듬어 나갔다. 끈을 묶은 홈처럼 단단히 고정되지는 않겠지만 줄이 풀리지 않고 묶을 수 있는 공간을 만들었다. 이로 인해 꼬리표목간의 다양한 형태를 알 수 있다. 7번과 비교해 보면, '宅'자 아래에 '上'자가 생략되어 있는데, 마도 1, 2호선 목간에도 이

런 예가 있다.

발송지는 여수현이고, 수취인은 부사심이며,[39] 화물은 밀기울 또는 겉보리인 피맥 일곱 말이다. 발송인은 船積을 맡은 次知 승동정 오씨다. 마도 1, 2호선 목간에서는 차지의 역할을 구체적으로 언급하지 않았다. 그러나 마도 3호선 목간에서는 次知 다음에, 7번의 경우 올리는 업무를 담당하는 上으로, 23번의 경우 배에 싣는 것을 담당하는 載船으로 적어 역할을 구분했다. 발송인 승동정 오씨가 두 역할을 모두 수행한 셈이다. 오씨는 승동정직을 제수 받은 향리로 보인다. 두 목간의 수취인과 발송인이 각각 동일하므로 7번도 '副事審' 앞에 발송지 여수현이 생략된 것으로 보아도 무방하다. 목간의 길이가 23번의 절반이므로 서사 공간이 부족하여 생략한 것으로 보인다. 마지막 두 글자는 수결이다. 23번은 이어진 부분의 묵흔이 지워졌고 획이 가늘지만 7번과 동일한 차지 승동정 오씨의 수결이다.

묵서를 살펴보면 7번은 해서로, 23번은 행서의 필의가 가미된 해서로 썼다. 둘 다 웅건무밀한 남북조 풍이지만 23번이 7번보다 더 노련하다. 좀 다른 분위기는 발송인 오씨의 역할이 달라 동시에 쓰지 않았을 가능성으로 인한 것이며, 그렇다면 글씨의 풍격으로 보아 7번을 먼저 쓰고, 노련한 23번을 나중에 썼다고 추정해 볼 수 있다. 향리 오씨의 웅강무밀하면서 능숙한 23번 후면의 글씨는 마도 3호선 목간의 해서 가운데 뛰어난 것이다.

한편 양면죽찰 29번(그림 23)에서 대나무의 외면인 전면에 5자, 내면인 후면에 3자로 총 8자인 묵서는 "奇待郞宅上" "次知吳"며, "기 대랑 댁에 올림. 차지 오"로 해석된다. 이 목간의 특징 중 하나는 화물 종류를 적지 않은 것이다. 현재까지 수중에서 발굴된 완형의 고려 목간 가운데 화물 종류를 적지 않은 것은 마도 대섬 태안선에서 나온 '崔大卿宅上'목간뿐이다. 순수한 도자기 화물선인 태안선의 목간조차 수취인이 최대경이 아니면 모두 砂器 또는 沙器로 화물 종류를 적었다. 그런데 어패류, 곡물류 등 다양한 화물을 실은 마도 3호선에서 목간 29번에 화물 종류를 적지 않은 이유는 무엇일까. 화물표는 화물에 매달아 사용한다는 점을 감안하면, 굳이 화물 종류를 적지 않아도 어떤 물건인지 알기 때문이거나, 기 대랑 댁에 배달된 물건은 이미 수취인과 발송인이 알기 때문일 수 있다.

발굴 보고서는 목간 29번의 발송인 오씨가 목간 7번, 23번의 발송인 오씨와 동일인이거나 혈연관계라면, 수취인인 부사심(7, 23번)과 기대랑(29번)도 동일인인 奇蘊일 가능성이 크다고 보았다. 이것은 23번의 '여수현부사심'에서 수취인 '부사심'을 여수현 사람으로 간주하고 배의 침몰 시기인 1265년부터 1268년 사이에 여수현에서 부사심과 시랑을 역임할 만한 奇씨로 奇蘊이 유력하다고 본 것이다.[40] 그러나 마도

---

39) 위의 책, p.249에는 '여수현의 부사심 댁'으로 해석하여 수취인을 여수현 사람으로 보았다. 그러나 여수현을 발송지로 보아 '여수현에서 부사심 댁'으로 해석함이 타당하다. 마도 2호선 목간에도 이런 표기법(아래 ①)이 있다. 마도 1, 2, 3호선 목간에서는 다양한 방법으로 발송지를 표기했다. 발송지는 모두 전면에 적었는데, 표기법에는 ① '발송지+수취인', ② '발송지+在京+수취인', ③ '수취인+발송지', ④ '수취인+발송인+화물명', ⑤ '발송지+발송인' 다섯 가지가 있다. 그 예는 ① 마도 2호선 19, 20, 22번, 마도 3호선 23번, ② 마도 1호선 목간 7, 11, 12, 18, 19, 20, 34, 37, 52번, 마도 2호선 7, 10, 15, 17, 21, 24, 29, 33, 35, 43, 47번, ③ 마도 2호선 1, 14, 29번, ④ 마도 2호선 46번, ⑤ 마도 1호선 10번이다. 이들 가운데 ②가 가장 많이 쓰였음을 알 수 있다.

1,2호선 목간처럼 여수현을 발송지로 본다면 수취인이 동일인일 가능성은 훨씬 적다.

또 29번의 발송인 次知吳와 7번, 23번의 발송인 次知上丞同正吳, 次知載船丞同正吳와의 연관성을 유추해 볼 수는 있겠으나 동일인으로 보기는 어렵다. 유관하다면 동일인이 아닌 혈연관계이거나 아예 무관할 수도 있다. 그 근거는 글씨다. 같은 해서지만 29번의 글씨는 7번, 23번에 훨씬 못 미쳐 동일인의 필적으로 볼 수 없다.[41] 수취인이 동일인이 아니라면 발송인도 동일인이 아닐 가능성이 더 커진다.

상술한 바를 종합해 보면, 마도 3호선은 수취인이 상위직 고관뿐만 아니라 무신정권의 기관도 상당수 있어 무신정권과 깊이 관련된 화물선이다. 발송지가 여수현인 마도 3호선 목간의 글씨는 마도 2호선처럼 해서가 주를 이루지만 무밀한 것, 소랑한 것 등 다양한 서풍을 드러냈다. 이는 서툰 솜씨의 마도 2호선 목간의 해서와 구별되는 점이다. 마도 1호선처럼 북위풍도 있지만, 중당의 안진경풍도 쓰여 마도 1, 2호선과는 다른 맛으로 전라도 지역 향리의 육필을 감상할 수 있다. 특히 善才, 次知 吳氏, 丞同正 吳氏, 景池, 그리고 玄禮가 발송의 상당한 부분을 차지했으며, 특히 세 점의 꼬리표를 쓴 현례는 그 솜씨가 출중하다. 무신정권의 관청과 실세들의 화물을 전담한 향리들의 해서는 고풍인 북위풍과 중당의 안진경풍을 구사하여 비문의 구양순풍 해서와는 다른 사조를 보여 주고, 그들의 행서는 초서의 필의가 농후하여 송대 첩학의 사조가 고려에서도 그대로 반영되었다는 사실을 보여 준다는 점에서 마도 3호선 목간의 서예사적 의의는 더욱 크다고 할 수 있다.

V. 맺음말

지금까지 살핀 태안 마도 1, 2, 3호선의 목간 글씨를 요약하여 결론으로 삼고자 한다. 13세기 전반의 마도 1, 2호선 목간, 13세기 후반의 마도 3호선 목간은 고려 후기인 13세기의 묵서로, 이를 통해 전라도 지역 향리들의 서사 수준을 살필 수 있고, 지방 행정에 있어서 한자교육의 수준을 짐작하게 해준다. 대부분 꼬리표인 목간에 이름을 기록하기도 하고, 이름은 있으나 기록되지 않은 관리들이 쓴 목간의 묵서는 고려 후기 서예의 이면을 보여 주어 고려 서예사 연구에 새롭고 중요한 자료다. 세 선박 목간의 글씨는 우열의 차이는 있으나 각각 개성을 지니고 있다. 그들은 장르별로 각기 유사한 분위기를 지닌 고려 석비, 묘지명, 그리고 사경에서는 찾아 볼 수 없는 다양함을 보여 준다. 대부분 동일한 수취인의 화물에 붙이는 꼬리표는 발송인은 동일하고 따라서 서자도 같다. 마도 1,3호선 목간에는 수결이 사용되었는데, 이는 태안 대섬 목간과 공통점이다.

죽산현, 회진현, 수녕현, 안로현에서 보낸 화물을 실은 마도 1호선 목간에는 해서, 행서, 초서가 모두 사용되었으나 행서가 주를 이룬다. 그러나 거기에는 초서의 결구와 운필이 많아 해서의 필의가 많은 행

---

40) 위의 책, p.257.

41) 위의 책, p.256에서는 동일인 또는 혈연관계로 추정했다.

서가 주를 이루는 통일신라 꼬리표목간과 구별된다. 그 글씨에는 노련미와 절제미가 있는데, 이는 백제 목간의 서풍과 유사하다. 특히 나주 복암리목간의 글씨와 분위기가 흡사하다. 초행서의 서풍이 다양하여 여러 관리가 꼬리표를 작성했을 것으로 추정된다. 밝혀진 이름만도 다섯 점을 쓴 대삼, 세 점을 쓴 송춘, 한 점을 쓴 송지 세 명이다.

드문 해서는 초당풍이 아닌 남북조풍으로 쓰여 고려시대에도 남북조풍 해서가 쓰였다는 사실을 알려 준다. 주로 초행서지만 수취인의 이름에는 오히려 해서의 필의가 많아 운송이 목적인 꼬리표의 용도에 맞는 서체를 선택한 향리의 혜안이 돋보인다.

한편 무송현, 고부현, 고창현, 장사현에서 실은 화물선인 마도 2호선은 대부분 해서로 쓰였다. 그런데 그 솜씨가 초학자의 수준에 머물러 마도 1호선의 유창한 행서와 구별된다. 같은 수취인에게 보낸 꼬리표 는 같은 발송인이 썼다는 사실, 지역에 따라 관리의 서사 솜씨가 다르다는 사실을 확인할 수 있었다. 그 리고 개경에 사는 사람의 성만 적어도 운송이 된다는 점에서 마도 2호선의 성격을 짐작할 수 있다.

여수현에서 화물을 실은 마도 3호선은 고위직의 개인뿐만 아니라 田民, 都官, 重房右番, 右三番別抄 등의 무신정권 관청이나 기관에 보내는 화물이 많다는 점이 특징이다. 이는 주로 개인에게 발송한 마도 1, 2호선과 구별된다. 서체도 행서가 주를 이룬 마도 1호선, 해서가 주를 이룬 마도 2호선과는 달리 해서 와 초서 필의가 짙은 다양한 서풍의 행서가 고루 사용되었고, 각 서체의 서풍도 다양하며, 양면의 서체나 서풍이 같기도 하고 다르기도 하다. 서사 시기가 가장 늦은 마도 3호선의 목간 글씨는 마도 1, 2호선의 목 간 글씨보다 평균적으로 서사 수준도 높다. 특히 해서에서 중당의 안진경풍 글씨가 있어 주목된다. 고려 의 금석문은 대부분 초당의 구양순풍으로 쓰였기 때문이다. 또 수취인이 같으면 발송인도 같고, 드러난 발송지는 여수현 한 곳이다.

전체적으로 초서의 필의가 많은 행서 목간을 통해 고려시대 향리들도 초서를 깊이 공부했음을 알 수 있다. 이것은 중국 송대(960~1279)에 사대가의 글씨를 중심으로 첩이 성행했고 그들의 글씨가 고려 중기 의 문인들을 중심으로 널리 유포된 것과 밀접한 관련이 있다. 그리고 그 영향으로 고려 후기인 13세기경 에는 지방 향리에 이르기까지 첩의 행초서가 널리 학습되었다는 것을 의미한다.

이처럼 13세기의 배인 마도 1, 2, 3호선 출수 목간은 전라도 향리의 생생하고 다양한 육필을 통해 고려 후기 지방 서예사를 조명할 수 있다는 점에서 그 서예사적 의의가 상당히 크다. 15세기 조선시대에 침몰 된 마도4호선 출수 목간을 통한 조선 향리의 글씨 연구는 향후 숙제로 남긴다.

투고일: 2017. 10. 12.   심사개시일: 2017. 10. 28.   심사완료일: 2017. 11. 16.

참/고/문/헌

국립해양문화재연구소, 2009, 『高麗靑磁寶物船』2권(본문·도판), 태안 대섬 수중발굴 조사보고서.

국립해양문화재연구소, 2010, 『태안마도1호선』 수중발굴조사 보고서.

국립해양문화재연구소, 2011, 『태안마도2호선』 수중발굴조사 보고서.

국립해양문화재연구소, 2012, 『태안마도3호선』 수중발굴조사 보고서.

김재홍, 2016, 「태안 침몰선 고려 목간의 문서양식과 운송체계」, 『한국중세사연구』 47, 한국중세사학회.

손환일, 2008, 「高麗 木簡의 書體-忠南 泰安 해저 출수 목간을 중심으로」, 『韓國思想과 文化』 44, 한국사
   상문화학회.

신은제, 2012, 「마도 1,2호선 출수(出水) 목간, 죽찰에 기재된 곡물의 성격과 지대수취」, 『역사와 경계』
   84, 부산경남사학회.

李樹健, 1984, 「高麗後期 支配勢力과 土姓」, 『韓國中世社會史硏究』, 一潮閣.

임경희, 2009, 「태안 대섬 고려 목간의 분류와 내용」, 『高麗靑磁寶物船』, 국립해양문화재연구소.

임경희, 2010, 「마도1호선 목간의 분류와 주요내용」, 『태안마도1호선』, 국립해양문화재연구소.

임경희, 2010, 「마도2호선 목간의 판독과 분류」, 『木簡과 文字』 6, 한국목간학회.

임경희, 2011, 「마도2호선 목간의 분류와 내용 고찰」, 『태안마도2호선』, 국립해양문화재연구소.

임경희, 2011, 「태안선 목간의 새로운 판독 -발굴보고서를 보완하며-」, 『해양문화재』 4, 국립해양문화재
   연구소.

임경희, 2011, 「마도3호선 목간의 현황과 판독」, 『木簡과 文字』 8, 한국목간학회.

임경희·최연식, 2008, 「태안 청자운반선 출수 고려 목간의 현황과 내용」, 『木簡과 文字』 창간호, 한국목간
   학회.

임경희·최연식, 2010, 「태안 마도 수중 출수 목간 판독과 내용」, 『木簡과 文字』 5, 한국목간학회.

〈Abstract〉

The Characteristics of Calligraphic Script of the
Goryeo Wooden Tablets Excavated from Taean Waters
- Focusing on the Wooden Tablets of Mado Shipwreck Nos. 1, 2, and 3 -

Jung, Hyun-sook

This paper is to explore the characteristics of calligraphic script of the Goryeo wooden tablets excavated from Mado Shipwreck Nos. 1, 2, and 3 sunk at Taean Waters. Mado Shipwreck No. 1 that departed at Juksan-hyeon, Hoejin-hyeon, Sunyeong-hyeon, and Anro-hyeon, Jeollanam-do, and Mado Shipwreck No. 2 that departed at Musong-hyeon, Gobu-hyeon, Gochang-hyeon, and Jangsa-hyeon, Jeollanam-do, were dated to the early 13th century. Mado Shipwreck No. 3 that departed at Yeosu-hyeon, Jeollanam-do, were dated to the late 13th century. Accordingly, the writings of wooden tablets tell us the calligraphic standard of the Jeolla-do officials in 13th century.

The wooden tablets of Mado Shipwreck No. 1 were mostly written in running script, and the standard script and draft script were somewhat used. The facts that the running script contains the composition and brush movement of draft script, and its calligraphic style is various inform us that they were written by many officials. Overall, there are expert ease and moderation similar to the wooden tablets of Bogam-ri, Naju. Those in standard script tell us that the standard script of the Northern and Southern dynasties was transmitted to the Goryeo dynasty. Written in running script generally, the fact that the name of recipient was written in standard script informs us that the calligraphic script was chosen in accordance with use.

Those of Mado Shipwreck No. 2 were mostly written in standard script. But the writing skill is like that of beginner and different from that of fluent running script of Mado Shipwreck No. 1. The writings show us the facts that one sender wrote the tag wooden tablets sending the same recipient, and the writing skill is different depending on the place the goods were packed. In addition, we can guess the characteristic of Mado Shipwreck No. 2 in regarding that they can be delivered only by the first name of someone who lives in Gaeseong, capital of the time.

Unlike those of Mado Shipwreck Nos. 1 and 2 mostly delivered to individuals, the goods of Mado Shipwreck No. 3 were largely delivered to high officials as well as government offices. Compared to that of Mado Shipwreck No. 1 mostly in running script and Mado Shipwreck No 2 largely in standard script, the calligraphic script of the wooden tablets of Mado Shipwreck No. 3 is of various styles of running script with the brush touch of draft script. The calligraphic script and style of both sides are both identical and different. The calligraphic standard of Mado Shipwreck No. 3, the latest of the three, is averagely higher than those of Mado Shipwreck Nos. 1 and 2. Most of the stone inscriptions of Goryeo were written in Ouyang Xun style of the early Tang. But the standard script of Mado Shipwreck No. 3 received special attention because a few were written in Yan Zhenqing style of the middle Tang.

To sum up, by the wooden tablets in running script with brush touch of draft script, we can recognize that the local officials of Goryeo also practices draft script hard. It is because album calligraphy of the four master calligraphers was prevalent in Song, China, and their writings were spread during the middle Goryeo as well. Due to the influence, the running and draft scripts were widely studied by the local officials of Goryeo in the 13th century. The live and various writings of local officials on the wooden tablets of Mado Shipwreck Nos. 1, 2 and 3 provide us the opportunity to re—examine the calligraphy history of Jeolla—do in the late Goryeo.

▶ Key words: wooden tablets of Goryeo, Mado Shipwreck No. 1, Mado Shipwreck No. 2, Mado Shipwreck No. 3, running and draft scripts, wooden tablets of Bogam—ri, Naju, Goryeo military regime, Jeolla—do calligraphy, four master calligraphers of Song

태안해역 출토 목간의 어학적 특징

이건식[*]

> I. 서언
> II. 태안해역 출토 목간 자료의 吏讀
> III. 결언

〈국문초록〉

이 글은 태안해역 출토 목간 자료의 내용에 대하여 국어학적 특징을 고찰하였다.

이 글에서는 吏讀인 '次知'를 근거하여 종래의 연구에서 한문의 순서로 이해한 동사들을 우리말의 순서로 이해하였다.

종래의 연구에서 '載船/載缸'을 '배에 실은 것'으로 이해했으나 이 글에서는 '재선하다'의 의미로 이해하였다. 종래의 연구에서 入四斗를 '4말을 넣음'과 같이 한문의 순서로 이해했으나 태안해역 출토 목간이 이두 자료인 점을 감안하여 우리말의 순서로 이해하여 '들이는 4말'로 이해하였다. '××縣在京'에 대하여 종래의 연구에서는 '××縣'을 주어로 파악하여 '××縣에서 在京한'로 해석하였으나 이 글에서는 '××縣 출신의' 정도로 해석하였다. '田出'과 '畓出'의 경우 出을 '나오다' 정도를 표기한 것으로 파악하였고, 田과 畓은 동사 出의 처격어로 파악하였다. '合盛'과 '盛'의 경우에도 종래의 연구에서는 한문의 순서로 이해하여 '合盛'과 '盛'을 동사로 파악하였으나 이 글에서는 동사의 동명사형으로 파악하였다.

태안해역 출토 목간 자료에 나타나는 명사류의 어휘를 나열하면 다음과 같다.

일반류 : 畓, 使者, 戸長, 長, 戸, 宅
용기류 : 砂器, 沙器, 箱子, 樽, 古乃只
곡물류 : 租, 正租, 白米, 中米, 麥, 皮麥, 豆, 粟, 太, 大, 木麥

---

* 단국대학교 국어국문학과

식품류 및 식재료류 : 古道醢, 沙魚, 蟹醢, (魚)醢, 卵醢, 生(鮑), 生鮑醢, 魚油, 麴, 雉, 蛤醢生, 乾蛤, 小蛤, 精蜜, 末醬

직물류 : 布

미상류 : 眞, 犭脯, 竹□, 生□

일반류에서 한어 畲에 대해 종래의 연구에서 '새밭'이라 하였는데, 후기 중세국어의 '풀왇'을 고려할 필요가 있음을 언급하였다.

용기류에서 한어 箱子의 경우에는 태안해역 출토 목간이 최초의 문헌 용례인 점을 언급하였다. 古乃只의 경우 우리말 '고내기'의 차자 표기임을 언급하였다.

곡물류에서 麥에 대해 종래의 연구에서는 '보리'로 이해했으나 '밀'일 가능성도 있음을 언급하였다. 콩을 나타내는 太를 고려하여 豆를 '팥'으로 이해하고자 하였다.

식품류에서 古道와 沙魚는 각각 '고등어'와 '상어'에 대한 차자 표기임을 언급하였다. 蛤에 대해 종래의 연구에서는 '홍합'으로 파악하였으나 이에 대한 근거가 없음을 언급하였다. 精蜜에 대해 종래의 연구에서는 '좋은 꿀'로 파악했으나 '맑은 꿀'의 의미임을 언급하였다.

미상류에서 眞을 종래의 연구에서는 '참기름'으로 이해했으나 이 글에서는 '밀가루'일 가능성도 있음을 언급하였다. 犭脯을 종래의 연구에서는 '개'나 '사슴'의 뜻으로 이해했으나 『고려사』에 나오는 제사 음식 鹿脯일 가능성을 언급하였다.

태안해역 출토 목간 자료의 主를 파생접미사 '님'을 표기한 것으로 파악하였으며, 또 各의 경우 현대국어의 '각각'과 같은 부사류임을 확인하였다. 한편 문서 작성의 양식으로 사용되는 印에 대해 새로운 견해를 제시하였다. 고문서의 경우 숫자에 인장을 치는 경우가 흔한데 이 인장을 印으로 서사한 것임을 말하였으며 이 印이 본래는 수량을 표시하는 문구 뒤에 위치하는 것이지만 이두와 같은 문서에서 印으로 말미암아 印이 문서의 가장 뒤의 위치로 이동했을 가능성을 언급하였다.

▶ 핵심어: 木簡 資料, 高麗時代, 吏讀, 語彙, 泰安

I. 서언

이 글은 태안해역 출토 목간 자료의 내용에 대하여 어학적 특징을 고찰하는 것을 목적으로 한다. 이 글에서 다루는 태안해역 출토 목간 자료는 2007년 발굴된 태안 대섬 목간 자료 20점, 2008년부터 2010년에 발굴된 마도 1호선 목간 및 죽찰 자료 73점, 2010년에 발굴된 마도 2호선 목간 및 죽찰 자료 47점, 2011년 발굴된 마도 3호선 목간 및 죽찰 자료 35점 등이다.

여러 연구에서 언급되었듯이 태안 대섬 목간 자료의 연대는 미상이나 마도 1호선 목간 및 죽찰 자료의 연대는 1207년~1208년이고, 마도 2호선 목간 및 죽찰 자료의 연대는 1208년보다 앞선 시기며 마도 3호
선의 연대는 1264년~1268년이라고 한다. 이 시기의 국어를 연구하기 위한 언어자료는 매우 드물어서 태
안해역 출토 목간 자료는 국어학 연구에 좋은 자료가 될 것으로 기대된다. 특히 마도 1호선, 마도 2호선,
마도 3호선 등의 목간 및 죽찰 자료는 일종의 '짐표'로 알려져 있다. '짐표' 내용의 핵심은 '물명'이므로 태
안해역 출토 목간 자료는 이 시기의 어휘 사용 양상을 일부나마 짐작케 해 주는 점에서 가치가 있다.

　태안해역 출토 목간 자료의 명문에 대한 연구는 지금까지 역사학적인 측면과 서체의 관점에서 검토가
이루어졌다. 역사학적인 측면에서의 연구로 국립해양문화재연구소(2009), 국립해양문화재연구소(2010),
국립해양문화재연구소(2011), 국립해양문화재연구소(2012) 등을 들 수 있으며, 또 임경희(2008), 임경희
(2010), 임경희(2011ㄱ), 임경희(2011ㄴ), 임경희·최연식(2010) 등도 역사적인 관점에서의 연구라 할 수
있다. 한편, 손환일(2008)은 서체의 특징에 근거하여 명문의 내용을 판독하고자 하였다.

　태안해역 출토 목간 자료의 명문에 대한 지금까지의 연구에서는 우리말을 표기한 이두인지 아니면 한
문인지에 대한 논의 없이 부분적으로는 한문의 순서로 명문을 읽어 왔다. 그런데 태안 해역 출토 목간 자
료의 명문은 '짐표'의 기능으로 사용된 것이어서 비록 간단한 구조의 문장 표현이지만 우리 말 순서대로
표기한 이두문임을 이 글에서 논의하고자 한다.

　국립해양문화재연구소(2009), 국립해양문화재연구소(2010), 국립해양문화재연구소(2011), 국립해양문
화재연구소(2012) 등에서 판독된 내용과 임경희(2011)에서 보완된 판독 내용을 토대로 이 글의 연구는 진
행된다.

　태안해역 출토 목간 자료는 고유의 유물 번호가 있다. 그런데 고유의 유물 번호는 번잡하므로 이 글에
서는 국립해양문화재연구소(2009), 국립해양문화재연구소(2010), 국립해양문화재연구소(2011), 국립해양
문화재연구소(2012) 등에서 목간 자료에 순서 번호를 부여한 것을 사용하도록 한다.

II. 태안해역 출토 목간 자료의 吏讀

1. 동사류

1) 次知와 載船/載舡

　'次知'는 안병희(1977: 10)에서 'ㄱ숨아리'에 해당되는 이두로 추정되었다. 이승재(1992: 93~94)와 고정
의(1992: 50)에서는 '次知'가 후기 중세국어 동사 'ㄱ숨알-'과 관계된 것으로 언급되었다. 『두시언해』 초간
본 25: 39의 'ㄱ올홀 ㄱ숨아로니/典郡'을 고려하면 'ㄱ숨알-'을 표기한 '次知'는 '관장하다[典]' 정도의 뜻을
가진 것이다.

　이승재(1992: 93~94)에서는 「內院寺金鼓」(1091), 「大定二十三年屈石寺般子」(1183), 「長城監務官貼」
(1198) 등과 연대 미상의 5종 고려 시대 이두문 자료에 '次知'가 사용된 용례를 언급하였고, 고정의(1992:

50)에서는 『대명률직해』(1399)의 '次知'가 '동사'로 사용되고 있음을 언급하였다.

태안해역 출토 목간 자료에 '次知'가 쓰인 용례는 다음과 같다.

(1) 가. 奉御同正宋壽梧宅 上 竹□ 卄五柄 次知 載舡 戶長 宋 押 〈마도 1호선 8〉

　　　나. □□同正宋□□宅 上□□太七石 入□□斗印 / 次知 載舡 □□□□□□□□
　　　　　□□□□□ 수결 〈마도 1호선 46(죽찰)〉

　　　다. X 卿庚 / X 次知果祚 〈마도 2호선 16〉

　　　라. X 卿庚宅 上 古阜郡 田出 中米 壹石 入 拾伍斗 / X 次知 果祚 〈마도 2호선 18〉

　　　마. 大卿庚宅 上 古阜郡 田出 大 壹石 入 拾伍斗 / 次知 果祚 〈마도 2호선 31(죽찰)〉

　　　바. 大卿庚宅 上 古阜郡 田出 白米 壹石 入 拾伍斗 / 次知 果祚 〈마도 2호선 32〉

　　　사. 大卿庚宅 上 古阜郡 田出 太 壹石 入 拾伍斗 / 次知 □祚 〈마도 2호선 42〉

　　　아. 〈앞면〉 副事審宅 上 缸 壹 / 〈뒷면〉 次知 上 丞同正 吳수결 〈마도 3호선 7〉

　　　자. 〈앞면〉 첫째 줄 – 呂水縣副事審宅 田出 皮麥 柒斗 ■■ / 둘째 줄 – / 〈뒷면〉 次
　　　　　知 載船 丞同正 吳 수결 〈마도 3호선 23〉

　　　차. 〈앞면〉 奇待郞宅 上 / 〈뒷면〉 次知 吳 〈마도 3호선 29(죽찰)〉

　　　타. 〈앞면〉 ■ / 〈뒷면〉 次知 宅 上 × [1] 〈마도 3호선 34(죽찰)〉

(1)에서 '次知'는 '次知 인명, 次知 載舡/載船 인명, 次知 宅 上' 등 3가지 유형으로 나타난다. 그런데 국립해양문화재연구소(2010: 353, 390)에서는 (1자)의 '次知 載舡/載船'를 '배에 싣는 것을 맡아함'으로 번역하였고, 국립해양문화재연구소(2012: 262)에서는 (1타)의 '次知 宅 上'을 '댁에 올리는 것을 맡아함'으로 번역하였다. 이러한 번역은 해당 구절을 한문으로 파악한 것이다.

노명호 외(2000: 417)에서 『僧錄司貼文』(1357)에 나오는 '李岡 次知 申省'을 '이강이 담당하여 임금께 보고하여[申省]'으로 번역하였다. 次知가 吏讀이고 뒤에서 언급하겠지만 '載舡/載船'이 차용어인 동사이므로 결국 '次知 載舡/載船'은 '담당하여 재선함' 정도로, '次知 宅 上'은 '담당하여 댁에 올림' 정도로 번역하는 것이 우리 말 순서로 이해한 것이다.

'載船'이 이두에서 동사로 쓰인 예는 다음과 같다.

(2) 가. 六月初一日 義谷驛 倉庫 米糆 偸攬 彦陽以還歸 載船 後 府叱 東南面 斷碩山 等處
　　　　累日 入侵 〈慶州司首戶長行案其二(1382)〉

　　　나. 大駕西幸教後, 悶物資之難繼, 數外白米六十石及他雜物, 幷以載船 上送爲有在如

---

1) 여기에 제시한 것 이외에도 태안 대섬 목간 자료에는 국립해양문화재연구소(2009)에서 '卽式'으로 판독되었으나 임경희(2011
ㄴ)에서 '次知'로 수정 판독된 목간 자료가 있다. 대섬 1번~5번까지의 자료이다.

中. 〈壬辰狀草, 萬曆21年 4月 初8日〉

　다. 萬一 載船 忽有風泊齊 失火盜賊等乙仍于 閱失爲在如中 所在官司良中 申報爲良在
　　　等〈대명률직해 7: 12ㄱ〉○若船行 卒遇風浪及失火延燒 或盜賊劫奪 事出不測 而有
　　　損失者 申告所在官司〈대명률직해 7: 11ㄴ〉

(2가)에서 '배에 실은 것[載船]'은 義谷驛 倉庫의 米糆이다. 그리고 (2나)에서 '배에 실은 것[載船]'은 '백미 60 섬과 기타 잡물'이다. 이같이 載船은 이두에서 동사로 사용되는 데 뜻은 '재선하다' 정도가 된다.

한편 (2다)의 載船은 '재선하다'의 제유(metonymy)적인 의미인 '배가 운행하다' 정도의 의미를 가지고 있다. (2다)의 載船이 '운행하다'의 의미를 가졌음은 대응되는 한어 '船行(배가 운행하다)'으로 알 수 있다.

태안해역 출토 목간 자료에 나오는 載船이 '재선하다'의 의미로 쓰인 것인지, '배가 운행하다'의 의미로 쓰인 것인지를 결정할 수 있는 단서는 현재 없다. 만약에 '載舡 戶長 宋 押'와 같은 자료의 '載舡/載船'이 '배가 운행하다'의 의미를 가졌다면 고려 시대 향리인 戶長 宋이 '배의 선장을 통해 배를 운행시킨 주체자'가 된다.

2) 上과 付

上은 대섬 목간 자료의 4점, 마도 1호선 목간 자료의 29점, 마도 2호선 목간 자료의 24점, 마도 3호선 목간 자료의 2점 등에 출현하고 付는 대섬 목간 자료의 5점, 마도 1호선 목간 자료의 2점, 마도 2호선 목간 자료의 2점 등에 출현한다.

태안 목간 자료에 대한 그 동안의 연구로 上은 '宅上'으로만 출현하고 付는 '戶付'로만 출현하는 것이 널리 알려졌다. 宅은 '다른 사람의 집을 높여서 부르는 것'이므로 宅과 戶의 사용 차이는 어휘적 경어법에 따른 것이다. 마찬가지로 上과 付의 구별도 어휘적 경어법에 의한 것이다. '宅上'과 '戶付'의 이러한 경어법의 차이를 잘 반영하여 그 동안의 연구에서는 '宅上'은 '댁에 올림' 정도로 戶付는 '집에 보냄' 정도로 번역하였다

'올리다'와 '보내다'의 경어법 차이는 다음 자료에서 확인된다.

(3) 가. 힘뼈 肝膽을 님금긔 올이숩고 / 努力輸肝膽〈두시언해 초간본 20: 35a-35b〉
　　나. 글왈 밍ᄀ라 아두리게 보내요디 / 歸書片紙日〈삼강행실도 충신도 19a-19b〉

(3가)의 여격 '-ㅅ긔'와 (3나)의 여격 '-이게'의 대립은 경어법을 반영한 것이다. 이들 여격어에 호응하는 동사 '올이다'와 '보내다'의 대립도 어휘적 경어법 차이를 보인 것이다.

다만 上과 付 뒤에 명사가 출현한 점에서 上과 付는 동명사형 표기이나 동명사형 표지 '-ㄴ'이나 '-ㅁ' 표기가 나타나지 않은 것으로 파악된다. 예컨대 마도 2호선 32번 자료의 '大卿庚宅 上 古阜郡 田出 白米 壹石'은 '대경 유댁에 올림. 고부군 전출의 백미 일석'이나 '대경 유댁에 올린 고부군 전출의 백미 일석'도

가능한 것으로 생각된다.

3) 동사류 入의 명사형

종래의 해독에서는 入에 대하여 다음과 같이 한어의 동사로 파악하였다. 국립해양문화재연구소(2010), 국립해양문화재연구소(2011), 국립해양문화재연구소(2012) 등에 제시된 현대어 번역도 함께 제시한다.

(4) 가. 竹山縣在京校尉邦俊宅上蟹醢壹缸入四斗 / 죽산현에서 서울에 있는 교위 윤방준 댁에 올림. 게 젓갈 한 항아리. 4말을 넣음. 〈마도 1호선 37〉

나. 校尉 □□□宅上長沙縣田出太壹石各入拾伍斗/교위 □□□댁에 올림 장사현 전출 콩 한 섬. 각 15말을 담음. 〈마도 2호선 1〉

다. 〈앞면〉事審金令公主宅上 / 〈뒷면〉蝛醢一缸入三斗玄礼 / 사심 김영공님 댁에 올림. 홍합 젓갈 한 항아리 세 말을 담음. 현례 〈마도 3호선 27〉

(4)에 보이는 현대어 번역 '4말을 넣음, 각 15말을 담음, 세 말을 담음' 등은 入을 한어의 동사로 파악했음을 말해 주는 것이다.

그런데 (4)의 入이 한어가 아니라 우리말 '들이다'의 명사형 '들이'나 '들인 것' 정도의 의미를 표현한 것으로도 파악할 수 있다. 앞에서 논의한 바 있듯이 태안해역 출토 목간 자료에는 이두의 동사 표현인 '次只, 上, 付' 등이 사용되었기 때문이다.

'入白米四斗'와 같은 표현을 한어로 파악할 수 있기는 하다. 그러나 '入四斗, 各入拾伍斗, 入三斗' 등의 표현에서는 '四斗, 拾伍斗, 三斗' 등의 대상이 빠져 있기 때문에 한어의 구조로는 파악할 수 없다. '入四斗, 各入拾伍斗, 入三斗' 등의 표현 방식은 우리말 순서로 풀어서 '들이는 4말, 각 들이는 15말, 들이는 3말' 등과 같이 파악할 필요가 있다.

(4)의 入과 동일한 용법이 이두 자료에서 발견된다.

(5) 가. 大中□年 丙子 八月三日 竅興寺 鐘成內矣 合入 鍮 三百五十廷 都合 市 一千五十 石 □□□□ 〈竅興寺鐘銘(856)〉

나. 三寶內 鍮鐼 一 入十一斤 幷(以) 施行 / 緣由 〈傳密陽小臺里寺址堂塔造成記1109〉

(5가)의 '合入 鍮 三百五十廷'을 남풍현(2000: 401)은 '도합 넣은 鍮는 350鋌'으로 해석하였다. 이러한 해석은 入을 우리말 식으로 이해한 것이다. 한편 (5나)를 노명호외(2000: 487)에서는 '三寶에 놋쇠 항아리 하나 11근을 아울러 시주하였다'로 해석하였다. 이 해석은 入의 기능을 분명히 밝힌 것은 아니지만 '鍮鐼 一'과 '入 十一斤'을 동격 관계로 파악한 것이다. 이러한 동격 관계를 기준으로 보면 '入 十一斤'은 '들이는 11근' 또는 '들인 것은 11근' 정도의 의미를 표현한 것으로 생각된다.

마도 2호선 38 목간 자료와 39 목간 자료를 '入米九斗'로 판독한 것을 제외하면 入은 마도 1호선 목간 자료의 24점과 마도 2호선 목간 자료의 23점, 마도 3호선 목간 자료의 5점 등에 출현한다. 入이 출현한 52점의 목간 자료 중에서 42점의 경우에는 '入+숫자+단위명사'의 방식으로 표기되어 있으나 10점의 자료 (마도 1호선 34, 46, 67, 마도 2호선 3, 4, 12, 14, 25, 45, 46)에는 入이나 '入 斗'로만 나타난다.

'入+숫자+단위명사'의 방식으로 표기된 목간 자료를 유형화하여 제시하면 다음과 같다.

(6)

대상물	수량	단위명사	용례
麥	23	斗	〈앞면〉× 旻宅上麥壹石入二十三斗 使者 〈마도 3호선 30〉
正租	20	斗	丁卯十月日田出正租貳拾肆石各入貳拾斗印 竹山縣在京田廯同正宋 수결 〈마도 1호선 19〉
正租	20	斗	丁卯十月日田出正租貳拾肆石各入貳拾斗印 竹山縣在京田廯 同正宋 수결 〈마도 1호선 20〉
粟	20	斗	丁卯十二月二十八日 竹山縣在京檢校大將軍尹起華宅上田出粟參石各入貳拾斗□□□□□□□ 〈마도 1호선 12〉
末醬	20	斗	軍白□戸付竹山縣田出末醬一石入卄斗 〈마도 1호선 58〉
末醬	20	斗	마도 1호선 16 別將權克平宅上末醬入卄斗 長宋 수결
末醬	20	斗	茂松縣在京韓宅田出末醬壹石各入貳拾斗 / 使者金順 〈마도 2호선 29〉
太	20	斗	會津縣在景□(光)宅田出太(肆)石入卄斗 〈마도 1호선 18〉
白米	20	斗	(在京)許□本戸付白米四石各入二十斗印宋持 〈마도 1호선 56〉
白米	20	斗	別將權克平宅上白米入貳拾斗 □來□ 〈마도 1호선 15〉
미상	20	斗	戊辰正月二十八日×石各入 / 貳拾斗木(麥)× 수결 〈마도 1호선 17〉
미상	20	斗	〈앞면〉希宅田出 壹石入貳拾斗 〈마도 3호선 10〉
太	18	斗	茂松在京朴 各入太十八斗印 〈마도 2호선 24〉
白米	18	斗	茂松縣在京別將同正尹精戸付白米一石各入十八斗 〈마도 2호선 35〉
粟/木麥/末醬	15	斗	戊辰三月十九日□□□□□□崔光□宅上□□□□各田出粟拾石木麥參石末醬貳石各入拾伍斗印□□竹山縣□□尹 押 〈마도 1호선 10〉
租	15	斗	□□□宅上會津縣田出租壹石入拾伍斗 〈마도 1호선 29〉
豆	15	斗	□□□宅上田出豆壹石入拾伍斗 大三 〈마도 1호선 38〉
末醬	15	斗	茂松縣(표피 벗겨짐) 同正李(作均)宅上田出末醬壹石各入拾伍斗 〈마도 2호선 22〉
中米	15	斗	□□同正□□□宅上中米□□□十五斗印 〈마도 1호선 48〉
中米	15	斗	×□□都令(李)孝臣宅上中米二石入十五斗 〈마도 1호선 57〉
中米	15	斗	X 俏郎中宅上田出中米壹石各入拾伍斗 〈마도 2호선 2〉
中米	15	斗	X 卿庚宅上古阜郡田出中米壹石入拾伍斗 / X 次知果祚 〈마도 2호선 18〉

대상물	수량	단위명사	용례
中米	15	斗	X 縣在京郞將同正林 存宅上中米一石入十五斗 〈마도 2호선 21〉
太	15	斗	戊辰□月日□□□□□宅上田出太伍石入拾(伍)斗印□□□□□□□□□押 〈마도 1호선 21〉
太	15	斗	□□□宅上(太)□石入拾伍斗 大三 〈마도 1호선 24〉
太	15	斗	□□□宅上太□石入拾伍斗 大三 〈마도 1호선 39〉
太	15	斗	□□□宅上太壹石入拾伍斗 大三 〈마도 1호선 71〉
太	15	斗	校尉 宅上長沙縣田出太壹石各入拾伍斗 〈마도 2호선 1〉
太	15	斗	X 宅上太壹石入拾伍斗印 閑三 〈마도 2호선 8〉
太	15	斗	大卿庚宅上古阜郡田出太壹石入拾伍斗 / 次知果祚 〈마도 2호선 31〉
太	15	斗	大卿庚宅上古阜郡田出太壹石入拾伍斗 / 次知 □祚 〈마도 2호선 42〉
白米	15	斗	大卿庚宅上古阜郡田出白米壹石入拾伍斗 / 次知果祚 〈마도 2호선 32〉
미상	15	斗	戊辰二月日×各入十五斗 〈마도 1호선 26〉
미상	15	斗	〈앞면〉 × 石入拾伍斗印× / 〈뒷면〉 × ■ 〈마도 3호선 18〉
蟹醢	4	斗	竹山縣在京校尉尹邦俊宅上蟹醢壹缸入四斗 〈마도 1호선 37〉
蚨醢	3	斗	〈앞면〉 事審金令公主宅上 / 〈뒷면〉 蚨醢一缸入三斗玄礼 〈마도 3호선 27〉
卵醢	2	斗	奇牽龍宅上卵醢一缸入二斗 / 五 使者閑三 〈마도 2호선 26〉
卵醢	2	斗	奇牽龍宅上卵醢一缸入二斗 /五 使者閑三 〈마도 2호선 28〉
生鮑	100	介	〈앞면〉 金侍郞主宅上 / 〈뒷면〉 生鮑一缸入百介玄礼 〈마도 3호선 32〉
麴	미상	斤	敞縣事審 宅上麴一裹入 斤 〈마도 2호선 19〉
麴	미상	斤	高敞縣事審 宅麴一裹入 斤 〈마도 2호선 20〉
白米	24	石	會津縣畓白米入貳拾肆石 〈마도 1호선 7〉

(6)에 단위 명사로 '斗, 介, 斤, 石' 등이 나타났다. 『계림유사』에 한어 斗를 우리말 '말[抹]'로 제시한 것으로 보아 斗를 '말'로 훈독했을 가능성이 있다. 물론 斗를 음독했을 가능성도 있다. 介는 个로 판독할 가능성도 있다. 介와 个는 낱개로 된 것을 세는 단위 명사인데, 한자에서 介와 个는 단위 명사의 기능 즉 양사의 기능이 없다. 한어에서는 낱개로 된 것을 세는 양사로 個와 箇가 있다. 个는 介에서 생획된 자형으로 생각된다. 介와 个가 한어 個와 箇 간에 어떤 관계에 있는지 자세치 않다. 斤은 무게의 단위 명사로 한어에서도 양사로 쓰인다. 石은 '섬'을 표기한 것으로 이에 대해서는 뒤에서 다루기로 한다.

(6)에 제시한 표 중에서 수량을 나타내는 말로 '20'과 '15'의 빈도가 높은 사실이 주목된다. 이것은 조선 시대에 관부에서는 15두를 1섬으로 하고 민간에서는 20두를 1섬으로 구분한 사실과 연관되어 있을 것으로 생각된다.

(7) 가. 十五斗爲小斛(平石), 以二十斗爲大斛 (全石) 〈增補文獻備考 91, 樂考, 度量衡, 量〉

　　나. 一等田百斛(今國俗, 以十五斗爲斛, 稱平石, 官府用之. 又以二十斗爲大斛, 稱全石, 民間例以皮穀二十斗爲一石) 〈磻溪隨錄 1, 田制 上, 分田定稅節目〉

　　다. 苫者, 編草以覆屋也. 中國十斗曰斛, 亦十斗曰石. 吾東公穀十五斗爲一石, 私穀 二十斗爲一石, 又以石爲苫. 蓋以東俗編草爲蕢而納粟米, 斯之爲苫 〈與猶堂全書, 雅言覺非〉

(7)은 조선 시대에 15두의 '平石'과 20두의 '全石'이 있음을 말하고 있으며 '平石'은 관부에서 사용되고 '全石'은 민간에서 사용되고 있음을 말하고 있다. 태안해역 출토 목간 자료를 통해서 조선 시대 '平石'과 '全石'의 구분이 고려 시대까지 소급될 수 있음을 알 수 있다.

수량이 '2, 3, 4, 100' 등인 경우는 그 대상이 곡식이 아니라 '蟹醢, 蚫醢, 卵醢, 生鮑' 등이어서 수량의 특이성을 이해할 수는 있다. 그런데 대상이 곡식인 '麥, 太, 白米'인데도 '23, 18' 등의 수량으로 표시된 '마도 3호선 30번 목간 자료, 마도 2호선 24번 자료, 마도 2호선 35번 자료의 경우에는 수량이 달라진 이유를 생각해 볼 필요가 있다. '마도 3호선 30번 목간 자료'는 '23'이 분명하나 마도 2호선 24번 자료, 마도 2호선 35번 자료의 경우에는 목간 자료의 글자가 선명치 않아 '18'로 판독하기에는 무리가 따른다.

한편 마도 1호선 7번 자료 '會津縣畓白米入貳拾肆石'에 대한 해석은 매우 기묘하다. 국립해양문화재연구소(2010: 258)에서 '회진현 새밭 백미 스물 네섬을 들임(납부함)'으로 해석을 제시했지만 '白米入貳拾肆石'를 '새밭 백미 스물 네 섬을 들임(납부함)'로 이해하는 것이 가능할지 의문이다. '白米'와 '貳拾肆石'의 표현이 入에 의해 분리되어 있어 '백미 스물 네 섬을'과 같이 '백미'와 '스물 네 섬'을 직접 관계시킬 수 없기 때문이다. 入을 동사의 동명사형으로 파악하여 '백미를 들인 24섬'이라면 의미가 통할 수 있을 듯도 하다.

마도 2호선 38번 자료와 39번 자료에 나오는 '人米九斗'를 人의 자형이 분명함에도 불구하고 국립해양문화재연구소(2011: 300-301)에서는 '入米九斗'으로 판독하였다. 入이 쓰인 용례가 있으므로 人이 入과 혼용되어 쓰일 수 없다는 점에서 『高麗史節要』卷之十七 高宗 安孝大王[四] 戊午 四十五年 조에 나오는 "別賜夜別抄神義軍, 人米三斛, 銀一斤, 布三匹"의 '人米'와 관련을 맺는 연구가 필요하지 않을까 한다.

4) 縣 在京

태안해역 출토 목간 자료에서 '-縣 在京'은 투식 표현으로 빈번하게 나타나고 있다. 태안해역 출토 목간 자료의 종래 해독에서 '-縣 在京'을 '-현에서 서울에 있는'으로 해석하여 왔다. 국립해양문화재연구소(2010)에 제시된 현대어 번역도 함께 제시한다.

(8) 가. 竹山縣在京校尉尹邦俊宅上蟹醢壹缸入四斗 / 죽산현에서 교위 윤방준 댁에 올림. 게 젓갈 한 항아리. 4말을 넣음. 〈마도 1호선 37〉

　　나. 丁卯十月日 田出 正租 貳拾肆石 各入貳拾斗印 竹山縣在京田廐同正宋 수결 /정묘

10월일. 전출의 정조 이사사석. 죽산현에서 서울에 있는 전구 동정 송에게. 각 20 말을 넣음. 끝. 〈마도 1호선 19〉

국립해양문화재연구소(2010)의 번역은 (8가) '竹山縣在京'의 竹山縣을 동사 '上[올리다]'의 '단체명 주어'로 파악한 것이다. 그런데 동사 (8나) '竹山縣在京'의 '竹山縣'은 호응되는 동사 '上[올리다]'이나 '付[보내다]'가 나타나 있지 않다. 이것은 (8나)의 '竹山縣在京田廐同正宋'의 의미가 '죽산현에서 서울에 있는 전구 동정 송에게'가 아니라 '죽산현 출신의 서울에 있는 전구 동정 송'의 뜻으로 물건의 수취자만을 표시한 것으로 이해된다.

(8가)의 '竹山縣在京校尉尹邦俊宅'도 '죽산현 출신의 서울에 있는 교위 윤방준 댁' 정도의 의미를 표현한 것으로 파악된다. 이러한 해석은 다음 자료에 근거한 것이다. 노명호 외(2000)의 번역문을 함께 제시한다.

(9) 가. 奴婢 檢校軍器監 徐敦敬 納 奴婢 幷載十口 利川郡 在京 前唐柱 下典 申公俊敎 賈 奴 三口 同人亦 髮削爲道者 玄海名以 納 奴婢 四口 〈修禪社形止案 1221〉
나. 노비 검교군기감 서돈경이 시납한 것이 노비 모두 10구인데 이천군에 있다. 서울에 사는 전에 李唐柱의 하전이었던 신공준께서 사들인 노 3구와 동인이 삭발하여 도자가 되어 현해라는 법명으로 시납한 것이 노비 4구이다. 〈修禪社形止案 1221〉

(9가)는 '奴婢' 항목에 서돈경이 시납한 노비 10구, 申公俊이 사들인 노비 3구, 도자 현해가 시납한 노비 4구 등을 나열하여 말한 것이다. 그렇다면 (9가)의 利川郡은 노비 10구에 관련된 내용이 아니라 노비 3구에 해당되는 내용이 된다. 그러나 (9나)의 번역에서는 노비 10구와 관련된 내용으로 번역하고 있다. '利川郡' 자체로는 '이천군에 있다'의 번역이 가능하지 않다. '있다'의 의미를 표현하는 在 정도의 말이 나타나야 하기 때문이다.

(9나)의 번역은 '在京'이 前唐柱와 관계된 것인지 申公俊과 관계된 것인지 분명하게 구별하여 표시하지 않고 있다. 그러나 '在京'이 申公俊과 관계된 것으로 파악할 수는 없다. 만약 '在京'이 申公俊과 관계된 것이라면 '在京 前唐柱 下典 申公俊敎'는 '前唐柱 在京 下典 申公俊敎' 정도로 표현되어야 하지 않을까 한다. 결국 '利川郡 在京 前唐柱 下典 申公俊敎' 표현은 '利川郡 在京 前唐柱'와 '下典 申公俊敎'의 두 부분으로 파악해야 하지 않을까 한다.

'利川郡 在京 前唐柱'나 '利川郡 在京 申公俊'으로 의미를 파악하든 간에 이러한 표현에서는 '在京'이 '前唐柱'나 '申公俊'의 속성 의미를 표현하는 것처럼 '利川郡'도 前唐柱나 申公俊의 속성 의미를 표현하는 것으로 파악해야 한다. '利川郡 在京 前唐柱'나 '利川郡 在京 申公俊'에서는 '利川郡'을 '단체 주어'로 파악할 수 없다. 예컨대 태안 목간 자료의 '竹山縣 在京 田廐同正 宋'은 '利川郡 在京 前唐柱'와 동일한 방식의 표현으로 생각된다.

결국 태안해역 출토 목간 자료의 '-縣在京인명' 투식에서 '-縣在京'은 '인명'의 속성 의미를 표현하는 것으로 파악해야 한다. 따라서 '-縣在京'은 '-현 출신의 서울에 있는' 정도의 의미를 가진 표현으로 이해할 수 있다.

태안해역 출토 목간 자료의 내용에 대한 그 동안의 연구에서 '-縣在京'의 '-縣'을 '단체 주어'로 파악하여 온 것은 글자가 분명치 않아 縣을 亦으로 판독한 결과이다. 그런데 마도 1호선 37번 자료의 경우에는 '縣'이 분명하다. 이에 근거하여 다른 목간 자료의 판독도 亦에서 縣으로 수정되었으나 내용 이해는 그대로 유지되어 '-縣在京'의 縣을 '발송지' 표시의 표현으로 이해하여 왔다.

5) 田出과 畓出

태안해역 출토 목간 자료에서 '田出'은 34점[2]에 나오고, '畓出'은 1점[3]에 나온다.

'田出'과 '畓出'의 出은 우리말 '나오다'를 표기한 것이다. '田出'은 '밭에서 나오다'의 뜻이고 '畓出'은 '논에서 나오다'의 뜻으로 결국 出은 '수확하다'의 의미로 쓰인 것이다. 조선시대 문헌 자료에 나타나는 '五出, 大出' 등에서도 出이 '수확하다'의 의미를 가진다. 『經世遺表』14,「均役事目追議」1, 鹽稅 조에서 '五出'의 의미를 '種一斗得百斗, 俗謂之五出'로 풀이하였고, '大出'의 의미를 '大出, 謂種一斗而一苦出也(俗以一苦爲大苦)'로 풀이하였다.

그런데 태안해역 출토 목간 자료의 '田出'과 '畓出'은 1차적 의미로 쓰인 것이 아니라 2차적 의미로 쓰인 것이 확인된다. '田出'의 2차적 의미를 임경희·최연식(2010: 201)에서는 '田租'와 '地代'의 두 가지 의미로 설명하였다. 태안 목간 자료의 '田出'과 '畓出'이 2차적 의미로 쓰인 경우는 '田出末醬'이나 '雉三以畓出' 등이다. 末醬과 雉는 밭이나 논의 직접 수확물이 아니고 간접 수확물이기 때문이다. 하지만 '田出' 다음에 '粟, 太, 正租, 租, 白米, 豆. 中米, 皮麥' 등 곡물이 나올 경우에는 '田出'이 1차적 의미로 사용된 것인지 2차적 의미로 사용된 것인지는 현재에는 결정할 만한 단서가 없다. 그러나 「張戩所志」(1385)의 '官上爲有臥 田出 還給 明決向敎是事乙良'과 「상서도관첩」(1262)의 '荒年 及 遠年 陳田 畓出乙 豊年例 同亦'에 사용된 田出은 2차적 의미로 사용된 것이 분명하다. 田出이 '관에 올리다'의 문맥에 사용되었고, 畓出이 '풍년과 같이'라는 문맥에서 사용되었기 때문이다.

6) 동사류 合盛과 盛의 동명사형

동사 盛이 나타난 태안해역 출토 목간 자료는 다음과 같다.

　　(10) 가. 重房都將校吳文富 / 宅上眞盛樽封〈마도 2호선 23〉
　　　　　나. 重房都將校吳文富 / 宅上精蜜盛樽封〈마도 2호선 27〉

---

2) 마도 1호선은 '10, 11, ,18, 19, 20, 21, 29, 38, 58, 59, 61, 62, 63, 64' 등의 자료이고 마도 2호선은 '1, 2, 3, 4, 9, 13, 14, 18, 22, 29, 31, 32, 37, 41, 42, 46' 등의 자료이며, 마도 3호선은 '3, 10, 23' 등의 자료이다.

3) 마도 3호선의 6번 자료이다.

다. 〈앞면〉右三番別抄本 上 / 〈뒷면〉犭脯小□合盛箱子〈마도 3호선 19〉

라. 〈앞면〉右三(番)別抄都領侍郎宅上 / 〈뒷면〉沙魚盛箱子一〈마도 3호선 20〉

국립해양문화재연구소(2011)에서는 (10가)의 '眞盛樽'을 '참기름을 단지에 채움'으로, (10나)의 '精蜜盛樽'을 '좋은 꿀을 단지에 채움'으로 번역하고, 국립해양문화재연구소(2012)에서는 (10다)의 '合盛箱子'을 '합쳐서 상자에 담음'으로, (10라)의 '沙魚盛箱子一'를 '상어를 상자 하나에 담음'으로 번역하였다. 이러한 번역은 '盛樽, 盛箱子' 등을 한어의 'VO' 구조로 파악한 결과이다. 그러나 태안출토 목간 자료가 이두이므로 '盛樽, 盛箱子' 등은 우리말의 순서로 해석해야 한다. 즉 (10가)의 '眞盛樽'은 '眞을 담은 단지', (10나)의 '精蜜盛樽'은 '精蜜을 담은 단지', (10다)의 '合盛箱子'는 '합하여 담은 상자', (10라)의 '沙魚盛箱子一'는 '상어를 담은 상자 하나' 등으로 번역해야 한다.

국립해양문화재연구소(2011)와 국립해양문화재연구소(2012)의 번역은 樽의 경우에는 '채우다', 箱子의 경우에는 '담다'로 이해한 듯 하다. '채우다'는 동작의 표현이므로 樽의 경우에도 '담아 있는 상태'의 표현으로 이해할 필요가 있다. 이두 자료에서 盛이 '담다'의 의미를 표기한 경우를 참고로 제시한다.

(11) 가. 細切 乾茅草 一斗量乙 同瓮底 盛置爲遣 黑豆 一二斗乙 同茅草上良中 入盛後〈양잠경촬요〉

나. 右二物乙 各各 布㑊 入盛 陰涼處 委曲藏置爲乎矣〈양잠경촬요〉

다. 移蠶分箔次 須只 衆人亦 洗手時 急移置爲乎矣 或 箕內 盛置 及 時移箔 不冬爲乎 第亦中 蠶身有汗 後來病損爲乎所 灼然爲齊〈양잠경촬요〉

동사 '合'이 나타난 목간 자료는 다음과 같다.

(12) 가. 〈앞면〉右三番別抄本 上 / 〈뒷면〉犭脯小□合盛箱子〈마도 3호선 19〉

나. 〈앞면〉事審金令公主宅上 / 〈뒷면〉蛟醢生 合伍缸玄礼〈마도 3호선 25〉

(12가)의 동사 合 뒤에 동사 盛이 나오므로 동사 合은 '합하여' 정도를 표기한 것으로 파악할 수 있다. (12나)의 동사 合 다음에 수량사 구 '다섯 항아리[伍缸]'가 나오므로 동사 合은 동명사형 '합친' 정도를 표기한 것으로 파악할 수 있다.

2. 명사류

1) 일반 명사류

태안해역 출토 목간 자료에 나타난 일반 명사는 다음과 같다.

(13) 가. 畓 〈마도 1호선 7〉

　　　나. 使者 〈마도 2호선 26, 28, 29, 마도 3호선 3, 5, 6 30, 31〉

　　　다. 戶長 〈마도 1호선 8〉

　　　라. 長 〈대섬 1, 2, 5, 마도 1호선 16〉

　　　마. 戶 〈다수의 목간 자료에 출현〉

　　　바. 宅 〈다수의 목간 자료에 출현〉

『康熙字典』에서 소개한 『詩詁』에서는 첫해의 밭은 묵정밭[菑]이어서 반이 풀이며, 두해가 된 밭은 畬인데 점점 온화해지고 부드러워지며, 세해가 된 밭은 新田인데 막 밭이 되어서 新이라 한 것이며, 네해가 된 밭을 田이라[4]고 하였다. 『詩詁』에서는 畬를 '새밭[新田]'과 구별하고 있으므로 국립해양문화재연구소(2010: 352)에서 (13가)의 畓를 '새밭'으로 파악한 것은 재고할 필요가 있다.

『두시언해』 권7 17a에서는 '畬田'을 '풀왇'으로 언해하고 있다.[5] '풀왇'은 'ᄑᆞ-(동사어간)+-ㄹ(관형사형 어미)+밭' 정도로 구성된 것으로 동사 'ᄑᆞ-(땅을 파다)'가 畬의 의미를 나타낸 것으로 생각된다.

(13나)의 '使者'는 한어로 '심부름꾼'의 뜻이다. '使者'의 使와 유사한 의미의 한어 '走使'가 통일 신라 시대에 이미 차용되어 있다. 「新羅華嚴寫經造成記」에 '走使人'이 나온다. 남풍현(2000: 217)에서는 '走使人'을 '잔심부름을 하는 奴僕'으로 풀이하였다.

'戶長, 戶, 宅' 등은 모두 한어이다. (13라)의 長이 (13다)의 戶長과 같은 의미일지는 미상이다. (13바)의 宅은 『표준국어대사전』에 '댁(宅)'으로 실려 있고 그 의미는 '남의 집이나 가정을 높여 이르는 말'로 풀이되어 있다.

2) 용기류

태안해역 출토 목간 자료에 나타난 용기류 명사는 다음과 같다.

(14) 가. 砂器 〈대섬 1, 7, 17〉

　　　나. 沙器 〈대섬 2, 9,10〉

　　　다. 箱子 〈마도 3호선 19, 20〉

　　　라. 樽 〈마도 2호선 23, 27〉

　　　마. 古乃只 〈마도 3호선 24〉

---

4) 『康熙字典』, 畬, "〔古文〕【唐韻】以諸切, 音余. 【說文】三歲治田也. 【易·无妄】不耕穫, 不菑畬. 【詩·周頌】如何新畬. 【傳】一歲曰菑, 二歲曰新田, 三歲曰畬. 【禮·坊記引易不菑畬鄭註】田一歲曰菑, 二歲曰畬, 三歲曰新. 【詩詁】一歲爲菑, 始反草也. 二歲爲畬, 漸和柔也. 三歲爲新田, 謂已成田而尚新也. 四歲則曰田. 若二歲曰新田, 三歲則爲畬矣, 何名爲畬. 【正字通】據此則詩傳, 爾雅, 說文謂三歲爲畬. 皆不足信. 當從鄭註. 又【集韻】羊茹切, 音豫. 治田也. 或書作畭. 又詩車切, 音奢. 火種也

5) 『두시언해』 초간본 7: 17a, "풀왇 버후메 당당이 나롤 虛費ᄒᆞ리로소니 / 斫畬應費日."

(14가)의 '砂器'와 (14나)의 '砂器'는 한어에서는 '瓷器' 또는 '磁器'로 쓴다. '砂器'와 '沙器'는 한어의 '瓷器' 또는 '磁器'의 발음을 한국어의 발음으로 표기한 것이다. 태안해역 출토 목간 자료는 현재까지는 가장 이른 시기의 '砂器'와 '沙器'의 표기 용례를 보여 준 것이다.

(14다)의 '箱子'는 현대국어의 '상자'를 말한 것이다. 태안 출토 목간 자료는 마도 3호선의 편년인 1264년부터 1268년 사이에 한어 '箱子'가 한국어에 이미 차용되어 있었음을 알려 준다.

(14라)의 樽은 한어로 '술통'의 뜻이다. 『훈몽자회』 중: 6b에 樽의 훈과 음을 '즁 준'으로 풀이하였는데 이로 보아 樽은 한어로 생각된다.

(14마)의 '古乃只'는 '고내기' 정도를 표기한 차자 표기이다. '고내기'에 대해 『표준국어대사전』에서는 '오지그릇의 하나. 자배기보다 운두가 높고 아가리가 넓다'로 풀이하고 있다. '고내기'는 15세기부터 19세기까지 한글 자료에는 나타나지 않다 20세기 들어 국어사전에 수록된 말인 점에서 우리 말을 전하는 문헌 자료가 얼마나 불충분한 것인지를 새삼스럽게 일깨워 준다.

3) 곡물류
태안해역 출토 목간 자료에 나타난 곡물류 명사는 다음과 같다.

    (15) 가. 租〈마도 1호선 29, 59, 60, 62, 63, 64〉
         나. 正租〈마도 1호선 19, 20〉
         다. 白米〈마도 1호선 7, 11, 15, 56, 마도 2호선 32, 35〉
         라. 中米〈마도 1호선 48, 57, 마도 2호선 2, 18, 21, 37, 38, 45〉
         마. 麥〈마도 3호선 30〉
         바. 皮麥〈마도 3호선 23〉
         사. 豆〈마도 1호선 38〉
         아. 粟〈마도 1호선 10, 12〉
    (16) 가. 太〈마도 1호선 18, 21, 24, 39, 46, 65, 71, 마도 2호선 1, 8, 12, 14, 24, 42〉
         나. 大〈마도 2호선 3, 31〉
         다. 木麥〈마도 1호선 10, 68〉

(15)에 제시된 곡물명은 한어이거나 한어 방식으로 조어된 어휘이다. '租'는 '조세[6]', '正租'는 '조세이거

---

[6] (15가)의 '租'를 국립해양문화재연구소(2010: 373)에서는 '벼'로 이해하였다. 그러나 『훈몽자회』 하: 9b에 '租 공세 조'로 되어 있고, 『高麗史』의 『百官志』에 나오는 '租藏'이 '고려 초기, 조세를 징수하기 위하여 중앙에서 지방에 파견하던 관리'(한국한자어사전)이므로 '조세'의 의미로 이해할 필요가 있다.

나 벼[7]', '白米[8]'는 '흰쌀', '中米'는 '대강 도정한 쌀', '皮麥'은 '겉보리[9]', '粟'은 '조'의 의미이다.

국립해양문화재연구소(2012: 258)에서 麥을 '보리'로 이해했다. 이것은 태안 마도 3호선에서 '보리겨'로 추정되는 것이 출토되었다는 것에 근거한 것으로 이해된다. 그런데 언어적으로는 麥이 '밀'일 가능성도 있다. 한어에서 '보리'는 '大麥', '밀'은 '小麥'으로 구분하고 있어, 麥은 일반적으로 '밀'일 가능성이 높다. 『훈몽자회』上: 6b에서도 '麰 보리 모, 麥 밀 믹' 등으로 구분한 것도 그러한 가능성의 하나가 된다. 이러한 가능성을 뒷받침 해 주는 자료로『계림유사』에서 한어 麥을 '밀[密頭目]'로 풀이한 것을 더 제시할 수 있다. 물론 '皮麥[겉보리]'의 경우 麥이 '보리'의 뜻으로 사용되고 있어 麥이 '보리'일 가능성도 있다. 결국 출토된 '보리겨'가 정말로 '보리'인지 아니면 '밀'인지에 대한 정밀 검토가 요망된다.

豆는 '콩'의 의미로 이해할 수도 있지만 마도 1호선의 다른 자료에서 '콩'의 뜻으로는 한국고유한자 太를 사용했으므로 마도 1호선 38번 자료에 나오는 豆는 '小豆'인 '팥'을 의미한다고 파악할 수도 있다. 국립해양문화재연구소(2012: 432)에서는 '콩과 칡속 칡'이 출토된 사실을 언급하고 있으나 '콩' 또는 '팥'이 출토된 사실에 대해서는 언급하지 않고 있다. 이러한 점에서 豆를 '팥'으로 이해하는 것도 확실한 근거는 없다.

태안해역 출토 목간 자료는 (15)와 같이 '正租, 白米, 皮麥' 등의 가장 이른 시기 용례를 보여 주는 점에서 중요한 가치를 가진다. 『계림유사』에는 한어 白米를 '흰뿔[漢菩薩]'로 표기하고 있다. 이것은 '白米'가 훈차 표기가 아니라 한자어 차용어일 가능성을 높여 준다. 또 『계림유사』에는 한어 粟을 '좁뿔[田菩薩]'로 하고 있어 粟 역시 훈차 표기가 아니라 한자어일 가능성을 높여 준다.

(16)의 太는 한국 고유한자이다. 한국고유한자 太는 '大豆'의 두 글자가 합자된 것임을 남풍현(1989, 2014: 578-579)에서 밝혔다. 또 남풍현(1989, 2014: 578-579)은 『계림유사』에서 한어 '大豆'를 고려어로 太로 한 것에 근거하여 '大豆'를 太로 쓰는 것이 12세기까지 소급될 수 있음을 언급하였다.

太는 大豆로 '콩'의 의미이다. 太와 大는 이체 관계에 있는 것으로 大 역시 '콩'을 의미한다. '木麥'은 '모밀'의 차자표기이다. 『동의보감』탕액편 1: 26a에 '蕎麥 메밀'이 제시된 것으로 '木麥'이 '모밀'에 대한 차자표기임을 알 수 있다.

태안해역 출토 목간 자료는 (16)과 같이 '太[콩]'과 '木麥[모밀]'의 가장 이른 시기 용례를 보여 주는 점에서 국어학적으로 중요한 가치를 가진다.

4) 식품류 및 식재료류

태안해역 출토 목간 자료에 나타난 식품류 및 식재료류 명사는 다음과 같다.

---

7) 『표준국어대사전』에서 正租의 의미를 '벼'나 '정규의 조세'로 제시했으나 (15나)의 '正租'가 어떤 의미로 사용된 것인지는 결정할 수 없다.

8) 『漢語大詞典』, 【白米】1.碾淨去糠的米.《宋書·孝義傳·何子平》: "揚州辟從事史, 月俸得白米."《南史·宋晉平刺王休祐傳》: "休祐素無才能, 強梁自用……以短錢一百賦人, 田登就求白米一斛, 米粒皆令徹白; 若碎折者惡不受."

9) 『수정조선어사전』, 皮麥, 名 겉보리

(17) 가. 古道醢 〈마도 1호선 9〉

나. 沙魚 〈마도 3호선 20〉

다. 蟹醢 〈마도 1호선 37〉

라. (魚)醢 〈마도 1호선 3〉

마. 卵醢 〈마도 2호선 26〉

바. 生(鮑) 〈마도 3호선 3〉

사. 生鮑醢 〈마도 3호선 6, 15, 24, 31〉

아. 魚油 〈마도 3호선 8, 26, 33, 35〉

자. 麴 〈마도 2호선 19, 20〉

차. 雉 〈마도 3호선 6〉

카. 蛦醢生 〈마도 3호선 25〉

타. 乾蛦 〈마도 3호선 9, 13, 28〉 / 小蛦 〈마도 3호선 19〉

파. 精蜜 〈마도 2호선 27〉

하. 末醬 〈마도 1호선 10, 16, 58, 67, 마도 2호선 4, 7, 22, 29〉

(17가)의 '古道醢'에서 '古道'는 현대어 '고등어'를 가리키는 것인데. '古道'는 '고도' 정도를 차자 표기한 것이다. 『세종실록지리지』에서는 '古道魚', 조선 초기의 『조선왕조실록』에서는 '古道魚'와 '高道魚'가 나오고, 『경상도속찬지리』 청하현 조에는 '古都魚', 『신증동국여지승람』에서는 '古刀魚' 등의 차자 표기가 나온다. 이러한 이표기 자료는 15세기 초기까지는 음차 표기에 큰 변동이 없었으나 조선 시대에 음차 표기의 변동이 활발했을 가능성을 암시하고 있다.

(17나)의 '沙魚'는 현대어 '상어'를 가리키는데 이 '沙魚'는 한어 鯊의 차용어로 '沙魚'는 음역 차용어에 속한다. 『훈몽자회』上: 11a에 鯊의 훈과 음을 '상엇 사'로 제시하고 있다.

(17다)에서 (17차)까지에 제시된 명사류에 대해서 그 의미 파악에 문제는 없다. 다만 훈차 표기인지 한어를 차용하여 그대로 쓴 것인지는 결정할 수 없다.

(17카)와 (17타)에 나오는 蛦에 대해 국립해양문화재연구소(2012: 233)에서는 '홍합'의 의미로 파악하고 있다. 이러한 파악은 유물로 출토된 '홍합의 족사'에 근거한 것으로 이해된다. 그렇지만 蛦이 본래 한어에서 '짐승이 혀를 내미는 모양'의 의미를 가지고 있는데 이 蛦이 어떻게 '홍합'의 의미를 가지게 되었는지를 설명하고 있지 못하다. 蛦을 '홍합'의 의미로 파악하면서 '홍합'을 뜻하는 '淡菜'에 대해 언급하고 있다. 蛦이 淡의 통용자일 가능성을 고려한 것으로 생각된다. 그렇다고 하더라도 蛦이 淡의 통용자로 쓰는 근거를 제시할 필요가 있다.

(17파)의 '精蜜'을 국립해양문화재연구소(2011: 289)는 '좋은 꿀'의 뜻으로 파악하고 있다. '精이 '좋다'의 의미일지는 의문이다. 精은 본래 '속'의 뜻으로 '맑다, 깨끗하다' 등의 2차적 의미를 가지고 있다. 현대어에도 한자 차용어 '精하다'가 있는데 『표준국어대사전』에서 '精하다'를 '정성을 들여서 거칠지 아니하고 매

우 곱다'의 뜻으로 풀이하고 있다. 한편『鄕藥探取月令』에서는 '石蜜, 鄕名石淸蜜, 一名石飴'이라 하여 '石淸蜜'이라는 鄕名 표기를 제시하고 있다. '石淸蜜'은 '돌에서 (산출되는) 맑은 꿀' 정도의 의미가 된다. '淸蜜'이 '맑은 꿀' 정도의 차자 표기라면 '精蜜'은 '精한 꿀' 정도에 대한 차자 표기일 가능성이 있다. '精한 꿀'은 '맑은 꿀'과 의미가 통하는 것으로 생각된다.

(17하)의 '末醬'이 '메주'를 뜻하는 것은 흔히 알려져 있다. 유희의『물명고』에서는 '末醬'을 우리 俗語로 파악하고 있다.[10] 한편『高麗史』권84卷, 志38, 刑法1, 公式, 職制 조에는 고려 文宗 七年(1053년)의 일로 '末醬斛 長廣高 各一尺三寸九分'라는 내용이 있다. 이로 보아 '末醬'은 이른 시기부터 사용된 우리의 속어임을 알 수 있다.

5) 직물류 및 미상

태안해역 출토 목간 자료에 나타난 직물류 및 미상의 명사는 다음과 같다.

(18) 가. 布 〈마도 3호선 12, 16, 22〉
　　　나. 眞 〈마도 2호선 23　重房都將校吳文富 / 宅上眞盛樽封〉.
　　　다. 犭脯 〈마도 3호선 19〉
　　　라. 竹□ 〈마도 1호선 8〉
　　　마. 生□ 〈마도 3호선 25〉

(18가)의 布가 직물 '베'를 표기한 것임은 주지의 사실이다. 하지만 한자어 표기인지 훈차 표기인지는 결정할 수 없다.

(18나)의 眞을 국립해양문화재연구소(2011: 285)는 '참기름'으로 파악하였다. 흔히 '참기름'은 '眞油'로 표기되고 眞이 액체를 담는 樽에 담겨 있다는 것이 그러한 판단의 근거로 이해된다. 하지만 (18나)의 眞이 '眞末[밀가루]'일 가능성도 배제할 수 없다.『仁祖國葬都監儀軌』, 1房, 己丑9月5日, 都監稟目 조에는 '眞油所盛陶波湯伊一, 眞末所盛陶波湯伊·'의 내용이 나온다. 여기에서 '眞油'는 '참기름'이고, '眞末'은 '밀가루'이다.『한국한자어사전』에 따르면 '波湯伊'는 '바탱이'를 차자 표기한 것이며 '바탱이'는 '오지 그릇'의 한 가지이다. 이러한 사실에 따르면 '오지그릇'에 '참기름'과 '밀가루' 모두를 담을 수 있으므로 (18나)의 眞이 '밀가루'일 가능성도 있다. 물론 眞을 담은 樽이 '목'이 좁은 용기이므로 眞이 '참기름'일 가능성이 더 높다.

(18다)의 '犭脯'에서 脯는 동물을 말린 음식을 뜻하는 한어이다. 그런데 犭는 '개'나 '사슴'의 두 가지 의미로 이해하여 왔다. 그런데『고려사』에 제사 음식으로 鹿脯가 출현하므로 犭脯는 鹿脯일 가능성이 높다.

(18라)의 '竹□'와 (18마)의 '生□'는 글자가 분명치 않아 미상의 것이다.

---

10) 柳僖,『物名考』3, 無情類, 草, "燻造, 末醬(東俗語). 罨, 며조 띄우다. 鬱蒸(今)"

6) 수량사구의 다양한 형식

태안해역 출토 목간 자료는 수량 명사구의 다양한 형식을 보여 주는 점에서 국어사적 가치를 가지고 있다.

먼저 '명사+수관형사+단위명사' 형식의 수량 명사구를 보인 목간 자료는 다음과 같다.

(19)

명사	수관형사	단위명사	출전
布	伍	疋	마도 3호선 12
布	拾	疋	마도 3호선 14
沙器	壹	裹	대섬 2
砂器	壹	裹	대섬 7
沙器	一	裹	대섬 9 대섬 10
× 器	壹	裹	대섬 8
麴	一	裹	마도 2호선 19, 20
竹□	卄五	柄	마도 1호선 8
蟹醢	壹	缸	마도 1호선 37
(魚)醢	壹	缸	마도 1호선 3
魚醢	壹	缸	마도 1호선 42
古道醢	壹	缸	마도 1호선 9
卵醢	一	缸	마도 2호선 26, 28
生鮑	肆	缸	마도 3호선 5
生鮑	一	缸	마도 3호선 32
生鮑醢	一	缸	마도 3호선 15
蛟醢生□	伍	缸	마도 3호선 25
蛟醢	一	缸	마도 3호선 27
魚油	一	缸	마도 3호선 33, 35
粟/木麥/末醬	拾/參/貳	石	마도 1호선 10
末醬	一	石	마도 1호선 58
末醬	貳	石	마도 1호선 67
末醬	壹	石	마도 2호선 4, 22, 29
麥	壹	石	마도 3호선 30
太	伍	石	마도 1호선 21
太	肆	石	마도 1호선 18
太	拾伍	石	마도 1호선 24, 39, 71

명사	수관형사	단위명사	출전
太	七	石	마도 1호선 46
大	미상	石	마도 2호선 3
太	壹	石	마도 2호선 1, 8, 14, 31, 42
太	一	石	마도 2호선 12
正租	貳拾肆	石	마도 1호선 19, 20
粟	參	石	마도 1호선 12
租	壹	石	마도 1호선 29
租	陸	石	마도 1호선 59, 60, 62, 63, 64
豆	壹	石	마도 1호선 38
白米	四	石	마도 1호선 56
白米	壹	石	마도 2호선 32
白米	一	石	마도 2호선 35
中米	二	石	마도 1호선 57
中米	壹	石	마도 2호선 2, 18, 37, 45
中米	一	石	마도 2호선 21
中米	미상	石	마도 2호선 46
乾蛺	壹	石	마도 3호선 9, 13, 28
皮麥	柒	斗	마도 3호선 23

(19)는 '갖은자'의 사용이 엄격하지 않음을 보여 주고 있다. 한자 숫자로 '壹, 貳, 參, 肆, 伍, 陸, 柒, 拾' 등의 '갖은자'를 쓰는 한편 '一, 二, 七, 四, 廿五' 등을 쓰기도 하였다. '갖은자'를 당나라 시대에는 大字[11] 라 하였다. 현대 중국에서는 大寫字라고 한다. 凌光明의 「中國古人發明的金額大寫始於何時？」에 따르면 大寫字의 사용은 송대에 흔히 사용했는데 내용을 고쳐서 간계를 부리지 못하게 하기 위한 것[12]으로 설명 하고 있다. 또 '갖은자'가 사용된 이른 시기의 문헌으로 「高昌延昌二十七年(公元587年)六月兵部條列買馬 用錢頭數奏行文書」을 들고 있다. [13] 한국의 문헌으로 '갖은자'를 사용한 이른 것으로 1031년의 「若木淨兜

---

11) 심영환(2011: 200)에 중국 당 시대 大字 사용의 용도에 대한 논의가 있다. 심영환(2011: 200)은 仁井田陞 著·池田溫編集代 表, 1997, 「唐令拾遺補」, 東京大學出版會, p.740, "諸上書及官文書皆爲眞字, 仍不得輕細書寫. 凡官文書有數者, 借用大字(謂 一作壹之類)"의 자료를 활용하고 있다.

12) http://culture.people.com.cn/BIG5/n/2012/1209/c1013-19838727.html에 게재된 凌光明의 「中國古人發明的金額大寫 始於何時？」에서 "據宋代學者程大昌《演繁露·十數改用畫字》一書中記載: "今官府文書凡計其數, 皆取聲同而畫多者改用之. 於是壹貳三肆之類, 本皆非數, 直是取同聲之字, 借以爲用, 貴點畫多不可改換爲奸耳"으로 설명하고 있다.

13) http://culture.people.com.cn/BIG5/n/2012/1209/c1013-19838727.html에 게재된 凌光明의 「中國古人發明的金額大寫

寺五層石塔造成形止記를 들 수 있다.

태안해역 출토 목간 자료에서 '갖은자'를 사용하기도 하고 사용하지 않은 것은 태안해역 출토 목간 자료의 명문이 관문서에 준하는 것이 아니라 사문서에 준하는 것일 가능성을 말해 주는 것이다.

단위 명사로는 '疋, 缸. 柄. 裹, 石, 斗' 등이 나타나고 있다. 『漢語大詞典』에 따르면 '疋, 柄. 裹, 石, 斗' 등은 한어에서 量詞의 용법을 가지고 있다. 缸은 한어에서 量詞의 용법을 보여 주지 못하고 있다.

『혼몽자회』中: 7a의 '缸 항 항'에서 보듯이 현대어 '항아리'는 한어의 차용어이나 (19)에서 缸을 단위 명사로 사용한 것은 우리 고유의 용법이라고 할 수 있다.

한편 (19)에서 石은 그 자형이 石이 아니라 '石에서 한일 자'를 뺀 글자이다. 남풍현(2000: 398-399)은 '돌'의 의미일 때와 '섬'의 의미일 때 자형을 달리 쓴 사실을 지적하면서 「昌寧仁陽寺碑銘(810)」에 나오는 石의 자형에 주목하고 있다. 「昌寧仁陽寺碑銘(810)」에 나오는 石은 '섬'의 의미이며, 그 자형은 '石에서 한일 자'를 뺀 자형이다.

'명사+수사' 형식의 수량사구는 다음과 같다.

(20) 〈앞면〉 첫째 줄 - ×房 主宅上生鮑醢 / 둘째 줄 - × 雉三以畲出印 /〈뒷면〉 使者善
　　　 才〈마도 3호선 6〉

(20)에 제시된 수량사구 '雉三'는 '꿩 셋' 정도의 의미를 표현한 것으로 단위 명사를 나타내지 않은 것이다. '꿩 세 마리'에서 '세 마리'를 수사 '셋'으로 표현한 것이다.

'단위 명사+수사' 형식의 수량사구는 다음과 같다. 이 수량구와 유사한 표현도 함께 제시한다.

(21) 가. 〈앞면〉 俞承制宅上 /〈뒷면〉 生鮑醢古乃只一〈마도 3호선 24〉
　　 나. 〈앞면〉右三(番)別抄都領侍郎宅上 /〈뒷면〉 沙魚盛箱子一〈마도 3호선 20〉
(22) 가.〈앞면〉 右三番別抄本 上 /〈뒷면〉 犭脯小□合盛箱子〈마도 3호선 19〉
　　 나. 重房都將校吳文富 / 宅上眞盛樽封〈마도 2호선 23〉
　　 다. 重房都將校吳文富 / 宅上精蜜盛樽封〈마도 2호선 27〉
(23) 가. 〈앞면〉 田民上魚油缸 /〈뒷면〉 男景池〈마도 3호선 26〉
　　 나.〈앞면〉 田民上魚油缸 /〈뒷면〉 男景池〈마도 3호선 8〉
(24) 〈앞면〉副事審宅上缸壹 /〈뒷면〉 次知上丞同正吳수결〈마도 3호선 7〉

始於何時？」에서 "在《高昌延昌二十七年(公元587年)六月兵部條列買馬用錢頭數奏行文書》也有"都合買馬壹匹, 用銀錢肆拾伍文"的大寫數字出現. 這些大寫數字盡管是"偶有發現", 卻足以說明武則天之前的東晉時期人們已開始在券契中使用大寫數字" 으로 설명하고 있다.

(21)에서 '古乃只一'과 '箱子一'은 '단위명사+수사' 형식의 수량사구이다. 이 수량사구와 이 수량사구 앞에 나온 '生鮑醢'과 '沙魚' 등은 명사 수식의 관계를 가지는 것으로 파악할 수도 있고 (22)를 고려하면 '盛[담다]' 정도의 동사가 빠진 표현으로 이해된다.

'명사 + 수관형사 + 단위명사'의 구성에서는 (22)의 '箱子, 樽' 등은 단위 명사로 기능했음직한 것들이다. 이러한 측면에서 (22)는 (21)과 유사한 형식이라 할 수 있다. 다만 (21)과 달리 (22)에서는 수관형사가 결여되어 있다.

(23)의 형식은 (22)에 보이는 동사 표현 盛이 없는 것을 제외하곤 (22)의 형식과 동일한 것으로 파악할 수 있다.

(24)는 단위명사와 수관형사가 제시된 점에서 (21)과 유사한 구조의 수량사구이나 대상이 되는 명사가 결여되어 있다는 점에서 의미 상 불완전한 수량사구이다.

다음은 수량사구의 모습을 보여 주나 정보가 불충분하여 수량사구의 특성을 논의할 수 없는 것들이다.

(25) 가. (앞면) 耽津(縣)在京隊正仁守(戶)付砂器八十 (뒷면) 次知載船長수결 〈대섬 1〉
    나. □□宅上太壹× 〈마도 1호선 65〉
    다. (앞면) ×(柳)將命宅上砂器印 (뒷면) 묵흔 없음 〈대섬 17〉
    라. 茂松縣在京校尉同正庚 宅上末醬 〈마도 2호선 7〉
    마. 첫째 줄 - 主房 主宅上生(鮑) / 둘째 줄 - 以田出 / 〈뒷면〉 使者 善才〈마도 3호선 3〉
    바. 〈앞면〉× 本 × 布拾 × / 〈뒷면〉× ■■■× ■ ×〈마도 3호선 22〉
    사. 〈앞면〉房 主(결락)生鮑醢수결 / 〈뒷면〉 使者 〈마도 3호선 31〉
    아. 邃寧縣在京別將同正(黃)永脩戶田出白米參拾□□□ 〈마도 1호선 11〉

다음은 해석에 주의가 필요한 수량사구이다.

(26) 가. 別將權克平宅上白米入貳拾斗 □來□ 〈마도 1호선 15〉
    나. 會津縣衙白米入貳拾肆石 〈마도 1호선 7〉
    다. 別將權克平宅上末醬入卅斗 長宋 수결 〈마도 1호선 16〉

(26)의 수량사구에서 대상이 되는 명사 '白米, 末醬' 등을 뒤의 단위명사 '斗'와 '石'과 관련지어 해석할 경우 入의 처리가 어려운 것이다. 결국 (26가)의 '白米入貳拾斗'는 '白米/入貳拾斗' 정도로 구분하고 (26나)의 '白米入貳拾肆石'는 白米/入貳拾肆石 정도로 구분하고 '末醬入卅斗'는 末醬/入卅斗 정도로 구분하여 이해하는 것이 필요하다

3. 기타류

1) 파생접미사 主

태안해역 출토 목간 자료에서 국어의 '-님' 정도를 표기한 主가 나타난다.

   (27) 가. 〈앞면〉 事審金令公主宅上 / 〈뒷면〉 蛺醢生□合伍缸玄礼 〈마도 3호선 25(죽찰)〉
       나. 〈앞면〉 事審金令公主宅上 / 〈뒷면〉 蛺醢一缸入三斗玄礼 〈마도 3호선 27(죽찰) 〉
       다. 〈앞면〉 金侍郎主宅上 / 〈뒷면〉 生鮑一缸入百介玄礼 〈마도 3호선 32(죽찰)〉
   (28) 가. 첫째 줄 – 主□房□主宅上生(鮑) / 둘째 줄 – □□□□□以田出□□□ /
          〈뒷면〉 使者 善才 〈마도 3호선 3〉
       나. 〈앞면〉 첫째 줄 – 主□房□主宅上生鮑肆缸 / 둘째 줄 – 수결 / 〈뒷면〉 使者善才
          〈마도 3호선 5〉
       다. 〈앞면〉 □房□主(결락)生鮑醢수결 / 〈뒷면〉 使者□ 〈마도 3호선 31〉
   (29) 가. 〈앞면〉 辛允和侍郎宅上 / 〈뒷면〉 生鮑醢一缸 〈마도 3호선 15(죽찰)〉
       나. 〈앞면〉 右三(番)別抄都領侍郎宅上 / 〈뒷면〉 沙魚盛箱子一 (상어를 상자 하나에 담
          음.) 〈마도 3호선 20(죽찰)〉

  (27)에서 '金令公主宅'을 '金令公宅'으로만 표현해도 宅의 존대 기능으로 '金令公'을 높인 것이다. 그런데 존대의 의미가 있는 '-님[主]'을 첨가하여 '존대'의 의미를 중복시킨 것이다. 이러한 표현은 현대국어에서도 관찰된다. '김대통령댁'으로 해도 '존대'의 뜻을 표현한 것인데 '김대통령님댁'으로 표현하기도 한다.
  (28)의 主 역시 '존대' 표현의 '님'으로 추측된다. (29)는 '존대' 표현의 '님[主]'이 필수적이 아니라 잉여적임을 보여 주고 있다. (27다)의 '金侍郎主宅'과 (28)의 '侍郎宅'을 대비해 보면 그러한 사실을 알 수 있다.
  '님'을 主로 표기한 전통은 역사가 오래이다. 이건식(2014: 41~42)에 따르면 다음과 같은 자료에서 '님'을 뜻하는 主가 사용되었다.

   (30) 가. 善化公主主隱 〈향가 서동요〉
       나. 文懿皇后主 大娘主 願燈立 〈開仙寺石燈記(868)〉
       다. 棟樑 戶長 陪戎校尉 林長富 崔祐 母主 〈醴泉開心寺址五層石塔(1031)〉
       라. 施主 洪神立 兩主 〈松廣寺普照國師碑(1213)〉
       마. 卜天 兩主 / 鄭禮 兩主 / 衆伊 兩主 〈乙丑銘飯子(1385)〉
       바. 施主 朴氏 兩主 〈泉隱寺懶翁和尙願佛(고려 말)〉

  (30)에서 밑줄 친 主는 '님'을 표기한 훈차자이다. 김완진(1980: 95)에서는 '님'의 고대형을 '*니림'으로

재구했는데, 主가 훈차 표기이기 때문에 태안해역 출토 목간 자료의 主가 '*니림'일지 '님'일지는 알 수 없다.

2) 부사류 이두 各

태안해역 출토 목간 자료에서 各은 18점 목간 자료에 출현한다. 8점의 목간 자료는 各 주변의 글자가 결여되어 各의 기능을 파악할 수 없으나 10점의 목간 자료는 완전한 정보를 제공해 주고 있다.

(31) 가. 戊辰三月十九日□□□□□□崔光□宅上□□□□□各田出粟拾石木麥參石末醬貳
　　　石各入拾伍斗印□□竹山縣□□尹 押 〈마도 1호선 10〉

나. 丁卯十月日田出正租貳拾肆石各入貳拾斗印 竹山縣在京田廄同正宋 수결 〈마도 1호선 19〉

다. 丁卯十月日田出正租貳拾肆石各入貳拾斗印 竹山縣在京田廄□同正宋 수결 〈마도 1호선 20〉

라. 丁卯十二月二十八日 竹山縣在京檢校大將軍尹起華宅上田出粟參石各入貳拾斗□
　　　□□□□□ 〈마도 1호선 12〉

마. (在京)許□本戶付白米四石各入二十斗印宋持 〈마도 1호선 56〉

(32) 가. 校尉 宅上長沙縣田出太壹石各入拾伍斗 〈마도 2호선 1〉

나. X 偕郎中宅上田出中米壹石各入拾伍斗 〈마도 2호선 2〉

다. 茂松縣(표피 벗겨짐) 同正李(作均)宅上田出末醬壹石各入拾伍斗 〈마도 2호선 22〉

라. 茂松縣在京韓宅田出末醬壹石各入貳拾斗 / 使者金順 〈마도 2호선 29〉

마. 茂松縣在京別將同正尹精戶付白米一石各入十八斗 〈마도 2호선 35〉

(33) 　戊辰三月十九日□□□□□□崔光□宅上□□□□□各田出粟拾石木麥參石末醬貳
　　　石各入拾伍斗印□□竹山縣□□尹 押 〈마도 1호선 10〉

(31)과 (32)에 사용된 各은 항상 入 앞에 사용된 것이다. 그런데 (33)은 各이 入 뒤에 사용되지 않은 것이다. 문맥이 완전치 않아 (33)의 各과 호응되는 요소를 파악할 수 없어 各이 가지는 기능을 파악할 수 없다.

(31)은 '各入' 앞에 제시된 용량이 '2섬' 이상의 용량이나 (32)는 '1섬'의 용량이다. 용량이 2섬 이상인 (31)의 各은 '각각'의 의미로 이해할 수 있으나 용량이 1섬인 (32)의 各은 '각각'의 의미로 이해할 수 없다.

3) 印과 封

태안해역 출토 목간 자료에 나타난 印은 다음과 같다.

(34) 가. (앞면) × 器壹裏印 (뒷면) ×수결 〈대섬 8〉

나. 戊辰三月十九日□□□□□崔光□宅上□□□□□各田出粟拾石木麥參石末醬貳
　　石各入拾伍斗印□□竹山縣□□尹 押 〈마도 1호선 10〉

다. 戊辰□月日□□□□□宅上田出太伍石入拾(伍)斗印□□□□□□□□押 〈마도 1
　　호선 21〉

라. 丁卯十月日田出正租貳拾肆石各入貳拾斗印 竹山縣在京田廳同正宋 수결 〈마도 1
　　호선 19〉

마. 丁卯十月日田出正租貳拾肆石各入貳拾斗印 竹山縣在京田廳□同正宋 수결 〈마도
　　1호선 20〉

바. □□同正宋□□宅上□□太七石入□□斗印 /次知載舡 □□□□□□□□□□□
　　□□□□□ 수결 〈마도 1호선 46〉

사. □□同正□□□宅上中米□□□十五斗印 〈마도 1호선 48〉

아. (在京)許□本戶付白米四石各入二十斗印宋持 〈마도 1호선 56〉

자. X 宅上太壹石入拾伍斗印 閑三 〈마도 2호선 8〉

차. 茂松在京朴 各入太十八斗印 〈마도 2호선 24〉

타. 〈앞면〉 첫째 줄 – ×房 主宅上生鮑醢 / 둘째 줄 – × 雉三以畚出印 /〈뒷면〉 使者
　　善才 〈마도 3호선 6〉

카. 〈앞면〉 × 石入拾伍斗印× /〈뒷면〉 × ■ 〈마도 3호선 18〉

파. (앞면) ×(柳)將命宅上砂器印   (뒷면) 묵흔 없음 〈대섬 17〉

　　(34)에서 (34파)를 제외하고 나머지는 곡물의 분량 표현 뒤에 바로 印이 사용된 사실을 알 수 있다. 印의 이러한 사용 특성으로 印의 기능이 기입된 곡물의 분량을 변조하는 것을 방지하는 것임을 이해할 수 있다. 이수광도 『지봉유설』에서 印의 변조 방지 기능에 대해 다음과 같이 말하였다.

　　(35)　　　今我國算計之文 必以印字終之 曾見中國文書亦如此 蓋凡事皆有所本矣 〈芝峯類說
　　　　　卷三 君道部 制度〉

　　(35)에서는 '算計之文'에서 印 자로 끝맺는 것의 이유가 모든 일에는 근본이 있기 때문으로 설명하고 있다. '모든 일에 근본이 있다'는 말은 '변조된 것의 근본'을 말하는 것으로 생각된다. 결국 '算計之文'에서 印 자로 끝맺는 것은 변조의 방지를 위한 것이 된다.
　　변조 방지 기능의 印이 사용된 자료 중에서 이른 시기 자료를 제시하면 다음과 같다.

　　(36) 가. 大安 七年 辛未 五月日 棟梁僧 貞妙 次如 造納 金仁寺 鈑子 一口 重二十斤印 〈內
　　　　　院寺金鼓(1091)〉

나. 大匠 良且 李申等 請得爲 半子 壹 入重 八斤 四兩乙 鑄成 懸排<u>印</u>〈楊等寺半子
　　(1160)〉

(36)은 印의 기입 위치와 관련하여 흥미로운 사실을 알려 준다. 印이 변조 방지의 기능을 가졌다면 (36
가)의 '重二十斤印'와 같이 분량의 표시 부분 뒤에 印을 사용해야 할 것이다. 그런데 (36나)의 경우 '重八
斤四兩乙'을 印을 사용하여 '重八斤四兩印乙'로 표기하면 첨입된 印 때문에 −을[乙]의 기능을 명확하게
파악할 수 없게 되어 의미 단위의 맨 마지막에 印이 기입된 것으로 생각된다. 『신자전』에서 印에 대해 '官
簿之末端書者곳 見官簿俗書'라 하여 印을 '끝'의 의미로 파악해 온 것도 印의 기입 위치 변화에 말미암은
것으로 생각된다.

조선 시대 관문서를 보면 붉은 인장이 문서의 내용 가운데에 찍혀 있다. 문서에 붉은 인장을 찍는 목적
역시 문서의 변조 방지에 있는 것이다. 이러한 점에서 내용 중에 기입되는 印 자는 '붉은 인장'을 대신하
는 글자가 아닐까 한다. 그리하여 변조 방지의 印 자는 '도장을 찍다'가 본래적 의미이고 '끝'의 의미는 후
대에 발생한 것이 아닐까 한다.

태안해역 출토 목간 자료에는 변조 방지의 印 자와 유사한 기능을 하는 封 자가 있어 주목된다.

(37) 가. 崔郎中宅上(魚)醢壹缸封〈마도 1호선 3〉
　　　나. 重房都將校吳文富 / 宅上眞盛樽封〈마도 2호선 23〉
　　　다. 重房都將校吳文富 / 宅上精蜜盛樽封〈마도 2호선 27〉

국립해양문화재연구소(2011)는 (37)에 나오는 封을 미상으로 처리하였다. 앞에서 논의한 印 자가 '도장
을 찍다'의 의미라면 (37)의 封은 '封하다'의 의미 곧 '문, 봉투, 그릇 따위를 열지 못하게 꼭 붙이거나 싸서
막다'의 뜻이 아닌가 한다.

III. 결언

이 글은 태안해역 출토 목간 자료의 내용에 대하여 국어학적 특징을 고찰하였다. 이 글에서 다룬 목간
자료는 2007년 발굴된 태안 대섬 목간 20점, 2008년부터 2010년에 발굴된 마도 1호선 목간 및 죽찰 73점,
2010년에 발굴된 마도 2호선 목간 및 죽찰 47점, 2011년 발굴된 마도 3호선 목간 및 죽찰 35점 등이다

이 글에서는 동사류, 명사류, 기타 등으로 나누어 태안해역 출토 목간 자료에 나타나는 특징을 분석하
였다.

동사류로 '次知, 載船/載舡, 上, 付, 入의 동명사형, 縣在京, 田出, 畓出, 合盛, 盛' 등을 다루었다. '次
知'는 고려 초에 등장한 이두 동사로 후기 중세국어의 'ㄱ숨알−' 정도와 대응되는 것이다. 이 이두인 '次

知'를 근거하여 종래의 연구에서 한문의 순서로 이해한 동사들을 우리말의 순서로 이해하였다.

종래의 연구에서 '載船/載舡'을 '배에 실은 것'으로 이해했으나 이 글에서는 '재선하다'의 의미로 이해하였다. 上과 付에 대해서는 이들 동사들이 경어법의 차이에 있음을 확인하였다. 종래의 연구에서 '入四斗'를 '4말을 넣음'과 같이 한문의 순서로 이해했으나 태안해역 출토 목간이 이두 자료인 점을 감안하여 우리말의 순서로 이해하여 '들이는 4말'로 이해하였다. '××縣在京'에 대하여 종래의 연구에서는 '××縣'을 주어로 파악하여 '××縣에서 在京한'로 해석하였으나 이 글에서는 '××縣 출신의' 정도로 해석하였다. '田出'과 '畓出'의 경우 '出을 나오다' 정도를 표기한 것으로 파악하였고, 田과 畓은 동사 出의 처격어로 파악하였다. '田出'과 '畓出'은 '밭과 논에서 산출되다'의 1차적 의미와 '田租' 또는 '地代'의 2차적 의미를 가질 수 있는데, '田出'과 '畓出'의 2차적 의미는 태안해역 출토 목간 자료에서 확인될 수 있으나 1차적 의미는 확인할 수 없음을 언급하였다. '合盛'과 '盛'의 경우에도 종래의 연구에서는 한문의 순서로 이해하여 '合盛'과 '盛'을 동사로 파악하였으나 이 글에서는 동사의 동명사형으로 파악하였다. '合盛箱子'를 종래에는 '합쳐서 상자에 담음'의 의미로 파악했으나 이 글에서는 '합하여 담은 상자'의 의미로 파악하였다. 또 '沙魚盛箱子一'를 종래에는 '상어를 상자 하나에 담음'의 의미로 파악했으나 이 글에서는 '상어를 담은 상자 하나'로 파악하였다.

명사류의 경우에는 일반류, 용기류, 곡물류, 식품류 및 식재료류, 직물류, 미상 등으로 나누어 고찰하였다. 명사류의 어휘를 나열하면 다음과 같다.

> 일반류 : 畓, 使者, 戶長, 長, 戶, 宅
> 용기류 : 砂器, 沙器, 箱子, 樽, 古乃只
> 곡물류 : 租, 正租, 白米, 中米, 麥, 皮麥, 豆, 粟, 太, 大, 木麥
> 식품류 및 식재료류 : 古道醢, 沙魚, 蟹醢, (魚)醢, 卵醢, 生(鮑), 生鮑醢, 魚油, 麴, 雉, 蛟
>   醢生, 乾蛟, 小蛟, 精蜜, 末醬
> 직물류 : 布
> 미상류 : 眞, 犭脯, 竹□, 生□

일반류에서 한어 畓에 대해 종래의 연구에서 '새밭'이라 하였는데, 후기 중세국어의 '풀왙'을 고려할 필요가 있음을 언급하였다. '使者, 戶長, 長, 戶, 宅' 등은 모두 한어이며, 戶와 宅의 차이도 경어법의 차이임을 언급하였다.

용기류에서 '砂器'와 '沙器'를 한어 '瓷器' 또는 '磁器'에 대한 한국어 발음 표기로 파악하였으며, 한어 '箱子'의 경우에는 태안해역 출토 목간이 최초의 문헌 용례인 점을 언급하였다. '古乃只'의 경우 우리말 '고내기'의 차자 표기임을 언급하였다.

곡물류에서 麥에 대해 종래의 연구에서는 '보리'로 이해했으나 '밀'일 가능성도 있음을 언급하였다. 콩을 나타내는 太를 고려하여 豆를 '팥'으로 이해하고자 하였다. 태안해역 목간 자료는 太[콩]과 木麥[모밀]

에 대한 이른 시기의 문헌 자료임을 언급하였다.

식품류 및 식재료류에서 '古道'와 '沙魚'는 각각 '고등어'와 '상어'에 대한 차자 표기임을 언급하였다. 蛺에 대해 종래의 연구에서는 '홍합'으로 파악하였으나 이에 대한 근거가 없음을 언급하였다. '精蜜'에 대해 종래의 연구에서는 '좋은 꿀'로 파악했으나 '맑은 꿀'의 의미임을 언급하였다. 태안해역 출토 목간 자료는 '末醬[메주]'의 이른 시기 문헌 용례임을 언급하였다.

미상에서 眞을 종래의 연구에서는 '참기름'으로 이해했으나 이 글에서는 '밀가루'일 가능성도 있음을 언급하였다. '犭脯'을 종래의 연구에서는 '개'나 '사슴'의 뜻으로 이해했으나 『고려사』에 나오는 제사 음식 '鹿脯'일 가능성을 언급하였다.

태안해역 출토 목간 자료에서 명사류들은 수량사구와 함께 사용되고 있는데 이 글에서는 수량사구의 다양한 형식에 대해 논의하였다.

태안해역 출토 목간 자료의 主를 파생접미사 '님'을 표기한 것으로 파악하였으며, 또 各의 경우 현대국어의 '각각'과 같은 부사류임을 확인하였다. 한편 문서 작성의 양식으로 사용되는 '印'과 '封'에 대해서도 다루었다. 封은 '봉한다'의 의미로 '물건'의 이탈이 없게 하는 의미를 가지고 있다. 封의 이와 같은 기능 파악을 근거로 印에 대한 새로운 해석을 제안하였다. 고문서의 경우 숫자에 인장을 치는 경우가 흔한데 이 인장을 印으로 서사한 것임을 말하였으며 이 印이 본래는 수량을 표시하는 문구 뒤에 위치하는 것이지만 이두와 같은 문서에서 印으로 말미암아 印이 문서의 가장 뒤의 위치로 이동했을 가능성을 언급하였다.

투고일: 2017. 10. 29.　　　　심사개시일: 2017. 11. 15.　　　　심사완료일: 2017. 12. 12.

고정의, 1992, 「대명률직해의 이두 연구」, 단국대학교대학원 박사학위논문.

국립해양문화재연구소, 2009, 『태안 대섬 수중발굴 조사보고서 高麗靑磁寶物船 본문』, 국립해양문화재연구소.

국립해양문화재연구소, 2010, 『태안마도1호선 수중발굴보고서』, 국립해양문화재연구소.

국립해양문화재연구소, 2011, 『태안마도2호선 수중발굴보고서』, 국립해양문화재연구소.

국립해양문화재연구소, 2012, 『태안마도2호선 수중발굴보고서』, 국립해양문화재연구소.

김완진, 1980, 『향가해독법연구』, 서울대학교출판부.

김효경, 2010, 「간찰에 나타나는 謹空의 의미 고찰」, 『藏書閣』 24집, 한국학중앙연구원, pp.89-109.

남풍현, 1989, 2014, 「한국의 고유한자」, 『한국어와 한자·한문의 만남』, 도서출판 월인, pp.575-592.

남풍현, 2014, 「密陽小台里 五層石塔 造成緣由記의 判讀과 解讀」, 『口訣硏究』 33, 구결학회, pp.229-248.

노명호 외, 2000, 『한국고대중세고문서연구 상』, 서울대학교출판부.

손환일, 2008, 「고려 목간의 書體 -충남(忠南) 태안(泰安) 해저 출토 목간을 중심으로-」, 『韓國思想과 文化』 44, 한국사상문화학회, pp.401-426.

심영환, 2011, 「唐代 지방의 文書案과 官文書 작성 -한국 고대 관문서의 시원에 대한 탐색」, 『장서각 25』, 한국학중앙연구원, pp.190-218.

안병희, 1977, 「양잠경험촬요와 우역방의 이두의 연구」, 『東洋學』 7, 단국대학교 동양학연구소, pp.3-22.

이건식, 2014, 「醴泉開心寺址五層石塔記 銘文의 국어학적 연구」, 『口訣硏究』 32, 구결학회, pp.5-48.

이승재, 1992, 『고려시대의 이두』, 태학사.

임경희, 2008, 「태안 청자운반선 출토 고려 목간의 현황과 내용」, 『목간과 문자』 1, 한국목간학회, pp.335-350.

임경희, 2010, 「마도2호선 발굴 목간의 판독과 분류」, 『목간과 문자』 6, 한국목간학회, pp.153-174.

임경희, 2011ㄱ, 「마도3호선 목간의 현황과 판독」, 『목간과 문자』 8, 한국목간학회, pp.207-226.

임경희, 2011ㄴ, 「태안선 목간의 새로운 판독-발굴보고서를 보완하여」, 『해양문화재』 4, 국립해양문화재연구소, pp.308-332.

임경희·최연식, 2010, 「태안 마도 수중 출토 목간 판독과 내용」, 『목간과 문자』 5, 한국목간학회, pp.185-207.

〈Abstract〉

Linguistic Characteristics of Wooden Tablets Excavated from the Sea of Tae-an

Lee, Keon-sik

This paper examines the contents of wooden tablets excavated from the Sea of Tae-an regarding Korean linguistic characteristics.

This paper, based on 'Chaji(次知)', that is a Yidu-reading, interprets verbs in Korean grammar instead of in classical Chinese grammar which previous researches depended on.

Previous studies interpreted 載船/載舡 as a noun meaning 'what is loaded in a ship', but this paper understands them as a verb meaning 'to load in a ship'. Previous studies interpreted 入四斗 as 'inserting 4 mals (4말을 넣음)' within classical Chinese grammar, yet this paper, considering that those tablets were excavated from the Sea of Tae-an, understand it as '4 mals coming in (들이는 4말)' within Korean grammar. Considering '××縣在京', previous studies understood '××縣' as the subject and interpreted the phrase as 'staying in the Capital from ××縣', but this paper interprets it as 'coming from ××縣'. In the cases of 田出 and 畓出, this paper understands 出 as 'to come from', and 田 and 畓 as local adverbs. In the cases of 合盛 and 盛, though previous studies apprehended them as verbs depending on classical Chinse grammar, this paper understands them as gerundial forms of the verbs.

The followings are nounal words appearing in wooden tablets excavated from the Sea of Tae-an.

General nouns: 畓, 使者, 戶長, 長, 戶, 宅
Containers: 砂器, 沙器, 箱子, 樽, 古乃只
Grains: 租, 正租, 白米, 中米, 麥, 皮麥, 豆, 粟, 太, 大, 木麥
Foods: 古道醢, 沙魚, 蟹醢, (魚)醢, 卵醢, 生(鮑), 生鮑醢, 魚油, 麴, 雉, 蛟醢生, 乾蛟, 小蛟, 精蜜, 末醬
Fabrics: 布
Unknowns: 眞, 犭脯, 竹口, 生口

Regarding classical Chinese word 畓 among general words, previous studies interpreted it as '새밭', this paper commented that '풀왇', a late-medival Korean word, should be considered.

Among containers, the usage in wooden tablets excavated from the Sea of Tae-an was the first textual example of a classical Chinese word 箱子; and 古乃只 was the pronunciational Chinese writing of Korean word 'gonaegi (고내기)'.

Among grains, 麥 was interpreted as 'barley', this paper mentioned that it can be 'wheat'; and 豆 should mean adzuki−bean as 太 is for soy.

Among foods, 古道 and 沙魚 are pronunciational Chinese writings for '고등어(meckerel)' and '상어(shark)'. Although previous studies understood 蛺 as mussel, this paper asserts that there is no ground for it. While previous studies understood 精蜜 as 'good honey', this paper mentions that it means ' pure honey'.

Among unknowns, though previous studies interpreted 眞 as 'sesame oil', this paper suggests that it might be 'flour'. Previous studies understood 犭脯 as a 'dog' or a 'deer', but it might be 鹿脯 which was mentioned in *Goryeosa* (『高麗史』) as a sacrificial offering.

▶ Key words: Tae−an, Wooden Tablets, Korea dynasty, Idu, Words

논/문

古代의 譯人

長沙吳簡에 보이는 '市布'에 대해서

古代의 譯人
– 덕흥리 벽화고분 〈太守來朝圖〉의 여성 통역관의 발견과 관련하여 –

정승혜[*]

〈국문초록〉

언어와 문화·역사가 서로 다른 국가와 민족 간에 정치·경제·문화를 교류하는 장면에서 빼 놓을 수 없는 인물이 바로 역관(譯官)이다. 이러한 역관을 양성하고 공급하는 학문을 역학(譯學)이라 한다. 우리나라는 고려시대부터 조선시대까지 국가에서 외국어의 통역과 번역에 관한 일을 관장하고 역관을 양성하였다. 삼국시대와 고려시대에도 대외 관계가 활발하게 이루어졌으므로 역학과 그 교육도 성행했을 것으로 추측되나 기록이 많이 남아 있지 않다. 역학 관련 제도의 변화와 관직명 등을 통해 그 단편적인 모습을 추측할 뿐이다.

우리가 고대의 역사적 사실을 알아내는 방법에는 문헌의 기록을 통해서도 가능하지만, 비문헌자료를 통해서도 가능하다. 이 연구는『삼국사기』등 남아 있는 문헌 자료 기록과 묘지명, 고분 벽화의 묵서명 등 비문헌자료를 통해 대외 통역에 관계한 역인(譯人)에 대하여 살펴보는 것을 목적으로 하였다. 『삼국사기』에는 주로 역학 관련 기관의 설치에 관한 기록이 남아 있어서 領客典과 倭典, 詳文師 등에서 외교에 관한 업무와 교육을 했음을 알 수 있고, 중국 소재의 묘지명을 통해 고구려 유민이 중국으로 건너가 역관의 일을 담당했던 사실을 알 수 있었다. 특히 평안남도 남포 소재 고구려 덕흥리 고분의 묵서에서는 이미 5세

---

* 수원여자대학교

기 초에도 고구려에서는 通事吏라는 관직을 따로 두고 통역을 했으며, 특히 여성에게도 공적인 신분으로 통역의 일을 맡겼다는 사실을 알게 되었다.

▶ 핵심어: 譯人, 譯官, 通事吏, 덕흥리고분벽화, 삼국사기

I. 머리말

언어와 문화·역사가 서로 다른 국가와 민족 간에 정치·경제·문화를 교류하는 장면에서 빼 놓을 수 없는 인물이 바로 역관(譯官)이다. 역관은 일반적으로 역인(譯人), 역자(譯者), 역어자(譯語者), 설인(舌人), 역설(譯舌), 통사(通事)라는 명칭으로 불렸다. 이러한 역관을 양성하고 공급하는 학문을 역학(譯學)이라 한다. 우리나라는 고려 말로부터 조선시대까지 사역원(司譯院)이라는 관청을 두고, 국가에서 외국어의 통역과 번역에 관한 일을 관장하고 역관을 양성하였다.[1] 삼국시대와 고려시대에도 대외 관계가 활발하게 이루어졌으므로 역학과 그 교육도 성행했을 것으로 추측되나 기록이 많이 남아 있지 않다. 따라서 역학 관련 제도의 변화와 관직명 등을 통해 그 단편적인 모습을 추측할 뿐이다. 따라서 이에 대한 연구는 전무하다고 해도 과언이 아니다.

우리가 고대의 역사적 사실을 알아내는 방법에는 문헌의 기록을 통해서도 가능하지만, 비문헌자료를 통해서도 가능하다. 최근 필자는 고대의 묘지명과 고분의 묵서 등을 검토하던 과정에서 새로운 사실을 발견하였다. 고구려의 덕흥리 벽화 고분 속에서 역관의 존재를 확인한 것이다. 그것도 남성 역관뿐만 아니라 여성 역관도 발견하였다. 근대 이전의 여성 (통)역관에 대한 기록은 어디에서도 찾아볼 수 없을 뿐만 아니라 세계적으로도 매우 드문 경우라 할 수 있다. 본고는 고대의 통역에 관계한 역인(譯人)과 그에 대한 문헌 기록과 함께, 비문헌자료에 나타나는 역인에 대하여 살펴보는 것을 목적으로 한다.[2]

---

1) 중세시기에 이처럼 국가 주도로 외국어의 통번역을 주관하고 교육을 실시한 나라는 세계적으로 우리나라밖에 없다. 서양의 경우, 외국어의 번역은 근대에 이르기까지 개인적인 차원의 것이었다. 번역의 역사는 언어의 역사만큼이나 오래된 것이겠으나 번역에 관한 의견을 제시한 것은 로마시대부터이다. 스타이너(George Steiner)는 1975년 [바벨탑 그 이후](After Babel)에서 서구의 번역의 역사를 4단계로 나누고 있다. George Steiner는 번역의 역사와 이론에 관한 문헌을 다음과 같이 나누고 있다. 제1기: 로마의 Cicero와 Horace에서 1791년 Fraser Tytler의 Essay on the Principles of Translation이 발표될 때까지이며 실제 번역에 관련해서 경험적인 설명과 이론이 주를 이루었다. 제2기: 1946년 Larbaud의 Sous l'invocation de Saint Jerome를 출판할 때까지 155년간의 시기를 말한다. 이 시기는 주로 해석학의 발전과 더불어 방법론적인 번역이론이 많이 개발된 시기이다. 제3기: 1940년대 말의 기계 번역에 관한 이론이 개발되고 구조주의 언어학과 정보이론(communication theory)이 번역 이론에 도입된 시기를 말한다. 제4기: 제3기와 겹치고 있으나 1960년대 초부터 현재까지로 번역학은 해석학에 다시 기대고 번역이론을 형이상학적으로 접근하기 시작한 시기이기도 하다(유명우, 2000, 「한국의 번역과 번역학」, 『번역학연구』 1, p.230 재인용).

2) 본고의 작성에는 〈고대문자자료연구회〉의 월례발표회가 큰 도움이 되었음을 밝히며, 특히 그림 자료를 제공해 준 김근수 선생(동국대)과 안정준 선생(경희대)에게 감사한다.

II. 고대의 통·번역

1. 문헌자료에 나타난 고대의 통번역

고대에도 중국이나 일본 등과 조공사행(朝貢使行)의 왕래라든가 문물 교류를 위하여 역관의 양성과 공급이 필요하였을 것이다. 삼국시대에도 역학 관련 기관이 있었음을 알 수 있는 자료가 있다.

(1) 영객부를 영객전으로 고치다 −『삼국사기』권38 잡지(雜志) 7 직관(職官) 上

領客府, 本名倭典, 眞平王四十三年, 改爲領客典(後又別置倭典).
영객부(領客府)는 본래 이름이 왜전(倭典)이었는데, 진평왕(眞平王) 43년(621)에 영객전(領客典) −뒤에 또 왜전(倭典)을 따로 두었다−으로 고쳤다.
(( )안은 註, 이하 같음)

(2) 신라의 내성(內省)에 왜전(倭典) 설치 −『삼국사기』권39 잡지(雜志)8 직관(職官)

倭典, 已下十四官貟數闕.
왜전(倭典) 이하 14곳은 관원수(官員數)가 비어 있다.

(3) 신라 성덕왕 13년(714)에 한어(漢語)를 관장하던 상문사(詳文師(司))를 통문박사(通文博士)로 개칭하고 서표사(書表事)를 담당하게 함 −『삼국사기』신라본기(新羅本紀)8 성덕왕((聖德王) 13년 2월

二月, 改詳文司[3]爲通文博士, 以掌書表事.
2월에 상문사를 통문박사로 고쳐 표문 쓰는 일을 관장하게 하였다.

(4) 소내학생 −『삼국사기』권39 잡지(雜志) 제8 직관(職官)

所内學生[4], 聖德王二十年(721)置.

---

3) 『삼국사기』職官志(직관지) 中에는 詳文師(상문사)라 하였다. 景德王(경덕왕) 때에는 또 翰林(한림)이라 고쳤다(이병도, 1996, 『역주 삼국사기』상, 을유문화사, p.210). 외교문서 작성을 담당하던 관서이다. 中宗 壬申刊本『三國史記』와 中宗 壬申刊本『삼국사절요(三國史節要)』에는 '詳文司'로 표기하였다. 상문사는 성덕왕 13년에 通文博士로 개칭되었다가 경덕왕 대에 다시 翰林으로 이름이 바뀌었다(정구복 외, 『역주 삼국사기』3 주석편(상), 한국정신문화연구원, pp.264−265).
4) 정구복 외, 『역주 삼국사기』4 주석편(하), 한국정신문화연구원, p.518.

소내학생은 성덕왕(聖德王) 20년에 두었다.

신라시대에는 일본과의 교류를 위하여 왜전(倭典)이 이미 설치되어 있었으며, (2)의 왜전은 영객전(領客典)에서 복활(復活)·별치(別置)된 이른바 후기왜전(後期倭典)이다. 영객전이 당(唐)의 사신을 응대한 반면, 후기왜전은 왜사(倭使)를 접대하는 업무를 맡은 것으로 보인다.[5] 후기왜전이 내성에 설치된 것은 신라가 일본사신을 조공사로 응대한 것으로 보는 견해도 있다.[6] 『삼국사기』 권10 신라본기 애장왕(哀莊王) 7년(806) 3월 기사와 권11 신라본기 헌강왕(憲康王) 4년(878) 8월 기사에 왕이 일본국사(日本國使)를 조원전(朝元殿)에서 인견(引見)하였다고 나온다. 이때 일본사신을 영접한 임무는 이 왜전에서 맡았을 것이다.[7]

신라는 외교문서의 번역을 위해 한어[중국어]의 문서를 관장하는 상문사(詳文師(司))를 두었다. 상문사는 신라 때 외교문서[表] 업무를 담당한 관직인데, 714년(성덕왕 13) 통문박사(通文博士)로 고쳤다가 경덕왕 때에 다시 한림(翰林)으로 고쳤다. 이 관직은 771년(혜공왕 7) 12월에 만들어진 성덕대왕신종의 명문에 보이는 한림대(翰林臺)에 소속되었을 것으로 보고 있다.

소내학생(所內學生)은 내정(內廷) 소속의 학생으로, 상문사(詳文師)에 부속된 학생이라 할 수 있는데,[8] 성덕왕(聖德王) 20년(721)에 설치하였다. 소내(小內)는 『삼국사기』 권6 신라본기 문무왕(文武王) 9년(669) 기록에 '頒馬阹凡一百七十四所 屬所內二十二 官十四 庾信太大角干六 仁問大角干五…'라 한 기사에 의할 때, 내정(內廷)이라 할 수 있다. 따라서 신라의 상문사(=한림대(翰林臺))는 서표(書表)의 제작 외에 학생들에게 서표에 대한 교육도 담당한 것으로 추론해 볼 수 있다.

(5) 태봉(泰封)의 사대(史臺)에서 제역어(諸譯語) 학습 - 『삼국사기』 권50 열전(列傳) 제10 궁예(弓裔) / 여러 관서를 설치하다(904년(음))

始置廣評省, 備員, 匡治奈(今侍中)·徐事(今侍郎)·外書(今員外郎). 又置兵部·大龍部 謂倉部·壽春部(今禮部)·奉賓部(今禮賓省)·義刑墓(今刑部)·納貨府(今大府寺)·調位府(今三司)·內奉省(今都省)·禁書省(今秘書省)·南廂壇(今将作監)·水壇(今水部)·元鳳省(今翰林院)·飛龍省(今大僕寺)·物藏省(今少府監). 又置史臺(掌習諸譯語)·植貨府(掌栽植菓樹)·障繕府(掌修理城隍)·珠淘省(掌造成器物).

비로소 광평성(廣評省)을 설치하고, 관원을 두었는데 광치나(匡治奈)-지금[고려]의 시중,

5) 浜田耕策, 1990, 「新羅の迎賓機構 -關門と領客府-」, 『古代文化』 42~8, p.45.
6) 이성시, 1982, 「正倉院寶物毯貼布記通して見た八世紀の日羅關係」, 『朝鮮史研究會會報』 67 참조
7) 정구복 외, 『역주 삼국사기』 4 주석편(하), 한국정신문화연구원, pp.525-526.
8) 三池賢一, 1971, 「新羅內廷官制考」 下, 『朝鮮學報』 62집, pp.23-24.

서사(徐事)-지금의 시랑, 외서(外書)-지금의 원외랑였다. 또 병부, 대룡부(大龍部)-지금
[고려]의 창부(倉部), 수춘부(壽春部)-지금의 예부(禮部), 봉빈부(奉賓部)-지금의 예빈성
(禮賓省), 의형대(義刑臺)-지금의 형부(刑部), 납화부(納貨府)-지금의 대부시(大府寺), 조
위부(調位府)-지금의 삼사(三司), 내봉성(內奉省)-지금의 도성(都省), 금서성(禁書省)-지
금의 비서성(秘書省), 남상단(南廂壇)-지금의 장작감(將作監), 수단(水壇)-지금의 수부
(水部), 원봉성(元鳳省)-지금의 한림원(翰林院), 비룡성(飛龍省)-지금의 태복시(太僕寺),
물장성(物藏省)-지금의 소부감(小府監)을 두었다.
또 사대(史臺)-여러 언어 통역의 학습을 맡았다. 식화부(植貨府)-과일나무를 심고 기르
는 일을 맡았다. 장선부(障繕部)-성과 해자의 수리를 맡았다. 주도성(珠淘省)-그릇을 만
드는 일을 맡았다.을 설치하였다.
(밑줄은 필자, (　)안은 註, 이하 같음)

(6) 『삼국사기』 권40 잡지(雜志) 第9 외관(外官)

廣評省匡治奈(今侍中)·徐事(今侍郎)·外書(今貟外郎). 兵部·大龍部 謂倉部·壽春部(今禮
部)·奉賓部 今禮賓省·義刑臺 今刑部·納貨府 今大府寺·調位府 今三司·内奉省 今都省·
禁書省 今秘書省·南廂壇 今將作監·水壇 今水部·元鳳省 今翰林院·飛龍省 今大僕寺·物
藏省 今少府監·史臺 掌習諸譯語·植貨府 掌栽植菓樹·障繕府 掌修理城隍·珠淘省 掌造成
器物. 正匡·元輔·大相·元尹·佐尹·正朝·甫尹·軍尹·中尹. 右弓裔所制官号.
광평성(廣評省)·광치나(匡治奈)-지금은 시중(侍中)·서사(徐事)-지금은 시랑(侍郎)·외서
(外書)-지금의 원외랑(貟外郎). 병부(兵部)·대룡부(大龍部)-창부(倉部)를 뜻한다.·수춘
부(壽春部)-지금의 예부(禮部)·봉빈부(奉賓部)-지금의 예빈성(禮賓省)·의형대(義刑臺)-
지금의 형부(刑部)·납화부(納貨府)-지금의 대부시(大府寺)·조위부(調位部)-지금의 삼사
(三司)·내봉성(內奉省)-지금의 도성(都省)·금서성(禁書省)-지금의 비서성(秘書省)·남상
단(南廂壇)-지금의 장작감(將作監)·수단(水壇)-지금의 수부(水部)·원봉성(元鳳省)-지금
의 한림원(翰林院)·비룡성(飛龍省)-지금의 태복시(太僕寺)·물장성(物藏省)-지금의 소부
감(少府監)·사대(史臺)-여러 언어 통역의 학습을 맡음·식화부(植貨府)-과수(果樹) 심는
일을 관장(掌)함·장선부(障繕府)-성황당(城隍堂)의 수리를 관장(掌)함·주도성(珠淘省)-
기물조성(器物造成)을 관장(掌)함. 정광(正匡)·원보(元輔)·대상(大相)·원윤(元尹)·좌윤
(佐尹)·정조(正朝)·보윤(甫尹)·군윤(軍尹)·중윤(中尹). 이상은 궁예(弓裔)가 만든 관직과
관서의 이름이다.

태봉의 사대(史臺)[9]에서도 제 언어의 통역을 학습했던 것으로 보아, 고대사회에서도 외국어 학습이 중시되었음을 알 수 있다.『삼국사기』잡지(雜志) 직관조(職官條)에는 궁예가 마련하였던 관직으로 광평성(廣評省)·내봉성(內奉省)·금서성(禁書省)·식화부(植貨府)·사대(史臺) 등 18개의 관부가 있었음을 기록하고 있으며,『삼국사기』열전(列傳) 궁예조에도 궁예가 나라를 건국하고 관제를 정비하면서 광평성·사대 등을 설치한 내용이 기록되어 있다.

   (7)『三國志』卷30「東夷傳」夫餘條

食飮皆用俎豆, 會同·拜爵·洗爵, 揖讓升降. 以殷正月祭天, 國中大會, 連日飮食歌舞, 名曰迎鼓, 於是時斷刑獄, 解囚徒. 在國衣尙白, 白布大袂, 袍·袴, 履革鞜. 出國則尙繒繡錦罽, 大人加狐狸·狖白·黑貂之裘, 以金銀飾帽. 譯人傳辭, 皆跪, 手據地竊語.

 음식을 먹고 마심에 모두 俎豆를 사용하고, 會合을 할 때에는 술잔을 주고[拜爵] 술잔을 닦는[洗爵] 禮가 있으며, 出入時에는 [主客 사이에] 揖讓하는 禮가 있다. 殷曆 正月에 지내는 祭天行事는 國中大會로 날마다 마시고 먹고 노래하고 춤추는데, 그 이름을 '迎鼓'라 하였다. 이 때에는 刑獄을 중단하고 죄수를 풀어 주었다. 國內에 있을 때의 의복은 흰색을 숭상하여, 흰 베로 만든 큰 소매달린 도포와 바지를 입고 가죽신을 신는다. 外國에 나갈 때에는 비단옷·繡 놓은 옷·모직옷을 즐겨 입고, 大人은 그 위에다 여우·살쾡이·원숭이·희거나 검은 담비 가죽으로 만든 갖옷을 입으며, 또 금·은으로 모자를 장식하였다. 역인이 이야기를 전할 때에는 모두 꿇어앉아서 손으로 땅을 짚고 가만가만 이야기한다.

   중국 측 기록에도 우리나라의 역인[통역관]에 관한 기사가 보이는데『삼국지』권30「동이전」부여조[10]에 보인다. 이에 따르면 부여에도 통역인이 있었고, 통역을 할 때는 꿇어앉아 땅을 짚고 가만히 이야기하였음을 알 수 있다.

2. 비문헌자료에 나타난 고대의 통역

   고구려 말 연개소문의 사후, 그의 아들인 남산(男産)이 중국으로 가서 상서(象胥)를 지낸 기록이 전한

---

9) 『삼국사기』잡지(雜志) 직관조(職官條)에는 궁예가 마련하였던 관직으로 광평성(廣評省)·내봉성(內奉省)·금서성(禁書省)·식화부(植貨府)·사대(史臺)·병부(兵部) 등 18개의 관부가 있었음을 기록하고 있으며,『삼국사기』열전(列傳) 궁예조에도 궁예가 나라를 건국하고 관제를 정비하면서 광평성·사대 등을 설치한 내용이 기록되어 있다.

10) 『三國志』夫餘傳은 총 930字이며, 中國正史 중 夫餘에 관한 최초의 列傳으로 그 사료적 가치가 높게 평가되고 있다. 그 내용은 夫餘의 位置와 강역을 비롯하여 官制·衣食·儀禮·風俗·産物 등 夫餘의 生活習俗에 관한 상세한 상태기술과 玄菟郡·後漢·公孫氏 등 中國의 諸 勢力과의 관계기사로 구성되어 있다. 여기서의 夫餘는 北夫餘를 가리키는 것으로서 北夫餘는 韓國史에서 古朝鮮 다음으로 등장하는 국가로 中國文獻에는 夫餘로, 國內文獻에는 扶餘로 표기되고 있다.

다. 연개소문과 그의 자손들에 대한 이야기는『삼국사기』등 국내 사서와『신당서』등을 통해 알려졌지만 당시 제작된 묘지(墓誌) 자료의 출토를 통해 사서에 전하지 않는 내용을 확인할 수 있다. 아래의 묘지명(墓誌銘)을 통해 고구려 유민이 중국에 가서 역관으로 활동하였음을 알 수 있다.

천남산(泉男産) 묘지명[11]

昔王滿懷燕, 載得外臣之要, 遂成通漢, 但聞縑帛之榮, 君獨鏘玉於藁街, 腰金於棘署, 晨趨
北闕, 閒簪筆於夔龍, 夕宿南隣, 雜笙歌於近股, 象胥之籍, 時莫先之.
옛날에 위만(衛滿)이 연(燕)을 좇아 비로소 외신의 요를 얻어 마침내 漢과 통함을 이루었
으나 다만 겸백(縑帛)의 영예만이 들렸을 뿐이다. 군은 홀로 고가(藁街)에서 옥소리 울리
고 극서(棘署)에서 금을 차고, 아침이면 북궐에 나아가 황제 곁에서 일을 받들고, 저녁에
는 남린(南隣)에 머물면서 (황제) 곁에서 생가(笙歌)를 어울려 펼치니 상서(象胥)의 명부에
당시 이보다 앞선 이가 없었다.

위의 천남산의 묘지명에 나타나는 내용으로 보아, 그가 황제의 지근에서 통역관의 역할을 하였으며, 상서[통역관]의 명부에 최초로 올랐음을 알 수 있다. 이와 같이 당시 고구려 유민들이 중국으로 가서 살면서 통역의 일을 했음을 짐작할 수 있다.

III. 덕흥리벽화고분 전실 서벽의 태수내조도(太守來朝圖)[12]와 여성 통사리(通事吏)

1. 덕흥리벽화고분 개요

덕흥리벽화고분은 1976년 평안남도 남포(南浦)시 강서구역 덕흥동 무학산 서쪽의 옥녀봉 남단 구릉에서 발견되었다. 고구려 시기에 만들어진 대표적인 석실봉토벽화분으로, 광개토왕대인 408년경에 조영된 것으로 보인다. 이 고분은 묘주의 공적인 영역[前室]과 사적인 영역[玄室]을 표현한 벽화들이 비교적 잘 남아있으며, 벽화와 관련하여 56군데에 약 600여 자의 명문이 발견되었다(판독 가능한 글자는 560여 자).[13] 그동안 이 고분은 벽화 구성과 내용보다는 무덤 주인공의 묵서 묘지명 해석을 둘러싼 논의가 주가

---

11) 이 자료는 2015년 6월 27일 성균관대학교에서 열린 고대문자연구회에서 장병진(연세대) 선생이 발표한 내용을 옮겨 번역을 일부 수정한 것이다(장병진,「천남산 묘지명 검토」, 고대문자자료연구회발표문, 2015. 6. 27.). 자료에 대한 자세한 소개는 발표문을 참조할 것.
12) 그동안 이 그림은 '태수배례도', '태수배알도', '태수내조도' 등으로 불러왔는데, 여기서는 '태수내조도'로 부르기로 한다.
13) 고분 내에 묵서로 쓰여진 墓誌에 의하면 408년 12월 25일(음)에 묘주 鎭이 安葬되었고, 40여 일 뒤인 이듬해 409년 2월 2일

되어 왔다. 주로 묘주인 진(鎭)의 출신지 및 주변 인물의 관직[爵]에 대한 연구가 활발하게 이루어졌고, 미술사나 복식사 분야에서도 고구려의 복식과 관련하여 꽤 많은 연구가 이루어졌다. 대체로 묘주인 鎭이 유주자사(幽州刺史)를 지냈고, 이 무덤이 고구려의 무덤이라는 것은 공통된 의견을 보이는 듯하다. 본고에서는 태수 내조도의 역관에 대하여 살펴보는 것이 목적이므로 그밖의 내용은 논외로 한다.

2. 덕흥리벽화고분 전실 서벽의 太守來朝圖

〈그림 1〉에 보이듯이 덕흥리 고분의 전실 서벽에는 유주자사에게 배례하러온 유주(幽州)의 계현현령(薊縣縣令) 및 13군 태수를 묘사하였고, 이 그림의 제일 우측에는 이들을 안내하며 묘주 앞에 무릎을 꿇고 있는 '통사리(通事吏)'가 상·하단에 각각 1인씩 그려져 있다. 두 사람의 '통사리'들과 계현 현령, 13군 태수 곁에는 소속과 지위를 밝히는 묵서가 쓰여 있다.[14] 또 각 인물들의 우측에는 노란색 바탕의 네모칸을 세로로 그려놓고, 그 위에 검은 묵서로 인물의 직위와 더불어 "來朝賀時", "來論州時", "來朝時"와 같은 표현이 기록되었다. 각 태수의 직위를 알리는 상단과 하단의 글자들은 비교적 상태가 좋은 편이지만, 현재 자형만으로는 구체적인 지명이 확인되지 않는 경우들도 있다. 따라서 이 명문의 판독은 유주 산하의 군들이 나열된 순서와 각 군의 지리적 위치를 함께 고려할 필요가 있다. 태수내조도의 상·하단으로 구분된 두 지역군은 연국(燕國)을 중심으로 각각 동서 지역으로 구분되며, 각 단의 군들도 연국을 기점으로 한 거리순으로 나열된 것으로 보인다.[15]

이를 통해 판독하고 추독한 부분들을 정리하면 아래와 같다.[16]

(음)에 묘실을 완전히 폐쇄했던 것으로 보인다.

14) 이는 2인의 通使吏 옆에 쓰여진 글귀에 따라 상부의 "六郡"과 하부의 "諸郡"으로 구분할 수 있다.

15) 상단에는 燕國과 바로 인접한 범양군을 제외하면 모두 州治인 燕國을 중심으로 한 거리순서(동→서)로 기재되어 있다. 하단의 군들도 마찬가지로 燕國을 중심으로 가까운 곳(서쪽)에서 점점 먼 거리순(서→동)으로 기재되어 있다(안정준, 「덕흥리벽화고분 전실 서벽의 태수내조도와 묵서 검토」, 고대문자자료연구회 발표문, 2016.3.25. 참조).

16) 이 자료의 판독은 2016년 3월 25일 성균관대학교에서 열린 고대문자자료연구회에서 안정준 선생이 「덕흥리벽화고분 전실 서벽의 태수내조도와 묵서 검토」라는 주제발표를 하면서 다시 이루어진 것이다.

그림 1. 덕흥리벽화고분 전실 서벽의 태수내조도

그림 2. 덕흥리벽화고분 전실 서벽의 태수내조도(모사도)

※ 판독문

표 1. □은 보이지 않는 글자. '[ ]'은 글자가 보이지 않으나 추독한 부분

上端	下端
●六郡太守來朝時通事吏 ●此十三郡屬幽州部縣七十五 　州治廣薊今治燕國去洛陽二千三百 　里都尉一 部幷十三郡[17] ●奮威將軍燕郡太守來朝時 ●范陽內史來論州時 ●魚陽太守來論州時 ●上谷太守來朝賀時 ●廣寧太守來朝賀時 ●代郡內史來朝□□□	●諸郡太守通事吏 ●[北平]太守來朝賀時 ●遼西太[守][來]朝賀時 ●昌黎太守來論州時 ●遼東太守來朝賀時 ●玄菟太守來朝□□ ●濼浪太守來□□□ ●[帶方太守]□□□□

※ 번역문

표 2. □은 보이지 않는 글자. '[ ]'은 글자가 보이지 않으나 추독한 부분

上端	下端
●육군태수가 찾아뵀을 때의 통사리 ●이 13군은 유주에 속하며 부현은 75군데이 　다. 주의 치소는 광계(광양군 계현)였는데, 　지금은 치소가 연국이며, 낙양으로부터의 　거리가 2300리이다. 도위 1부가 13군을 아 　우른다. ●분위장군인 연군태수가 찾아뵀을 때 ●범양내사가 찾아뵙고 주에 논의하였을 때 ●어양태수가 와서 주에 논의하였을 때 ●상곡태수가 찾아뵙고 하례하였을 때 ●광녕태수가 찾아뵙고 하례하였을 때 ●대군내사가 찾아뵙고 □□□	●제군태수의 통사리 ●[북평]태수가 찾아뵙고 하례하였을 때 ●요서태[수]가 찾아뵙고 하례하였을 때 ●창려태수가 와서 州에 논의하였을 때 ●요동태수가 찾아뵙고 하례하였을 때 ●현토태수가 찾아뵙고 □□ ●낙랑태수가 來□□□ ●[대방태수]가 □□□□

3. 태수내조도에 보이는 통사리(通事吏)

1) 여성 통사리

　기존의 연구를 살펴보면, 태수내조도의 맨 앞에 있는 '通事吏'에는 주목하지 않았던 듯하다. 일반적으로 '通事'는 '(通)譯官'을 일컫는 명칭이다. 과거에 역관은 '역인(譯人), 역자(譯者), 역어(譯語), 설인(舌人), 역설(譯舌), 상서(象胥)' 등으로 불렸으며, '吏'는 '고대에 관원을 통칭하던 말(古代對官員的通稱)'이다. 따

라서 '통사리'는 통역을 맡은 관원을 뜻한다.

태수내조도에는 상단과 하단에 각각 한 사람씩 '통사리'가 있다. 상단은 관을 쓴 남성이 무릎을 꿇고 있는 모습이고, 하단은 올림머리를 한 여성이 무릎을 꿇고 있는 모습이다.

이 두 사람은 각각 그림 옆에 묵서로 '六郡太守來朝時通事史'(상단), '諸郡太守通事史'(하단)라고 적혀 있으므로 '통사리'라는 관직을 가졌음을 알 수 있다.

그런데 〈그림 4〉는 여관(女官)으로 보인다. 통상적으로 통역관은 남성이 맡았을 것이라는 편견을 사라지게 하는 그림이다. 뿐만 아니라, 비록 하급직이지만 왕족이나 귀족이 아닌 여관이 고대 벽화에 보이는 것도 드문 일이다. 기존의 연구에서는 이 그림을 시녀나 시종 정도로 보고 넘어간 것이 대부분이다.[17] 이는 그동안 '통사리'에 대한 이해가 없었기 때문이라 생각한다. 지금까지 남겨진 문헌기록을 살펴보건대, 근대 이전까지 여성이 역관을 담당했던 사례는 없다. 따라서 고구려 벽화에서 여성 통사가 존재한다는 사실 자체가 여성사에 있어서도 의미가 있는 일이다. 신라와 백제와는 달리, 고구려는 관직에도 여성을 둘만큼 여성의 지위가 상대적으로 높았던 것으로 보인다. 이 여성 통사가 원래 고구려인이었는지는 확실하지 않다. 외국으로부터 망명해 온 유민일 가능성도 배제할 수 없다. 다만, 고구려에서는 여성이 외국어의 통역을 위해 관직으로 임용되었다는 사실이 놀라운 것이다. 이는 고구려의 특수한 경우라고도 할 수 있겠으나, 현대에도 많은 여성들이 통역의 업무에 종사하고 있으므로 전혀 생소한 일은 아니라고 생각한다.

벽화 하단에 있는 통사리가 여성이라는 증거는 복식만 보아도 확연히 알 수 있다. 김연수(2015)에 의하면, 이 벽화의 머리는 가체를 이용한 고계(高髻)를 하고 있다. 즉, 여자의 머리숱을 많아 보이게 하려고 다른 사람의 머리카

그림 3. 상단 通事史(남성)

그림 4. 하단 通事史(여성)

---

17) 대부분의 복식사 관련 연구에서는 이 그림을 시녀로 보았다.

락을 이용해 덧넣어 땋은 머리를 일컫는 가체와 다리를 덧대어 높게 튼 상투를 지칭하는 고계를 결합한 것이다.[18] 잘 보이지는 않으나 고계를 두 개 정도 얹은 것과 같은 형상이다. 참고로 고구려 고분벽화의 여성 발양류를 정리하면 다음과 같다.[19]

표 3.

번호	종류	형태
1	가체(加髢)를 이용한 고계	① 환계식(環髻式) 고계 : 둥근 고리 모양의 고계
		② 후두부(後頭部)를 늘어뜨린 고계
		③ 변형 고계: 고계가 3개 이상 복잡하게 엉켜있는 발양
2	얹은 머리	두발을 뒤에서부터 땋아 앞 정수리에 둥글게 고정시킨 발양
3	쪽진 머리	머리 뒤에 낮게 쪽을 진 발양
4	푼기명머리	좌우 양 볼에 두발의 일부를 늘어뜨린 발양
5	묶은 중발머리	완전히 자라지 않은 짧은 머리를 뒤에서 묶어준 형태의 발양
6	채머리(被髮)	길게 자란 머리를 뒤로 자연스럽게 늘어뜨리는 발양
7	쌍상투(雙髻式)	머리 양쪽에 두 개로 동그랗게 상투를 틀고 나머지는 아래로 내린 발양
8	변형상투	쌍상투의 모양이 변한 상투
9	당고머리	머리카락을 동그랗게 말아 위로 올려 고정시키는 발양
10	묶은 긴 머리	길게 자란 머리를 뒤에서 묶어준 형태의 발양

위의 표에 의하면, 이 그림에 보이는 머리모양은 '가체를 이용한 고계'에 속한다. '고계(高髻)'는 고구려 고분벽화에 자주 나타나는 표현으로, 모든 여성이 할 수 있는 것이 아니었던 것으로 보인다.

덕흥리 고분벽화에는 3가지 여성의 머리형태가 등장하는데 전실 천장의 직녀(織女)와 옥녀(玉女), 묘주 옆에 배치된 주악녀(奏樂女)만이 고계(高髻) 형식의 머리모양을 취하고 있다. 〈그림 5〉은 전실 입구 북벽의 악기를 연주하는 주악녀이고 〈그림 6〉는 전실 남벽 천장의 직녀, 〈그림 7〉은 전실 서벽 천장의 옥녀이다. 〈그림 8〉~〈그림 9〉는 모두 시녀이다. 시녀들은 모두 상투를 하나로 틀어올린 머리 형식을 하고 있다. 고구려 고분 가운데는 안악 3호분의 묘주 부인〈그림 10〉이 고계의 머리 모양을 하고 있다. 이로 보아, 통사리(〈그림 11〉)는 일반 시녀와는 다른 신분이었음을 알 수 있다.

---

18) 김연수(2015)는 이 그림을 '시녀'로 보았다. 묵서의 '通事吏'를 간과한 듯하다.

19) 김연수, 2015, 「고구려 고분벽화의 성별분류와 여성두식 연구」, 『고구려발해연구』 53, p.132.

그림 5. 奏樂女(前室 묘주옆)

그림 6. 織女(前室南壁 천장)

그림 7. 玉女(前室西壁 천장)

2) 통사리의 언어

통사리는 중국계 망명인이라 추정되는 鎭[20]이 유주자사 시절 태수들을 데리고 정사를 보는 장면에 등장한다. 마치 조선시대의 어전통사(御前通事)처럼 鎭의 의사소통을 위해 부리던 통사들로 보인다. 그림에는 맨 앞에 통사리가 무릎을 꿇고 앉아 있고, 그 뒤로 각 군의 태수들이 줄지어 서 있다. 전술한 부여의 역인의 모습과 닮은 형상이다.

그림 8. 侍女(사잇길東壁 상단)

그림 9. 侍女(널방 北壁)

그렇다면 여기 등장하는 통사리들은 과연 어떤 언어를 구사하였을지 궁금하다. 묵서의 내용으로 보아 상단의 통사리는 '분위

그림 10. 안악3호분 묘주 부인

그림 11. 通事吏

(奮威), 범양(范陽), 어양(魚陽), 상곡(上谷), 광녕(廣寧), 대군(代郡)'에서 온 사람들의 통역을 담당하였을 것이고, 하단의 통사리는 '북평(北平), 요서(遼西), 창려(昌黎), 요동(遼東), 현토(玄兎), 낙랑

---

20) 묘주인 鎭의 출신지는 '□□郡 信都縣 都鄕 □甘里'로 기재되어 있다. 이 기록을 근거로 鎭의 출신지를 『高麗史』 지리지의 嘉州 信都郡과 연관시켜 평북 雲田·博川 지역으로 비정하기도 했으며(진=고구려인설), 중국의 冀州 安平郡(혹은 長樂郡) 信都縣으로 보기도 했다(진=중국인설). 이에 대해서는 당시 고구려의 행정적 편제를 郡-縣-鄕-里 형태로 보기 어렵다는 점, 그리고 기타 벽화와 관호 등에 나타난 중국 문화적 특징들이 지적되면서 冀州의 安平郡(혹은 長樂郡) 信都縣을 가리킨다고 보는 설(중국인설)이 일반적으로 받아들여지고 있다.

(樂浪), 대방(帶方)'에서 온 사람들의 통역을 담당한 것으로 보인다. 통사리까지 두고 정사를 보았다면 이들이 묘주 鎭과 다른 언어를 사용했음을 추정할 수 있다. 그들의 언어는 얼마나 달랐을까. 묘주인 鎭이 중국인이라면 漢語[中國語]를 구사하였을 것이며, 내조한 태수들은 각 郡의 方言을 구사하였을 것이다. 반대로 묘주 鎭이 高句麗人이었다고 해도 내조한 태수들과는 자유롭게 의사소통을 할 수 없었을 것이다.

선행 연구에서 '六郡太守'와 '諸郡太守'의 구분은 유주와의 지역적인 거리 차이에 따라 이루어진 것으로 본다. '六郡', '諸郡'에 소속된 지역을 찾아보면 아래 〈그림 12〉, 〈그림 13〉에서 보듯이 '六郡'에 해당하는 군들은 모두 만리장성 안쪽에 위치하고 있고, '諸郡'은 대개 장성의 바깥에 위치한다. 물론 그 가운데 遼西와 北平이 장성 안쪽에 위치하지만 '六郡'에 비해 그 거리가 다소 멀어 변방으로 취급되었을 터이다.[21]

김근식(2012:25)에서 六郡은 鎭이 실제 다스렸던 유주를 나타내며, 諸郡은 자신의 위상을 과시하기 위한 허상으로 그렸던 것으로 보고 鎭의 국적을 6군이 일치하고 있는 後燕으로 보았다. 그러나 통사리를 굳이 따로 두고 구분을 했다는 것은 두 통사리가 구사할 수 있는 언어가 서로 달랐기 때문이라고 볼 수 있다. 조선시대의 역관 제도를 살펴보아도 漢·蒙·淸·倭의 역관이 따로 있었듯이 그 시대에도 구사할 수 있는 언어에 따라 통사리를 따로 두었을 가능성이 있다. 또한 지금도 중국에서 각 지방의 방언을 서로 잘 알아듣지 못하듯이, 당시에도 큰 중국 대륙의 여러 곳에서 온 태수들과 의사소통을 하기 위해서는 별도로 통역이 필요했을 것으로 보인다. 다만, 이들의 언어가 얼마나 달랐는지, 어느 계통에 속했는지에 대한 문제는 좀 더 천착해야할 것으로 보인다.

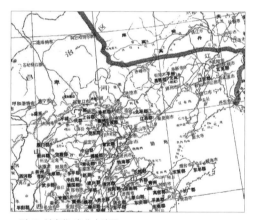

그림 12. 前秦代 東北方地圖

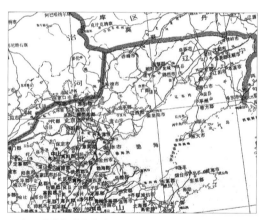

그림 13. 後燕代 東北方地圖

---

21) 김근식, 「德興里 壁畵古墳의 墨書와 圖像검토를 통해 본 鎭의 國籍」, 『동국사학』 52, 2012, p.18.

Ⅳ. 결어

이상의 논의에서 『삼국사기』 등의 문헌 자료 기록과 묘지명, 고분 벽화의 묵서명 등 비문헌자료를 통해 대외 통역에 관계한 역인(譯人)에 대하여 살펴보았다. 통역과 번역의 오랜 역사에도 불구하고 고대의 기록은 많이 남아 있지 않다. 『삼국사기』에는 주로 역학관련 기관의 설치에 관한 기록이 남아 있어서 領客典과 倭典, 詳文師 등에서 외교에 관한 업무와 교육을 했음을 알 수 있고, 중국 소재의 묘지명을 통해 고구려 유민이 중국으로 건너가 역관의 일을 담당했던 사실을 알 수 있었다. 특히 평안남도 남포 소재 고구려 덕흥리 고분의 묵서에서는 이미 5세기 초에도 고구려에서는 通事吏라는 관직을 따로 두고 통역을 했으며, 특히 여성에게도 공적인 신분으로 통역의 일을 맡겼다는 사실을 알게 되었다.

고대의 역인이나 통번역에 대한 기록은 거의 남아있지 않다. 그러나 문헌자료에만 의지하지 않고 다양한 시각으로 찾아간다면 또 다른 역사적 사실을 발견할 수 있지 않을까 기대해 본다.

투고일: 2017. 11. 2.   심사개시일: 2017. 11. 5.   심사완료일: 2017. 12. 3.

강세권, 2006, 「덕흥리벽화무덤에 보이는 유주의 성격」, 『북방사논총』 9, 서울: 고구려역사재단.

강희정, 2006, 「5~7세기 고구려인의 사후세계에 대한 관념 분석」, 『북방사논총』 12, 서울: 고구려연구재단.

고구려연구재단, 2005, 『평양일대 고구려 유적』(증보판), 남북공동유적조사보고서, 고구려연구재단.

공석구, 1996, 「덕흥리 벽화고분 피장자의 국적문제」, 『한국상고사학보』 22, pp.69-95.

김근식, 2012, 「德興里 壁畫古墳의 墨書와 圖像검토를 통해 본 鎭의 國籍」, 『동국사학』 52, 동국사학회, pp.1-35.

김근식, 2017, 「德興里壁畫古墳의 仙人·玉女圖 硏究」, 『동아시아고대학』 45, 동아시아고대학회, pp.65-91.

김연수, 2015, 「고구려 고분벽화의 성별분류와 여성두식 연구」, 『고구려발해연구』 53, pp.121-157.

박경자, 1981, 「덕흥리 고분벽화의 복식사적 연구」, 『복식』 5, pp.41-63.

안정준, 2016, 「덕흥리벽화고분 전실 서벽의 태수내조도와 묵서 검토」, 고대문자자료연구회 발표문, 2016.3.25.

안정준, 2017, 「4~5세기 樂浪·帶方郡 故地의 中國地名 官號 출현 배경」, 『한국고대사연구』 86, pp.49-82.

여호규, 2009, 「4세기 高句麗의 樂浪·帶方경영과 中國系亡命人의 정체성 인식」, 『한국고대사연구』 53, 서울: 한국고대사학회, pp.159-200.

유명우, 2000, 「한국의 번역과 번역학」, 『번역학연구』 1, 서울: 한국번역학회, pp.229-248.

이병도, 1996, 『역주 삼국사기』 상, 을유문화사.

이성시, 1982, 「正倉院寶物毛氈貼布記通して見た八世紀の日羅關係」, 『朝鮮史研究會會報』 67.

이태호, 1980, 「인물풍속도묘」15-덕흥리벽화고분」, 『북한』, 북한연구소, pp.235-249.

全虎兌, 2000, 「고구려 고분벽화의 직녀도」, 『역사와현실』 38, 서울: 한국역사연구회.

전호태, 2003, 「고구려는 정말 유주를 지배했는가 - 유주자사 진묘지」, 한국역사연구회 고대사분과 엮음, 『고대로부터의 통신』, 서울: 푸른역사, pp.120-142.

전호태, 2015, 「고구려 덕흥리벽화분 연구」, 『역사와 경계』 95, pp.1-34.

장병진, 2015, 「천남산 묘지명 검토」, 고대문자자료연구회발표문, 2015.6.27.

정구복 외, 『역주 삼국사기』 주석편 3·4(상, 하), 한국정신문화연구원.

정승혜, 2000, 「사역원 한학서의 기초적 연구」, 『장서각』 3, pp.167-213.

정승혜, 2002, 「한국에서의 외국어 교육에 대한 역사적 고찰」, 『이중언어학』 21, pp.285-311.

정승혜, 2003, The History of Foreign Language Education in Korea, Explorations in Korean Language and Linguistics, Hankook Publishing co., pp.51-61.

정승혜, 2004, 「한국에서의 漢語 교육과 교재의 역사적 개관」, 『국어사연구』 4, 국어사학회, pp.123-171.

정승혜, 2005, 「인도 고대 문법과 국어학」, 『ICKL창립30주년 기념논문집』, 박이정, pp.323-340.

정승혜, 2011, 「麗末鮮初의 漢語 敎育과 元代의 童蒙 敎育」, 『譯學과 譯學書』 2, 역학서학회, pp.67-93.

정승혜, 2011, 「老乞大・朴通事の學堂風景を通して見た 麗末鮮初の漢語敎育と元代の童蒙敎育」, 『開篇(中國語學硏究)』 30, 好文出版(日本), pp.104-121.

정승혜, 2015, 「조선후기 朝日 兩國의 언어 학습과 문자에 대한 인식」, 『한국실학연구』 29, 한국실학학회, pp.81-117.

정승혜, 2016, 「韓國의 譯學書 硏究 - 回顧와 展望」, 『譯學과 譯學書』 7, 국제역학서학회, pp.177-259.

浜田耕策, 1990, 「新羅の迎賓機構 -關門と領客府-」, 『古代文化』 42.

三池賢一, 1971, 「新羅內廷官制考」 下, 『朝鮮學報』 62집, 日本: 朝鮮學會.

[참고 URL]

한국역사정보시스템 http://www.koreanhistory.or.kr/

한국사데이터베이스 http://db.history.go.kr/

〈Abstract〉

Interpreters in the Ancient Times

Chung, Seung-hye

Interpreter is an indispensable figure in the economic, political, and cultural exchange among countries and peoples with different languages, cultures, and histories. And the academic discipline that trains and supplies such interpreters is translation studies. From the Goryeo period to the Joseon period, the state was in charge of interpretation and translation of foreign languages and trained interpreters. During the Period of Three Kingdoms and the Goryeo period, which were actively engaged in international relations, we can presume that translation studies and education in the field thrived, of which there remains not many records. We can only get a fragmentary configuration of the system related to translation studies through its changes and the names of public offices.

We can verify the historical facts from the ancient times not only through written records but also non-literary materials. The purpose of the study is to examine the interpreters who were involved in international interpretation through extant written records such as *Samguksagi* ('The Chronicles of the Three States'), tomb inscriptions, and ancient tomb murals, and texts written in Chinese ink. Through *Samguksagi*, which mainly includes records about the installation of agencies related translation studies, we can see that *Yeonggaekjeon*, *Oejeon*, and *Sangmunsa* handled tasks and training in foreign diplomacy. And through the epitaphs found in China, we can see that the descendants of the Goguryeo dynasty moved to China and served as interpreters. And from the texts written in ink which were discovered in the ancient tombs of the Goguryeo dynasty in Deokheung-ri, we see that as early as the early 5th century, Goguryeo had a government office called *Tongsari* for translation service, and that notably, the dynasty even assigned the official duty of interpretation to women.

▶ Key words: interpreter, government interpreter, Tongsari, ancient tomb murals in Deokheung-ri, Samguksagi

長沙吳簡에 보이는 '市布'에 대해서

阿部 幸信 著[*]

김민수 譯[**]

〈국문초록〉

　'布'·'市'가 포함된 長沙吳簡의 소형죽간에는 네 가지 유형이 있다. 첫째는 庫錢과 관련된 簿籍, 둘째는 '入市布簡', 셋째는 '已入……'의 서식을 가진 '已入'簡, 넷째는 내용이 확실하지 않은 簡이다. 그중에서 두 번째 유형인 '入市布簡'은 '入調簡'과 같은 체제로 작성되어 있는데, 납입 주체가 관리 뿐 아니라 백성이라는 것이 눈에 띈다.

　이처럼 백성이 布를 구입한 사례가 확인된다는 것은 장사에서도 포의 유통이 어느 정도 확보되었고, 민간이 이에 상응하는 생산력을 가지고 있었다는 것을 보여준다. 하지만 관부에 의해 수백 필 단위로 조달할 정도가 됐다면 장사에서 유통되는 양만으로는 이를 충족하기 어려웠을 것으로 보인다. 때문에 관리에 의한 '市布'는 단순히 관부의 수요를 충족시키기 위한 것 뿐 아니라 잉여 생산력이 있는 지역에서 포를 구입해 부족한 토지로 보내는 물류 조정 역할을 수행하였던 것이었을지 모른다. 그러므로 '調'에는 백성에게 부과 된 것과 '市布'에 의한 물류 조정을 모두 포함했던 것이었을 가능성이 있다.

▶ 핵심어: 長沙吳簡, 소형죽간, 市布, 布, 調

*　日本 中央大学

**　동국대학교 역사교육과

I. 문제의 소재

1996년에 출토된 長沙 走馬楼呉簡[1](이하 '長沙呉簡')은 총 수량이 10만점 이상으로 매우 많으나 대부분이 簿籍의 단편이서 연구를 진행하기에는 어려움이 있다. 애초에 같은 시대의 사료가 부족하기 때문인지 長沙呉簡 중에서도 그 특유의 文言이나 제도에 관심이 집중되는 경향이 있었으나, 이와 같은 접근법으로는 '斷片'이라는 長沙呉簡의 한계를 넘을 수 없어 현재는 簿籍 본래의 모양을 상정하고 이에 기반 해 검토를 진행하는 방법이 주류가 되고 있다. 簿籍의 구성요소에 대해서는 居延漢簡을 소재로 한 永田英正·李天虹의 성과와[2] 李均明에 의한 전체적인 정리[3]가 이미 알려져 있고, 범위를 長沙呉簡에 한정했을 때 호적에 관해서는 汪小烜·安部聡一郎·張栄強·侯旭東·凌文超·鷲尾祐子 등,[4] 米簿·銭簿에 관해서는 谷口建速·侯旭東·陳明光·王素·凌文超 등에 의한 연구[5]가 상당히 축적 되었다. 그러나 布의 납입을 기록했던 小型竹簡(이하 '入布簡')에 대해서는 여전히 거의 다루지 못하고 있으며 專論도 보이지 않는다.

출토 당시 示意図와 揭剥図가 공개 되지 않아 簿籍의 원형을 복원할 결정적인 단서가 없어졌다는 점에서는 入米簡도 마찬가지이지만, 入布簡의 정리가 유독 뒤로 미뤄진 가장 큰 이유는 居延漢簡을 필두로 이미 발견 된 秦漢時代 簿籍에서 民에 의해 布가 拠出되었다는 기록이 보이지 않기 때문이라고 생각된다. 그러나 이미 사진자료와 釋文이 공개된 28,050점의 소형 죽간[6] 중에 布와 관련된 내용이 기재된 것은

---

1) 그 개요에 대해서는 長沙市文物工作隊·長沙市文物考古研究所, 「長沙走馬楼J22発掘簡報」(『文物』 1999-5); 胡平生·李天虹, 『長江流域出土簡牘与研究』(湖北教育出版社, 2004), 제7장 제4절 「長沙走馬楼三国呉簡」를 참조.

2) 永田英正, 「居延漢簡의 集成一, 二」(『東方学報』 46·47, 1974; 「居延漢簡의 集成一」로 제목을 바꾼 후 『居延漢簡의 研究』, 同朋舎, 1989에 수록); 「居延漢簡의 集成三」(『東方学報』 51, 1979; 「居延漢簡의 集成二」로 제목을 바꾼 후, 앞의 책에 수록); 李天虹, 『居延漢簡簿籍分類研究』(科学出版社, 2003).

3) 李均明, 『秦漢簡牘文書分類輯解』(文物出版社, 2009).

4) 汪小烜, 「走馬楼呉簡戸籍初論」(北京呉簡研討班 編, 『呉簡研究』 第1輯, 崇文書局, 2004 수록); 安部聡一郎, 「試論走馬楼呉簡所見名籍之体式」(長沙簡牘博物館·北京呉簡研討班 編, 『呉簡研究』 第2輯, 崇文書局, 2006 수록); 張栄強, 「孫呉簡中的戸籍文書」(『歴史研究』 2006-2; 『漢唐籍帳制度研究』, 商務印書館, 2010 수록), 侯旭東, 「長沙走馬楼呉簡〈竹簡〉[弍] "吏民人名年紀口食簿"復原的初步研究」(『中華文史論叢』 2009-1); 凌文超, 「走馬楼呉簡採集簡 "戸籍簿"復原整理与研究-兼論呉簡 "戸籍簿"的類型与功能」(長沙簡牘博物館·北京大学中国古代史研究中心·北京呉簡研討班 編, 『呉簡研究』 第3輯, 中華書局, 2011 수록); 鷲尾祐子, 「長沙走馬楼呉簡連記式名籍簡的探討-関于家族的記録」(『呉簡研究』 第3輯, 2011 수록) 등.

5) 谷口建速, 「長沙走馬楼呉簡よりみる孫呉政権の穀物搬出システム」(『中国出土史料研究』 10, 2006); 「長沙走馬楼呉簡における穀倉関係簿初探」(『民衆史研究』 72, 2006); 侯旭東, 「長沙三国呉簡三州倉吏 "入米簿"復原的研究」(『呉簡研究』 第2輯); 陳明光, 「走馬楼呉簡所見孫呉官府倉庫賬簿体系試探」(『中華文史論叢』 2009-1); 王素, 「長沙呉簡中的 "月旦簿"与 "四時簿"」(『文物』 2010-2); 凌文超, 「走馬楼呉簡庫錢賬簿体系復原整理与研究」(『第五届中国中古史青年学者国際研討会会議手冊』, 2011) 등.

6) 走馬楼簡牘整理組 編著, 『長沙走馬楼三国呉簡 竹簡 [壱] 上·中·下(文物出版社, 2003); 『長沙走馬楼三国呉簡 竹簡 [弍] 上·中·下(文物出版社, 2006), 『長沙走馬楼三国呉簡 竹簡[参] 上·中·下(文物出版社, 2008). 이하에서는 이를 『竹簡壱』·『竹簡弍』·『竹簡参』으로 약칭하도록 하겠다. 도록에 簡 번호로 제시 된 출판호와 清理揭剥号·盆番号와의 관계는 宋少華, 「長沙三国呉簡의現場揭取与室内揭剥-兼談呉簡의盆号和揭剥図」(『呉簡研究』 第3輯)에 설명 되어 있다. 또 본고를 집필하는 시점(2012년 2월)에 第4集이 이미 출판되었다는 정보가 있었으나 입수하지 못했다.

1,250점 정도가 된다. 또 소형 죽간에 先行해서 공개된 嘉禾吏民田家莂[7](이하 '田家莂')에도,

> 1. ｜夫丘男子盧仲, 佃田七町, 凡廿三畝, 皆二年常限. 其十畝旱, 畝收布六寸六分. 定收
> 十三畝, 畝收米一斛二斗, 爲米十五斛六斗. 畝收布二尺. 其米十五斛六斗, 四年十一月卅
> 日付倉吏鄭黑. 凡爲布三丈二尺六寸, 四年十月廿一日付庫吏潘有. 其旱田畝收錢卅七, 其
> 熟田畝收錢七十. 凡爲錢一千二百八十, 四年十二月廿日付庫吏潘有. 嘉禾五年三月十日,
> 田戶曹史張惕, 趙野, 陳通校. (4·85)[8]

라고 나와 있어, 당시 백성들로부터 米·布·錢이 세트로 징수되었다는 것이 확인된다. 이를 통해 布가 당
시 賦課物로서 중요한 것이었다는 점을 알 수 있다. 때문에 孫吳 시기 稅制와 사회를 더 자세히 이해하기
위해서는 入布簡에 대해 더 자세히 검토할 필요가 있다.

지금까지 長沙吳簡에서 확인되는 布에 대한 연구는 '調布'의 분석을 중심으로 이루어졌다.[9] 필자도 마
찬가지로 '入……調布' 형식의 簡(이하 '入調簡')에 기재된 내용 분석에 의거해 調가 鄕을 단위로 부과되었
다는 점, 그리고 징수 후 부족분을 관리가 시장에서 조달했을 가능성에 대해 지적한 바 있다.[10] 이와 같
은 '入調簡'은 '調' 자가 확인되지 않는 일반적인 '入布簡'과 같이 모두 布를 납부할 때 작성된 1차 기록으
로 보이는데, 앞선 원고에서는 그와 같은 '入布簡과 入調簡의 均質性'을 근거로 '入布簡'과 '入調簡'을 명확
히 구별하지 않고 논의를 진행했다. 그러나 이와 같은 방법으로는 '入布簡'과 '入調簡'의 관계나 관리에 의
한 布의 조달의 諸相 등, 명확히 할 수 없는 것이 많다. 그러므로 布에 대한 연구 역시도 布와 관계 된 여
러 가지 정보를 관리하였을 것이 분명한 '布簿'를 복원하는 작업이 선행되지 않고서는 앞에서 언급했던
'한계'를 극복할 수 없을 것이다.

그래서 본고에서는 포의 부과·징수 과정에 대한 검토를 보다 진전시키는 것을 목적으로 布簿의 내용
과 작성 순서에 대해 살펴보고자 한다. 하지만 단순히 布簿의 체재를 상정해 제시하는 것만으로는 米簿·
錢簿에 대한 연구에서 이미 연구를 진행한 내용과 변한 것이 아무 것도 없기 때문에 이를 거듭하는 것은

---

7) 走馬楼簡牘整理組 編著,「長沙走馬楼三国吳簡 嘉禾吏民田家莂」上·中·下(文物出版社, 1999).

8) 이하 석문과 簡 번호는 기본적으로 田家莂은 각주 7의 책, 小型 竹簡에 대해서는 각주 6에 제시한 각각의 책에 기재 된 번호
를 따랐다.

9) 調布 및 調 전반에 관한 논고로는 王素·宋少華·羅新,「長沙走馬楼簡牘整理的新收穫」(『文物』1999-5); 高敏,「読長沙走馬楼
簡牘札記之一」(『鄭州大学学報』2000-3;『長沙走馬楼簡牘研究』, 広西師範大学出版社, 2008 수록);「長沙走馬楼吳簡中所見
"調"的含義-読《長沙走馬楼三国吳簡·竹簡[壹]》札記之七, 兼与王素同志商榷」(『中華文史論叢』2007-1;『長沙走馬楼簡牘研究』
수록); 王素,「吳簡所見"調"応是"戶調"」(『歷史研究』2001-4); 張旭華,「吳簡"戶調分爲九品収物"的借鑑与創新」(『許昌師専学
報』2002-4); 于振波,「走馬楼吳簡初探(文津出版社, 2004) 巻4,「漢調与吳調」; 中村威也,「獣皮納入簡から見た長沙の環境」
(長沙吳簡研究会 編,『長沙吳簡研究報告 第二集』, 2004年); 楊際平,「析長沙走馬楼三国吳簡中的"調"-兼談戶調制的起源」(『歷
史研究』2006-3); 拙稿,「長沙走馬楼吳簡所見調納入簡初探」(『立正史学』103, 2008) 등이 있다.

10) 拙稿,「長沙走馬楼吳簡所見的"調"--以出納記録的檢討爲中心」(『吳簡研究』第3輯 수록).

아무런 의미가 없다. 조금 전 언급했듯이 長沙吳簡에 보이는 '入布簡' 중에는 '調'를 기록한 것이나 관리에 의한 시장에서의 調布 조달을 살펴볼 수 있는 것이 포함되어 있다. 이와 같은 현상은 '入布簡'에서만 확인되는 것이므로, 入米簡이나 入錢簡과 큰 차이점이 있다고 생각된다. 이 같은 특징이 있는 簡이 布簿 중에서 어떤 기능을 했는지에 대해 살펴보는 것이 무엇보다도 중요하다. 그러므로 이하에서는 시장에서의 布 조달 기록을 분류해, 그것이 布簿에서 가지는 위치를 추측하면서 布簿의 작성 순서나 入布簡·入調簡의 취급방법에 대해서도 함께 논하도록 한다. 그를 통해 최종적으로는 관리에 의한 시장에서의 布의 조달과 민호에 대한 布의 부과·징수와 관계 된 측면도 밝혀보고자 한다.

II. 여러 가지 '市布' 기록

관리에 의한 布의 조달에 대해 앞선 원고에서 인용했던 사료는,

> 2. 入□鄕嘉禾二年吏所調布二匹 | 嘉禾二年十月三日……☑ (壹·6947/12)
> 3. 入平鄕嘉禾二年官所調布二匹 | 嘉禾二年九☑ (弐·6420/20)

이다(簡 번호 뒷부분에 /으로 구분해 놓은 숫자는 盆 번호를 표시한 것). 여기에서는 '吏所調', '官所調'라는 기록만 되어 있어 布를 구입했다고 확실히 말할 수는 없으나, 관리가 스스로 布를 작성해 납입했다고는 생각할 수는 없으므로 실제로는 구입한 물품으로 충당되었을 것으로 생각된다. 또, 鄕名이 보인다는 점에서 특정 鄕에서 조달하였던 것도 거의 틀림없다.

그런데 앞서 공개 된 小型竹簡을 살펴보면 이와 같은 예는 오히려 소수로, 보다 직접적으로 포의 구입에 대해 서술한 편이 보다 많이 보이고 있다. 그것이 '市布'簡이다. 본고에서는 시험 삼아 『竹簡壹』, 『竹簡弐』, 『竹簡參』 가운데에서 '市'·'布' 두 글자가 함께 확인되는 簡을 모두 뽑아 보고자 한다.

> 4. □二日收責悉畢付庫吏殷連領□留市牛□□□布到□月□□□□ (壹·3078/9)
> 5. ☑吏李珠到漚口市嘉禾元年布簿別列出□☑ (壹·3686/9)
> 6. ☑萬四千斛直一千八百付庫吏殷連當市二年調布 (壹·3733/9)
> 7. ☑百廿就留付□市今年所市布□十四匹一丈六尺付庫吏殷連☑ (壹·4372/11)
> 8. □□□□市得布一百四匹五尺五寸布匹賈三千六百錢☒米百廿斛悉畢謹列市得布匹[11]
>   (壹·4405/11)
> 9. □留市今年所頜領布重絞促□部吏收責到 (壹·4487/11)

---

11) '賈', 『竹簡壹』에는 '直'라고 나와 있다. 사진판을 보고 고친 것이나, 의미상으로는 통용된다.

10. 出具錢八萬一千爲行錢八萬五千二百**卍**十五錢市嘉禾二年調布嘉禾三年正月卅

    (壱·5359/12)

11. 出具錢三萬爲行錢三萬一千一百九十四錢市嘉禾二年調布嘉禾三年正月卅

    (壱·5379/12)

12.   已入四萬三千一百□龍□廟所市絹絳布**買**☑ (壱·6386/12)

13.   五萬一千八百卅付□市布合□☑ (壱·8550/13)

14. ☑□付市吏潘羜市所調布廿三匹二尺 (壱·8723/13)

15. 入吏李珠所市布一百卅匹 ｜☑[12] (弐·4106/19)

16. ☑入**田**吏潘羜所市布一百六十四匹 (弐·4212/19)

17. ☑所市布二百九十三匹 ｜嘉禾元年九月廿九日付庫吏殷 ☑[13] (参·182/23)

18. 入市吏潘羜□□所市布三百六十□匹 ｜**嘉禾**……☑[14] (参·232/23)

19.   · 右市布三匹九丈五尺   中 (参·246/23)

20. 入廣成鄉所市布一匹 ｜嘉禾元年八月九日漂丘男**子**☑ (参·272/23)

21. 入中鄉所市中賜布二匹 ｜嘉禾元年八月廿六日唐丘男子□□□ (参·279/23)

22. 入廣成鄉所市布一匹 ｜嘉禾元年八月九日稘丘□□ (参·445/23)

23. 右吏潘羜李珠所市布□百一十三匹二丈☑[15] (参·455/23)

24. 入市租錢市所調布一百五十匹 ｜嘉禾元年八月廿日□□□□付庫吏殷 ☑ (参·462/23)

25. 入西鄉入後所市布一匹三丈九尺 ｜嘉禾元年九月六日錫丘男子宗□……☑ (参·473/23)

26. 入西鄉入後所市布三丈九尺 ｜嘉禾元年九月十日楊溲丘李和付庫吏殷**連**☑ (参·480/23)

27. ☑□市布三匹   ☑ (参·1007/23)

28. ☑   所市布   ☑ (参·5850/35)

29. ☑李珠市嘉禾二年所調布得八百卅匹其七百匹**買**☑[16] (参·6435/36)

---

12) '匹' 직후에 나오는 '｜'는 사진판을 보고 삽입했다. 『竹簡弍』에는 '□'라고 판독하였다.

13) 『竹簡參』에는 後段이 '監丘□吏□□……'라고 나와 있다. 사진판을 봤을 때 '監'에 해당하는 부분은 판독하기 곤란하나 윗부분 좌상단의 획은 왼쪽 아래로 그어져 있으며 우측 역시도 가로와 세로가 교차하고 있다. '十'의 모양이 확인되므로 이는 아마도 '付'이다. '監'의 '皿'에 해당하는 부분에서 '丘'에 걸쳐서는 편철 자국으로 찌그러져 있음에도 불구하고 이를 '皿', '丘'로 보는 것은 긴 가로 획이 2획 보이기 때문이며, 같은 이유로 '庫'의 윗부분이라고 생각하는 것도 가능하다. '吏□□' 중에서 '吏' 바로 뒤의 '□'라고 되어 있는 부분은 簡의 중앙에 극히 작게 검은 것이 보일 뿐이므로 단순한 얼룩일 가능성이 높다. 게다가 그 다음의 글자는 '殷'과 유사하며, 바로 뒤에 긴 공격이 있어 小型竹簡에서 자주 나오는 '庫吏殷連'('連'은 자서이므로, 그것이 어떤 이유로 결락된 경우 종종 공격이 된다)의 서사 방식과 동일하다. 小型竹簡에서 '庫'가 세로로 길게 적힌 경우가 많은 것도 염두에 두어야 할 것이다. 이상에 의거해 해당 부분은 '付庫吏殷'라고 보는 것이 적절하다.

14) 『竹簡參』은 前段을 「入市吏張翔□□所□布三匹……」라고 하고 있으나 사진판에 기반 해 판독을 고쳤다.

15) 『竹簡參』에는 '一百一十三匹二丈'라고 하고 있다. 사진판으로는 확실히 '一百'이 아닌 것이 아닌 것은 알 수 있으나(혹은, '六百'), 단정할 수는 없다.

16) '買', 『竹簡參』은 '直'라고 하고 있다. 사진판으로는 斷裂이 있는 것이 확실치 않으나, 남은 부분의 형태를 통해 '買'라고 판단

30. ▢▢▢▢▢李珠市嘉禾二年所調布 (参·6464/37)

31. 李珠市嘉禾▢年所調布▢▢ (参·6553/37)

32. 出錢五萬二千八百被▢嘉禾二年八月十五日己未書給市▢布▢[17] (参·7160/37)

33. ▢錢十萬三千嘉禾▢年七月十日▢▢▢史陳通市布 (参·7269/37)

34. ▢▢▢市布 (参·7387/38)

35. ▢▢布布▢▢ (参·7890/39)

36. ▢▢已出五十萬一百四錢付市掾潘羜吏李珠市嘉禾二年布 (参·8396/39)

簡 10·11에서는 錢을 내어 布를 얻었다고 하고 있으므로 '市'가 구입을 의미한다고 할 수 있다. 또 簡 6을 통해 쌀을 錢으로 바꿔 布를 구입한 사례도 있었다고 생각된다.[18]

위 33건의 예를 살펴봤을 때 직접적으로 명확해지는 것은 '市布'簡이 발견된 盆이 제 9·11·13·19·23·35·36·37·38·39盆에 한정되어 있다는 것이다. 『竹簡壹』부터 『竹簡弍』에 속한 소형 죽간은 J22호 우물에서 이미 중장비로 파내져 있었던 폐토에서 회수된 것으로 39개의 묶음 별로 盆에 나눠 보존되어 있었다는 사실이 『竹簡壹』의 '前言'에 서술되어 있다.[19] 이들을 회수할 때에 묶음으로 되어 있었다고 하더라도, 그 속에는 여러 개의 簿籍이 혼재되어 있었던 것은 당연한 일이므로 하나의 盆 속에 있는 모든 목간이 서로 강한 관련성을 가진다고는 할 수 없으나, 같은 盆에 산재되어 있는 簡을 모음으로써 簿籍의 원형을 어느 정도까지는 복원할 수 있을 것이라는 점은 이미 선학들에 의해 지적되어 왔다. 바꿔 말하면 盆이 다르다면 簿籍 역시도 개별적인 것이라고 볼 수밖에 없다는 것이다. 이하에서는 이 점을 염두에 두고 검토를 진행하도록 하겠다.

李天虹이 제시한 居延漢簡 中 穀出入簿의 구성요소는 ① 籤牌, ② 標題, ③ 上餘, ④ 正文, ⑤ '右'類, ⑥ '凡'類, ⑦ 現餘, ⑧ 呈報의 여덟 가지이다.[20] 위에서 인용한 簡 중에도 標題簡(簡 5), 呈報(簡 8)나 '右'類(簡 19·23)를 볼 수 있으며, 그 이외에는 분류가 불가능한 것들을[21] 제외하면 모두 正文으로 보인다. 다만, 正文이라고는 해도 적혀 있는 내용이 제각각이므로 이를 簡의 특징이나 내용을 기준으로 크게 분류하면 4개의 유형으로 나눌 수 있다.

첫 번째는 庫錢과 관련된 簿籍을 구성하는 簡(簡 6·10·11·30~36)이다. 凌文超에 의하면 제36·37·38盆에는 「襍錢領收出用餘見簿」가, 제 12盆에는 「襍錢承餘新入簿」가 각각 담겨 있었다고 한다.[22]

했다.

17) '布' 바로 앞의 문자의 경우 『竹簡参』에서는 '以'일 가능성을 제시하였으나, 의미가 통하지 않는다. 写真版에서는 판독 할 수 없으므로 우선은 '▢'라고 하였다.

18) 于振波, 『走馬楼吳簡初探』, p.92.

19) 『竹簡壹』 上, p.1.

20) 李天虹, 『居延漢簡簿籍分類硏究』, pp.71-79.

21) 결손이 심한 斷簡(簡 27·28·34·35)나 문장의 일부(簡 4·9)만 있어 의미를 알 수 없는 것들이 이에 해당한다.

특히 簡 10·11·31~33은 凌文超에 의해 이와 같은 錢簿의 일부라는 사실이 확인되고 있다. 凌文超가 자신의 논고에서 설명하고 있듯이 이들은 창고에 수납되어 있었던 錢을 꺼내 布로 바꾼 사실을 서술한 것으로, 움직이는 금액이 5만에서 10만에 상당할 정도로 크며, 또 簡 32에는 '被……書'라는 표현이 보이므로 여기에 기록된 조달행위는 상급관부로부터 특별히 명령을 받아 이뤄진 것으로 보인다. 쉽게 말하자면, 필요에 의해 대량의 布를 단기간에 모아 구입할 때 작성되어 錢簿의 일부로서 모아진 것이 이들 簡인 것이다. 그 小計에 해당하는 것이 簡 36과 같은 '已出'簡으로,[23] 여기에는 '市布'를 위해 錢 50만 이상에 이르는 금액이 사용되었다는 사실이 기록되어 있다. 또 글의 내용이 비슷하다는 점에서 簡 30도 '已出'簡의 단편으로 보인다. 또 簡 6에서 錢을 맡긴 대상이 布의 구입담당자가 아니라 府庫의 출납관리자로, 여러 차례 이름만 보이는 庫吏 殷連라고 되어 있는 것은 이 簡의 내용이 창고에서 꺼낸 쌀을 錢으로 바꾼 다음 布의 조달자금으로서 府庫에 넣었다는 기록이기 때문인 것으로 생각된다. 따라서 이는 錢簿의 일부로 보는 것이 타당하다.

이와 달리 '入'부터 기록되어 있는 '入……市布'簡(이하 '入市布簡')은 布의 납입에 대해 적혀 있기 때문에 확실히 布簿의 일부라 할 수 있다. 현시점에서 확인 할 수 있는 簡(簡 15·17·18·20~22·24~26)은 同文 부호를 가진 前, 즉 납입과 관련된 1차 기록뿐이다. 入市布簡은 '入……布', '入……調布'라고 쓰여 있는 '入布簡'·'入調簡'과 서식이 매우 유사하며, 그와 함께 제 23盆에서 집중적으로 보이고 동시에 簡 19·23과 같이 집계 기능을 가진 '右'簡 역시 같은 盆에서 보이고 있기 때문에, 入市布簡을 분석할 때에는 제 23盆의 다른 簡을 시야에 넣고 검토하는 것이 중요해진다. 이에 대해서는 4절에서 자세히 서술하도록 하겠다.

또 '已入……'의 서식을 가진 簡이 있다. 이와 같은 서식을 가졌다고 확실하게 알려진 것은 簡 12뿐이지만 이외에 簡 14·16도 이에 해당한다. '已入'簡은 簡의 앞부분에 몇 글자가 들어갈 부분을 비우고 써 내려간 것이 일반적으로,[24] 簡 12도 위에서부터 약 3cm 위치부터 써내려져 있다. 한편 簡 16은 남은 부분(18.5cm)의 상단부 5cm 정도가 결락되었다고 추정되며,[25] 아래부터 약 3분의 1에 해당하는 7.5cm 위치에 편철한 자국이, 그보다 7.5cm 윗 부분 역시 편철을 피한 공백이 있는 점이 이 가정을 뒷받침 한다. 이 결락 부분의 길이를 볼 때, 簡 16이 '入'에서 시작하는 내용이 아니라는 것은 거의 확실해 지고 있는 것으로, 위의 1cm 정도 크기로 '已'가 적혀 있다고 본다면, 상부의 공백은 4cm 정도가 되며, 簡 12에 적혀 있는 위치와 오차 범위 내에서 일치한다. 따라서 簡 16이 '已入'簡이었을 가능성이 매우 높다. 한편 簡 14는 簡 16

---

22) 凌文超, 「走馬楼吳簡庫錢賑簿体系復原整理与研究」.

23) '已出'簡의 기능은 후술할 '已入'簡에 준하는 것으로 추정된다. '已入'簡에 대해서는 谷口建速, 「長沙走馬楼吳簡における穀倉関係簿初探」, p.57을 참조

24) 谷口建速, 「長沙走馬楼吳簡における穀倉関係簿初探」, p.57.

25) 谷口建速, 「竹簡の大きさについて」(『長沙走馬楼出土吳簡に関する比較史料学的研究とそのデータベース化』, 科学研究費補助金(基盤研究(B))研究成果報告書, 2007 수록), p.26에서는 '已入'簡과 관계가 깊다고 하고 있으며, '内訳簡'의 실측값을 23.5cm라고 하고 있다.

과 서식이 같으며 布의 수량까지 적고 있어 기재되어 있는 정보가 모두 남아 있는 것으로 이 역시 '已入' 簡의 단편으로 볼 수 있다. 방금 살펴본 것과 같이, 모든 문자가 편철 자국을 피해 적혀 있어 미리 편철한 簡에 기입한 것으로 보이며, 이와 같이 편철 자국을 피해 내용을 적은 簡은 谷口建速에 의하면 1차 기록을 月旦簿에 모아서 새로 기록한 2차 기록의 일부분으로 여겨지고 있다.[26] '入米簡' 중 '已入'簡에는,

37. 已入六百六十斛二斗 (壹·1688/5)

에서 알 수 있듯이 곡물의 종류가 적혀 있지 않은 것과 달리 '市布'의 경우에는 조달자나 조달방법이 付帶 情報로서 '已入'과 布의 수량의 사이에 삽입되어 있다는 점이 특징적이다.

　　남은 한 종류는 위의 모든 경우로 분류할 수 없는 簡 7·13·29이다. 모두 편철 자국을 피해 기록한 것이 확인 되므로, 1차 기록은 아닐 것으로 보인다. 簡 7에는 확실히 布의 납입이 기록되어 있으나, 전반부가 판독되지 않아 문장 전체의 의미가 확실하지 않다. 簡 13·29은 錢簿인 簡 30·36과 서식이 비슷하지만, 布의 금액이 기록된 점이 다르기 때문에 구별해서 다뤄야 할 것으로 보인다. 이것들은 모두 布簿를 구성하고 있는 것으로 보는 것이 타당해 보이나, 내용이 확실치 않기 때문에 이에 대한 상세한 논의는 다른 기회로 넘기고자 한다.

　　이상에서 서술한 것을 정리하면 여러 '市布'簡 중에 布의 구입을 직접적으로 기록한 것이 명확한 것은 1차 기록인 入市布簡과 2차 자료인 '已入'簡으로 나눌 수 있다. 그 중에 사례가 보다 많고 실제로 布가 조달 되었던 상황과 보다 밀접한 관련이 있는 것은 入市布簡이다. 다음 장에서는 그 내용을 보다 자세히 살펴보고자 한다.

III. 入市布簡 검토

　　위에서 서술했듯이 入市布簡은 入調簡과 같은 체재로 작성되어 있다. 따라서 入市布簡를 분석할 때에는 入調簡에서 알게 된 사실을 채용할 필요가 있다. 때문에 우선 入調簡을 기준으로 서식을 분류해보고자 한다.

　　入調簡의 서식은,

38. 入廣成郷嘉禾二年所調布一匹 | 嘉禾二年八月十五日三州丘男子鄧兒付庫吏殷連受
　　(弍·5538/12)

---

26) 谷口建速, 「長沙走馬楼呉簡における穀倉関係簿初探」, pp.49-50.

39. 入都鄉橫溪丘男子張□調布四匹三丈九尺｜嘉禾二年十月十二日烝弁付主庫吏殷連受

   (壱·8195/13)

40. 入廣成鄉調麂皮一鹿皮四合五枚｜嘉禾二年八月十一日掾黃客付庫吏殷連受

   (弐·8902/23)

에서 알 수 있듯이 ① 同文 부호의 前段에 鄉名을, 後段에 丘名·納入者名을 기록한 것, ② 前段에 鄉名·丘名·納入者名 기록한 것 ③ 前段에 鄉名을 기록하고 納入者名을 기록하지 않거나 後段에 관리의 이름을 自署로 넣는 것 세 종류가 있다. 앞선 원고[27]와 같이 여기에서도 ①을 書式 甲, ②를 書式 乙, ③을 書式 丙으로 부르고자 한다. 이전 원고에서는 書式 甲을 백성들로부터의 개별적인 납입 기록, 書式 乙을 복수 혹은 단수의 書式 甲을 납입자 정보를 중점적으로 모아서 이후에 기록한 것, 書式 丙을 관리에 의해 布나 皮가 조달된 경우에 납입자 정보를 생략하고 작성한 書式 乙의 변종 중 하나라고 추측했다. 前節의 서두에서 소개한 簡 2·3도 書式 丙에 포함된다.

그래서 入市布簡에 이 분류를 적용하면 簡 15·18은 書式 乙, 그 이외의 것들은 書式 甲에 해당한다. 여기에서 주목하고자 하는 것은 簡 24로, 후술하듯이 납입된 布의 수량을 통해 볼 때 관리가 납입 주체였다고 생각된다. 즉, 簡 24는 관리와 관련된 書式 甲이 되어 앞선 원고의 분석 결과에 저촉된다. 현시점에서는 書式 甲과 乙의 기능 차이를 확실히 말할 수 없기 때문에 이 점은 일단 넘어가도록 하고, 여기에서는 관리에 의한 납입의 都度記錄이 莂의 형태로 존재하고 있다는 것에 우선 유의해야 한다. 왜냐하면 谷口建速는 入米簡의 경우 납입된 쌀이 吏民의 賦稅가 아닐 경우 莂이 아닌 다른 종류의 納入簡이 작성되었다고 보았기 때문이다.[28] 이 점은 入米簡과 入調簡의 큰 차이이다.

다음으로 납입된 布의 수량에 주목해보고자 한다. 楊際平이 지적했듯이 入調簡에서 다수를 차지하고 있는 것은 布 1匹이 납입된 사례로, 7匹을 상회하는 것은 보이지 않는다.[29] 하지만 簡 15·17·18·24에서는 140匹에서 360匹에 달하는 대량의 布가 납입되고 있다. 이는 어떻게 보더라도 통상적인 入調簡이나 入布簡과는 성질을 달리하는 납입 행위로, 錢簿의 일부를 구성하는 '市布'簡에서 보이는 대규모의 布 구입과 대응하는 것으로 생각된다. 뒤집어 보면, 그 이외의 것은 入布簡·入調簡과 큰 차이가 없다고 말할 수 있다.

게다가 서식에 의거해 언급했듯이 납입 주체도 문제가 된다. 簡 15·18은 관리가 납입 주체이며, 簡 20·21·25·26은 백성, 簡 22 역시 丘名이 기재된 것을 볼 때 역시 백성이 납입 주체였다고 생각된다. 簡 17·24는 확실치 않으나 293匹, 150匹이라는 수량은 민호를 대상으로 부과한 것으로는 보이지 않으므로 이들은 관리에 의한 납입으로 보아야 할 것이다. 흥미로운 점은 관리 뿐 아니라 백성과 관련해서도 '市布'

---

27) 拙稿, 「長沙走馬楼吳簡所見的"調"－－以出納記錄的檢討爲中心」.

28) 谷口建速, 「長沙走馬楼吳簡における穀倉關係簿初探」, p.51.

29) 楊際平, 「析長沙走馬楼三国吳簡中的"調"－兼談戶調制的起源」, p.50.

가 기록되어 있다는 점으로, 簡 25·26에 '入後所市布'라는 기록이 나와 있는 것을 통해 납입해야하는 布(의 일부)를 어떤 이유에 의해 납입하는 것이 불가능했던 사람이 후에 布를 구입해 납입한 경우 이와 같은 현상이 생겨나게 되었다는 사실을 알 수 있다. 백성이 납입한 사례의 入市布簡은 관리의 그것과 달리 入布簡·入調簡과 같이 鄕名·丘名이 함께 기록되어 있으며, 이것도 백성에 의한 '入後所市布' 행위가 통상적인 포의 납입과 이질적인 것이 아니었다는 것을 시사하고 있는 것이다. 簡 20~22에는 '入後'라는 표현은 없으나, 백성이 포를 일부러 구입하기까지 해서 납입하는 상황은 따로 상정하기 어려우므로 簡 25·26과 비슷한 것으로 보아야 할 것 같다. 入調簡의 분석을 통해 동일 인물이 동일한 연도에 여러 차례에 걸쳐 포를 납입한 사례가 이미 알려져 있는데,[30] 구입에 의한 추가납입도 그 한 종류로 볼 수 있을 것이다.

이상을 정리하면 入市布簡은,

Ⅰ. 관리가 포를 구입해 기록(簡 15·17·18·24) - 鄕名을 기록하지 않음
　　簡 15·17·18는 書式 乙, 簡 24는 書式 甲. 모두 구입액이 큼
Ⅱ. 백성이 포를 구입해 기록(簡 20~22, 25·26) - 鄕名을 기록
　　모두 書式 甲. 구입액이 적음

이라는 방식으로 분류할 수 있다. 이를 확인한 뒤에 더 나아가 생각해야만 하는 것은 이와 같은 기록이 簿籍에서 어느 정도의 위치를 가지는지에 대해서이다. 다음 節에서는 入市布簡이 집중되고 있는 제 23盆을 주된 대상으로 이 문제를 논해보고자 한다.

Ⅳ. 布簿의 작성순서와 入市布簡의 위치

현재 알려진 범위에서 民의 布 납입 기록에는 入布簡·入調簡·入市布簡의 세 종류가 있다. '布', '調布', '市布'가 품목으로 구별되어 있었다고 한다면 그에 대응하는 '右'簡이 어느 정도 보여야 하지만, 長沙吳簡 중 가장 많이 보이는 鄕 단위의 집계에 '調'·'市布'라 기록된 사례는 보이지 않는다.[31] 제 23盆에서도,

41.　　·右西鄕入布五十匹二丈三尺 (參·239/23)
42.　　·右都鄕入布合卅五匹一丈四尺　　中 (參·245/23)

---

30) 拙稿,「長沙走馬楼吳簡所見的"調"――以出納記録的檢討爲中心」, p.234.
31) 『竹簡壱』에는 '右廣成鄕入調布六匹……(壱·8225/13)'라는 예가 있으나 사진판을 보아도 '調'는 보이지 않으므로 해석문의 잘못이라고 생각된다.

라는 두 사례 밖에 없다. 여기에서 入布簡과 入調簡·入市布簡를 구별하는 것은 1차 기록의 단계에 그치는 것으로, 鄕을 단위로 집계된 시점에서 사라지는 정보였다는 점을 알 수 있다. 하지만 그 한편으로는 이와 같은 '右'簡도 있다.

43. 右民入布卅六匹三丈九尺 (参·249/23)
44. 右入布卅七匹二丈　　 ☑ (参·105/23)

이 두 簡에는 모두 鄕名이 보이지 않으며, 簡 43에는 '民人'이라고 기록되어 있다. 簡 19도 鄕名을 생략한 채 '市布'라고 적혀 있는 점에서 그와 유사한 특징을 가지고 있다.[32] 모두 납입된 布의 수량은 1鄕에 해당하는 집계(簡 41·42 참조)와 같은 정도이거나 그보다 조금 적은 정도로, 鄕名이 생략되어 있다고 하더라도 鄕 단위보다 큰 단위에서 집계가 이뤄진 것은 아닐 것이다. 게다가 簡 44에 이르러서는 鄕名 뿐 아니라 '民'도 생략되어 있으나 역시 布의 수량이 기록되어 있어 鄕 단위의 집계일 가능성이 크다. 鄕名이 빠진 이들 '右'簡은 어떤 기능을 가진 것들이었을까.

米簿 가운데에서 '右'簡의 특징을 자세히 분석한 佐川英治에 의하면 '右'簡의 내용이 시작되는 부분의 위치는 집계의 단계와 대응되는 것으로 '右入……'(상단으로부터 5cm 이상) → '右某鄕入……'(3cm보다 약간 큰 정도) → '右諸鄕入……'(2cm 이내)의 순서로 집계가 진행되었다고 할 수 있다.[33] 위에서 鄕 단위 布 집계의 사례로 인용한 簡 41·42는 사진판에 의하면 모두 3.6cm 위치에서부터 내용이 시작되고 있어 佐川英治의 米簿 검토결과와 일치한다. 이를 근거로 簡 19·43·44의 내용이 시작되는 위치를 측정해 본다면 각각 3.6cm·3.9cm·1.2cm이라는 결과가 나온다. 여기에서 추측 가능한 것은 백성들에게 부과되었던 布의 경우 '右民入布……' + '右市布……' → '右某鄕入' → '右入布……'의 형태로 집계가 이뤄졌을 가능성이 있다. '右入布……'簡과 같은 높이의 위치에서 내용이 시작되는 것은 다른 盆에는,

45. 右荊廿五枚布合五十四匹三丈二尺 (弐·5321/20)
46. 右荊卅二枚布合五十五匹二丈三尺☑ (参·5837/35)

---

32) 다른 盆을 살펴봤을 때 같은 특징을 가진 것에는 '右民入税布四百卅七□☑(弐·734/15)'도 있다. 하지만 이는 상단으로부터 5.4cm 위치부터 내용이 시작되고 있으며 후술할 簡 44의 내용이 시작되는 위치와 일치하지 않는다. 문장 내용에서는 '右民入布……' 하위의 집계 같아 보이기도 하지만 하나의 鄕에서 모인 것으로 하기에는 너무 많다. 애초에 이 簡이 나온 15盆에는 布와 관련한 簡이 이외에 한 점도 나오지 않았다. '税布'라는 표현도 長沙吳簡에서 거의 보이지 않는 것으로 실제로 '税布'라고 써있는지에 대해 근본적인 의문도 든다. 혹은 '税米四百卅七斛'(이와 같은 '税米' 사례는 長沙吳簡에서 자주 확인된다)를 잘못 읽었을 가능성도 있으나 사진판으로는 명확히 알 수 없다. 이는 이후의 과제로 하고자 한다.

33) 佐川英治, 「長沙走馬楼三国呉簡中の租税納入竹簡に関する基礎的調査(1)−"入米簿"中の,「右」で始まる集計簡−」(科学研究費補助金(基盤研究(A)), 「出土史料群のデータベース化とそれを用いた中国古代史上の基層社会に関する多面的分析」プロジェクト·三菱財団人文科学研究助成, 「新出土三国呉簡·西晋簡と地方行政システムの研究」プロジェクト 編, 「長沙呉簡研究報告 2009年度特刊」, 2010), pp.75−76.

라고 나와 있어[34] 觔의 집계라는 것이 보다 명확하게 확인된다. 簡 44도 표현이 다른 뿐 기능적인 측면에서는 같았다고 생각된다. 위의 내용을 바꿔 말하면, 簡 19·43은 簡 44 내역의 집계라는 것이 된다. 이 같은 시점에서도 入布簡과 入調簡은 구별되지 않고 있으므로 入布簡과 入調簡 사이에는 1차 기록으로서도 특별한 차이가 없었던 것으로 보인다. 다만 백성의 入市布簡은 '右市布……'簡이 있는 이상 入布簡·入調簡과는 개별적으로 집계 된 것이라고 생각된다.[35]

이 같이 집계가 이뤄진 빈도에 대해서는 제 23盆에는 그를 시사하는 簡이 보이지 않으나, 入布簡·入調簡가 많이 보인 제 13盆에는,

47. 集凡起五月一日訖十五日民入嘉禾二年布合廿四匹三丈六尺 (壱·8197/13)

라는 사례가 확인된다. 여기에서 보이는 布의 수량은 21匹보다 조금 적은 양으로 集計簡으로서는 비교적 적고, 5월이 布의 납입이 한창인 시기가 아니라는 점[36]을 감안하더라도 여러 鄕으로부터 납입된 것은 아니었다고 생각된다. 그렇다면 鄕에서의 布의 집계는 보름 정도의 단위로 이루어졌을지도 모른다. 侯旭東은 쌀의 납입이 1일마다 집계되었을 가능성을 지적했으나,[37] 布의 집계는 그와 같은 빈도는 아니었을 것이며, 窪添慶文이 상정한 1개월[38]보다는 짧은 기간에 이뤄졌을 가능성이 있다는 것이다. 어차피 이와 같은 기초적인 대장을 기반으로 매월 1일에 月旦簿가 작성되어 여기에서 簡 41·42과 같은 鄕 단위의 집계나,

48. ☑凡十二月一日訖卅日入布八百卌一匹一尺 (参·170/23)

와 같은 여러 鄕의 집계가 이루어 진 것은 확실하며,[39] 이 경우 1차 기록이 2차기록의 형태로 묶여졌던 것도,

49. 入南鄕嘉禾二年布卌一匹二丈四尺   ▼   中 (弐·6106/20)

---

34) 簡 45의 내용이 시작되는 부분은 1.9㎝, 簡 46은 1.2㎝이다.
35) 布를 징수하는 측에서 봤을 때 납입된 布가 구입한 것인지 아닌지 여부는 큰 문제가 되지 않을 것 같은 느낌도 들지만, 그럼에도 불구하고 이와 같은 집계가 이루어질 때에는 어떤 이유가 있기 때문일 것이다. 이에 대한 다른 견해를 듣고 싶다.
36) 窪添慶文, 「走馬楼吳簡の庫吏関係簡について」(『長沙走馬楼出土吳簡に関する比較史料学的研究とそのデータベース化』수록), p.46.
37) 侯旭東, 「長沙走馬楼吳簡〈竹簡〉[弐]"吏民人名年紀口食簿"復原的初歩研究」, pp.6-7.
38) 侯旭東, 「長沙走馬楼吳簡〈竹簡〉[弐]"吏民人名年紀口食簿"復原的初歩研究」, p.48에서는 '右'簡의 출현 빈도를 근거로 布가 월 단위로 집계 되었다고 하고 있다.
39) 제 23盆에서는 布의 月旦簿의 標題簡는 나오지 않았지만, 다수의 入布簡·入調簡이 나온 제 20盆에는 '主庫史殷連謹列十月旦承餘新入二年布匹數簿   ☑(弐·6233/20)'라는 사례가 있다.

와 같은 사례가 확인된다.[40]

　여기에서 살펴볼 필요가 있는 것이 簡 2·3과 같은 관리 入調簡의 簿籍에서의 배치이다. 이들 簡은 布의 구입을 사실상 보여주고 있는 것이지만 鄕名을 기입했다는 점이나 調達 금액이 적다는 점에서 관리의 入市布簡과는 다른 경향을 보이고 있다. 鄕마다의 집계가 적혀 있으므로 관리의 入調簡이 백성의 그것과 나눠서 집계되었다고는 생각되지 않으므로 鄕의 집계에 포함되어 있다고 보는 것이 타당하며, 簡 47에는 鄕의 집계에 '民入'이라고 적혀져 있다. 이와 같은 표현이 있기 때문에 '吏所調'·'官所調'는 단순히 징수액의 부족을 관리가 보충한 것이 아니라 백성에 의한 布의 납입에 보다 밀착된 조달행위였던 것은 아닐까 생각된다. 이 문제를 살펴 볼 때 힌트가 된 것은 백성에 의한 '市布'였다. 백성의 入市布簡은 부과된 布를 구입해 납입할 때 작성된 것이었으나 백성들 중에서는,

　　50. 入平鄕嘉禾四年品布一匹准入米一斛胃畢 | 嘉禾五年正月九日杷丘番□關邸閣董基付

　　　　三州倉吏□ (参·3811/31)

와 같이 布를 구입하는 것이 불가능해 쌀로 准納한 자도 있다고 한다. 관부 측에서는 이와 같이 납입된 쌀을 布로 바꿔 布의 부과액과 징수액의 차이를 메꿀 필요가 있었을 것이다. 혹시 그와 같은 작업이 鄕마다 월 단위로 이루어졌다면 비교적 소액의 布가 자주 거래 되었다고 상상하는 것도 가능하다. 簡 2·3은 어쩌면 그 흔적이었던 것은 아닐까. 그렇다면 이와 같은 조달행위는 관부의 재원에 의한 '市布'와는 달리, 말하자면 백성의 대리로서 관리가 布를 구입한 것이 되므로, 그것이 관리의 入市布簡과는 다른 '吏所調'·'官所調'라는 표현을 가졌다는 것도 납득이 간다. 이 가설이 옳다고 한다면 이들 '入調簡'은 백성의 '入市布簡'과 함께 '右市布……'簡에 의해 집게 된 부분에 배열되어 있었던 것으로 볼 수 있다.

　鄕과 관련된 布簿의 작성 순서가 이와 같다고 할 때 다음으로 문제가 되는 것은 관리의 入市布簡이나 '已入'簡이 어느 정도로 집계 되고 있었는가 하는 것이다. 그들은 1차 기록의 시점에서는 鄕과 관계되지 않았기 때문에, '右某鄕入布……'簡에서 집계 되었다고는 생각할 수 없으며, 애초에 관리의 入市布簡에 기재되어 있는 것과 같은 거액의 거래가 鄕 단위의 집계에 혼입되어 있다고 한다면 하나의 鄕에서의 집계 총액은 簡 41·42 등보다도 훨씬 큰 수치로 나타나야 한다. 뿐만 아니라,

　　51. 吏□八月日日訖卅日□吏入嘉禾二年布合一千八十六匹□□ (弐·5952/20)

라며 '吏入'이라고 기록된 월 단위의 集計簡이나 簡 5와 같은 '市布簿'의 表題簡도 존재했다는 것을 보면 관리의 '市布'에 의해 손에 넣은 布가 鄕과 관련된 布와는 별개의 簿籍에 의해 관리되었다는 것은 거의 확실하다. 상급 관부의 명령 등의 특수한 사정에 의해 이뤄진 대규모의 布 조달은 통상의 징세업무와는 목

---

40) 簡 49에는 묵점이나 '中'이라고 확인된 印이 확인되는 외에도 편철 자국을 피해 기록 되어 2차 기록임이 분명하다.

적을 달리하는 것이므로 관련된 收支를 별개로 관리할 필요가 있었다고 상상해볼 수 있지 않을까.

하지만 관리의 入市布簡이나 '已入'簡이 구성하고 있던 簿籍의 내용이나 작성 순서를 추측하는 것은 아주 어려운 일이다. 가장 큰 문제는 入布簡이나 入調簡과 비교했을 때 이들 簡이 압도적으로 적은 수라는 것이다. 남아 있는 유일한 단서는 簡 23으로, '市布'簡에 빈번히 보이는 潘羜·吏珠 두 이름에 관계된 '市布'簡을 집계한 것이다. 문서의 내용이 시작되는 것은 상단으로부터 2.0㎝ 위치로 높은 차수에서의 집계라는 사실을 알 수 있다. 그렇다는 것은 보다 하위의 집계도 존재할 것이 분명하며, 그와 같은 내역이 있었다는 것을 시사하고 있는 것이 簡 29이다. 簡 29는 李珠의 '市'라고 하는 840匹의 調布 중 700匹에 대해서 무엇인가 서술하려는 부분에서 끊어져 있다. 이어지는 내용이 확실하지 않기 때문에 의미는 알 수 없지만 '其七百匹'이라고 되어 있어 다른 140匹과 이 700匹은 일련의 이유로 나눌 수 있는 것이었다고 생각된다. 그와 같은 구별에 따라 어떤 형태로 별개의 집계가 이뤄져 그것이 簡 23에서 다시 집계 되어 최종적으로는 簡 51과 같은 簡에 의해 묶였던 것이 관리에 의한 '市布'簡을 모아 정리하는 방법이지 않았을까. 현재 보이는 바로 추측 가능한 부분은 여기까지로 예를 들어 簡 23이나 簡 51이 入市布簡을 집계했던 것인지 '已入'簡을 집계했던 것인지도 확실히 알 수 없다. 이후 자료가 늘어나는 것을 기대할 수밖에 없다.

여기에서 특히 布簿와의 관계에 한정해 본고에서 서술한 내용의 요점을 정리하면 다음과 같다. ① 백성에 의한 入市布簡은 入布簡·入調簡(관리에 의한 대리구입 한 분량을 포함)으로 나눠 집계 되었으며 이들은 鄕 단위의 집계 단계에서 일괄 되었다. 따라서 月旦簿에서도 백성이 납입했던 布는 모두 구별되지 않고 기재되었다. ② 관리에 의한 入市布簡의 집계 순서는 확실하지 않지만, 편철 자국을 피한 '已入'이 있으므로 2차 기록의 형태로까지 정리되었다는 사실을 알 수 있다. ③ 관리의 '市布' 簿籍은 통상의 징세 업무의 일환으로 작성된 布簿와는 구별되었다. 최종적으로 지금까지 살펴본 결과에 의거해 '市布' 행위가 발생한 배경부터 孫吳 초기 '調'의 모습에 대해 추측해보는 것으로 본고를 마치고자 한다.

V. '市布'로부터 살펴본 '調'

백성이 布를 구입한 예가 있는 것은 당시 長沙에도 布의 유통량이 어느 정도 확보 되었다는 사실을 보여준다. 그는 동시에 민간이 상응하는 생산여력을 가지고 있었다는 사실을 보여주는 것이다. 물론 백성 중에서는 布를 구입한다던지 쌀로 대납한다던지 하는 경우도 있었으나, 그와 같은 일이 일어난 주된 이유로 布를 생산하는 능력이 낮았기 때문이라기보다는 사별이나 다른 원인에 의해 그 戶에서 생산을 담당하던 여성이 없어졌다는 것을 상정하는 편이 좋아 보인다. 다만 長沙吳簡의 사례에서 調를 부과할 수 없는 '下品之下'의 戶도 일정 수 있었다는 사실을 알 수 있어 布가 시장에 다소 유통되었다는 것만으로는 모든 戶에서 충분한 布를 준비할 수 있었다고 말할 수 없다. 冬賜布의 반포[41]가 이뤄졌던 것도 진휼을 위해

---

41) 拙稿, 「長沙走馬楼吳簡所見的"調"--以出納記録的検討爲中心」, p.247.

그것이 필요했기 때문이었다. 그와 같은 사태에 대비하기 위해서도 관부는 대량의 布를 구했다고 생각된다. 앞선 원고에서 '調'의 본질은 어디까지나 物流 調整이었다고 서술한 것도 이와 같은 사실에 의한 것이다.[42]

하지만 長沙에서 布가 판매되고 있었다고 해도 관부에 의해 수백 匹 단위로 조달할 정도가 되면 長沙만으로는 양을 충족시키기 어려웠을 것으로 보인다. 이는 簡 5에 李珠가 멀리 漚口까지 포를 구입하기 위해 갔다는 점에서 알 수 있다. 漚口는 군사상의 요지로, 嘉禾 연간 초기에는 呂岱가 이 땅에 주둔하였던 곳이다.[43] 말할 것도 없이 呂岱의 군단도 물자를 필요로 하였을 것이 분명하다. 漚口가 하천이 합류하는 지점으로 물자의 집산지였을 가능성을 고려하더라도 이 지역에 어느 정도의 잉여 물자가 없었다면 대량의 布를 구입하는 것은 어려운 일이었을 것이다. 여기에서 자연히 생겨나는 의문은 과연 調가 전국에서 획일적으로 시행되었을까 하는 점이다. 어쩌면 調布의 부과는 長沙 일대의 국지적인 것으로, 그 주변 지역에서는 여전히 실시되지 않았던 것이 아닐까. 長沙吳簡에는 長沙에 많은 '叛走人'이 있었다 기록되어 있는데, 이와 같이 세금 부과가 치우쳐 있었던 사실과 관계있을지도 모른다.

그렇다면 관리에 의한 '市布'에는 단순히 관부의 수요를 충족시키기 위한 布를 구입한 것뿐 아니라 잉여 생산력이 있는 지역에서 布를 구입해 부족한 토지로 보냄으로써 광역적인 물류 조정 역할을 수행하였던 것은 분명하다. 簡 29에서는 구입한 840匹의 布가 '調布'라고 불리고 있다. 이 '調'는 구입한 물건인 이상, 세금 부과를 의미하고 있는 것은 아니다. 여기에서는 틀림없이 관리에 의한 대규모의 '市布'가 생긴 본질적인 요인과 당시의 '調'라고 하는 말의 함의가 함께 응축되어 있는 것이다.

관리의 '市布'에 의해 유지된 광역의 '調'와 백성에게 부과한 것을 기본으로 하고 있는 국지적인 '調' 모두 '調'라고 불렸으며, 실제로는 물류 조정이었지만, 백성에게 調布를 부과하는 방법 자체는 앞선 원고에서 보았듯이 징수를 위한 시스템이 정비되고, 모여진 布도 '品布'라고 불려[44] 戶品과 연결되어 定制되게 되었다. 동시에 '調布'라고 불리는 것을 그 근원이나 목적에 따라 簿籍으로 관리하는 제도는 이와 같은 시대 배경을 여실히 반영하고 있는 것이었다. 布簿 그 자체의 검토의 경우, 본격적인 복원작업은 전면적으로 이후의 성과를 기대하고 있고, 내용면에서도 潘羜·李珠의 신분이나 직무는 중요한 검토과제이나, 우선 簿籍에 주목해 '調'의 실상을 조금이라도 밝힐 수 있다면 본고의 목적은 충분히 당성한 것이 아닐까 싶다. 본고는 우선 여기에서 마치도록 하겠다.

---

42) 拙稿,「長沙走馬樓吳簡所見的"調"--以出納記錄的檢討爲中心」, p.249.

43) 『吳志』 卷60, 呂岱傳에는 '黃龍三年, 以南土淸定, 召岱還屯長沙漚口. 會武陵蠻夷蠢動, 岱與太常潘濬共討定之. 嘉禾三年, 權令岱領潘璋士眾, 屯陸口, 後徙蒲圻.'라고 나온다.

44) '品布'라는 표현 자체는 簡 50에서 보인다. '調'와 '品布'가 연달아 사용된 사례로는 '入□鄉二年所調品布二匹 ┃ 嘉□□(弎·5873/20)'이 있다.

〈부기〉 본고는 卜憲群·楊振紅 主編, 『簡帛硏究二〇一二』(広西師範大学出版社, 2013)에 발표한 「長沙吳簡所見的"市布"」의 한국어 번역 논문이다(일본어 원본은 발표하지 않음). 옮겨 실으면서 誤字 등 필요최저한의 수정만을 했다. 때문에 원문 탈고 이후 발표된 凌文超, 「走馬楼吳簡採集庫布帳簿体系整理与硏究–兼論孫吳的戶調」(『文史』 2012-1)를 참조하지 못했다.

또한 본고의 마지막 부분에서 다룬 潘羒·李珠 신분과 직책에 대해서는 「"吏潘羒李珠市布"考」(長沙簡牘博物館 編, 『長沙簡帛硏究国際学術硏討会論文集』, 中西書局, 2017)에서 논하였다. 이 논문은 중국어 논문으로 본고 내용의 일부를 고친 것도 있으므로 함께 참고하기를 바란다.

투고일: 2017. 11. 1.　　심사개시일: 2017. 11. 3.　　심사완료일: 2017. 12. 1.

長沙市文物工作隊·長沙市文物考古研究所,「長沙走馬楼J22発掘簡報」(『文物』1999-5).

走馬楼簡牘整理組 編著,『長沙走馬楼三国呉簡 嘉禾吏民田家莂』上·中·下(文物出版社, 1999).

走馬楼簡牘整理組 編著,『長沙走馬楼三国呉簡 竹簡 [壱]』上·中·下(文物出版社, 2003).

走馬楼簡牘整理組 編著,『長沙走馬楼三国呉簡 竹簡 [弐]』上·中·下(文物出版社, 2006).

走馬楼簡牘整理組 編著,『長沙走馬楼三国呉簡 竹簡[参]』上·中·下(文物出版社, 2008).

于振波,『走馬楼呉簡初探』(文津出版社, 2004).

李均明,『秦漢簡牘文書分類輯解』(文物出版社, 2009).

李天虹,『居延漢簡簿籍分類研究』(科学出版社, 2003).

胡平生·李天虹,『長江流域出土簡牘与研究』(湖北教育出版社, 2004).

高敏,「読長沙走馬楼簡牘札記之一」(『鄭州大学学報』2000-3).

高敏,「長沙走馬楼呉簡中所見"調"的含義─読《長沙走馬楼三国呉簡·竹簡[壱]》札記之七, 兼与王素同志商
    榷」(『中華文史論叢』2007-1).

谷口建速,「長沙走馬楼呉簡よりみる孫呉政権の穀物搬出システム」(『中国出土史料研究』10, 2006).

谷口建速,「竹簡の大きさについて」(『長沙走馬楼出土呉簡に関する比較史料学的研究とそのデータベース
    化』, 科学研究費補助金(基盤研究(B))研究成果報告書, 2007).

谷口建速,「長沙走馬楼呉簡における穀倉関係簿初探」(『民衆史研究』72, 2006).

凌文超,「走馬楼呉簡採集簡"戸籍簿"復原整理与研究─兼論呉簡"戸籍簿"的類型与功能」(長沙簡牘博物館·
    北京大学中国古代史研究中心·北京呉簡研討班 編,『呉簡研究』第3輯, 中華書局, 2011).

凌文超,「走馬楼呉簡庫銭賬簿体系復原整理与研究」(『第五届中国中古史青年学者国際研討会会議手冊』,
    2011).

宋少華,「長沙三国呉簡的現場掲取与室内掲剥──兼談呉簡的盆号和掲剥図」(『呉簡研究』第3輯, 2011).

安部幸信,「長沙走馬楼呉簡所見調納入簡初探」(『立正史学』103, 2008).

安部幸信,「長沙走馬楼呉簡所見的"調"──以出納記録的検討爲中心」(『呉簡研究』第3輯, 2011).

安部聡一郎,「試論走馬楼呉簡所見名籍之体式」(長沙簡牘博物館·北京呉簡研討班 編,『呉簡研究』第2輯,
    崇文書局, 2006).

楊際平,「析長沙走馬楼三国呉簡中的"調"─兼談戸調制的起源」(『歴史研究』2006-3).

永田英正,「居延漢簡の集成一, 二」(『東方学報』46·47, 1974).

永田英正,「居延漢簡の集成三」(『東方学報』51, 1979).

窪添慶文,「走馬楼呉簡の庫吏関係簡について」(『長沙走馬楼出土呉簡に関する比較史料学的研究とそのデ

ータベース化』, 2007).

汪小烜, 「走馬楼呉簡戸籍初論」(北京呉簡研討班 編, 『呉簡研究』第1輯, 崇文書局, 2004).

王素, 「呉簡所見"調"応是"戸調"」(『歴史研究』2001-4).

王素, 「長沙呉簡中的"月旦簿"与"四時簿"」(『文物』2010-2).

王素·宋少華·羅新, 「長沙走楼簡牘整理的新収穫」(『文物』1999-5).

佐川英治, 「長沙走馬楼三国呉簡中の租税納入竹簡に関する基礎的調査(1)-"入米簿"中の, 「右」で始まる集計簡一」(科学研究費補助金(基盤研究(A)), 「出土史料群のデータベース化とそれを用いた中国古代史上の基層社会に関する多面的分析」プロジェクト·三菱財団人文科学研究助成, 「新出土三国呉簡·西晋簡と地方行政システムの研究」プロジェクト 編, 『長沙呉簡研究報告 2009年度特刊』, 2010).

張栄強, 「孫呉簡中的戸籍文書」(『歴史研究』2006-2; 『漢唐籍帳制度研究』, 商務印書館, 2010).

張旭華, 「呉簡"戸調分爲九品収物"的借鑑与創新」(『許昌師専学報』2002-4).

陳明光, 「走馬楼呉簡所見孫呉官府倉庫賬簿体系試探」(『中華文史論叢』2009-1).

鷲尾祐子, 「長沙走馬楼呉簡連記式名籍簡的探討-関于家族的記録」(『呉簡研究』第3輯, 2011).

中村威也, 「獣皮納入簡から見た長沙の環境」(長沙呉簡研究会 編, 『長沙呉簡研究報告 第二集』, 2004).

侯旭東, 「長沙走馬楼呉簡〈竹簡〉[弐]"吏民人名年紀口食簿"復原的初歩研究」(『中華文史論叢』2009-1).

侯旭東, 「長沙三国呉簡三州倉吏"入米簿"復原的研究」(『呉簡研究』第2輯, 2006).

〈Abstract〉

As to Zoumalou bamboo slips' 'Shibu(市布)'

Abe Yukinobu

There are four types of Zoumalou bamboo slips' small bamboo slips with the word 'bu(布)' and 'shi(市)' written on it. First, records related to the warehouses's coin(錢). Second, Slips, for a record of purchase of Fabric(布) from the market(入市布簡). Third, Slips of 'Already-Payment……' type. Forth are the slips that are not clear. The second type of Slips, for a record to bought Fabric(布) from the market(入市布簡), has the same form as Slips, for a record to payment on Diao Tax system(入調簡). It is noted that the person who paid for Fabric were the people(民).

So, what people bought Fabric, that meant that Fabric was much distributed in Changsha, and the people had the same productivity. But if the government wanted to rase a large amount, it wouldn't have been possible to do this just with the amount distributed in Changsah. As a result, officials' purchase of Fabric from the market was not only to meet the needs of government agencies, but also to send its excess logistics to areas where it was seen as insufficient. So Diao Tax system(調) might have included both the meaning of taxes imposed on the people and the idea of buying fabric from the start for logistics coordination.

▶ Key words: Zoumalou bamboo slips, small bamboo slips, Shibu(市布), Fabric, Diao Tax system

신/출/토 문/자/자/료

2015年秦漢魏晉簡牘研究概述

2015年秦漢魏晉簡牘研究槪述[*]

魯家亮 · 李靜 著^{**}

김보람 · 방윤미 · 장호영 譯^{***}

〈국문초록〉

　　본 논고의 주요목적은 2015년 秦漢魏晉간독연구 현황을 간략히 소개하는 것이다. 글의 서술 형식, 분류 기준 및 수록 원칙은 대체로 이전의 개술 논문과 같으나, 일부 누락된 작년의 주요 성과를 보충하였다. 필자의 졸고가 秦漢魏晉간독연구에 흥미 있는 학자들에게 약간이나마 편의를 제공해 줄 수 있기를 바란다. 부족한 부분에 대해서도 독자 여러분에게 양해를 구한다.

▶ 핵심어: 진, 한, 위, 진, 간독

---

*　본고는 武漢大學自主科硏項目(人文社會科學)硏究成果, 寫作得到國家社科基金靑年項目"漢初律令體系硏究"(12CZS014)와 武漢大學 인문사회과학 청년학자 학술발전 계획인"史前至秦漢漢水流域人類文化的跨學科硏究"및"中央高校基本科硏業務費專項資金"의 지원을 받아 작성하였음(supported by"the Fundamental Research Funds for the Central Universities").
**　中国 武漢大學簡帛中心硏究
***　서울대학교 동양사학과

I. 머리말

본고에서는 주로 2015년의 秦漢魏晉 간독연구 현황을 간략히 소개한다. 글의 서술 형식과 분류기준 및 수록원칙은 대체로 이전에 개술한 논문과 같으나, 일부 누락된 지난해의 주요 성과를 보충하였다. 필자의 졸고가 秦漢魏晉 간독연구에 흥미를 느끼는 학자들에게 약간이나마 편리를 제공할 수 있기를 바라며, 누락된 부분이나 부족한 부분에 대해서는 독자 여러분에게 양해를 구한다.

II. 秦簡牘의 研究

陳偉 等이 主編한 《秦簡牘合集》은 4卷 6册으로 구성되어 있으며, 비교적 초기에 발표된 일곱 묶음의 秦簡牘 자료를 다시 체계적으로 정리하였다. 또한 새로운 도판을 공개하였고, 釋文과 주석에 대해서 많은 보충과 수정이 있었다.[1]

(一)雲夢睡虎地4號秦墓木牘과 11號秦墓竹簡

1. 編聯과 綴合

陳侃理는 《語書》14枚簡을 응당 두 부분으로 구분해야 한다고 보았다. 그는 앞의 8枚簡을 1篇으로 하고 그 명칭은 《南郡守騰文書》 정도로 할 수 있고, 뒤의 6枚簡은 응당 《爲吏之道》와 합쳐 1篇으로 하고 《語書》로 명명해야 한다고 하였다. 또한 논문에서 "語"와 "書"의 함의 및 이러한 문헌과 秦簡 중 관련 있는 각 篇의 성격에 대해 토론을 진행하였다.[2]

陳偉는 乙種日書의 《七畜日》에 대한 복원방안을 새롭게 제시하였다. 즉 73號簡을 A·B 양단으로 분할하여, 73A와 75號簡을 綴合하고, 73B와 78號簡을 綴合하였다. 또한 簡의 순서를 66+67, 78+73B, 68+69, 70+71, 72, 74壹, 75壹, 76壹로 조정하였다.[3] 劉國勝은 乙種日書의 66簡과 67簡이 각각 《木日》와 《伐木日》에 속한다고 보았다.[4]

2. 텍스트 비판과 연구

陳偉는 睡虎地秦簡《葉書》의 "葉"을 "世"로 읽어야 한다고 보았다. 이른바 "世書"는 世系를 기록한 書이

---

1) 陳偉等主編, 『秦簡牘合集』 1~4卷, 武漢大學出版社2014年.

2) 陳侃理, 「睡虎地秦簡"爲吏之道"應更名"語書"--兼談"語書"名義及秦簡中類似文獻的性質」, 『出土文獻』 第六輯, 中西書局, 2015年.

3) 陳偉, 「睡虎地秦簡日書乙種〈七畜日〉的復原問題」, 『出土文獻與古文字研究』 第六輯, 上海古籍出版社, 2015年.

4) 劉國勝, 「秦簡札記三題」, 『簡帛』 第十輯, 上海古籍出版社, 2015年.

고, 秦漢시기에 이러한 종류의 문헌은 대개 세 가지 형식이 있다고 하였다. 즉 松柏《葉書》로 대표되는 帝王의 年世만을 기록하는 상황, 岳麓秦簡0418 등으로 대표되는 개인의 大事만을 기록하는 상황, 그리고 睡虎地《葉書》로 대표되는 양자의 병존 상황 등이다.[5] 陳侃理는 관련 釋文에 대한 改釋과 補釋을 통해 墓主 "喜"의 공무경력을 복원하였다. 喜는 史의 신분을 얻고 縣令史에 부임하였던 기간 사이에 鄕史로 있었던 적이 있고, 장기간 令史였다가 37세에 南郡 소속 관원으로 승진하였다.[6]

中國政法大學中國法制史基礎史料研讀會는《秦律十八種》의《金布律》부터《置吏律》까지의 편목에 대해 集釋과 번역을 진행하였다.[7] 陳偉는 睡虎地法律簡에 대한 校讀 의견 26개를 제시하였다. 예컨대《法律答問》42簡의 "一十" 補釋, 105號簡 "告"字 아래의 重文 부호, 109號簡 "葆子" 이하의 "有皋" 등이다. 또한《倉律》63號簡과 관련한 句讀을 조정하고,《工人程》108號簡 중의 "賦" 및《傳食律》179號簡 중의 "卒人"에 대한 새로운 해석을 제시하였다.[8] 山珊은《效律》58-60號簡의 "計脫實", "出實多於律程"과 "不當出而出之" 세 종류의 행위가 모두 官소유의 물자에 실제 손실을 초래했다고 지적하였다. 그리고 이 조문은 회계 장부상의 착오뿐 아니라, 관리감독이 허술한 官嗇夫에 대한 구체적인 처벌 기준이라고 하였다.[9] 王笑는 岳麓秦簡 신간과 결부하여 睡虎地秦簡에 보이는 "弟子"는 "學吏弟子"라고 지적하면서, 이는 관원이 되기 위한 학습을 하는 "備吏"이며 "人屬弟子", "人弟子"라고도 칭할 수 있다고 하였다. "弟子"는 학습기간 동안 요역을 감면받는 등의 특혜가 있었다.[10]

紀歡歡 · 雷海龍은 日書甲種《秦除》篇 15號簡 중의 "市責"을 응당 "治責"으로 改釋해야 한다고 지적하였다.[11] 劉國勝은 日書甲種《吏》篇의 "不詒"는 응당 "不治"로 읽어야 하고, 이는 즉 다스리지 않는 것을 의미한다고 보았다. 또한 "不得復"은 응당 한 구절로 읽어야하고, 이는 회답이 없음을 가리킨다고 하였다.[12] 方勇은 日書甲種《馬禖祝》157-160簡의 釋文에 대한 校釋을 진행하였고, 103簡의 "傷"字를 補釋 하였다.[13]

(二)四川靑川郝家坪秦木牘

南玉泉은 靑川秦木牘《爲田律》을 응당 세 부분으로 나누어야 한다고 하였다. 즉 그에 따르면 "田廣一步"부터 "道廣三步"까지는 제1부분으로, 이는 秦畝積 규정과 田畝규획이다. "封高四尺"부터 "下厚二尺"

---

5) 陳偉, 「秦漢簡牘〈葉書〉芻議」, 『簡帛』 第十輯.

6) 陳侃理, 「睡虎地秦簡〈編年記〉中"喜"的宦歷」, 『國學學刊』 2015年第4期.

7) 中國政法大學中國法制史基礎史料研讀會, 「睡虎地秦簡法律文書集釋(四):〈秦律十八種〉(〈金布律〉-〈置吏律〉)」, 『中國古代法律文獻研究』 第九輯, 社會科學文獻出版社, 2015年.

8) 陳偉, 「睡虎地秦簡法律文書校讀」, 『中國古代法律文獻研究』 第九輯.

9) 山珊, 「睡虎地秦簡〈效律〉考釋一則」, 『國學學刊』 2015年第4期.

10) 王笑, 「秦簡中所見"弟子"淺釋」, 『出土文獻研究』 第十四輯, 中西書局, 2015年.

11) 紀歡歡, 雷海龍, 「小議睡虎地秦簡日書〈秦除〉中的"治責"」 簡帛網(http://www.bsm.org.cn)2015年10月1日.

12) 劉國勝, 「秦簡札記三題」, 『簡帛』 第十輯.

13) 方勇, 「睡虎地秦簡札記二則」 簡帛網2015年11月25日.

까지는 제2부분으로 이는 封埒제도의 규정이며, 그 나머지는 제3부분이다.[14] 汪桂海는《爲田律》에 드러
난 秦田畝제도, 阡陌에 관한 논의를 진행하면서, 三晉, 秦과 漢의 田畝제도를 비교하였다.[15] 許名瑲은 이
목독의 曆日 문제에 관한 考釋을 보충하였다.[16]

(三)甘肅天水放馬灘秦簡牘

方勇은 放馬灘秦簡에 대한 校讀의견 24개를 제시하였는데, 甲種《日書》1건, 乙種《日書》23건에 해당한
다.[17] 鄔文玲은《志怪故事》중 "吾犀武舍人"의 "吾"는 "俉" 혹은 "悟"로 읽을 수 있고, 이것은 "조우하다"
혹은 "만나다"를 의미하는 것으로 보았다. 또한 "犀武論, 其舍人尚命者以丹未當死" 구절의 구독을 조정
하였다.[18] 王寧은 "盈四年"에서 "四支(肢)不用(庸)"까지에 대한 구독을 조정하고 通解하였다.[19] 林獻忠은
木板지도의 두 개 지명에 대해 改釋하였다.[20]

(四)湖北雲夢龍崗秦簡牘

李天虹·曹方向은 적외선도판을 참고하여 龍崗秦簡의 釋字와 編聯에 대한 16개의 의견을 제시하였다.
예컨대 15號簡의 원래 결합에는 오류가 있으므로 응당 2개의 단락으로 나누어야 한다고 지적했다. 또한
27號簡의 "垣", 53號簡의 "馬", 86號簡의 "于", 129號簡의 "刑" 등을 改釋했다.[21]

(五)湖北江陵周家臺秦簡

劉國勝은《三十四年質日》19簡과 49簡 중의 "除"는 응당 人名이라고 주장하였고, 관련 簡文의 句讀에
대한 조정을 진행하였다.[22] 方勇·侯娜는 309-310簡의 "腸辟"와 "泄瀉"는 동일한 것이 아니라고 지적하
였고 簡文의 "中"字는 어쩌면 滿으로 이해해야 할 수도 있다고 하였다.[23] 311簡의 "溫病"에 대해서는 응
당 "傷寒"에 속해야 한다고 하였다. 方勇은 345號簡의 "絲"字는 "縣"으로 읽을 가능성도 있다고 하였고,
367號簡의 "辟邪"는 응당 "䲹鷉"로 석독해야 한다고 지적하였다.[24] 그는 또한《秦簡牘合集》圖版에 의거
하여 340-344簡 중의 "袤"를 "裛(裛)"로 改釋하였고,[25] 350-351, 374, 377-378 등의 簡文에 대해서도 보

---

14) 南玉泉, 「青川秦牘〈爲田律〉釋義及戰國秦土地性質檢討」, 『中國古代法律文獻研究』第九輯.

15) 汪桂海, 「青川秦牘〈爲田律〉與秦田畝制度」, 『出土文獻研究』第十四輯.

16) 許名瑲, 「青川郝家坪〈田律〉曆日考釋」, 簡帛網2015年11月24日.

17) 方勇, 「天水放馬灘秦簡零拾」, 『簡帛』第十一輯, 上海古籍出版社, 2015年; 「天水放馬灘秦簡零拾(四)」, 簡帛網2015年4月2日;
    「讀秦簡札記(三)」, 簡帛網2015年9月3日.

18) 鄔文玲, 「讀放馬灘秦簡〈志怪故事〉札記」, 『國學學刊』2015年第4期.

19) 王寧, 「天水放馬灘秦簡〈丹〉一處斷句與解釋」, 簡帛網2015年6月5日.

20) 林獻忠, 「放馬灘秦墓簡牘札記二則」, 簡帛網2015年9月18日.

21) 李天虹, 曹方向, 「龍崗秦簡再整理校記(續)」, 『中國文字學報』第六輯, 商務印書館, 2015年.

22) 劉國勝, 「秦簡札記三題」, 『簡帛』第十輯.

23) 方勇, 侯娜, 「讀周家臺秦簡〈醫方〉簡札記(二則)」, 『魯東大學學報』2015年第3期.

24) 方勇, 「讀秦簡札記(一)」, 簡帛網2015年8月15日.

충하였다.[26] 陳劍은 345簡의 "絲"形을 "絲"字의 誤字로 의심하고 "蠻"으로 읽었다.[27]

(六)湖南龍山里耶古城秦簡牘

1. 자료공개

張春龍·大川俊隆·籾山明은 里耶秦簡 刻齒簡에 대해 고찰한 성과를 체계적으로 공개하였다. 여기에는 제8층 중 26장의 刻齒 형태에 대한 컬러도판과 해당 층의 해당 刻齒簡의 정보 일람표가 포함되어 있다. 또한 논문에서는 이들과 漢簡에 보이는 刻齒의 차이, 券書의 제작, 校券의 기능 등의 문제를 검토하였다.[28]

2. 編聯與綴合

趙桼然 등은 綴合에 관한 3개 부분에 의견을 제시했다. 즉 8-525와 8-216+8-351의 綴合, 8-2134+8-2102+8-209, 8-1590+8-1839이다.[29] 何有祖는 13개 부분의 綴合 혹은 編聯의견을 제시하였다. 즉 8-1203과 8-110+8-669의 遙綴,[30] 8-53+8-88, 8-367+8-559,[31] 8-51과 8-640+8-641의 遙綴,[32] 8-803+8-866,[33] 8-2098+8-2105, 8-2128+8-2155, 8-2160과 8-1663+8-1925의 綴合,[34] 6-7과 8-560의 連讀,[35] 8-102+8-597, 8-846+8-861,[36] 5-16+5-30, 8-69+8-143+8-2161[37] 등이다. 謝坤은 5개의 부분에 대한 綴合의견을 제시하였다. 즉 8-1488+8-2017, 8-825+8-1513, 8-1487+8-2483,[38] 8-681+8-1641,[39] 8-1816+8-1855[40]이다. 姚磊는 2개 부분의 綴合 의견을 제시하였다. 8-1293+8-1459+8-1466,[41] 8-1590+8-1839이다.[42] 魯家亮은 1개 부분에 대한 綴合의견을 제시하는데,

---

25) 方勇,「讀關沮周家臺秦簡札記一則」,簡帛網2015年12月22日.

26) 方勇,「讀秦簡札記(二)」,簡帛網2015年8月23日.

27) 轉引自方勇,「讀秦簡札記(一)」,簡帛網2015年8月15日.

28) 張春龍, 大川俊隆, 籾山明,「里耶秦簡刻齒簡研究」,『文物』2015年第3期.

29) 趙桼然, 李若飛, 平曉婧, 蔡萬進,「里耶秦簡綴合與釋文補正八則」,『魯東大學學報』2015年第2期.

30) 何有祖,「讀里耶秦簡札記(四則)」,簡帛網2015年6月10日.

31) 何有祖,「讀里耶秦簡札記(一)」,簡帛網2015年6月17日.

32) 何有祖,「讀里耶秦簡札記(二)」,簡帛網2015年6月23日.

33) 何有祖,「讀里耶秦簡札記(三)」,簡帛網2015年7月1日.

34) 何有祖,「讀里耶秦簡札記(四)」,簡帛網2015年7月8日.

35) 何有祖,「讀里耶秦簡札記(五)」,簡帛網2015年7月15日.

36) 何有祖,「讀里耶秦簡札記(六)」,簡帛網2015年8月16日.

37) 何有祖,「里耶秦簡牘綴合(九)」,簡帛網2015年11月23日.

38) 謝坤,「〈里耶秦簡(壹)〉試綴三則」,簡帛網2015年2月8日.

39) 謝坤,「〈里耶秦簡(壹)〉綴合一則」,簡帛網2015年8月4日.

40) 謝坤,「讀〈里耶秦簡(壹)〉札記(二)」,簡帛網2015年9月8日.

41) 姚磊,「里耶秦簡牘綴合札記(一則)」,簡帛網2015年5月29日.

8–2260+12–1786이다.[43]

張馳는 券類文書에 대한 3개 부분의 綴合의견을 제시하였는데, 8–1709과 8–1162+8–1289의 綴合, 8–1031+8–1375, 8–886+8–1220이다.[44] 梁煒傑은 8–887, 8–1118, 8–1231, 8–1593, 8–1704, 8–1137이 응당 같은 부류로《吏缺》簿册에 속할 것이라고 주장하였다.[45]

趙粲然 등은 釋文에 대한 補正 의견을 제시하였는데, 8–2111+8–2136 중의 "咸"을 "成"으로 改釋한 것, 8–740+8–2159에 "稼"를 補釋 한 것, 8–1544에 "胃手"를 補釋 한 것, 8–1207+8–1255+8–1323에서 "正"을 "五"로 改釋 한 것 등이 있다.[46] 陳偉는 8–1293+8–1459+8–1466에서 "廢戍"와 "女陰"을 補釋했다.[47] 何有祖는 8–145+9–2294의 "爲"를 "炭"로 改釋하였고, 8–269의 "計"앞 한글자가 "爲"일 것이라고 주장하였으며, 8–754+8–1007"平"의 뒷글자 하나를 "陸"으로 석독하였다.[48] 그 외에, 그는 里耶秦簡 제1권의 석문에 대한 약간의 교정과 보충을 더하였다.[49] 陳偉는 簡文에 보이는 "令史可", "卒人可"의 "可"는 人名이 아니라 일종의 문서용어이고, 그 의미는 완곡하게 건의하는 것일 것이라고 하였다. 또한 卒人은 秦의 郡長官인 守나 太守에 대한 일종의 옛 명칭일 것이라고 주장하였다.[50] 魯家亮은 여러 간독에 보이는 "問之, 毋當令者"의 구독 및 "恒"字의 용법에 대한 논의를 진행하였다.[51] 趙岩은 "出糧券"류의 간독에 대한 총 5개 부분을 校讀하였다.[52] 劉建民은《里耶秦簡(壹)》의 醫方簡에 대해 논의하였다.[53] 方勇은 8–1507의 "癰"를 "痛"으로 改釋하였다.[54] 또한 里耶秦簡의 釋文에 대한 補釋및 改釋 의견으로는 林獻忠의 6조문,[55] 謝坤의 10조문,[56] 姚磊의 23조문,[57] 韓織陽의 14조문이 있다.[58] 里耶秦簡牘校釋小組는 新刊의 제12, 14, 15, 16층 등의 간독에 대해 선별하여 校釋하였다.[59] 姚磊는 12–849와 12–1257의 釋文을 보충하

42) 姚磊,「里耶秦簡牘綴合札記(二)」, 簡帛網2015年6月7日.

43) 里耶秦簡牘校釋小組,「新見里耶秦簡牘資料選校(三)」, 簡帛網2015年8月7日.

44) 張馳,「里耶秦簡券類文書綴合三則」, 簡帛網2015年7月31日.

45) 梁煒傑,「〈里耶秦簡(壹)〉〈吏缺〉簿册復原」, 簡帛網2015年4月7日.

46) 趙粲然, 李若飛, 平曉婧, 蔡萬進,「里耶秦簡綴合與釋文補正八則」,『魯東大學學報』2015年第2期.

47) 陳偉,「"廢戍"與"女陰"」, 簡帛網2015年5月30日.

48) 何有祖,「〈里耶秦簡(壹)〉校讀札記(三則)」,『出土文獻研究』第十四輯.

49) 何有祖,「讀里耶秦簡札記(四則)」, 簡帛網2015年6月10日;「讀里耶秦簡札記(一)」, 簡帛網2015年6月17日;「讀里耶秦簡札記(二)」, 簡帛網2015年6月23日;「讀里耶秦簡札記(三)」, 簡帛網2015年7月1日;「讀里耶秦簡札記(四)」, 簡帛網2015年7月8日;「讀里耶秦簡札記(五)」, 簡帛網2015年7月15日;「讀里耶秦簡札記(七)」, 簡帛網2015年10月27日;「里耶秦簡牘釋讀札記(二則)(修訂稿)」, 簡帛網2015年11月13日.

50) 陳偉,「"令史可"與"卒人可"」, 簡帛網2015年7月4日.

51) 魯家亮,「讀里耶秦簡札記(三則)」,『出土文獻研究』第十四輯.

52) 趙岩,「里耶秦簡"出糧券"校讀(五則)」,『簡帛研究二〇一五(秋冬卷)』, 廣西師範大學出版社, 2015年.

53) 劉建民,「讀〈里耶秦簡(壹)〉醫方簡札記」,『簡帛』第十一輯.

54) 方勇,「讀里耶秦簡醫藥簡札記一則」, 簡帛網2015年1月19日.

55) 林獻忠,「讀里耶秦簡札記六則」, 簡帛網2015年4月20日.

56) 謝坤,「讀〈里耶秦簡(壹)〉札記(一)」, 簡帛網2015年6月29日;「讀〈里耶秦簡(壹)〉札記(二)」, 簡帛網2015年9月8日.

57) 姚磊,「讀〈里耶秦簡(壹)〉札記(一)」, 簡帛網2015年8月19日;「讀〈里耶秦簡(壹)〉札記(二)」, 簡帛網2015年9月15日.

58) 韓織陽,「〈里耶秦簡(壹)〉文字小識(一)」, 簡帛網2015年9月3日.

였다.[60]

朱紅林은 "視事簡"에 보이는 당시 관리임명, 대우와 봉급, 근무일자통계, 근무기간 중의 병가, 근무시간 누적과 승진 등의 문제에 대해 논의하였다.[61] 何有祖는 여러 간독에 보이는 "(牢)司寇守囚"의 句讀을 조정하고, 秦刑徒의 刑期 문제에 대해 논의하였다.[62] 王偉는 9-3을 사례로 들어 簡文에 나오는 "受陽陵司空司空不名計", "何縣官, 計付署, 計年, 名" 등의 어구에 대해 설명하고, 9-1에서 9-12에 이르는 문서의 성격은 陽陵司空이 遷陵某官에게 "付計"하는 문서라고 지적하였다.[63] 趙炳淸은 秦代 지방행정문서 운용의 형태에 대해 고찰하였는데, 그 내용은 문서의 封檢, 문서의 수발 및 전달기록과 특징, 문서답신의 제작, 문서운용에서의 성격변화, "某手"와 운영규범, 9-1에서 9-12에 이르는 문서의 구체적인 운영 등을 포함한다.[64] 水間大輔는 9-1112簡에 반영된 盜賊追捕제도 및 해당 문서의 제작과 전달과정에 대해 논의하였다.[65] 姚磊는《里耶秦簡(壹)》중의 "檢"을 분류하고 고찰하였다.[66]

單印飛는 遷陵吏志木牘을 기초로 하여 秦代 遷陵縣의 吏員설치상황을 정리·분석하였다.[67] 葉山은 遷陵縣의 안건에 연루된 관원, 律令과 기타법률자료의 인용이라는 두 가지 방면에서 출발하여 里耶秦簡 가운데 秦法과 관련이 있는 證據를 초보적으로 정리하였다.[68] 沈剛은 里耶秦簡을 근거로 하여 당시 호적문서는 里를 단위로 편제했다고 지적하였다. 또한 그는 호적관리와 편제에 있어서 縣, 鄕, 里 각급 단위의 직책을 논술하였다.[69] 魏永康은 里耶秦簡에 보이는 公田의 관리에 대해 분석하고, 토지의 관할기구, 公田노동력의 구성, 公田 수확물의 관리 등을 다루었다.[70]

沈剛은 邊地를 지키기 위해 징발된 編戶民을 更戍라고 칭할 수 있다고 하였다. 屯戍란 戍役의 분담이라는 각도에서 말하는 것이고 宂邊은 변경에서 일정기간 복역함으로써 親屬을 贖免해주는 것, 謫戍, 罰戍와 貲戍는 모두 징벌의 성질을 가지고 있지만, 謫戍가 戍守하는 변경지역은 그 身份과 상관이 있는 반면, 罰戍와 貲戍는 그가 저지를 범죄행위로 인해 받게 된 형벌로, 貲戍은 貲刑의 연장으로 볼 수 있고, 罰戍는 곧 그 외의 범죄행위를 가리켜 말하는 것이라고 설명하였다.[71] 平曉婧·蔡萬進은 出稟, 出貸, 出食은 당시 양식 처리의 세 종류 방식임을 지적하고, 이 세 방식이 대상에 대한 언어 표현과 방법에서 공통

---

59) 里耶秦簡牘校釋小組, 「新見里耶秦簡牘資料選校(三)」, 簡帛網2015年8月7日.

60) 姚磊, 「讀〈新見里耶秦簡牘資料選校(三)〉札記二則」, 簡帛網2015年8月10日.

61) 朱紅林, 「里耶秦簡視事簡硏究」, 『出土文獻與法律史硏究』第四輯, 上海人民出版社, 2015年.

62) 何有祖, 「從里耶秦簡徒作簿"(牢)司寇守囚"看秦刑徒刑期問題」, 簡帛網2015年9月7日.

63) 王偉, 「里耶秦簡"付計"文書義解」, 『魯東大學學報』2015年第5期.

64) 趙炳淸, 「秦代地方行政文書運作形態之考察――以里耶秦簡爲中心」, 『史學月刊』2015年第4期.

65) 水間大輔, 「里耶秦簡9-1112與秦國盜賊追捕制度視」, 『出土文獻與法律史硏究』第四輯.

66) 姚磊, 「〈里耶秦簡[壹]〉所見"檢"初探」, 簡帛網2015年12月28日.

67) 單印飛, 「略論秦代遷陵縣吏員設置」, 『簡帛』第十一輯.

68) 葉山著, 胡川安譯, 「遷陵縣檔案中秦法的證據――初步的硏究」, 『簡帛』第十輯.

69) 沈剛, 「里耶秦簡所見民戶簿籍管理問題」, 『中國經濟史硏究』2015年第4期.

70) 魏永康, 「里耶秦簡所見秦代公田及相關問題」, 『中國農史』2015年第2期.

71) 沈剛, 「里耶秦簡所見戍役種類辨析」, 『簡帛硏究二〇一五(秋冬卷)』.

점과 차이점이 모두 있다고 하였다.[72] 黃浩波는《里耶秦簡(壹)》에 보이는 稟食 대상과 표준, 出稟 부서와 방식, 出稟 기일과 大小月의 영향, 刑徒 稟食 표준의 감소원인, 出貸 기록 등 문제를 논의하였다.[73] 吳方浪·吳方基는 秦통일 후의 稟食은 日로써 計算하였음을 지적하고, 신분과 노동내용에 의거하여 세 종류의 상황으로 구분하였다.[74]

馬碩은 里耶秦簡의 "作徒簿"에 대해 논의하면서, 簡文 선택과 구조분석, 作務의 생산, 행정사무에 참여하는 刑徒 등을 다루었다.[75] 沈剛은 作徒를 보내는 곳과 접수지, 作徒簿의 유형, 秦代 각급 지방기구의 刑徒 관리 분담 등의 문제에 대해 논의하였다.[76]

游逸飛는 秦代 洞庭郡守는 최소 5代가 있었고 洞庭郡治는 적어도 세 차례 옮겨졌을 것이고, 郵書簡 "遷陵以郵行洞庭"의 내용은 洞庭郡 문서가 郵人에 의해 遷陵縣으로 傳遞되는 것을 가리킨다고 하였다. 또 그는 洞庭郡의 屬縣은 약 14개이고 이에 근거하여 洞庭郡의 疆域圖를 간략히 묘사하였다. 나아가 洞庭郡 內部의 屬縣에는 郵書傳遞, 交通과 物流, 司法, 官吏파견, 戶口遷徙와 刑徒勞動 등의 상호왕래가 존재했고, 洞庭郡 遷陵縣에 보이는 戍卒과 官吏는 모두 外郡人으로, 이러한 外來官吏, 戍卒, 黔首와 刑徒가 모두 함께 移民社會를 구성하고 있었음을 지적했다. 또 本地人에게는 합법적인 武力이나 정치권력, 심지어 城內의 거주공간도 거의 없었던 것을 고려하면 당시 그곳은 殖民社會라고까지 간주할 수 있다고 주장했다.[77]

晏昌貴·郭濤은 秦代 遷陵縣 都鄕은 高里, 陽里를 포함하였고, 啓陵鄕은 成里를 포함하였으며, 貳春鄕은 南里, 東成里와 興里를 포함하였다고 지적하였다. 또한 각 鄕의 대략적인 方位, 지리조건, 人戶數量에 대해 분석하였다.[78] 魯家亮은 당시 遷陵縣에 貳春津과 啓陵津이 없었고, 그것들이 응당 貳春鄕과 啓陵鄕에 속해있었다고 지적하였다. 세 鄕과 縣廷 사이의 왕래교통은 비교적 복잡하고 자연조건, 계절변화, 교통방식 등의 요인의 영향을 받았기 때문에 왕래문서에 기록된 시간정보에 근거하여 鄕과 縣廷의 거리를 추정하는 것은 곤란하다고 설명하였다. 세 鄕의 순서는 文書에 각각 다르게 기재되어 있는데 그중 일부는 세 鄕의 자연적 분포상황을 고려한 것으로 추정된다.[79] 姚磊는 里耶秦簡에 보이는 遷陵 세 개 鄕의 鄕名의 省稱과 全稱 현상에 대해 유형을 분류하고 논의하였다.[80] 藤田勝久는 里耶秦簡 중의 交通과 관련한 자료를 정리하였다. 그는 또한 논문에서 鄕에 대한 자료를 모아 縣과 鄕의 관계를 밝혔다.[81]

---

72) 平曉婧, 蔡萬進, 「里耶秦簡所見秦的出糧方式」, 『魯東大學學報』 2015年 第4期.

73) 黃浩波, 「〈里耶秦簡(壹)〉所見稟食記錄」, 『簡帛』 第十一輯.

74) 吳方浪, 吳方基, 「簡牘所見秦代地方稟食標準考論」, 『農業考古』 2015年 第1期.

75) 馬碩, 「Convict labor in the Qin empire:A preliminary study of the "Registers of convict laborers"from Liye」, 『簡帛文獻與古代史』, 中西書局 2015年.

76) 沈剛, 「〈里耶秦簡〉(壹)所見作徒管理問題探討」, 『史學月刊』 2015年 第2期.

77) 游逸飛, 「里耶秦簡所見的洞庭郡--戰國秦漢郡縣制個案研究之一」, 簡帛網 2015年 9月 29日.

78) 晏昌貴, 郭濤, 「里耶簡牘所見秦遷陵縣鄕里考」, 『簡帛』 第十輯.

79) 魯家亮, 「里耶秦簡所見遷陵三鄕補論」, 『國學學刊』 2015年 第4期.

80) 姚磊, 「里耶秦簡中鄕名的省稱與全稱現象--以遷陵縣所轄三鄕爲視點」, 『出土文獻綜合研究集刊』 第三輯, 巴蜀書社 2015年.

(七)湖南岳麓書院藏秦簡

1. 자료공개

2015년 12월 《岳麓書院藏秦簡(肆)》가 출판되었다. 여기에는 竹簡391枚가 수록되어 있는데, 3개의 簡册으로 분류되며 그 내용은 주로 秦律令에 관한 것이다.[82] 그 이전에 陳松長은 해당 권의 기본적인 상황을 소개하고, 일부 簡文의 도판을 간행, 공개하였다.[83] 周海鋒 역시 해당 권의 주요 내용을 소개하고 두 방면의 사례로써 그 가치를 상술하였다.[84] 陳松長은 또한 《岳麓書院藏秦簡(肆)》에 수록된 두 개 조로 구성된 秦二世 시기의 令文에 대해 논하면서, 그 내용과 시대에 대해 상세히 논술하였다.[85] 周海峰은 《田律》의 기본적인 상황을 소개하고 그중 2枚簡의 적외선 도판을 공포하였다. 논문에서는 또한 《田律》에 보이는 法律 문건의 抄錄과 편찬, 秦代의 授田制, 田賦 납부 등의 문제에 대해 분석하였다.[86] 歐揚은 11枚의 法律簡의 釋文 및 그중의 4枚簡의 컬러, 적외선 사진을 공개하고, 簡文에 보이는 "秦比行事"에 대한 논의를 더하였다.[87] 周海峰은 《尉卒律》의 律名, 내용, 新見文書 및 문서의 저장기구 등에 대해 논의하고, 그중 4枚簡의 사진과 일부 簡의 釋文을 공개하였다.[88]

2. 텍스트考釋과 연구

王偉·孫苗苗는 《廿七年質日》의 "波留"와 《卅五年質日》 중의 "去南歸", "白土郵"에 대해 考釋하였다.[89] 史傑鵬은 《爲吏治官及黔首》의 訓釋에 관한 7개 의견을 제시했다. 예컨대 11+12號簡의 "濕", 14號簡 "徹迣不數", 78號簡의 "術(怵)狄(惕)之心不可長" 등이 있다.[90] 王寧은 11+12號簡의 "不濕"을 "不習"으로 읽었다.[91] 方勇은 20號簡 "多草"의 앞은 "髹(漆)下"일 것이라고 하였다.[92] 于洪濤는 《爲吏治官及黔首》를 정리하였는데, 篇名, 내용, 구조, 釋文 등을 다루고 있고, 책 전반에 걸쳐 각 篇에 반영된 秦制와 吏治思想을 상세히 분석하였다.[93] 許道勝은 《夢書》의 釋文과 注釋에 대한 札記에 16개의 의견을 제시하였다.[94]

---

81) 藤田勝久, 「里耶簡牘的交通資料與縣社會」, 『簡帛』 第十輯.

82) 陳松長主編, 『岳麓書院藏秦簡(肆)』, 上海辭書出版社, 2015年.

83) 陳松長, 「〈岳麓書院藏秦簡(肆)〉概述」, 『出土文獻研究』 第十四輯.

84) 周海鋒, 「〈岳麓書院藏秦簡(肆)〉的内容與價值」, 『文物』 2015年第9期.

85) 陳松長, 「岳麓秦簡中的兩條秦二世時期令文」, 『文物』 2015年第9期.

86) 周海峰, 「岳麓書院藏秦簡〈田律〉研究」, 『簡帛』 第十一輯.

87) 歐揚, 「岳麓秦簡所見秦比行事初探」, 『出土文獻研究』 第十四輯.

88) 周海峰, 「岳麓秦簡〈尉卒律〉研究」, 『出土文獻研究』 第十四輯.

89) 王偉, 孫苗苗, 「岳麓秦簡研讀札記(七則)」, 『出土文獻研究』 第十四輯.

90) 史傑鵬, 「岳麓書院藏秦簡〈爲吏治官及黔首〉的幾個訓釋問題」, 『簡帛』 第十輯.

91) 王寧, 「釋岳麓秦簡〈爲吏治官及黔首〉的"不濕"」, 簡帛網2015年8月22日.

92) 方勇, 「讀岳麓秦簡小札一則」, 簡帛網2015年1月20日.

93) 于洪濤, 『岳麓秦簡〈爲吏治官及黔首〉研究』, 花木蘭出版社2015年.

94) 許道勝, 「讀岳麓秦簡〈夢書〉札記」, 『出土文獻研究』 第十四輯.

張春龍·大川俊隆·籾山明은 里耶秦簡의 刻齒簡을 관찰하고, 睡虎地77號漢簡의 자료를 함께 이용하여 《數》117, 118, 119 세 簡文에 대해 해석하였다.[95] 譚競男은 《數》篇의 "耤"字의 유형 중 하나는 접속사를 표시하는 것으로 쓰인다는 가설을 제시하였다. 다른 유형 하나는 "도움 받다", "빌리다"를 표시하는 것이라고 주장하였다.[96] 王子今은 《數》에 보이는 "馬甲"이 騎兵이 乘馬하는 데 사용되었을 가능성이 더 클 것이라고 추측하였다.[97]

胡平生은 《岳麓書院藏秦簡(叁)》을 "爲獄等狀四種"으로 定名하는 것이 적절하지 않다고 지적하고, 일시적으로 그것을 司法文書 혹은 司獄文書라고 칭할 수 있을 것이라고 하였다.[98] 方勇은 《得之强與棄妻奸案》의 "𡚼"字는 "黃"과 "于"로 구성된 글자로 隸定해야 하고, "迂"字의 異體라고 볼 수 있다고 하였다.[99] 朱紅林은 해당 卷 중에 드러난 상금규정, 채무규정, 伍符, 户籍 등록 등의 문제에 대한 해설을 보충하였다.[100] 張伯元은 "伍束符", "支"와 "貸" 및 두 개 案例에 보이는 "縮"과의 관계에 대한 논술을 보충하였다.[101] 沈剛은 《尸等捕盜疑購案》의 내용을 통해 秦代 국가는 법률적인 측면에서 사람의 신분을 "秦人"과 "它邦人"의 두 종류로 구분했음을 지적하면서, "它邦人"은 秦의 户籍에 있지 않는 타국인이라고 하였다.[102] 陳潔은 《識劫冤案》을 통해 簡文에 보이는 "隸"의 신분, 編户民 가정의 식구와 그 구조, "人臣隸圉免"의 함의 등의 문제에 대해 논의하였다.[103] 王彦輝 역시 《識劫冤案》에 반영된 秦의 사회경제 문제에 대해 논의하면서, 大夫 沛의 재산상황 및 그 집안의 경제 유형, 秦의 户籍과 재산 등록, 사회조직 "單" 등을 다루었다.[104]

李洪財는 岳麓秦簡(肆) 중의 紀年 문제에 대해 정리하고, 干支가 맞지 않는 현상과 원인에 대한 초보적인 분석을 진행하였다.[105] 歐揚은 "毋奪田時令"의 編連, 令名과 주요내용에 대해 설명을 보충하고, 또한 "中縣道", "春秋試射" 등 文句의 함의에 대해 논의하였으며, 이 令은 다른 律令과 配合해야만 施行될 수 있음을 지적하였다.[106] 于振波는 岳麓秦簡 율령 문헌의 "負志", "避爲吏"에 대해 설명하였다.[107] 王勇은 "縣官田令" 7組의 令文 중 縣官田의 함의, 田徒와 徒隸의 사용, 縣官 田官吏의 범법처벌 등 세 가지 문제에 대해 분석하였다.[108]

---

95) 張春龍, 大川俊隆, 籾山明, 「里耶秦簡刻齒簡研究」, 『文物』 2015年 第3期.

96) 譚競男, 「岳麓秦簡〈數〉中"耤"字用法試析」, 『簡帛』 第十輯.

97) 王子今, 「岳麓書院秦簡〈數〉"馬甲"與戰騎裝具史的新認識」, 『考古與文物』 2015年 第4期.

98) 胡平生, 「岳麓秦簡(叁)〈爲獄等狀四種〉題名獻疑」, 『出土文獻研究』 第十四輯.

99) 方勇, 「也談秦簡中的"迂"字」, 簡帛網 2015年 8月 5日.

100) 朱紅林, 「讀〈岳麓書院藏秦簡(叁)〉札記」, 『出土文獻研究』 第十四輯.

101) 張伯元, 「岳麓秦簡(三)字詞考釋三則」, 『出土文獻研究』 第十四輯.

102) 沈剛, 「秦人與它邦人--新出秦簡所見秦代人口身份管理制度一個方面」, 『中國古代法律文獻研究』 第九輯.

103) 陳潔, 「岳麓簡"識劫冤案"與戰國家庭組織中的依附民」, 『出土文獻研究』 第十四輯.

104) 王彦輝, 「秦簡"識劫冤案"發微」, 『古代文明』 2015年 第1期.

105) 李洪財, 「岳麓秦簡(肆)中的紀年問題」, 『出土文獻研究』 第十四輯.

106) 歐揚, 「岳麓秦簡"毋奪田時令"探析」, 『湖南大學學報』 2015年 第3期.

107) 于振波, 「"負志"之罪與秦之立法精神」, 『湖南大學學報』 2015年 第3期.

(八)北京大學藏秦簡牘

1. 자료공개

朱鳳瀚은 《從政之經》21매 簡의 적외선사진을 공개하고, 그것과 睡虎地秦簡 《爲吏之道》, 岳麓秦簡 《爲吏治官及黔首》의 관련된 부분을 대조하였다.[109] 그는 또한 《教女》篇의 정리상황을 소개하고, 그중 7매 簡의 적외선사진 및 전체 簡文의 釋文, 注釋, 번역을 공개하였다.[110] 李零은 《酒令》의 전체 사진, 釋文, 注釋 및 번역을 공개하였다.[111] 韓巍는 《魯久次問數于陳起》篇의 釋文과 注釋,[112] 도판과 번역을 따로 나누어 공개하였다.[113] 陳侃理는 4매의 傭作문서 木牘의 적외선 도판 및 석문을 공포하고, 이 문서에 보이는 품삯 및 문서 제작자와 고용자의 관계에 대해 논의하였다.[114] 田天은 《雜祝方》11매 簡의 적외선 도판 및 釋文을 공개하였다.[115] 그는 또한 《祠祝之道》6매 죽간과 1매 竹牘의 사진, 釋文을 공포하면서 編連의 복원과 주요내용에 대해 설명하였다.[116] 劉麗는 古代 의복제작의 斜裁法에 대한 복원을 진행하고, 《製衣》篇의 일부 釋文을 게재하였다.[117] 劉麗는 또한 이 篇의 성격, 가치 등의 문제를 분석하였다.[118] 何晉은 北大秦簡에 보이는 秦始皇 33년 質日의 대체적인 내용을 발표하고, 이러한 문헌의 서사격식, 서사오류, 簡册 形制 등의 문제를 귀납적으로 논의하였다.[119]

2. 텍스트 비판과 연구

郭書春·彭浩·郭世榮·大川俊隆·羅見今·紀志剛·古克禮·肖燦·鄒大海·Joseph W. Dauben 등은 《魯久次問數于陳起》를 둘러싼 필담을 발표하였다.[120] 徐學炳은 해당 篇의 04-136, 04-152등 簡의 주석을 보정하였다.[121] 何有祖는 04-147簡의 "背"를 "脊"으로 改釋하고, 04-146簡의 "閣"을 "閣"으로 改釋하였으며 그것을 "蓋"로 읽었다.[122] 方勇은 "閣"을 응당 "閤"으로 읽어야 한다고 보았고, 또한 "高"는 "亭"字의

---

108) 王勇, 「岳麓秦簡〈縣官田令〉初探」, 『中國社會經濟史研究』 2015年第4期.

109) 朱鳳瀚, 「三種"爲吏之道"題材之秦簡部分簡文對讀」, 『出土文獻研究』 第十四輯.

110) 朱鳳瀚, 「北大秦簡〈教女〉初識」, 『北京大學學報』 2015年第2期.

111) 李零, 「北大秦簡〈酒令〉」, 『北京大學學報』 2015年第2期; 「詩與酒--從清華楚簡〈耆夜〉和北大秦簡〈酒令〉想起的」, 『湖南大學學報』 2015年第3期.

112) 韓巍, 「北大藏秦簡〈魯久次問數于陳起〉初讀」, 『北京大學學報』 2015年第2期.

113) 韓巍, 鄒大海整理, 「北大秦簡〈魯久次問數于陳起〉今譯, 圖版與專家筆談」, 『自然科學史研究』 2015年第2期.

114) 陳侃理, 「北京大學藏秦代傭作文書初釋」, 『出土文獻研究』 第十四輯.

115) 田天, 「北大藏秦簡〈雜祝方〉簡介」, 『出土文獻研究』 第十四輯.

116) 田天, 「北大藏秦簡〈祠祝之道〉初探」, 『北京大學學報』 2015年第2期.

117) 劉麗, 「淺談上古服裝的斜裁法」, 『出土文獻研究』 第十四輯.

118) 劉麗, 「北大藏秦簡〈製衣〉簡介」, 『北京大學學報』 2015年第2期.

119) 何晉, 「秦簡質日小識」, 『出土文獻研究』 第十四輯.

120) 韓巍, 鄒大海整理, 「北大秦簡〈魯久次問數于陳起〉今譯, 圖版與專家筆談」, 『自然科學史研究』 2015年第2期.

121) 徐學炳, 「北大秦簡〈魯久次問數于陳起〉補釋」, 簡帛網2015年4月21日.

122) 何有祖, 「北大秦簡〈魯久次問數于陳起〉補釋二則」, 簡帛網2015年11月2日.

오류라고 하였다.[123] 龐壯城은 해당 篇의 문답순서 및 다섯 군데의 簡文에 대해 설명하였다.[124] 曹方向은 145+139簡의 "水繩", "六簡"에 대해 보충설명하고, 그것과 甲種《算書》의 관계에 대해 초보적인 분석을 시도하였다.[125]

雍淑鳳은 《泰原有死者》의 "泰原", "死人之所惡……鬼輒奪而入之少内"을 句讀하고 그 함의를 설명하였다.[126] 方勇은 北大醫方簡에서의 "瘡而扁血不出者"의 "瘡"를 "痍"로 改釋하였다.[127] 高一致는 《教女》에 대해 13개 조 釋文을 수정하고 해당 篇의 篇名, 成書年代, 배경과 성격에 대해 논의하였다.[128]

(九)湖南益陽兎子山遺址簡牘

1. 자료공개
張春龍·張興國은 益陽兎子山遺址9號井簡牘의 정리 개황과 주요내용을 소개하였다.[129]

2. 텍스트 비판과 연구
陳偉는 《秦二世元年十月甲午詔書》의 校讀을 진행하여, "故罪", "少繇(徭)賦", "援黔首"등의 문구를 改釋하였다.[130] 何有祖는 "行事" 아래 두 글자를 "毋以"로 改釋하였다.[131] 孫家洲는 《秦二世元年文書》와 《史記》기록이 상충하는 문제에 대해 새롭게 분석하였다.[132]

III. 漢簡牘의 研究

(一)敦煌漢簡帛
李亦安은 《英國國家圖書館藏斯坦因所獲未刊漢文簡牘》의 《蒼頡篇》殘簡을 綴合하여, 2242+3543, 2522+3561, 2284+3171, 3175+3701, 3446+3122 등 5매의 산을 조합해냈다. 이 밖에도 철합의 여지가 있는 殘簡들을 조합하여 3매의 간을 제시하였다.[133] 許名瑲은 敦煌漢簡2263簡에 보이는 《永始四年曆日》중

---

123) 方勇, 「讀北大秦簡〈魯久次問數于陳起〉札記二則」, 簡帛網2015年11月9日.

124) 龐壯城, 「北大秦簡〈魯久次問數于陳起〉考釋零箋(六則)」, 簡帛網2015年11月17日.

125) 曹方向, 「初讀北大秦簡〈魯久次問數于陳起〉」, 簡帛網2015年11月18日.

126) 雍淑鳳, 「北大藏秦牘〈泰原有死者〉及其研究讀後記二則」, 簡帛網2015年12月1日.

127) 方勇, 「讀北大藏秦簡〈醫方〉簡札記一則」, 簡帛網2015年4月15日.

128) 高一致, 「初讀北大藏秦簡〈教女〉」, 簡帛網2015年8月13日.

129) 張春龍, 張興國, 「湖南益陽兎子山遺址九號井出土簡牘概述」, 『國學學刊』 2015年第4期.

130) 陳偉, 「〈秦二世元年十月甲午詔書〉校讀」, 簡帛網2015年6月14日.

131) 何有祖, 「〈秦二世元年十月甲午詔書〉補釋」, 簡帛網2015年11月24日.

132) 孫家洲, 「兎子山遺址出土〈秦二世元年文書〉與〈史記〉紀事抵牾釋解」, 『湖南大學學報』 2015年第3期.

殘失된 簡文을 복원하였다.[134] 白軍鵬은《敦煌漢簡》의 釋文 20곳을 改釋·補釋하였다.[135]

(二)居延漢簡

1. 자료공개

2015년 12월《居延漢簡(貳)》이 출판되었다. 이 책은 史語所簡牘整理小組가 신기술을 이용하여 居延漢簡을 재정리한 최신 성과물로, 모두 101號부터 210號까지의 簡牘 및 함께 출토된 문물 2943건을 수록하였다.[136]

2. 編聯과 綴合

顏世鉉은 이하 14매의 綴合簡을 제시하였다: 72.47+72.33, 85.20+85.18, 85.31+85.25, (4.39+52.65)+(4.24+4.5+4.8+52.51), 11.3+乙附14,[137] 39.46+39.14, 68.101+68.80, 100.13+100.12,[138] 3.1+3.3,[139] 11.34+11.7,[140] 55.8+78.1, 76.12+76.23, 78.49+78.31, 80.14+80.8 등.[141] 石昇烜은 이하 2매의 綴合簡을 만들었다: 29.10+29.8, 61.17+188.18.[142]

3. 텍스트 비판과 연구

于淼는 220·18號簡의 "鉊"字를 "銘"으로 고쳐야 하는 것이 아닌지 의심하고, 혹 "筥"와 통하는 글자로서 杯器를 담는 바구니(籠)을 지칭하는 것일 수 있다고 보았다.[143] 李迎春은 241·10號簡의 釋文을 교정하고 이것이 《漢書》에 게재된 西漢 廣陵王 劉胥의 臨終歌詩와 밀접한 관련이 있음을 밝혔다.[144] 樂游는 261·15號簡의 "延光"을 "臣光"으로 改釋하였다.[145] 또 266·14號簡을 새로이 분석하여, 이 簽牌는 漢代 邊塞에서 손상된 兵器를 교환하는 과정에서 실제로 사용된 簽牌임을 밝히고, 論文에서는 이러한 "簽牌

---

133) 李亦安, 「英國國家圖書館藏〈蒼頡篇〉殘簡拼綴五則(附存疑三則)」, (http://www.gwz.fudan.edu.cn, 以下簡稱"復旦網")2015年6月16日.

134) 許名瑲, 「敦煌漢簡2263〈永始四年曆日〉復原試擬」, 『出土文獻』第七輯, 中西書局, 2015年.

135) 白軍鵬, 「"敦煌漢簡"釋文校訂(二十則)」, 『中國文字研究』第二十二輯, 上海書店出版社, 2015年.

136) 簡牘整理小組編, 『居延漢簡(貳)』, 中央研究院歷史語言研究所, 2015年.

137) 顏世鉉, 「〈居延漢簡(壹)〉綴合補遺」, 簡帛網2015年1月26日.

138) 顏世鉉, 「〈居延漢簡(壹)〉綴合補遺三則」, 簡帛網2015年2月13日.

139) 顏世鉉, 「〈居延漢簡(壹)〉綴合補遺一則」, 簡帛網2015年2月15日.

140) 顏世鉉, 「〈居延漢簡(壹)〉綴合補遺一則」, 簡帛網2015年6月2日.

141) 顏世鉉, 「〈居延漢簡(壹)〉綴合補遺第1-4則」, 簡帛網2015年9月11日

142) 石昇烜, 「〈居延漢簡(壹)〉綴合補遺二則」, 簡帛網2015年5月29日.

143) 于淼, 「漢隸零釋四則」, 復旦網2015年4月9日.

144) 李迎春, 「居延漢簡所見廣陵王臨終歌詩及相關問題研究」, 『國學學刊』2015年第4期.

145) 樂游, 「河西簡牘研讀札記五則」, 『出土文獻綜合研究集刊』第三輯.

(楬)"의 形制와 용도, 漢代 邊塞 병기관리제도 등의 문제를 논의하였다.[146]

(三)山東臨沂銀雀山1號漢墓簡牘

張海波는《孫臏兵法·篡卒》의 8매 간을 3組로 나눌 수 있는데 이들은 서로 다른 篇章에 속하고, 그중 322와 323간 2매로 구성된 하나의 組만이《篡卒》에 속한다고 확정할 수 있다고 보았다.[147] 馮勝君·張海波는 800호간에 보이는 "繳張"는 응당 일종의 輪軸·絞車 등의 장치를 이용하여 당기는 弩라고 추정하였다.[148] 陳偉武는《銀雀山漢墓竹簡[貳]》에 대한 札記 12則을 내놓았다. 여기에는《將失》1001簡,《地典》1116-1117簡 등이 포함되었다.[149] 龐壯城은 北大漢簡《節》篇의 "十二勝"에 근거하여, 이와 대응하는 銀雀山漢墓《地典》篇의 簡文을 교정·보충하였다.[150] 白於藍은 校讀의견 6則을 제시하면서《爲國之過》1056-1057簡,《定心固氣》2137-2139簡 등을 다루었다.[151] 蔡偉는《定心固氣》중 "一志誠必, 脩(修)獨內奮"이라는 구절에 대해 글자 釋讀과 끊어 읽기 문제를 보충하였다.[152] 鄔可晶은 "陰陽時令, 占候類"簡에 대해 札記 7則을 제시하고,《曹氏陰陽》,『』禁,『』占書》 등의 篇을 다루었다.[153] 龐壯城은《占書》와《曹氏陰陽》의 문자를 隸定하고, 그 含義와 考釋에 관해 여러 가지 새로운 의견을 제시하였다.[154] 高一致는《相狗方》에 관해 8건의 校讀의견을 제시하였다.[155]

(四)河北定縣八角廊40號漢墓竹簡

劉嬌는《儒家者言》22·23·24章이《孝經》의 傳注 혹은 解說임을 논증하였다. 단 22·23 2개 章은 다른 儒家著作을 摘錄한 것일 수도 있다고 보았다.[156]

(五)湖南長沙馬王堆漢墓簡帛

王樹金은 漢代 서적분류방법에 근거하여 帛書에 보이는 서적의 새로운 분류를 시도하였다.[157] 鄔可晶은《德聖》篇의 사상·체재 및 簡本《五行》의 "經"·"說"과의 관계를 논의하였다.[158] 何有祖는《春秋事語》

---

146) 樂游, 「漢簡"折傷兵物楬"試探」, 『簡帛』 第十一輯.

147) 張海波, 「讀〈孫臏兵法〉札記兩則」, 『中國文字』 新41期, 藝文印書館, 2015年.

148) 馮勝君, 張海波, 「銀雀山漢簡"繳張"新解」, 『簡帛』 第十輯.

149) 陳偉武, 「銀雀山漢簡釋讀小札」, 『出土文獻與古文字研究』 第六輯.

150) 龐壯城, 「北大漢簡〈節〉考釋零箋」, 簡帛網2015年11月25日.

151) 白於藍, 「銀雀山漢簡[貳]校讀六記」, 『簡帛』 第十輯.

152) 蔡偉, 「〈銀雀山漢墓竹簡[貳]·定心固氣〉補釋一則」, 『簡帛』 第十輯.

153) 鄔可晶, 「銀雀山漢簡"陰陽時令, 占候之類"叢札」, 『出土文獻』 第七輯.

154) 龐壯城, 「銀雀山漢簡〈占書〉考釋零箋」, 簡帛網2015年12月3日; 「銀雀山漢簡〈曹氏陰陽〉考釋零箋」, 簡帛網2015年12月3日.

155) 高一致, 「讀銀雀山漢簡〈相狗方〉小札」, 簡帛網2015年8月10日.

156) 劉嬌, 「漢簡所見〈孝經〉之傳注與解說初探」, 『出土文獻』 第六輯.

157) 王樹金, 「馬王堆漢墓帛書分類探究」, 『湖南省博物館館刊』 第十一輯, 岳麓書社2015年.

158) 鄔可晶, 「馬王堆帛書〈德聖〉篇研究--兼談郭店簡〈太一生水〉的分篇, 分章及其與〈老子〉的關係」, 『簡帛文獻與古代史』.

"殺里克"章의 "責"字, [159] 그리고 "燕大夫"章의 文句와 缺字를 補釋하였다. [160]

辛德勇은 馬王堆帛書《五星占》과《太陰刑德歲徙表》에 나온 "張楚" 두 글자는 응당 注解的 성격을 가지고 있는 것으로, 결코 "尊重張楚法統"와 같은 정치적 관념을 내포한 것은 아니라고 설명하였다. [161] 王挺斌은《五星占》의 "地盼動"가 곧 "地變動"이라고 지적하였다. [162] 劉嬌는 馬王堆帛書《天文氣象雜占》의 圖像자료를 이용하여, 傳世文獻 中 "絳衣"는 "縫衣"의 잘못이고, 妖星 "天翟"은 "天瞿"의 잘못이라고 설명하였다. [163] 程少軒은 圖像의 색상, 圖像人物의 신분·의복, 그리고 喪期 등의 방면에서 접근하여《喪服圖》을 복원할 새로운 방안을 제시하였다. [164] 高一致는《相馬經》에 대해 보충의견 13則을 제시하였다. [165]

范常喜는《五十二病方》"身有痛者"라는 祝文을 文字차원에서 새로운 斷讀과 分析을 시도하였다. [166] 周波는《却穀食氣》의 篇名을《去穀食氣》로 고칠 수 있다고 보고, 아울러《養生方》의 釋文과 注釋 및 철합에 대해 札記4則을 제시하였다. [167] 于淼는《房內記》中 "甂"字의 釋讀은 믿을 만하며 응당《說文·缶部》"罋"字의 異體라고 보았다. [168] 張顯成은《天下至道談》마지막 章의 제1簡 6번째 글자는 "失"이 아니라 "先"이라고 주장하였다. [169] 趙爭은 馬王堆帛書《足臂十一脈灸經》·《陰陽十一脈灸經》의 연대 판정을 예로 들어, 古書의 成書과정 및 流傳의 복잡함을 충분히 고려하면서 동시에 오랜 시간에 걸쳐 변화하는 古書의 成書觀을 의식해서 문제를 분석해야 한다고 지적하였다. [170]

蕭旭은《長沙馬王堆漢墓簡帛集成》을 底本으로 삼아 교정과 보충의견을 제시하면서,《陰陽五行》甲篇, [171]《五星占》과《天文氣象雜占》, [172]《太一祝圖》, [173]《相馬經》, [174]《胎産書》와《養生方》, [175]《刑德占》甲篇,《木人占》1號와 3號墓遺册 [176] 등을 다루었다.

---

159) 何有祖,「釋〈春秋事語〉"殺里克"章的"責"字」, 簡帛網2015年10月1日.

160) 何有祖,「帛書〈春秋事語〉"燕大夫"章補說」, 簡帛網2015年10月2日.

161) 辛德勇,「馬王堆帛書"張楚"注記與〈史記·秦楚之際月表〉之尊漢, 尊楚問題」, 『出土文獻』第六輯.

162) 王挺斌,「說馬王堆帛書〈五星占〉的"地盼動"」, 『簡帛』第十一輯.

163) 劉嬌,「根據馬王堆帛書〈天文氣象雜占〉中的圖像資料校讀相關傳世古書札記二則」, 『出土文獻與古文字研究』第六輯.

164) 程少軒,「馬王堆漢墓〈喪服圖〉新探」, 『出土文獻與古文字研究』第六輯.

165) 高一致,「馬王堆帛書〈相馬經〉初讀」, 簡帛網2015年8月7日.

166) 范常喜,「〈五十二病方〉"身有痛者"祝由語補疏」, 『湖南省博物館館刊』第十一輯.

167) 周波,「〈馬王堆漢墓帛書[肆]〉整理札記(二)」, 『出土文獻與古文字研究』第六輯.

168) 于淼,「漢隸零釋四則」, 復旦網2015年4月9日.

169) 張顯成,「是"失"還是"先"--馬王堆醫書釋讀一則」, 『出土文獻』綜合研究集刊』第三輯.

170) 趙爭,「古脈書〈足臂十一脈灸經〉與〈陰陽十一脈灸經〉相對年代問題考論」, 『出土文獻』第七輯.

171) 蕭旭,「馬王堆帛書〈陰陽五行〉甲篇校補」, 復旦網2015年3月26日.

172) 蕭旭,「馬王堆帛書〈五星占〉,〈天文氣象雜占〉校補」, 復旦網2015年4月6日.

173) 蕭旭,「馬王堆帛書〈太一祝圖〉校補」, 復旦網2015年2月28日.

174) 蕭旭,「馬王堆帛書〈相馬經〉校補」, 復旦網2015年1月27日.

175) 蕭旭,「馬王堆帛書〈胎産書〉,〈養生方〉校補」, 復旦網2015年2月3日.

176) 蕭旭,「馬王堆簡帛解故」, 『湖南省博物館館刊』第十一輯.

(六)湖北江陵鳳凰山漢墓竹簡

施謝捷은 鳳凰山8·9·10號 세 무덤에서 출토된 竹簡 中 雙字名과 秦漢印을 상호 비교·논증하였는데 총 17組를 정리하였다.[177]

(七)居延新簡

1. 자료공개

2015년 11월, 《肩水金關漢簡(肆)》이 출판되었다. T33-37, H1, H2와 F1 총 2065개의 편호된 簡牘의 컬러 및 적외선 도판, 그리고 釋文과 綴合성과를 수록하였다.[178]

2. 編聯과 綴合

何茂活은 肩水金關漢簡73EJT9:264+268을 綴合하였다.[179] 伊强은 綴合하여 27매의 간을 제시하였다. 즉 T1:16+24, T1:25+284, T1:172+127, T2:92+88, T8:74+113, T8:76+65,[180] T21:429+322, T24:187+173, T24:570+571, T25:80+72, T26:127+117, T26:227+194, T26:249+255, T29:20+76, T29:22+21, T31:85+90, T32:61+64, T32:6+24,[181] T23:496+1059+506,[182] T26:190+198+163,[183] T23:321+294, T21:33+57,[184] T30:86+112, T30:21+87, T30:148+172, T30: 24+122, T30:129+107[185] 등이다.

許名瑲은 《肩水金關漢簡(叄)》과 관련하여 2매의 간을 綴合해냈다. 즉 T26:259+155, T26:268+264+266이다.[186] 何茂活은 동일 卷의 간을 綴合하여 5매를 제시하였다. T30:261 中 削衣의 위치를 조정하고,[187] T25:43+191, T25:108+211, T25:159+116, T25:244+243 등을 綴合하였다.[188] 이밖에, 何氏는 簡册에 근거하여 일부의 簡을 曆譜簡으로 분류하였는데 예컨대 T27:71+T29:67+T29:69, T26:6과 T26:254,

---

177) 施謝捷, 「江陵鳳凰山西漢簡牘與秦漢印所見人名(雙名)互證(之二)」, 『出土文獻與古文字研究』 第六輯.

178) 甘肅簡牘博物館, 甘肅省文物考古研究所, 甘肅博物館, 中國文化遺産研究院古文獻研究室, 中國社會科學院簡帛研究中心 編, 『肩水金關漢簡(肆)』, 中西書局, 2015年.

179) 何茂活, 「肩水金關漢簡綴合校釋一則」, 復旦網2015年1月7日.

180) 伊强, 「〈肩水金關漢簡(壹)〉綴合六則」, 簡帛網2015年10月6日.

181) 伊强, 「肩水金關漢簡綴合十四則」, 簡帛網2015年1月19日.

182) 伊强, 「〈肩水金關漢簡綴合十四則〉補充」, 簡帛網2015年6月17日.

183) 伊强, 「〈肩水金關漢簡綴合十四則〉再補」, 簡帛網2015年10月20日; 이 簡은 何茂活 先生 또한 綴合한 바 있지만 釋文이 다르다. 何茂活, 「金關漢簡綴合補釋一例--伊强先生文意申補」, 簡帛網2015年10月26日 참조.

184) 伊强, 「肩水金關漢簡綴合兩則」, 簡帛網2015年8月27日

185) 伊强, 「〈肩水金關漢簡(叄)〉綴合五則」, 簡帛網2015年6月6日.

186) 許名瑲, 「〈肩水金關漢簡(叄)〉綴合二則」, 簡帛網2015年6月11日.

187) 何茂活, 「金關漢簡削衣重綴一例」, 簡帛網2015年11月3日.

188) 何茂活, 「肩水金關T25斷簡綴合四則」, 簡帛網2015年11月6日.

T26:178과 T26:218, T26:153과 T26:223, T29:52와 T29:106이다.[189]

何茂活은 肩水金關出土《漢居攝元年曆譜》를 綴合·復原· 考釋하고, 아울러 이 曆譜의 특징과 가치를 논하였다.[190] 楊小亮도 이 曆日文書를 綴合·復原하고, 아울러 曆日과 日忌를 編聯한 원인을 상세히 설명하였다.[191] 何茂活은 T24:800를 T24:842와 綴合하고 또 T24:843와 이어서 읽을 수 있다고 보았다. 또 31 號探方 가운데 8매의 簡이 동일한 簡册에 속할 수 있는 가능성도 제시하였다.[192] 許名瑲은 T 29:69, T 27:71이 《甘露二年曆日》簡册에 속하는 지 의문을 제기하였다.[193]

3. 텍스트 비판과 연구

樂游는 EPT48:56의 "泉陵"을 補釋하고 73EJT21:114의 "善"을 "舍"로 改釋하였다.[194] 劉倩倩은 EPT43:93을 이용하여 73EJT1:1-3에 보이는 《甘露二年丞相御史律令》를 校注하였다.[195] 鐘良燦은 《居延新簡》의 "寒吏"기록을 정리하였다.[196] 伊强은 73EJT1:126의 "滿"을 "備"로, 73EJT4:184A의 "糧"을 "煩"으로, 73EJT24:739의 "效"를 "敬"으로, 73EJT31:66의 "遣"을 "置"로 改釋하였다.[197] 周艶濤는《肩水金關漢簡(貳)》의 잔결글자에 관해 補釋4則을 제시하였고,[198] 張俊民은 이 卷의 釋文에 대해 26개의 이견을 제시하였다.[199]

劉樂賢은 73EJT23:328과 73EJT23:388簡의 釋文을 校釋하고, 두 개의 封檢에 보이는 "過大公"은 동일인일 가능성을 제기하고 "過"는 姓, "大公"은 字라고 보았다.[200] 그는 또한 《漢書·王莽傳》에 근거하여 73EJT23:767簡의 簡文을 校釋하고, 아울러 이 簡에 기록된 내용이 《漢書·王莽傳》의 王莽登基詔書에서 나온 것임을 밝혔다.[201] 伊强은 73EJT23:878에 보이는 내용과 관련된 역사적 사실을 고찰하고, 陳伯陽, 王孫慶, 大司空假屬, 大司徒屬, 臨邑 等을 다루었다.[202] 鄔勖는 肩水金關漢簡과 관련하여 札記3則을 제시하면서, 73EJT26:31簡에 기재된 武帝兄弟子賜馬事, 孔子와 관련 있는 簡文 6類, 그리고 73EJT31:163簡에 보이는 《功令》조문 등을 다루었다.[203] 姚磊는 73EJT23:258, 73EJT29:8의 "租", 73EJT8:73의 "四"를

---

189) 何茂活, 「〈肩水金關漢簡(叁)〉曆譜簡零綴」, 復旦網2015年12月9日.

190) 何茂活, 「肩水金關出土〈漢居攝元年曆譜〉綴合與考釋」, 『考古與文物』 2015年第2期.

191) 楊小亮, 「西漢〈居攝元年曆日〉綴合復原研究」, 『文物』 2015年第3期.

192) 何茂活, 「肩水金關第23, 31探方所見典籍殘簡綴聯與考釋」, 『簡帛研究二〇一五(秋冬卷)』.

193) 許名瑲, 「〈肩水金關漢簡(叁)〉〈甘露二年曆日〉簡册復原」, 簡帛網2015年4月27日.

194) 樂游, 「河西簡牘研讀札記五則」, 『出土文獻綜合研究集刊』 第三輯.

195) 劉倩倩, 「〈甘露二年丞相御史律令〉校注」, 復旦網2015年1月12日.

196) 鐘良燦, 「〈居延新簡〉所見"寒吏"」, 『南都學壇』 2015年第2期.

197) 伊强, 「〈肩水金關漢簡〉文字考釋五則」, 簡帛網2015年2月19日.

198) 周艶濤, 「〈肩水金關漢簡(貳)〉釋文補正四則」, 『敦煌研究』 2015年第2期.

199) 張俊民, 「〈肩水金關漢簡(叁)〉釋文獻疑」, 簡帛網2015年1月19日.

200) 劉樂賢, 「釋金關漢簡中與"過大公"有關的兩枚封檢」, 『出土文獻』 第七輯.

201) 劉樂賢, 「肩水金關漢簡中的王莽登基詔書」, 『文物』 2015年第3期.

202) 伊强, 「肩水金關漢簡73EJT23:878與相關史事的考察」, 簡帛網2015年3月5日.

改釋하였다.[204] 伊强은 肩水金關漢簡 중 "囚錄"와 관련 있는 簡文을 모아 정리하였다.[205]

何茂活은 24와 31號探方 중의 典籍簡을 계통적으로 정리하고, 綴合과 編聯에 기초하여 간문의 내용과 주지 등을 논의하였다.[206] 劉嬌는 《肩水金關漢簡(叄)》 중 《孝經》과 관련 있는 5매의 簡文을 논의하고, 이 簡文이 《孝經》의 傳注 혹은 解説일 가능성을 제시하였다.[207] 黃浩波 역시 31號探方에서 출토된 7매와 함께 《孝經》과 관련 있는 簡文을 고찰하였다.[208]

程少軒은 《肩水金關漢簡(叄)》 중 術數類 간독을 총 29枚로 정리하고, 아울러 이들 간독을 분류하고 그 연대를 추정하였다.[209] 許名瑲은 이 卷 중 여러 曆日簡의 연대를 고찰하고, 73EJT26:6,[210] 73EJT30: 187,[211] 73EJT32:8, 73EJT32:9, 73EJT32:40[212]을 다루었다. 黃艷萍 또한 동일 卷의 紀年簡을 考釋·校訂하여 총 18매를 정리하였다.[213] 羅見今, 關守義 또한 이 권의 紀年簡 問題에 주목, 논문에서 부분적으로 散亂 혹은 殘斷된 紀年簡을 분류하고 그 年號를 단정하였다.[214]

(八)安徽阜陽雙古堆1號漢墓簡牘

1. 자료공개

정리자는 阜陽雙古堆漢簡 《呂氏春秋》와 관련된 자료를 공개하였는데, 여기에는 98枚의 殘簡 釋文과 그 중 7枚簡의 사진이 포함되었다. 논문에서는 독립적으로 구성된 篇인 《十二紀》, 異文과 3호목독과의 관계를 분석하였다.[215]

2. 編聯과 綴合

李亦安은 北大簡에 근거하여 阜陽簡 《蒼頡篇》 殘簡에 대해 여러 매의 拼綴의견을 제시하였다. 예를 들어 C007+C095+C037,[216] C044+C075,[217] C100+C107,[218] C076과 C042의 遙綴,[219] C008과 C053의 遙

---

203) 鄔勖, 「讀金關漢簡札記三則」, 『出土文獻與法律史研究』 第四輯.
204) 姚磊, 「讀〈肩水金關漢簡〉札記(一)」, 簡帛網 2015年 11月 2日.
205) 伊强, 「肩水金關漢簡中的"囚錄"及相關問題」, 『出土文獻』 第七輯.
206) 何茂活, 「肩水金關第23, 31探方所見典籍殘簡綴聯與考釋」, 『簡帛研究二〇一五(秋冬卷)』.
207) 劉嬌, 「漢簡所見〈孝經〉之傳注與解說初探」, 『出土文獻』 第六輯.
208) 黃浩波, 「〈肩水金關漢簡(叄)〉所見〈孝經〉解說殘簡」, 復旦網 2015年 4月 22日.
209) 程少軒, 「〈肩水金關漢簡(叄)〉術數類簡牘初探」, 『簡帛研究二〇一五(秋冬卷)』.
210) 許名瑲, 「〈肩水金關漢簡(叄)〉73EJT26:6曆日簡年代考釋」, 簡帛網 2015年 1月 29日.
211) 許名瑲, 「〈肩水金關漢簡(叄)〉73EJT30:187曆日簡年代考釋」, 簡帛網 2015年 3月 10日.
212) 許名瑲, 「〈肩水金關漢簡(叄)〉探方T32曆日簡牘年代考釋三則」, 簡帛網 2015年 3月 5日.
213) 黃艷萍, 「〈肩水金關漢簡(叄)〉紀年簡校考」, 『敦煌研究』 2015年 第2期.
214) 羅見今, 關守義, 「〈肩水金關漢簡(叄)〉曆簡年代考釋」, 『敦煌研究』 2015年 第4期.
215) 中國文化遺産研究院, 阜陽地區博物館, 阜陽漢簡整理組(胡平生執筆), 「阜陽雙古堆漢簡〈呂氏春秋〉」, 『古文字與古代史』 第四輯, 中央研究院歷史語言研究所 2015年.

綴,[220] C016+C092, C036+C040,[221] C015+C013+C017의 拼綴의견[222] 등을 제시했다. 이밖에 李氏는 또한 釋文의 釋讀, 簡序의 編排와 復原을 논의하였다.[223] 周飛 역시 北大漢簡을 참고하여 阜陽簡《蒼頡篇》을 綴連하고, 아울러 완전한 形制를 추정하였다.[224] 劉金華는 反印文 정보에 근거하여 《萬物》篇의 3組의 간문 간 관계를 복원하였는데, 즉 簡W001, W019, W020 그리고 簡W098, W099, W014, 및 簡W005, W093, W006이다.[225]

(九)甘肅敦煌馬圈灣 漢代烽燧遺址簡牘

王子今은 馬圈灣簡에 보이는 "膏餠"는 "動物油脂"를 주요재료로 사용하여 만든 麵食일 가능성이 크다고 보았다.[226] 胡平生은 119, 122, 133, 135 등의 簡 가운데 "孚" 혹은 "軍"으로 고석한 글자를 "罩"으로 改釋해야 한다고 보고, 104簡에서 관련 簡文은 "扭牀"으로 고석하고, 974簡의 "赤跣"는 "赫跣"로 읽어야 한다고 보았다.[227] 許名瑲은 64號簡에 기재된 漢代 日食기록을 曆法의 각도에서 고증하였다.[228] 林獻忠은 《敦煌馬圈灣漢簡集釋》의 釋文에 대해 12가지의 수정의견을 제시하였다.[229]

(十)湖北江陵張家山247號漢墓竹簡

伊强은《二年律令·傅律》359–362號簡 "次其父所以"의 "次"를 "恣"로 읽을 수 있고, 이 句의 의미는 "聽憑其父所用"이라고 설명하였다.[230] 馬孟龍은 《秩律》에 보이는 소위 "侯國"을 분석하여, 《秩律》기록의 地名은 모두 漢廷直轄의 縣邑이며, 侯國은 포함되어 있지 않다고 밝혔다. 이 논문에 따르면 《秩律》은 惠帝七年의 舊本을 기초로 하여, 高后元年의 行政建制의 변동을 보충하여 완성한 新텍스트이고, 그것을 抄寫한 시기는 高后元年 五月전후일 것이다.[231] 鄒文玲은 《置吏律》219–220의 "毋得徑請" 아래의 "者"를 "諸"

---

216) 李亦安, 「據北大漢簡拼綴阜陽漢簡〈蒼頡篇〉一則」, 復旦網2015年11月12日; 「據北大漢簡拼綴阜陽漢簡〈蒼頡篇〉(續七)」, 復旦網2015年11月16日.

217) 李亦安, 「據北大漢簡拼綴阜陽漢簡〈蒼頡篇〉(續)」, 復旦網2015年11月12日.

218) 李亦安, 「據北大漢簡拼綴阜陽漢簡〈蒼頡篇〉(續二)」, 復旦網2015年11月13日.

219) 李亦安, 「據北大漢簡拼綴阜陽漢簡〈蒼頡篇〉(續三)」, 復旦網2015年11月13日.

220) 李亦安, 「據北大漢簡拼綴阜陽漢簡〈蒼頡篇〉(續四)」, 復旦網2015年11月13日.

221) 李亦安, 「據北大漢簡拼綴阜陽漢簡〈蒼頡篇〉(續五, 續六)」, 復旦網2015年11月14日.

222) 李亦安, 「據北大漢簡拼綴阜陽漢簡〈蒼頡篇〉(續八)」, 復旦網2015年11月16日.

223) 李亦安, 「阜陽漢簡〈蒼頡篇〉編排札記」, 復旦網2015年11月15日; 「據北大漢簡校讀阜陽漢簡〈蒼頡篇〉」, 復旦網2015年11月22日.

224) 周飛, 「阜陽〈蒼頡篇〉綴連與形制蠡測」, 清華大學出土文獻研究與保護中心網站(http://www.tsinghua.edu.cn/publish/cetrp/index.html, 以下簡稱"清華網")2015年11月16日.

225) 劉金華, 「讀阜陽漢簡〈萬物〉札記」, 簡帛網2015年9月27日.

226) 王子今, 「馬圈灣漢簡"膏餠"淺識」, 『出土文獻』 第六輯.

227) 胡平生, 「渥洼天馬西北來, 漢簡研究新飛躍――讀〈敦煌馬圈灣漢簡集釋〉」, 『出土文獻與古文字研究』 第六輯.

228) 許名瑲, 「〈馬圈灣漢簡〉日食實錄」, 簡帛網2015年5月1日.

229) 林獻忠, 「〈敦煌馬圈灣漢簡集釋〉辨誤十二則」, 簡帛網2015年10月21日.

230) 伊强, 「張家山漢簡〈二年律令·傅律〉一處律文的釋讀」, 『簡帛研究二〇一五(春夏卷)』, 廣西師範大學出版社, 2015年.

로 읽고 아울러 뒷부분과 붙여 읽어야 한다고 보았다. 또《戶律》317簡의 "自"를 "受"로 改釋하고, 318簡의 "有籍縣官田宅" 중 "有"를 "又"로 읽어야 한다고 보았다.[232]

魏永康은《奏讞書》중 소위 "蠻夷律"이란 존재하지 않고, 이 부분의 斷句에 문제가 있다고 주장했다.[233] 劉樂賢은《奏讞書》중 尉徒唯와 古書 중 "尉屠睢"는 응당 동일인이라는 관점을 재차 고증하였다.[234] 張新俊은《奏讞書》와 관련하여 札記4則을 제시하며, 78-79簡의 "偕", 220-221簡의 "作業", 192-196簡의 "侵" 등을 다루었다.[235]

金一清은《算數書》"䇓脂" 算題 중 2개의 疑難字를 "**眉庄**"으로 예정하고, "腥脂"로 읽을 수 있다고 밝혔다.[236] 劉春語·張顯成은《脈書》5-6簡의 "戒", "弱", "閉", "馬蛕" 등의 단어가 가지는 함의를 분석하였다.[237]

(十一)甘肅敦煌懸泉置遺址簡牘

郝樹聲은 懸泉置漢簡 중 大宛, 康居와 관련 있는 簡文 총 21매를 소개하였다.[238] 樂游는 懸Ⅱ T0216②:844中의 "屬曹"를 "厲遭"의 오기로 보았다.[239] 于洪濤는 懸泉置87-89C:9號簡에 보이는 "厩令"을 예로 들어 漢代 "詔", "令", "律"의 변천과정과 방식을 논의하였다.[240]

(十二)江蘇連雲港東海縣尹灣6號漢墓簡牘

馬怡는 尹灣6號漢墓簡牘을 통해 알 수 있는 墓主 師饒의 身份, 年代 등의 정보를 좌표로 삼아, 그의 지역적 배경과 관료사회에서의 지위, 경제적 수준, 사망 전의 직무 상황 및 연령과 용모 등을 탐구하여 복원하였다. 나아가 隨葬書囊 내 물품을 기록한 목록《君兄繒方緹中物疏》을 중점적으로 연구하고, 이 목록에 보이는 각종 문구, 텍스트 및 이들의 조합구성을 분별, 고찰함으로써, 漢代 郡吏의 刀筆인생과 정신세계를 이해하였다.[241]

---

231) 馬孟龍, 「張家山二四七號漢墓《二年律令·秩律》抄寫年代研究--以漢初侯國建置爲中心」, 『簡帛文獻與古代史』.

232) 鄔文玲, 「張家山漢簡《二年律令》釋文商榷」, 『首都師範大學學報』 2015年第6期.

233) 魏永康, 「張家山漢簡"蠻夷律"辨正」, 『史學集刊』 2015年第6期.

234) 劉樂賢, 「咸陽出土"徒唯"印考略」, 『出土文獻與古文字研究』 第六輯.

235) 張新俊, 「讀張家山漢簡《奏讞書》字詞札記」, 『簡帛』 第十輯.

236) 金一清, 「釋張家山漢簡《算數書》中的"腥脂"」, 復旦網 2015年3月21日.

237) 劉春語, 張顯成, 「釋張家山漢簡《脈書》"戒", "弱", "閉", "馬蛕"」, 『古籍整理研究學刊』 2015年第2期.

238) 郝樹聲, 「漢簡中的大宛與康居--絲綢之路與中西交往研究的新資料」, 『中原文物』 2015年第2期.

239) 樂游, 「河西簡牘研讀札記五則」, 『出土文獻綜合研究集刊』 第三輯.

240) 于洪濤, 「試論敦狐懸泉漢簡中的"厩令"--兼談漢代"詔", "令", "律"的轉化」, 『出土文獻與法律史研究』 第四輯.

241) 馬怡, 「一個漢代郡吏和他的書囊--讀尹灣漢墓簡牘《君兄繒方緹中物疏》」, 『中國社會科學院歷史研究所學刊』 第九集, 商務印書館, 2015年; 增補本 簡帛網 2015年12月1日에 게재.

(十三)湖南長沙望城坡西漢漁陽墓簡牘

羅小華는 이 무덤에서 출토된 木楬의 釋文과 관련된 7條의 수정의견을 제시하면서, C:34-1和C:4의 合(袷), 複, 綢(紬), 要(腰)衣, 釜(錦), 沙(紗)穀 등을 다루었다.[242]

(十四)湖北隨州孔家坡8號漢墓簡牘

1. 編聯과 綴合

王强은 殘7簡과 殘8簡을 병합하여 1매의 簡으로 만들었다.[243] 李天虹·蔡丹은 殘35+殘38+187, 殘37+186을 綴合하였다.[244]

2. 텍스트 비판과 연구

王强은 《日書》"五子" 부분의 원래 篇題가 "五支"일 가능성을 지적하고, 전체 良忌日 중 "雞血社", "引射" 등과 관련된 簡文은 여기서 빼야한다고 주장하였다.[245] 王氏는 또한 釋文과 관련된 수정의견 10則을 제시하였다.[246] 李天虹·蔡丹은 "嫁女"篇 172簡의 "來"를 "求"로 改釋하고, "始種"篇 456-457簡의 "敉"가 "料"의 譌字일 가능성을 제기하였다.[247]

(十五)香港中文大學文物館藏簡牘

朱德貴와 莊小霞는 "奴婢廩食出入簿"가 私文書가 아닌 官文書라고 주장하였다. 단 簿에 기록된 奴婢則은 戶主의 이름 아래에 있는 私人 奴婢이지 官奴婢가 아니라고 보았다. 이 簿書는 西漢시대 "編戶齊民"이 官府 혹은 君長이 분배한 요역업무를 완수하기 위해 私奴婢를 보내 官府에서 행하는 모종의 經濟建設 작업에 종사하게 하였던 역사적 사실을 반영하고 있다.[248]

(十六)湖南長沙走馬樓8號井西漢簡牘

朱德貴는 《都鄕七年墾田租簿》에 근거하여 西漢중기 구체적인 田租 징수 방식은 식량평균생산량과 일정한 세율에 따라 畝를 기준으로 과세한 것임을 밝혔다.[249]

---

242) 羅小華, 「漁陽漢墓出土木楬選釋七則」, 簡帛網2015年6月2日.

243) 王强, 「孔家坡漢簡校讀拾遺」, 『簡帛』第十一輯.

244) 李天虹, 蔡丹, 「讀孔家坡漢簡〈日書〉雜記」, 『簡帛』第十一輯.

245) 王强, 「孔家坡〈日書〉研究二題」, 『簡帛研究二○一五(秋冬卷)』.

246) 王强, 「孔家坡漢簡校讀拾遺」, 『簡帛』第十一輯.

247) 李天虹, 蔡丹, 「讀孔家坡漢簡〈日書〉雜記」, 『簡帛』第十一輯.

248) 朱德貴, 莊小霞, 「香港中文大學文物館藏簡牘所見西漢"奴婢廩食出入簿"問題探討」, 『中國農史』2015年第5期.

249) 朱德貴, 「長沙走馬樓西漢簡牘所見"都鄕七年墾田租簿"及其相關問題分析」, 『中國社會經濟史研究』2015年第2期.

(十七)廣州南越國宮署遺址西漢木簡

何有祖는 일부 木簡의 釋文을 보충하였다.[250]

(十八)湖北雲夢睡虎地77號西漢墓簡牘

朱湘蓉은 雲夢睡虎地77號墓 伍子胥故事簡에 근거하여, 伍子胥복수고사의 줄거리 형성을 고찰하고, 簡文과 傳世文獻의 스토리를 비교하여 서로 같은 점과 다른 점을 논하였다. 또 이 簡文이 지닌 史學·文學 상 가치 등의 문제를 논의하였다.[251]

(十九)武漢大學簡帛硏究中心藏木牘

李靜은 武漢大學簡帛硏究中心이 소장한 方木牘 1매를 소개하였는데, 여기에는 圖版과 釋文 및 簡注가 포함되었다.[252]

(二十)北京大學藏西漢竹簡

1. 자료공개

《北京大學藏西漢竹書》一, 三, 四, 五卷이 出版되었다.《倉頡篇》,[253]《周訓』,『趙正書』,『儒家說叢』,『陰陽家言》,[254]《妄稽』,『反淫》,[255]《節』,『雨書』,『揲輿』,『荊決』,『六博》篇 전체 도판과 釋文, 注釋을 따로 나누어 공개하였다.[256]

2. 編聯과 綴合

秦樺林은《蒼頡篇》簡56은 응당 簡64의 뒤로 옮기고, 簡33과 35는 붙여 읽을 수 있으며, 簡34는 분리해 내야 한다고 보았다.[257] 陸希馮은《蒼頡篇》77簡과 78簡을 綴合하였다.[258] 陳劍은《周訓》의 "歲終享賀之日 章的"의 編連방식을 새롭게 제시하였는데, 주요한 변경사항은 簡179을 簡207의 뒤로 옮기고, 205, 206+207+179을 해당 章의 앞머리로 옮길 것, 그리고 簡198과 199 사이에 201-204과 216簡을 삽입하고,

---

250) 何有祖, 「南越國宮署遺址西漢木簡已公布部分的釋文」, 簡帛網2015年10月12日.

251) 朱湘蓉, 「文學史中伍子胥復仇故事情節的形成--以湖北雲夢睡虎地77號漢墓伍子胥故事簡爲依據」, 『中原文化硏究』2015年第2期.

252) 李靜, 「武漢大學簡帛硏究中心藏衣物數試釋」, 『簡帛』第十輯.

253) 北京大學出土文獻硏究所編, 『北京大學藏西漢竹書[壹]』, 上海古籍出版社, 2015年.

254) 北京大學出土文獻硏究所編, 『北京大學藏西漢竹書[叄]』, 上海古籍出版社, 2015年.

255) 北京大學出土文獻硏究所編, 『北京大學藏西漢竹書[肆]』, 上海古籍出版社, 2015年.

256) 北京大學出土文獻硏究所編, 『北京大學藏西漢竹書[伍]』, 上海古籍出版社, 2014年.

257) 秦樺林, 「北大藏西漢簡〈倉頡篇〉札記(一)」, 簡帛網2015年11月14日.

258) 陸希馮, 「關於〈北京大學藏西漢竹書[壹]〉釋文注釋的幾點意見」, 復旦網2015年11月17日.

簡208과 簡200을 連讀하는 것이다.[259] 王寧은 《陰陽家言》1–9簡은 대략 六節의 内容을 포함하는데, 4, 5, 6簡과 10, 11簡을 連讀할 수 있는 가능성을 제외하면, 나머지는 모두 직접적으로 連讀할 수 없다고 지적하였다.[260] 龐壯城은 《陰陽家言》簡12는 응당 簡1과 2 사이에 위치해야 하며, 簡3과 4의 사이에 缺簡이 있음을 지적하였다.[261] 王寧은 《周訓》214簡을 《荊決》19號簡 中에 綴入하였다.[262]

3. 텍스트 비판과 연구

胡平生은 《蒼頡篇》을 읽는 原則을 다시금 밝히고, 아울러 "奢掩, 猗鷲, 闊錯跐葆, 兒孺早殤, 堯舜禹湯, 帨舥, 捕獄問諒, 偃龜, 研算數料" 等의 文句를 校正하였다.[263] 華東師範大學中文系出土文獻研究工作室은 《蒼頡篇》簡1의 "寁□肄宜", "宗幽不識", 簡5의 "便辵巧亞", 簡8 "胡無噍類", 簡10 "亂"字의 隸定, 簡20 "摻拺" 等을 校讀하였다.[264] 抱小는 簡11의 "圁奪侵試", 簡63 "攻穿襜魯"을 해석하였다.[265] 秦樺林은 校讀意見7條를 제시하였다.[266] 鞠煥文은 簡34의 "柱"는 "柾"으로 改釋해야 한다고 주장했다.[267] 王挺斌는 簡8의 "海内并廁" 구절을 해독하였다.[268] 張存良은 連續 10篇과 北大漢簡《蒼頡篇》의 釋文, 版本比勘, 텍스트 復原과 관련된 논문을 발표하였다.[269] 周飛는 《蒼頡篇》의 字詞와 관련하여 이견을 제시하고, 아울러 관련 내용과 英藏, 阜陽漢簡 등의 자료를 對勘하였다.[270]

蘇建洲는 《老子》에 나오는 字詞의 含義와 文字모양을 논의하였는데, 모두 26개에 달한다.[271] 沈柏汗은

259) 陳劍, 「〈周訓〉"歲終享賀之日章"的編連問題」, 復旦網2015年11月13日.

260) 王寧, 「北大簡〈陰陽家言〉1–9簡的編連問題」, 復旦網2015年12月20日.

261) 龐壯城, 「北大漢簡〈陰陽家言〉, 〈雨書〉, 〈荊決〉, 〈六博〉考釋零箋」, 簡帛網2015年11月19日.

262) 王寧, 「北大漢簡〈周訓〉, 〈荊決〉殘簡綴合一例」, 簡帛網2015年12月8日.

263) 胡平生, 「讀〈蒼〉札記一」, 復旦網2015年12月21日;「讀〈蒼〉札記二」, 復旦網2015年12月22日;「讀〈蒼〉札記三」, 復旦網2015年12月23日;「讀〈蒼〉札記四」, 復旦網2015年12月30日;「讀〈蒼〉札記五」, 復旦網2015年12月31日.

264) 華東師範大學中文系出土文獻研究工作室, 「讀新出版〈北京大學藏西漢竹書〉書後(一)」, 簡帛網2015年11月12日;「讀新出版〈北京大學藏西漢竹書〉書後(二)」, 簡帛網2015年11月13日;「讀新出版〈北京大學藏西漢竹書〉書後(四)――説〈蒼頡篇〉簡1"寁□肄宜"」, 簡帛網2015年11月20日.

265) 抱小, 「北大漢簡〈蒼頡篇〉校箋(一)」, 復旦網2015年11月17日.

266) 秦樺林, 「北大藏西漢簡〈倉頡篇〉札記(一)」, 簡帛網2015年11月14日;「北大藏西漢簡〈倉頡篇〉札記(二)」, 簡帛網2015年11月15日;「北大藏西漢簡〈倉頡篇〉札記(三)」, 簡帛網2015年11月20日;「北大藏西漢簡〈倉頡篇〉札記(四)」, 簡帛網2015年11月23日.

267) 鞠煥文, 「北大〈倉頡篇〉讀書札記(一)」, 簡帛網2015年11月25日.

268) 王挺斌, 「北大簡〈蒼頡篇〉"海内并廁"的解釋」, 清華網2015年11月27日.

269) 張存良, 「〈蒼頡篇〉研讀獻芹(一)」, 簡帛網2015年11月24日;「〈蒼頡篇〉研讀獻芹(二)」, 簡帛網2015年11月26日;「〈蒼頡篇〉研讀獻芹(三)」, 簡帛網2015年12月18日;「〈蒼頡篇〉研讀獻芹(四)」, 簡帛網2015年12月18日;「〈蒼頡篇〉研讀獻芹(五)」, 簡帛網2015年12月18日;「〈蒼頡篇〉研讀獻芹(六)」, 簡帛網2015年12月22日;「〈蒼頡篇〉研讀獻芹(七)」, 簡帛網2015年12月22日;「〈蒼頡篇〉研讀獻芹(八)」, 簡帛網2015年12月24日;「〈蒼頡篇〉研讀獻芹(九)」, 簡帛網2015年12月25日;「〈蒼頡篇〉研讀獻芹(十)」, 簡帛網2015年12月30日.

270) 周飛, 「北大簡〈蒼頡篇〉初讀」, 清華網2015年11月16日;「〈蒼頡篇〉研讀札記(一)」, 清華網2015年12月23日;「〈蒼頡篇〉研讀札記(一)」, 清華網2015年12月25日.

271) 蘇建洲, 「北大簡〈老子〉字詞補正與相關問題討論」, 『中國文字』新41期.

이 篇의 文字編을 만들었다.[272] 李紅薇는 이 篇을 예시로 삼아 北大漢簡에 보존된 六國古文의 모양과 用字습관을 고찰하였다.[273]

華東師範大學中文系出土文獻研究工作室은 《周訓》에 관련된 校讀意見을 제시하고 簡57–58, 205 등을 다루었다.[274] 杜新宇는 包山楚簡과 결합하여 《周訓》의 "其志盈車"의 "志"는 응당 告訴·告發司法文書를 말한다고 주장했다.[275] 林志鵬은 《周訓》에 보이는 "昭文公"과 "共太子"의 身份을 분석하고 아울러 東·西周분립 문제를 논하였다.[276] 抱小는 《周訓》簡44–46의 "美"는 응당 "弄"字의 잘못이라고 보았다.[277] 王寧은 《趙正書》의 釋文과 관련된 意見12개를 제시하며 簡2, 4–5 等을 다루었다.[278] 抱小는 《趙正書》簡4–5와 簡33 및 《儒家說叢》簡2를 해독하였는데, 이 글에 대한 댓글에서도 《趙正書》簡4–5의 "甘泉之置"에 관한 많은 토론이 이루어졌다.[279] 王挺斌는 《周訓》의 "去還忿", 《趙正書》의 "病即大甚", "神零福", 《陰陽家言》의 "反山求金鐵", 《揖興》의 "慶李" 등의 字詞와 文句를 補釋 및 解讀하였다.[280]

抱小는 《妄稽》篇의 "鮐臘", "綦組" 두 단어를 訓釋하였다.[281]

補白은 《北京大學藏西漢竹書[伍]》의 釋文과 注釋에 관해 여러 가지 改釋의견을 제시하였는데, 이 글에 대한 답글에서도 적지 않은 改釋이 이루어졌다.[282] 龐壯城은 《節》篇의 "十二勝",[283] 《雨書》簡2"舌妖", 簡12"奮", 《荊決》簡1, 7, 27, 《六博》簡1 등 관련 文句를 해설하였다.[284] 勞曉森은 《節》篇 5–6簡의 "并", 《雨書》15簡의 "是謂"에 해설을 덧붙였다.[285] 高一致는 《雨書》와 관련된 여러 가지 札記를 제시하였다.[286] 王寧은 《荊決》에 校讀의견을 덧붙이고 篇名에 대한 이해와 簡2, 4–5 等을 다루었다.[287] 아울러 《荊決》과 傳本 《歸藏》의 관계를 논하고 《荊決》이 만들어진 시점과 지역을 논의하였다.[288] 王寧은 또한 《六博》과 尹灣漢簡《博局占》을 종합하여 이들이 사용된 점복방법을 고찰하였다.[289]

---

272) 沈柏汸, 「〈北京大學藏西漢竹書·貳〉文字編」, 復旦網2015年9月1日.

273) 李紅薇, 「論北大漢簡中六國古文形體及用字習慣遺迹－－以〈老子〉爲中心」, 『出土文獻綜合研究集刊』第三輯.

274) 華東師範大學中文系出土文獻研究工作室, 「讀新出版〈北京大學藏西漢竹書〉書後(一)」, 簡帛網2015年11月12日; 「讀新出版〈北京大學藏西漢竹書〉書後(三)」, 簡帛網2015年11月19日.

275) 杜新宇, 「讀〈周訓〉札記一則」, 復旦網2015年11月22日.

276) 林志鵬, 「北京大學藏西漢竹書〈周訓〉研究二題」, 『簡帛文獻與古代史』.

277) 抱小, 「北大簡〈周訓〉校字一則」, 復旦網2015年11月29日.

278) 王寧, 「讀北大漢簡〈趙正書〉札記」, 簡帛網2015年12月11日.

279) 抱小, 「讀〈北京大學藏西漢竹書(叁)〉(一)」, 復旦網2015年11月17日.

280) 王挺斌, 「讀北大簡零拾」, 清華網2015年11月24日.

281) 王寧, 「北大漢簡〈妄稽〉初讀」, 復旦網2015年12月19日.

282) 補白, 「關於〈北京大學藏西漢竹書[伍]〉釋文注釋的幾點意見」, 復旦網2015年11月14日.

283) 龐壯城, 「北大漢簡〈節〉考釋零箋」, 簡帛網2015年11月25日.

284) 龐壯城, 「北大漢簡〈陰陽家言〉, 〈雨書〉, 〈荊決〉, 〈六博〉考釋零箋」, 簡帛網2015年11月19日.

285) 勞曉森, 「讀〈北京大學藏西漢竹書[伍]〉札記」, 復旦網2015年11月12日.

286) 高一致, 「北大漢簡〈雨書〉初讀」, 簡帛網2015年11月24日; 「再讀北大漢簡〈雨書〉小札」, 簡帛網2015年12月11日.

287) 王寧, 「讀北大漢簡伍〈荊決〉札記」, 復旦網2015年11月30日.

288) 王寧, 「北大漢簡〈荊決〉與傳本〈歸藏〉的關係問題」, 復旦網2015年12月8日.

(二一)湖南長沙五一廣場東漢簡牘

1. 자료 공개

2015년 12월《長沙五一廣場東漢簡牘選釋》가 출판되었다. 이 책에는 간독 176매, 칼라 도판, 적외선 도판, 석독문, 주석과 함께 관련논문 5편이 수록되어 있는데, 문자의 특징, 서체, "合檄", "君教諾", "兩行" 등의 문제를 다루었다.[290]

2. 텍스트 비판 및 연구

姚遠은《湖南長沙五一廣場東漢簡牘發掘簡報》에서 발표된 간독을 하나씩 떼어쓰기, 주석과 번역 작업을 했다.[291] 羅小華는 석문에 대해 7개의 수정 의견을 내고, 遷(逮), 逐捕, 追逐 등을 다루었다.[292] 劉國忠은 J1③:264-294牘의 문자 석독의 기초 위에서 목독문서가 반영하고 있는 후한의 度田 제도에 대해 논의했다.[293] 朱德貴·齊丹丹은 죽간 중 경제사와 관련된 세 가지 문제, 즉 구체적 度田제도, 수로를 통한 군량수송 및 船師, 후한의 채무 분쟁에 대해 논의했다.[294]

楊小亮은 直符의 기본적 상황 및 직책을 분석하여, 후한 행정기구의 "直符"가 불법자를 검거하고, 범죄를 규찰하는 직책과 의무가 있었다는 것을 지적하고, 동시에 直符가 범죄를 검거하여 고발하는 사법 과정에 대해 논의했다.[295] 吳雪飛는 죽간 중의 법률용어, 즉 J1③:281-5A의 "擧劾書", "不承用詔書", J1③:325-1-140 중의 "稽留", 그리고 J1③:169 중의 "强盜", "格殺", "謀議" 등에 대해 논의했다.[296] 劉國忠은 "王皮運送軍糧案"과 관련된 간문에 대해 기초적 논의를 진행하였고, 56, 65, 104의 간독에 대해서도 언급했다.[297]

(二二)四川成都天回鎭老官山漢墓簡牘

和中浚·趙懷舟·任玉蘭·周興蘭·王麗·謝濤은《六十病方》을 정리할 때 순서를 매기고, 殘簡을 綴合하였던 과정에 대해 예를 들어가며 상세하게 설명하였다.[298]

---

289) 王寧,「北大漢簡〈六博〉與尹灣漢墓〈博局占〉卜法獻疑」, 復旦網2015年12月18日.

290) 長沙市文物考古研究所, 清華大學出土文獻研究與保護中心, 中國文化遺産研究院, 湖南大學岳麓書院編,『長沙五一廣場東漢簡牘選釋』, 中西書局, 2015年.

291) 姚遠,「長沙五一廣場東漢簡牘釋譯」,『出土文獻與法律史研究』第四輯.

292) 羅小華,「五一廣場東漢簡牘選釋七則」, 簡帛網2015年6月2日.

293) 劉國忠,「從長沙五一廣場J1③:264-294號木牘看東漢的度田」,『古文字與古代史』第四輯.

294) 朱德貴, 齊丹丹,「長沙五一廣場東漢簡牘所見若干經濟史料初探」,『簡帛研究二〇一五(春夏卷)』.

295) 楊小亮,「略論東漢"直符"及其擧劾犯罪的司法流程」,『中國古代法律文獻研究』第九輯.

296) 吳雪飛,「長沙五一廣場東漢木牘相關法律用語探析」,『中國古代法律文獻研究』第九輯.

297) 劉國忠,「五一廣場東漢簡王皮運送軍糧案續論」,『出土文獻』第七輯.

298) 和中浚, 趙懷舟, 任玉蘭, 周興蘭, 王麗, 謝濤,「老官山漢墓醫簡〈六十病方〉排序研究」,『中醫文獻雜誌』2015年第4期;「老官山漢墓醫簡〈六十病方〉排序研究(續完)」,『中醫文獻雜誌』2015年第5期.

(二三)甘肅陽關博物館藏漢代簡牘

周銀霞·李永平은 陽關博物館 소장《建昭五年二月右扶風捕令》중의 "右扶風"과 "休茵苑"에 대해 논의했다.[299]

IV. 魏晉簡牘的研究

(一)長沙走馬樓三國吳簡

王素는 三國吳簡의 신출자료에 근거하여 이들 簡牘의 시대는 東漢靈·獻帝시기까지 거슬러 올라갈 수 있음을 재차 주장하였다. 이 簡牘에 대한 연구 역시 漢·魏교체기라는 거대한 역사적 배경 하에서 이루어져야 하며 아울러 예를 들어가며 기존 연구의 得失을 분석하고 走馬樓三國吳簡연구에서 가장 우선적으로 고려해야 할 것은 역사적 배경과 시대적 특징이며, 그 다음으로 제도의 연원과 변혁을 고려해야 함을 강조하였다.[300]

黎石生은《長沙走馬樓三國吳簡·竹簡[肆]》의 釋文, 注釋과 관련하여 41가지의 補正의견을 제시하였다.[301] 王素·宋少華는《錄事掾潘琬白爲考實吏許迪割用餘米事》의 釋文을 補正하였다.[302] 凌文超는 "勸農掾區光條列軍吏人名年紀文書" 중 "爲禽獸所害殺"에 대해 補釋하였다.[303]

凌文超는 揭剝圖, 盆號, 清理號 등의 정보를 이용하여 走馬樓吳簡의 庫錢賬簿 체계를 복원·정리 및 연구하였다.[304] 이외 출판된《走馬樓吳簡采集簿書整理與研究》에는 凌氏의 吳簡整理·復原 및 연구방법상의 성과가 집중적으로 반영되었다.[305] 鄧瑋光은 竹簡肆揭剝圖18-26에 나오는 자료를 이용하여 12枚簡으로 구성된 완정한 出米記錄을 복원하고 아울러 이에 기초하여 복원한 簡의 格式과 性質, 州中倉의 性質 등의 문제를 논의하였다.[306] 鄧氏는 또한 中倉黃龍三年十一月旦簿의 복원을 시도하고 이를 예로 삼아 吳簡의 최종적인 복원에 대한 실마리를 논의하였다.[307]

徐暢은 "許迪割米"案의 사법절차를 복원하고 이 형사안건의 성질은 官吏의 瀆職, 官物의 절도이며, 案件의 시작부터 종결까지 3년이 걸렸으며 初審, 錄囚, 改辭, 覆審 등의 다양한 절차를 거쳐, 長沙郡과 그가 관할하는 中層 이상의 官員 다수에게까지 영향을 미쳤음을 밝혔다. 이는 三國孫吳長沙地區의 政治,

---

299) 周銀霞, 李永平, 「陽關博物館藏記載天水休茵苑漢簡及相關問題」, 『敦煌研究』 2015年第6期.

300) 王素, 「長沙走馬樓三國吳簡時代特征新論」, 『文物』 2015年第12期.

301) 黎石生, 「〈長沙走馬樓三國吳簡·竹簡[肆]〉釋文, 注釋補正」, 『簡帛研究二〇一五(春夏卷)』.

302) 王素, 宋少華, 「長沙吳簡〈錄事掾潘琬白爲考實吏許迪割用餘米事〉釋文補正」, 『文史』 2015年第1輯.

303) 凌文超, 「吳簡"爲禽獸所害殺"校釋」, 簡帛網2015年4月12日.

304) 凌文超, 「走馬樓吳簡庫錢賬簿體系復原整理與研究」, 『考古學報』 2015年第2期.

305) 凌文超, 『走馬樓吳簡采集簿書整理與研究』, 廣西師範大學出版社, 2015年.

306) 鄧瑋光, 「走馬樓吳簡"出米簡"的復原與研究」, 『簡帛研究二〇一五(春夏卷)』.

307) 鄧瑋光, 「對中倉黃龍三年十一月旦簿的復原嘗試」, 『簡帛研究二〇一五(秋冬卷)』.

經濟, 軍事, 社會 등의 전반적인 정황을 투시해주는 절호의 안건이다.[308] 徐氏는 또한 長沙吳簡"君教"文書牘의 "掾某如曹"가 가지는 함의를 해석하였다.[309] 凌文超는 吳簡 中 "宮"과 관련 있는 자료를 정리하여 簡文에 나오는 "宮"은 응당 皇宮, 帝王의 宮, 宮廷을 의미한다고 지적하였다. 孫吳는 武昌과 建業에 모두 宮을 세웠으며 장기간 병존하였다. 黃龍元年의 吳簡에 등장하는 "宮"은 武昌宮일 가능성이 있다. 그러나 嘉禾元年 이후 簡文에 나오는 宮은 建業宮을 지칭할 가능성이 크다.[310]

蘇俊林은 嘉禾吏民田家莂의 수치착오정황을 따져 계산하고 嘉禾四年의 錯誤率이 비교적 높으며 嘉禾五年의 錯誤率은 대폭 낮아짐을 밝혔다. 아울러 이러한 변화가 출현한 원인을 논하였다. 租稅납부에는 신분적 차이와 등급적 차이가 존재하였고, 이는 孫吳시대 고위부터 하위까지의 신분등급체계를 반영하고 있다.[311] 蘇氏는 또한 이러한 錯誤에 반영된 기층 吏員의 주요한 부정행위수법을 총괄하였다.[312] 黎石生은 孫吳시기 長沙地區에 있었던 물물교환현상을 논하고 稻米가 貨幣와 유사한 매개기능을 가지고 있었음을 지적하였다. 嘉禾五年에 출현한 비율의 급변 현상은 당시 물가가 안정되지 못한 상황을 반영한 것이며 布, 米의 품종과 질량과 상관이 있음을 밝혔다.[313]

于振波는 走馬樓吳簡에 보이는 臨湘縣의 유동인구를 고찰하면서 인구유동의 방식, 방향 및 범위 문제 및 政府의 유동인구에 대한 관리 조치 등을 다루었다.[314] 熊曲은 吳簡 中 "夷民"은 남방의 소수민족이라고 보고 정벌로 획득한 소수민족인구는 혹은 夷兵이 되고 혹은 編民이 되고, 혹은 夷生口가 되었다고 주장했다.[315] 蘇俊林은 吳簡에 보이는 孫吳時代 家庭구성원칙을 총괄하였는데, 여기에는 항렬순서의 원칙, 혈연친소순서의 원칙, 같은 신분의 구성원 간 長幼순서의 原則, 合户家庭의 "完全登錄"원칙, 非親屬 구성원 간의 의탁정도에 따른 순서원칙 등이 포함된다.[316]

凌文超는 走馬樓孫吳"保質"簡의 考釋에 기초하여 "保質"은 응당 "擔保的人質"로 이해된다고 주장했다.[317] 安部聰一郎는 新出吳簡資料를 고찰하여 새로 출토된 中鄉"户品出錢"簡은 기존에 결론을 내린 都鄉型에 넣을 수 있고 또한 中鄉簡이든 都鄉簡이든 모두 都鄉의 典田掾과 관련이 있고, "户品出錢"의 대상은 鄉이 소유한 户를 포함할 가능성이 있음을 지적하였다. 典田掾, 勸農掾과 屯田掾은 모두 縣吏로서 그 책임 鄉을 관할하였으며 嘉禾4·5년 사이에 勸農掾이 典田掾으로 전환되었을 가능성을 지적하였다.[318]

308) 徐暢, 「新刊長沙走馬樓吳簡與許迪割米案司法程序的復原」, 『文物』2015年第12期.

309) 徐暢, 「釋長沙吳簡"君教"文書牘中的"掾某如曹"」, 『簡帛研究二〇一五(秋冬卷)』.

310) 凌文超, 「走馬樓吳簡中所見的"宮"」, 『出土文獻』第七輯.

311) 蘇俊林, 「嘉禾吏民田家莂與孫吳身份等級體系」, 『文史』2015年第3輯.

312) 蘇俊林, 「〈吏民田家莂〉所見孫吳基層吏員的舞弊手法」, 『湖南省博物館館刊』第十一輯.

313) 黎石生, 「走馬樓吳簡所見物直與折算比率」, 『簡帛研究二〇一五(秋冬卷)』.

314) 于振波, 「走馬樓吳簡所見臨湘縣流動人口」, 『簡帛研究二〇一五(秋冬卷)』.

315) 熊曲, 「也說吳簡夷民問題」, 『簡帛研究二〇一五(春夏卷)』.

316) 蘇俊林, 「吳簡所見孫吳家庭結構的建構原則」, 『簡帛研究二〇一五(春夏卷)』.

317) 凌文超, 「長沙走馬樓孫吳"保質"簡考釋」, 『文物』2015年第6期.

(二)甘肅高臺駱駝城前涼衣物疏

李建平은 駱駝城 출토 前涼 趙雙·趙阿玆 두 건의 衣物疏 釋文에 관해 校改意見을 제시하고 아울러 "銅刀", "銀手板"의 함의를 해석하였다.[319]

(三)甘肅張掖臨澤黃家灣灘西晉木簡

張榮强은 이 木簡의 컬러도판을 공개하고, 圖版에 근거하여 釋文과 注釋에 관해 校訂과 補充을 진행하였다. 또 簡册의 編連과 이해에 있어서도 다른 의견을 제시하였다.[320]

V. 秦漢魏晉簡牘綜合硏究

(一)法律

張忠煒는 묘장에서 출토된 율령문헌은 "明器"가 아니며, 그보다는 鎭墓辟邪의 작용을 가지고 있다고 보았다.[321] 劉慶은 진한 사법에서 "狀"이 일종의 문서형식으로, 진한제국의 행정, 사법에서 상급으로 사실경과나 상황을 진술하는 데에 광범위하게 사용되었다고 지적했다.[322]

楊振紅은 秦漢시기의 "乞鞫"제도에 대해 보충하였는데, 예를 들어 乞鞫은 "故乞鞫"으로 불려서는 안 되며; 秦漢시기 乞鞫기한은 1년에서 3개월로의 변화를 거쳤고; 乞鞫의 조건은 "獄斷", 즉 판결 이후이며; 秦과 漢初에는 두 차례의 乞鞫을 허용했다는 것 등이다.[323] 鄔文玲은 秦簡牘 자료에 근거하여, 赦免조치는 통일 이전의 秦國에서는 일종의 통상적인 방법으로 상당하는 제도를 가졌고, 포함 대상도 광범위했으며, 秦王政 시기에도 여러 차례 사면령이 반포된 바가 있음을 지적했다.[324] 萬榮은 秦과 漢初의 형사소송 과정 중 판결술어인 "論"은 최종 심사의 뜻을 가지고 있으며, 죄와 형량을 정한다는 의미를 포함하고 있고, "論處"로도 해석할 수 있다는 점; "當"은 郡守·廷尉가 행한 심사 확정의 뜻이 없는 판결 의견을 뜻하며, "報"는 특히 疑獄에 대한 "議當"의 회답을 지칭한다는 점을 지적했다.[325] 萬씨는 또한 고소하는 단계에서 "辭"·"言"의 사용은 "告劾"에 대한 보충으로, 하나는 자신의 권리를 변호하는 것이고, 하나는 의심할만한 사람이나 일을 신고하는 것이라고 보았다.[326]

---

318) 安部聰一郎著, 劉峰譯, 「典田掾, 勸農掾的職掌與鄕――對長沙吳簡中所見"户品出錢"簡的分析」, 『簡帛硏究二〇一五(秋冬卷)』.

319) 李建平, 「關於〈高臺駱駝城前涼墓葬出土衣物疏〉的幾個問題」, 『考古與文物』 2015年第4期.

320) 張榮强, 「甘肅臨澤新出西晉簡册考釋」, 『魏晉南北朝隋唐史資料』 第三十二輯, 上海古籍出版社, 2015年.

321) 張忠煒, 「墓葬出土律令文獻的性質及其他」, 『中國人民大學學報』 2015年第5期.

322) 劉慶, 「也論秦漢司法中的"狀"文書」, 『國學學刊』 2015年第4期.

323) 楊振紅, 「秦漢"乞鞫"制度補遺」, 『出土文獻與古文字硏究』 第六輯.

324) 鄔文玲, 「試析秦始皇"于是急法, 久者不赦"」, 『中國古代法律文獻硏究』 第九輯.

325) 萬榮, 「秦與漢初刑事訴訟程序中的判決:"論", "當", "報"」, 『簡帛』 第十一輯.

孫聞博은 秦 및 漢初의 사회 등급 신분상에서 司寇의 특수성에 주목했는데, 그들은 縣鄕에 籍을 두고, 編戶民이 되어 단독으로 戶를 구성하며, 각종 권익에서 徒隸와는 많이 달랐다. 그러나 徒隸 내부에서도 隸臣妾은 또 城旦舂·鬼薪白粲과는 복역방식이나 급여 관리, 관할 官司, 軍事 참여 등의 방면에서 전반적인 차이가 있었다. 학자가 爵制·刑罰의 서열을 연결해 볼 때, 응당 "適戍"등 "賤民"과 관련 서열의 관계·私人奴婢집단과 관부 徒隸의 관계 등 문제에 주목해야 한다.[327] 楊鑫·朱紅林은 秦簡 중 관노비와 刑徒의 성질 구별이 뚜렷하지 않고; 戰國時代 후기 사노비의 지위에 변화가 있어, 그 주인과의 관계가 그 신분을 바꾸는 방법이 되었음을 지적했다.[328]

宋傑은 秦漢 棄市는 絞刑을 사용했다는 일설은 성립하기 어려우며, 棄市를 斬首刑으로 보는 전통관점을 뒤집을 수 없다고 보았다. 또한 殊死는 刑名이자 罪名이며, 謀反大逆등 특수하고 특히 무거운 死罪를 대표하고, 평상시에는 사면이 거의 없었으며, 아울러 그 족속들까지 주살했다.[329] 伊强은 秦漢출토 법률문헌의 "同居"는 "同籍"의 의미를 포함하고 있으며, 포함되는 구성원은 일반적으로 배우자 및 미성년자녀였고; "同居數"는 사실 "同居同數"의 약칭이며, 이는 "同居未必同籍"에 해당할 뿐임을 지적했다.[330]

(二)經濟

臧知非는 秦 田稅 계산과 징수는 授田를 기초로 하고, 또한 禾·芻·藁 세 종류의 형태로 나누어 계산했으며, 곡물계산은 "稅田制"를 사용했는데, 이는 즉 5월에 農戶 墾田의 일부분을 "稅田"으로 나누고, 가을이 지나 수취하여, 田稅의 기본 비율은 10분의 1인 것이나, 토지의 종류에 따라 차이가 있을 수 있었다는 점; 芻·藁은 즉 頃에 기초하여 계산했는데, 頃마다 芻三石·藁二石이었다는 점; 禾·芻·藁은 모두 戶에 기초하여 징수했다는 점을 지적했다. 東漢시기 이 제도는 곡물 계산과 징수 방식 상에서 지속적으로 발전하였다.[331] 石洋은《漢書·景帝紀》중 "訾算十"등의 "算"은 응당 訾稅 징수 단위일 것으로 보았다.[332]

孫聞博은 秦漢시기 "徭"는 광의와 협의로 나눌 수 있는데, 광의의 "徭"는 人身사역이며, 특히 "小"연령집단에 대한 사역으로 보았다. 그러나 협의의 "徭"·"戍"는 국가의 正役을 가리키며, 秦 및 漢初의 남자가 籍에 들어간 후 "月爲更卒"의 방식으로 요역을 행했고, 또한 임시적으로 발생하는 것도 있었다. 이외에도, 論文에서는 또한 更과 冗의 관계·徭의 征派와 爵位의 관계·徭計 등의 문제에 대해서도 토론했다.[333] 王彦輝는 秦漢 徭戍制度 중 응당 주의해야 할 문제에 대해서 분석하였는데, 주로 正卒과 徭戍의 관계·徭

326) 萬榮, 「秦與漢初刑事訴訟程序中的"辭", "言", "當"」, 『求索』 2015年第6期.

327) 孫聞博, 「秦及漢初的司寇與徒隸」, 『中國史研究』 2015年第3期.

328) 楊鑫, 朱紅林, 「秦簡中的奴隸家庭」, 『魯東大學學報』 2015年第3期.

329) 宋傑, 「漢代"棄市"與"殊死"辨析」, 『中國史研究』 2015年第3期.

330) 伊强, 「秦漢法律術語"同居"與"同居數"考辨」, 『長江文明』 第十九輯, 重慶大學出版社, 2015年.

331) 臧知非, 「說"稅田"－－秦漢田稅征收方式的歷史考察」, 『歷史研究』 2015年第3期.

332) 石洋, 「〈漢書·景帝紀〉"訾算十""訾算四"新詮－－關於西漢前期一條經濟史料的辯證」, 『簡帛研究二〇一五(春夏卷)』.

333) 孫聞博, 「秦及漢初"徭"的內涵與組織管理－－兼論"月爲更卒"的性質」, 『中國社會經濟史研究』 2015年第5期.

役이 "一歲力役"에 대응될 수 있는가 등의 문제를 포괄하였다.[334]

李力은 秦漢律에서 보이는 "質錢"는 官府(채권자)가 民(채무자)의 물건을 점유하여 보증을 삼아 돈을 빌려줘 생긴 것이며, 官府가 대출기한이 만료될 때 받은, 民으로부터 온 자금(원금과 이자의 합)으로 보았다.[335] 賀旭英은 "質"을 일종의 시장 교역의 券書로, 교역 증빙으로 사용되었으며; "質錢"의 성질은 관부가 牛馬·노비 등 대형 교역을 위해 "質"을 제공하고 받은 稅錢임을 지적했다.[336] 李力은 "稍入錢" 즉 "漸入之錢"은 秦漢정부가의 매월 정기 수입 자금으로, 秦律 "稍入錢"류의 자금은 응당 秦帝室 재정 수입에 속한다고 하였다.[337]

韓華는 西北漢簡에서 보이는 兩漢 河西지역의 手工業에 대해 고찰했으며, 木工·水工 등을 포괄했다.[338] 王子今은 漢代 河西시장의 織品資料에 대해 분석을 더하였고, 戍卒과 吏民의 "貰賣"현상·직물의 매매와 전달·변경지역 직물의 遺存·祿帛·祿布과 祿絮·河西市와 직물 무역, 河西軍人 소비생활 속의 모직물 등을 포괄했다.[339]

侯旭東은《漢舊儀》에 기재된 西漢 말년 大司徒向計吏가 낭독한 "敕"이 내포한 厨·傳 등의 개선 조건 통제·접대 음식 표준의 증가 등을 실마리로 삼아, 西漢 말년 전국 傳舍 및 置의 총수를 2057所로 추산했다. 또한 尹灣漢簡《元延二年日記》의 기재를 활용하여, 西漢 말년 傳置의 매년 접대 지출을 추산했다. 나아가 懸泉置漢簡을 결합하여, 초과 지출을 야기하는 네 가지 원인을 분석했다.[340]

(三)文化, 禮儀와 社會

1. 祭祀, 禮儀

趙蘭香은 출토 漢簡을 이용해 漢代 河西지역의 혼사·상장례 풍속을 고찰했다.[341] 李明曉는 漢代 告地書를 集注하였는데, 邗江胡場5號墓·謝家橋1號墓·江陵高臺18號漢墓·馬王堆3號漢墓·江陵毛家園1號墓·江陵鳳凰山10號·168號漢墓·孔家坡8號漢墓의 告地書를 포함했다.[342]

2. 名物

邢義田은 漢簡의 "齒"를 따르거나 "雷"을 따르는 글자에 대해 분석하여, 일부 簡文은 여전히 응당 "鹵"

---

334) 王彦輝, 「秦漢徭戍制度補論--兼與楊振紅, 廣瀨薰雄商榷」, 『史學月刊』 2015年第10期.

335) 李力, 「秦漢律所見"質錢"考辨」, 『法學研究』 2015年第2期.

336) 賀旭英, 「秦漢"質錢"小考」, 『出土文獻研究』 第十四輯.

337) 李力, 「關於秦漢簡牘所見"稍入錢"一詞的討論」, 『國學學刊』 2015年第4期.

338) 韓華, 「由西北簡看兩漢河西地區的手工業」, 『魯東大學學報』 2015年第4期.

339) 王子今, 「漢代河西市場的織品--出土漢簡資料與遺址發掘收穫相結合的絲綢之路考察」, 『中國人民大學學報』 2015年第5期.

340) 侯旭東, 「皇帝的無奈--西漢末年的傳置開支與制度變遷」, 『文史』 2015年第2輯.

341) 趙蘭香, 「從出土漢簡看漢代河西一帶的婚喪禮俗」, 『魯東大學學報』 2015年第5期.

342) 李明曉, 「漢代告地書集注」, 『出土文獻綜合研究集刊』 第三輯.

혹은 "耰"로 석독해야 한다고 지적했으며, 아울러 이런 종류의 農具는 漢魏晉시대 河西와 변경지역에서 소로 끌어당기며·丁자 형태의 가로로 늘어선 뾰족한 철 이빨이 있고·땅을 갈고 밭을 정리하는 데에 사용되는 일종의 農具로, 《齊民要術》에서 말하는 "鐵齒編榛" 혹은 후세에 흔히 말하는 밭 고무래(杷)나 써래(耙)와 유사할 가능성이 높다고 추측했다.[343] 李玥凝은 役車·葦車는 모두 方相車 등과 같은 개념이 아니며, 方相車의 형태는 葦車와 유사하고, 짐칸이 장방형인 馬車로, 가로 폭은 좁고 세로 길이는 길며, 주로 사람을 태우지 물건을 싣는 것이 아니고, 승차자의 신분과 駕馬에는 모두 특별한 제한이 없었고, 軺車만큼 널리 사용되지 못했지만, 전래문헌 중에서 驅疫辟邪에 사용되는 方相車와 漢簡의 方相車는 관계가 없음을 지적했다.[344] 聶丹은 西北 漢簡 중의 "脊"·"革"는 斥候시 반드시 갖춰야 할 장비였다고 했다. 매 亭隧마다 1매만 있었고, 前者는 斥候의 감시 장비였고, 後者는 斥候의 방어은폐장비였다.[345] 邢義田은 漢代의 "堂皇"은 일종의 정면으로 열린 것으로, 賓客을 접대하거나 혹은 일을 처리하는 대청과 같은 종류의 건축이었음을 밝혔다.[346]

(四)字形·字書와 書風

2015년 4월 《秦文字編》의 출판은 또 하나의 秦문자에 관한 전문 文字編으로, 자료 수집 범위가 더욱 넓다.[347] 《秦漢文字的整理與研究》은 계통적으로 秦漢시기 서로 다른 체제의 문자자료에 대해 소개하고, 古體字·자형 변화현상과 규칙 등의 문제를 토론했다.[348] 于淼는 漢隸 중 "彖"에 대해 체계적으로 분석하였다.[349] 姜慧·張再興은 里耶秦簡 문자의 구성요소인 "水"에 대해 분석과 분류를 하여, 그 形體의 변화·발전의 과정을 토론했다.[350] 曾磊는 출토문헌의 "多筆數字"가 先秦시대에 이미 싹텄고; 秦漢시대의 사용 범위는 점점 넓어졌지만, 아직 한 묶음의 보편적으로 인정되고 행해지는 유효한 多筆數字체계를 이루지는 못했다고 보았다. 이 체계는 대략 兩晉南北朝시기 점차 완성되어, 唐代에는 광범위하게 사용된다. 多筆數字의 보급은 문자 서사 매체 변화와의 관련성 이외에, 원래 간독에 부가된 刻齒제도가 사용될 수 사용될 수 없게 된 것 또한 하나의 객관적 촉진요인임을 밝혔다.[351] 郭永秉은 隸書 형성 중의 몇몇 문제에 대해 분석을 더하였는데, 주로 隸書의 형성과정과 원인·隸書와 六國 문자의 관계라는 두 문제와 관련되었다.[352]

---

343) 邢義田, 「一種漢晉河西和邊塞使用的農具--"耰(耰)"」, 『簡帛』 第十一輯.

344) 李玥凝, 「漢簡中的"方相車"補說」, 『魯東大學學報』 2015年第3期.

345) 聶丹, 「西北屯戍漢簡中的"脊", "革"」, 『敦煌研究』 2015年第2期.

346) 邢義田, 「說"堂皇"--讀簡牘與畫像札記」, 『湖南大學學報』 2015年第3期.

347) 王輝主編, 楊宗兵, 彭文, 蔣文孝編著, 『秦文字編』, 中華書局, 2015年.

348) 黃文傑, 『秦漢文字的整理與研究』, 社會科學文獻出版社, 2015年.

349) 于淼, 「漢隸零釋四則」, 復旦網2015年4月9日.

350) 姜慧, 張再興, 「從里耶秦簡看秦系簡牘中構件"水"的形體演變」, 『中國文字研究』 第二十二輯.

351) 曾磊, 「出土文獻所見秦漢"多筆數字"」, 『簡帛研究二〇一五(春夏卷)』.

352) 郭永秉, 「有關隸書形成的若干問題新探」, 『簡帛文獻與古代史』.

梁靜은 계통적으로 出土《蒼頡篇》의 기본 정황을 소개하고, 아울러 내용과 판본 등에 대해 탐색하였다.[353] 張存良은《蒼頡篇》의 판본·流傳·망실 및 그 원인 등에 대해 분석하였다.[354] 白軍鵬은 漢代《蒼頡篇》이 두 차례의 큰 수정을 거쳐서 "斷章"전과 "斷章"후의 두 종류의 판본으로 나뉨을 지적했고, 아울러 出土簡本의 소속 판본도 구분하였다.[355]

(五)歷史地理

鄭威는 墨이 처음에는 齊國의 五都 중 하나였고, 秦이 齊를 멸한 후 瑯琊郡에 귀속되었으며, 秦始皇28년 이후 오래지 않아 墨郡으로 나뉘었고, 후에 또 膠東郡으로 이름을 바꿨다고 하였다.[356] 鄭씨는 또한 巴郡 僰道와 宕渠道의 置 설치 시간·巴郡 관원의 洞庭郡 遷陵縣으로의 이전 정황에 대해 토론했다.[357] 辛德勇은 北大秦簡《水陸里程簡册》의 "陽"은 응당 陽縣일 것으로 보고, 아울러 陽縣과《史記》중의 "陽城"은 같은 곳일 것이며, 秦南郡에는 陽縣만 있고 陽城은 없었을 것으로 추측했다.[358] 王佳은 陽·邔·郢이 秦代 말년 鄕으로 강등되었음을 밝히고, 아울러 北大秦簡水路里程簡의 연대는 응당 秦始皇35년 이후일 것이며; 高成·西陵·左雲夢·右雲夢은 모두 南郡의 屬縣으로 보아서는 안 될 것이라 추론했다.[359] 郭濤는 秦代 南郡의 수많은 "陰"지역이 혹 國을 이름으로 삼았거나, 혹은 地理方位로 명명했음을 지적했다. 周家臺秦簡의 "路陰"과 岳麓秦簡의 "陰婁(聚)"는 서로 멀지 않고, 이는 楚가 陰國을 멸하고 설치한 "陰路"가 남아있는 것이며; 北大簡"陰繇城"과 "陰婁"는 관련이 없고, 論文에서는 또한 屛陵 설립과 南郡 남부 변경의 형성 등의 문제에 대해 토론했다.[360]

石昇烜은 西漢시기 居延지역의 두 가지 변화에 대해 고찰을 더했는데, 즉 居延地名의 이동과 지칭범위의 변천; 漢代 행정구획 지위에 있어서 居延지역의 변화가 그것이다.[361] 張俊民은 西漢 淵泉縣 縣城은 응당 지금의 旱湖腦古城遺址라고 지적했고, 아울러 해당 縣의 당시 행정 관리 상황·하부 鄕里 등 문제에 대해 분석했다.[362] 鄭威는 간독문헌 중 漢代의 縣級 행정구역 "邑"에 대해 전면적인 분석을 진행하고, 아울러 "邑"의 성질·지리분포정황을 토론했다.[363] 張俊民은 "玉門置"·"效谷置"가 존재하지 않았고, 이전에 알 수 있었던 漢代 敦煌郡 동서교통로 상의 縣置는 동쪽에서 서쪽으로 총 8개, 즉 淵泉·冥安·廣至·魚離

353) 梁靜, 『出土〈蒼頡篇〉研究』, 科學出版社, 2015年.

354) 張存良, 「〈蒼頡篇〉的版本, 流傳, 亡佚和再發現」, 『甘肅社會科學』 2015年第1期.

355) 白軍鵬, 「〈蒼頡篇〉的兩種漢代版本及相關問題研究」, 『文獻』 2015年第3期.

356) 鄭威, 「里耶簡牘所見秦即墨考」, 『江漢考古』 2015年第5期.

357) 鄭威, 「里耶簡牘所見巴郡史地三題」, 『四川師範大學學報』 2015年第2期.

358) 辛德勇, 「北大藏秦水陸里程簡册與戰國以迄秦末的陽暨陽城問題」, 『北京大學學報』 2015年第2期.

359) 王佳, 「出土文獻所見秦南郡屬縣三題」, 『江漢考古』 2015年第2期.

360) 郭濤, 「秦代南郡"陰"地考」, 『中國歷史地理論叢』 2015年第4輯.

361) 石昇烜, 「何處是居延?――漢代居延地名移動與行政區劃變遷」, 『出土文獻與法律史研究』 第四輯.

362) 張俊民, 「有關西漢淵泉縣的幾個問題」, 『簡帛研究二〇一五(春夏卷)』.

363) 鄭威, 「簡牘文獻所見漢代的縣級政區"邑"」, 『簡帛』 第十一輯.

置·懸泉置·遮要置·敦煌·龍勒이라고 밝혔다.[364]

琴載元은 秦代 南郡 編戶民의 자기 신분인식 문제는 피통치자의 시각에서 탐구할 필요가 있으며, 南郡編戶民이 스스로를 "楚人"으로 생각했을 가능성은 비교적 적고, 南郡 "秦人"의 자아인식 의식은 일정한 차이를 가지고 있었음을 지적했다.[365] 琴氏는 南郡은 春秋戰國시기 楚의 중심지역으로, 戰國후기 秦의 점령과 楚의 遷都 이후 점점 楚문화의 변경지역으로 변화했으며; 秦 군현제의 통치 아래 점차 秦문화지역으로 동화되었다고 보았다. 漢初에 이르러 다시군현제의 통치범위에 속해, 秦통치시대의 특징이 이어졌다. 이와 반대로, 秦代의 "荊新地"는 漢初에 제후국으로 분봉되어, 문화의 동화가 비교적 느리게 진행되었을 가능성이 있다.[366] 琴氏는 또한 秦王政20년의 南陽郡은 南郡과 마찬가지로, 楚地에 속하지 않았고, 이 시기 모든 "荊"칭호는 응당 楚 멸망 전후 새로 점령한 楚地 혹은 그 民을 가리킨다고 지적했다. 이로 인해, 里耶秦戶籍簡 중 南陽戶人은 "荊"으로 불려, 그들이 南陽郡에서 遷徙된 民이 아니며, "荊地"에 거주했던 遺民임을 표명했다.[367]

(六)職官

孫聞博은 秦 惠文王 통치의 단계는 秦 職官 발전의 중요한 시기로, 처음 "相邦"을 두었다. 職官의 꼭대기에서 爵官을 나누지 않고 爵으로 통섭하는 것에서, 점차 爵官이 양립하여 官으로 지위를 정하는 것으로 발전했다. 相邦 이외에 秦에서는 새로 左·右丞相을 설치하고, 右相을 높은 것으로 하여, 서사에서 右先左後의 순서를 따랐다. 秦末漢初에는 또한 相國·丞相이 같이 설치되는 상황이 출현했다.[368] 侯旭東은 漢代에 궁정을 출입한 門籍制度에 근거하여 西漢後期에 御史大夫寺가 이미 皇帝가 거주하는 未央宮 내에 있지 않고, 아울러 御史府로 개칭했다고 미루어 판단했다. 아울러 그 구체적인 外遷시간·원인·후속 변화와 영향에 대해서도 토론했다.[369]

萬堯緒는 漢初 衛尉屬官은 衛尉司馬·丞; 衛尉候·丞; 公車司馬令·丞; 衛官校長; 衛尉士吏; 衛尉五百將 등을 포함했다고 보았다.[370] 孫聞博은 兩漢 京師의 四重宿衛는 宦者令(中黃門)·郎中令·衛尉·中尉가 통솔하는 무장력으로 구성되었다고 지적했다. 西漢初 京師宿衛는 "南北軍"라고 불렸고, 東漢에는 "禁兵"이라는 말이 많이 사용되었다. 논문에서는 또한 期門·羽林·"爪牙"將軍·禁兵的征·戍 등 주의가 필요한 문제에 대해 토론하였다.[371] 孫氏는 또한 宿衛체계의 확립과 中郎將·校尉의 발전을 실마리로, 秦漢 중앙

---

364) 張俊民,「漢代敦煌郡縣置名目考--以懸泉漢簡資料爲中心的考察」,『秦漢研究』第九輯, 陝西人民出版社2015年.

365) 琴載元,「秦代南郡編戶民的秦, 楚身份認同問題」,『簡帛研究二〇一五(秋冬卷)』.

366) 琴載元,「秦統治時期"楚地"的形勢與南郡的區域文化個性」, 簡帛網2015年1月31日.

367) 琴載元,「秦代"荊"地名的指向--以"南陽"爲切入點」,『南都學壇』2015年第5期.

368) 孫聞博,「爵, 官轉移與文武分職: 秦國相, 將的出現」,『國學研究』第35卷, 北京大學出版社, 2015年; 또 簡帛網2015年12月4日.

369) 侯旭東,「西漢御史大夫寺位置的變遷: 兼論御史大夫的職掌」,『中華文史論叢』2015年第1期.

370) 萬堯緒,「漢初衛尉屬官考」,『簡帛研究二〇一五(春夏卷)』.

371) 孫聞博,「從"南北軍"到"禁兵"--兩漢京師宿衛的統合與演變」,『文史』2015年第2輯.

宿衛武官의 변화에 대해 더 깊이 논술하였다.[372] 董濤는 秦漢시기 祝官 소속 계통·배양과 선발 상황·인원 구성 및 주요 업무에 대해 토론하였다.[373] 王彦輝는 秦漢시기 正卒과 材官騎士의 선발 기준 및 복역 정황에 대해 토론하였다.[374]

高震寰은 秦漢 簡牘 職官 명칭 중의 "守"은 원래 직책이 있는데 임시로 어떤 관직을 대리수행하는 것을 지칭하며; "假"는 임무상의 필요로, 현존하는 제도에서 처리할 수 없는 상황에서 임시로 假號하는 것을 가리키고; "行"은 원래 직책이 있는데 임시로 어떤 관직의 사무를 겸직하는 것을 가리킴을 밝혔다. 그 중 "守"·"行"은 제도 내의 규정이고, 차이는 "守"의 중심이 守하는 官에 있다면, "行"은 즉 두 직을 겸하는 것이다. "假"는 임시적인 조치로, 일상적으로 사용되지는 않았다.[375] 劉曉滿은 秦漢史料 중 官吏를 "主"로 칭하는 것이 반영하는 것은 책임자의 主·次 구분이며, 官吏 중 주요 책임자 신분에 대한 특별한 강조임을 밝혔다.[376] 黃今言은 西漢 "都吏"는 郡府掾·史 등 屬吏의 범칭 혹은 통칭이며, 당시 都吏 이행의 사명과 직책 범위는 상당히 광범했음을 지적했다. 동시에 주의해야 할 것은 西漢의 都吏와 督郵는, 비록 都는 郡府屬吏이지만 동등하지는 않았다는 것이다.[377] 張俊民은 전래문헌과 출토문헌의 西漢 長史에 대한 기재에 차이가 있고, 簡牘 문서의 표시에 근거하면, 長史는 官秩 600석의 郡丞보다 1급 높고, 西漢 長史는 800석일 가능성이 매우 높음에 주목했다.[378]

李勉은 秦漢시기 田은 縣級官署로, 田部는 각 鄕邑에 파견된 지점 기구라고 보았으며, 논문에서는 田의 職官 설치·주요 직책 및 다른 縣·鄕과의 관계에 대해 토론했다.[379] 張欣은 周家臺秦簡《秦始皇三十四年曆譜》중 "椽(掾)曹"이라는 단어의 출현은 秦末 "掾"이 이미 행정기구(曹) 중 掾의 함의를 가짐을 뜻한다고 보았다.[380] 吳方基는 秦代 金布가 縣廷列曹의 하나이고, 주로 庫의 兵·車·工用·工用器와 少內機構의 器物·金錢 등 재무를 통계 내는 일을 맡았고, 縣에 소속된 각 기구의 국유재산 증감상황의 심사기록을 비준했으니, 그것이 "課"이다.[381]

陳松長은 새로 나온 岳麓秦簡律令文獻 중 보이는 4개의 職官에 대해 토론하여, 執灋·屬·別離内佐·里人을 포괄했다.[382] 陳松長·賀曉朦은 里耶秦簡, 岳麓秦簡 등 자료에 근거하여, "走馬"는 앞에서 사용되며, 官稱과 爵稱을 겸하고, 秦始皇26년 전후, "走馬"를 爵稱으로 하는 것은 폐지되어 "簪裊"로 대체되었음을

372) 孫聞博,「秦漢中央宿衛武官演變考論－－以宿衛體系確立與中郎將, 校尉的發展爲中心」,「國學學刊」2015年第4期.

373) 董濤,「秦漢時期的"祝官"」,「史學月刊」2015年第7期.

374) 王彦輝,「論秦漢時期的正卒與材官騎士」,「歷史研究」2015年第4期.

375) 高震寰,「試論秦漢簡牘中"守", "假", "行"」,「出土文獻與法律史研究」第四輯.

376) 劉曉滿,「秦漢官吏稱"主"與行政責任」,「史學月刊」2015年第12期.

377) 黃今言,「西漢"都吏"考略」,「中華文史論叢」2015年第1期; 또「簡帛研究二○一五(春夏卷)」.

378) 張俊民,「西漢簡牘文書所見職官長史識小」,「國學學刊」2015年第4期.

379) 李勉,「再論秦及漢初的"田"與"田部"」,「中國農史」2015年第3期.

380) 張欣,「也説秦及漢初的"掾"」,「簡帛研究二○一五(春夏卷)」.

381) 吳方基,「論秦代金布的隸書及其性質」,「古代文明」2015年第2期.

382) 陳松長,「岳麓秦簡中的幾個官名考略」,「湖南大學學報」2015年第3期.

밝혔다.[383]

(七)文書制度

代國璽는《獨斷》을 기초로 출토와 전래문헌을 결합하여, 漢代 公文형태 문제를 토론하고, 章과 奏의 구별; 製書의 體例와 기능; 策書와 製書의 성질상의 구분; 章奏文書와 詔書의 관계; 璽書의 특징과 성질 등 문제를 포괄했다.[384] 韓樹峰은 전래문헌이든 출토간독이든 그 안의 戶籍은 광의·협의의 구분이 없고, 다만 한 종류의 戶籍 실체와 대응된다고 보았다. 簿籍의 발전 과정에서 추측하면, 戶籍은 다른 簿籍을 제작하는 기초이며, 그것이 처음 만들어질 때에는 내용이 상당히 간결했고, 里耶에서 출토된 戶口簿籍은 秦戶籍 실체의 구체적인 체현이다.[385] 張榮强은 秦漢魏晉南北朝隋唐시기 관방의 나이 계산 방식에는 周歲計年의 방식이 존재하지 않았고, 관방 연령과 민간 연령에는 차이가 있었으며, 양자의 주요한 차이는 나이가 더해지는 시점에 있었다고 지적했다.[386]

(八)軍事

宮宅潔은 戰役史의 각도에서 秦昭襄王 이후 秦軍의 규모·동원 시기와 대상·邸 공격의 과정·長期 從軍 모병 "冗募"·兵役制度의 전환 등의 문제를 분석했다.[387] 汪桂海는 漢代 部曲編制는 기본적으로 五五制를 위주로 하며, 개별 지역에서는 二二制로 보충했는데, 이런 部伍編制와 軍陣 사이에는 밀접한 관계가 존재한다고 보았다.[388] 蔣丹丹·孫朝華는 甲渠候官에서 보이는 實名燧와 序數燧의 직능과 명명의 특징을 토론하였다.[389] 孫聞博은 河西漢塞 軍人의 일과와 휴식 시간·작업 리듬·일상 작업의 종류와 효율 등에 대해 토론했다.[390] 王海는 漢代 居延지역 水資源과 漢代 居延 변방의 관계에 대해 토론했다.[391] 馬智全는 居延舊簡과 肩水金關漢簡의 "河渠卒"은 응당 "治渠卒"로 고쳐야 한다고 지적했다.[392] 孫聞博 또한 유사한 관점을 가졌으며, 治渠卒은 河西屯田지역에서 水渠 건설과 水利 사업 유지에 종사했음을 밝혔다.[393]

383) 陳松長, 賀曉朦, 「秦漢簡牘所見"走馬", "簪裊"關係考論」, 『中國史研究』 2015年第4期.

384) 代國璽, 「漢代公文形態新探」, 『中國史研究』 2015年第2期.

385) 韓樹峰, 「論秦漢時期户籍概念與户籍實體的對應關係」, 『國學學刊』 2015年第4期.

386) 張榮强, 「從"歲盡增年"到"歲初增年"――中國中古官方計齡方式的演變」, 『歷史研究』 2015年第2期.

387) 宮宅潔, 「秦國戰役史與遠征軍的構成」, 『簡帛』 第十一輯.

388) 汪桂海, 「漢代軍隊編制, 軍陣及二者之關係」, 『簡帛研究二〇一五(春夏卷)』.

389) 蔣丹丹, 孫兆華, 「早期中國邊塞防御組織再認識――以甲渠候官的實名燧, 序數燧爲中心」, 『南都學壇』 2015年第5期.

390) 孫聞博, 「河西漢塞軍人的生活時間表」, 『簡帛研究二〇一五(春夏卷)』.

391) 王海, 「漢代居延水資源開發利用新探」, 『中國歷史地理論叢』 2015年第1輯.

392) 馬智全, 「居延漢簡中的"河渠卒"應是"治渠卒"」, 『中國農史』 2015年第4期.

393) 孫聞博, 「河西漢塞"河渠卒"爲"治渠卒"辨」, 『敦煌研究』 2015年第5期.

(九)曆法과 數術方技

許名瑲은 武帝 太初元年에서 孺子嬰 居攝元三年一月의 曆日 氣朔에 대해 복원을 진행하였고,[394] 아울러 三伏注歷의 문제에 대해서도 다시 고찰하였다.[395]

晏昌貴는 출토 간독과 선진 子書 중 五音 배치 자료를 분석한 기초 위에서, 세 종류의 배치 유형을 도출했고, 이러한 배치의 차이는 혹 先秦시기 諸子의 서로 다른 학파와 관련이 있을 수 있다고 보았다.[396] 薛夢瀟는 세 종류의 다른 五音 배치는 서로 다른 樂律이론의 취사선택에서 유래했으며, 또한 상고시기 "楚月令"과 "齊月令" 두 지류의 주요한 月令 원천을 대표한다고 지적했다. 兩者는 비록 式圖에서 기원하지만, 그 발전 과정에서 "楚月令"은 특히 "成歲"이론의 논술에 집중했고, "齊月令"은 즉 "王官月令" 방향으로 발전했다.[397] 黃儒宣은 式盤의 기원과 式圖의 발전은 불가분의 관계이며, 공통의 원천을 가지고, 모두 우주를 모방한 산물에 점을 쳐 본 것이라고 지적했다. 式盤의 초기 형태는 《日書》의 式圖와 통하며, 日廷圖를 주요한 틀로 하고, 式盤은 이후 蓋天說의 영향을 받아 西漢 文帝시기에는 이미 內圓外方의 양식으로 변화하였다.[398] 董濤는 《日書》 중 男·女日이 맞는 것을 吉로 사용하고·단순히 男日 혹은 女日을 兇으로 사용하는 정황은 문헌 중 剛日과 柔日의 용법과 유사하며, 이는 실제로도 陰陽理論이 실제 택일에서 체현된 것임을 밝혔다. 논문에서는 또한 문헌 중 立后日과 皇帝死亡下葬日의 기록을 결합하고, 《日書》 중 男·女日이 당시 택일에서 실제로 운용되는 것을 고찰했다.[399]

(十)其它

1. 綜述과 研究目錄

魯家亮은 2014년 秦漢魏晉簡牘研究의 주요 연구 성과를 簡要하게 槪述했다.[400] 張燕蕊는 2014년 秦漢史研究에 대해 종합 서술하고, 아울러 簡牘研究 상황을 소개했다.[401] 劉曉蓉은 江陵鳳凰山漢簡牘에 대해,[402] 郝建平은 尹灣漢簡에 대해 종합 서술했다.[403] 梁靜은 출토문헌과 《蒼頡篇》 연구를 전문 문제별로

---

394) 許名瑲, 「漢簡曆日考徵(三)――氣朔篇(太初曆之一)」, 簡帛網2015年6月17日; 「漢簡曆日考徵(四)――氣朔篇(太初曆之二: 元帝初元元年~孺子嬰居攝三年)」, 簡帛網2015年7月6日.

395) 許名瑲, 「三伏注曆再考察」, 簡帛網2015年7月24日.

396) 晏昌貴, 「從出土文獻看先秦諸子的五音配置」, 『中原文物』 2015年第3期.

397) 薛夢瀟, 「"五音"配置與齊, 楚月令源流」, 『江漢考古』 2015年第5期.

398) 黃儒宣, 「式圖與式盤」, 『考古』 2015年第1期.

399) 董濤, 「〈日書〉中的男日, 女日語秦漢擇日術」, 『魯東大學學報』 2015年第6期.

400) 魯家亮, 「2014年秦漢魏晉簡牘研究槪述」, 『簡帛』 第十一輯.

401) 張燕蕊, 「2014年秦漢史研究綜述」, 『中國史研究動態』 2015年第5期.

402) 劉曉蓉, 「江陵鳳凰山西漢簡牘研究綜述及展望」, 簡帛網2015年6月22日.

403) 郝建平, 「尹灣漢墓簡牘研究綜述」, 『古籍整理研究學刊』 2015年第1期.

나누어 평론 서술했다.[404] 張存良·巨虹은 새로운 자료 발견의 각도에서,《蒼頡篇》연구의 진전과 남은 문제를 종합하고 되돌아보았다.[405] 王奇賢·張顯成은 산견되는 의료 관련 간독 연구에 대해 종합 서술하였다.[406] 李洪財는 漢簡 草書와 書法 연구를 종합 서술하였다.[407] 呂亞虎는 1989-2014年 放馬灘秦簡과 1976-2014年 睡虎地秦簡《日書》의 연구 목록을 만들었다.[408]

陳文豪는 台灣 지역의 2000-2006年과 2007-2013年 簡帛 연구 논저 목록을 만들었다.[409] 福永善隆은 2013年 日本의 戰國秦漢史研究를 소개했는데, 그중에는 秦漢簡牘研究와 관련된 내용이 포함되어 있다.[410] 籾山明은 日本 居延漢簡의 研究史를 체계적으로 돌아보고, 그 古文書研究의 특색을 드러내었으며, 아울러 연구 현황과 방법론에 대해 전망했다.[411] 森谷一樹는 日本 西北邊境出土簡牘研究에 대해 시대별로 나누어 소개하고, 아울러 새로운 동향을 귀납해냈다.[412] 夏含夷는 西方漢學界의 두 명의 중국 簡牘學 연구의 대가인 何四維·魯惟一의 생애를 소개하고, 아울러 그들의 출토문헌 관련 저작들의 목록을 나열했다.[413]

2. 簡册制度

陳偉는 顔師古가 《匡謬正俗》에 기재한 魏晉人이 말하는 "鐵縫"(혹자는 "鐵")이, 簡册 背面의 구획선일 가능성이 높다고 보았다.[414] 王文勇은 출토문헌 중 보이는 倒書 실례 및 《史記·漢興以來將相名臣年表》의 倒書를 이용하여, 문자의 正과 倒는 귀속을 표현하며; 倒書의 내용은 正書의 배경 혹은 보충 재료와 서로 대응되어, 그 목적은 "易於分明"에 있고, 그 실질은 "未有深義"라고 지적했다.[415]

3. 海外簡牘研究

戴衛紅은 走馬樓吳簡의 "貸食"기록과 한국 부여지역에서 출토된 백제 "佐官貸食記"木簡을 비교 연구

404) 梁靜, 「出土文獻與〈蒼頡篇〉研究」, 『簡帛』第十輯.
405) 張存良, 巨虹, 「〈蒼頡篇〉研究的新進展」, 『出土文獻研究』第十四輯.
406) 王奇賢, 張顯成, 「出土散見涉醫簡牘研究綜述」, 『古籍整理研究學刊』2015年第6期.
407) 李洪財, 「漢簡草書與書法研究綜述」, 『簡帛研究二〇一五(春夏卷)』.
408) 呂亞虎, 「放馬灘秦簡資料及相關著述目錄(1989-2014)」, 簡帛網2015年1月20日; 「睡虎地秦簡〈日書〉研究著述目錄(1976-2014)」, 簡帛網2015年1月23日.
409) 陳文豪, 「台灣簡帛研究論著目錄(2000-2006年)」, 『簡帛研究二〇一五(春夏卷)』; 陳文豪, 「台灣簡帛研究論著目錄(2007-2013年)」, 『簡帛研究二〇一五(秋冬卷)』.
410) 福永善隆撰, 楊振紅編譯, 「2013年日本的戰國秦漢史研究」, 『中國史研究動態』2015年第3期.
411) 籾山明著, 顧其莎譯, 「日本居延漢簡研究的回顧與展望--新以古文書學研究爲中心」, 『中國古代法律文獻研究』第九輯.
412) 森谷一樹著; 汪華龍, 孔令傑譯, 「日本研究西北邊境出土簡牘之新動態」, 『國學學刊』2015年第4期.
413) 夏含夷, 「西方漢學界裏的兩位中國簡牘學大師」, 『出土文獻』與古文字研究』第六輯.
414) 陳偉, 「"鐵縫"試説」, 簡帛網2015年5月2日.
415) 王文勇, 「據出土簡牘考察〈史記·漢興以來將相名臣年表〉中的倒書」, 『文史』2015年第4輯.

하였고, 논문에서는 兩者가 形制·內容·字形 등의 방면에서 일정한 구별과 연계가 존재함을 밝혔다.[416]

| 투고일: 2017. 11. 1. | 심사개시일: 2017. 11. 3. | 심사완료일: 2017. 11. 30 |

---

416) 戴衛紅, 「中, 韓出土"貸食"簡研究」, 『中華文史論叢』 2015年第1期.

歐揚,「岳麓秦簡所見秦比行事初探」,『出土文獻研究』第十四輯.

南玉泉,「青川秦牘〈爲田律〉釋義及戰國秦土地性質檢討」,『中國古代法律文獻研究』第九輯.

魯家亮,「讀里耶秦簡札記(三則)」,『出土文獻研究』第十四輯.

劉國勝,「秦簡札記三題」,『簡帛』第十輯.

凌文超,「走馬樓吳簡庫錢賬簿體系復原整理與研究」,『考古學報』2015年 第2期.

李力,「秦漢律所見"質錢"考辨」,『法學研究』2015年 第2期.

李零,「北大秦簡〈酒令〉」,『北京大學學報』2015年 第2期.

里耶秦簡牘校釋小組,「新見里耶秦簡牘資料選校(三)」,簡帛網 2015年8月7日.

李天虹·蔡丹,「讀孔家坡漢簡〈日書〉雜記」,『簡帛』第十一輯.

方勇,「天水放馬灘秦簡零拾」,『簡帛』第十一輯, 上海古籍出版社, 2015年

水間大輔,「里耶秦簡9-1112與秦國盜賊追捕制度視」,『出土文獻與法律史研究』第四輯.

鄔文玲,「讀放馬灘秦簡〈志怪故事〉札記」,『國學學刊』2015年 第4期.

王子今,「岳麓書院秦簡〈數〉"馬甲"與戰騎裝具史的新認識」,『考古與文物』2015年 第4期.

于振波,「"負志"之罪與秦之立法精神」,『湖南大學學報』2015年 第3期.

于洪濤,『岳麓秦簡〈爲吏治官及黔首〉研究』, 花木蘭出版社 2015年.

張春龍·大川俊隆·籾山明,「里耶秦簡刻齒簡研究」,『文物』2015年 第3期.

鄭威,「里耶簡牘所見秦即墨考」,『江漢考古』2015年 第5期.

中國政法大學中國法制史基礎史料研讀會,「睡虎地秦簡法律文書集釋(四):〈秦律十八種〉(〈金布律〉-〈置吏律〉)」,『中國古代法律文獻研究』第九輯, 社會科學文獻出版社, 2015年.

陳侃理,「睡虎地秦簡"爲吏之道"應更名"語書"——兼談"語書"名義及秦簡中類似文獻的性質」,『出土文獻』第六輯, 中西書局, 2015年.

陳潔,「岳麓簡"識劫冤案"與戰國家庭組織中的依附民」,『出土文獻研究』第十四輯.

陳偉,「睡虎地秦簡日書乙種〈七畜日〉的復原問題」,『出土文獻與古文字研究』第六輯, 上海古籍出版社, 2015.

沈剛,「里耶秦簡所見戌役種類辨析」,『簡帛研究二〇一五(秋冬卷)』.

何茂活,「肩水金關出土〈漢居攝元年曆譜〉綴合與考釋」,『考古與文物』2015年 第2期.

許名瑲,「青川郝家坪〈田律〉曆日考釋」, 簡帛網2015年 11月24日.

胡平生,「渥洼天馬西北來, 漢簡研究新飛躍——讀〈敦煌馬圈灣漢簡集釋〉」,『出土文獻與古文字研究』第六輯.

〈Abstract〉

Summary of the study bamboo slips of Qin−Han−Wei−Jin by 2015

Lu, Jia−liang

This paper is mainly about the brief introduction of the research on bamboo slips in the Qin, Han, Wei and Jin Dynasties in the year of 2015. The style, classification and collecting principle are basically the same as those summarized in previous years, and a few important achievements of the past years have also been added. Wei and Jin bamboo slips research scholars interested in providing a little convenience.

▶ Key words: Qin Dynasty, Han Dynasty, Wei Dynasty, Jin Dynasty, Bamboo Slips

휘/보

하계워크샵, 학술대회, 정기발표회, 자료교환

하계워크샵, 학술대회, 정기발표회, 자료교환

1. 하계워크샵

* 일시 : 2017년 7월 20일~21일
* 장소 : 국립해양문화재연구소 강당
* 주최 : 한국목간학회·국립해양문화재연구소

《첫째날(7월 20일)》

■ 태안−나주 답사

　국립해양문화재연구소 태안보존센터 목간 실견

　국립나주문화재연구소 목간 실견

　국립나주박물관 답사

《둘째날(7월 21일)》

■ 국립해양문화재연구소 목간 실견

■ 특별강연

　渡辺晃宏(日本 奈良文化財研究所), 목간 데이터베이스의 현재 −MOJIZO 개발과 목간연구−

■ 1부 연구발표: 태안해역의 목간 출수 및 보존처리 현황 / 사회: 최연식(동국대학교)

　발표자: 노경정(국립해양문화재연구소), 태안해역 고려 침몰선 발굴과 출수 목간

　발표자: 김병근(국립해양문화재연구소), 마도4호선 출수 목간

　발표자: 윤용희(국립해양문화재연구소), 마도1호선 출수 목간의 보존처리

■ 2부 연구발표: 태안해역 출수 목간에 나타난 고려시대의 경제활동 / 사회: 이병호(국립미륵사지유물전시관)

　발표자: 김재홍(국민대학교), 태안해역 출수 목간의 형식과 부세수취

　토론자: 윤선태(동국대학교)

　발표자: 한정훈(목포대학교), 태안해역 출수 목간으로 본 고려시대 화물운송

　토론자: 최연식(동국대학교)

- 3부 연구발표: 태안해역 출수 목간으로 본 고려시대 문화의 이해 / 사회: 정승혜(수원여자대학교)
  발표자: 정현숙(원광대학교), 태안해역 출토 목간의 서체적 특징
  토론자: 조미영(원광대학교)
  발표자: 이건식(단국대학교), 태안해역 출수 목간의 어학적 특징
  토론자: 김성주(동국대학교)
  발표자: 조은정(강진고려청자박물관), 태안해역 출수 목간과 고려시대 청자문화
  토론자: 한성욱(민족문화유산연구원)

2. 학술대회

한국목간학회 제10주년 기념 국제학술대회
* 일시 : 2017년 10월 19일~20일
* 장소 : 경주 힐튼호텔 그랜드볼룸
* 주최 : 한국목간학회 · 국립경주문화재연구소

《첫째날(10월 19일)》

- 기조강연
  주보돈(경북대학교), 월성과 해자 출토 목간의 의미
- 1부 연구발표: 월성 및 해자 발굴의 성과와 목간 판독 / 사회: 박윤정(국립경주문화재연구소)
  발표자: 박정재(국립경주문화재연구소), 경주 월성 해자 조사 성과와 목간
  발표자: 전경효(국립경주문화재연구소), 신 출토 경주 월성 해자 묵서목간 소개
  발표자: 윤선태(동국대학교), 월성해자목간의 연구 성과와 신출토목간의 판독

《둘째날(10월 20일)》

- 2부 연구발표: 중국 도성의 축조의례와 저습지 출토 자료 / 사회: 김재홍(국민대학교)
  발표자: 楊華(中國 武漢大學), 중국의 都城 축조와 관련 呪術儀式
  토론자: 박순발(충남대학교)
  발표자: 王志高(中國 南京師範大學), 중국 南京 秦淮河濱 출토 吳晉時期 簡牘과 관련 문제
  토론자: 김창석(강원대학교)
- 3부 연구발표: 일본 고대 도성의 축조의례와 水邊祭祀 / 사회: 이용현(국립경주박물관)
  발표자: 渡辺晃宏(日本 奈良文化財研究所), 월성해자 출토 목간과 일본 고대목간의 비교
  토론자: 이수훈(부산대학교)

발표자: 靑木敬(日本 國學院大學), 고대 일본 도성 축조에 관한 呪術儀禮와 水邊祭祀 관련 문자자료

토론자: 이재환(홍익대학교)

■ 4부 연구발표: 월성해자목간의 자료적 신지평 / 사회: 정승혜(수원여자대학교)

발표자: 박성현(계명대학교), 월성해자목간으로 본 신라의 왕경과 지방

토론자: 전덕재(단국대학교)

발표자: 백두현(경북대학교), 월성해자목간의 이두 자료

토론자: 권인한(성균관대학교)

발표자: 정현숙(원광대학교), 고대 동아시아 서예자료와 월성해자목간

토론자: 전상모(경기대학교)

3. 정기발표회

제27회 정기발표회

* 일시 : 2017년 11월 3일 13:00~18:00

* 장소 : 동국대학교 서울캠퍼스 다향관 세미나실

* 주최 : 한국목간학회

■ 연구발표

심상육(백제고도문화재단), 부여 석목리 143-16 유적 문자자료 소개

정승혜(수원여자대학교), 고대의 譯人

張榮强(中國 北京師範大學), 中國古代 書寫載體의 演變과 基層統治重心의 上移

阿部幸信(日本 中央大學), 長沙吳簡에 보이는 「市布」에 대해서

4. 자료교환

日本 木簡學會와의 資料交換

* 韓國木簡學會 『木簡과 文字』 18호 일본 발송(2017년 7월)

부/록

학회 회칙, 간행예규, 연구윤리규정

학회 회칙

제1장 총칙

제 1 조 (명칭)　본회는 한국목간학회(韓國木簡學會, The Korean Society for the Study of Wooden Documents)라 한다.

제 2 조 (목적)　본회는 목간을 비롯한 금석문, 고문서 등 문자자료와 기타 문자유물을 중심으로 한 연구 및 학술조사를 통하여 한국의 목간학 발전에 이바지함을 목적으로 한다.

제 3 조 (사업)　본회는 목적에 부합하는 다음의 사업을 한다.
1. 연구발표회
2. 학보 및 기타 간행물 발간
3. 유적·유물의 답사 및 조사 연구
4. 국내외 여러 학회들과의 공동 학술연구 및 교류
5. 기타 위의 각 사항의 사업을 수행하기 위해 필요한 사업

제 4 조 (회원의 구분과 자격)
① 본회의 회원은 본회의 목적에 동의하여 회비를 납부하는 개인 또는 기관으로서 연구회원, 일반회원 및 학생회원으로 구분하며, 따로 명예회원, 특별회원을 둘 수 있다.
② 연구회원은 평의원 2인 이상의 추천을 받아 평의원회에서 심의, 인준한다.
③ 일반회원은 연구회원과 학생회원이 아닌 사람과 기관 및 단체로 한다.
④ 학생회원은 대학생과 대학원생으로 한다.
⑤ 명예회원은 본회의 발전에 크게 기여한 회원 또는 개인 중에서 운영위원회에서 추천하여 평의원회에서 인준을 받은 사람으로 한다.
⑥ 특별회원은 본회의 활동과 운영에 크게 기여한 개인 또는 기관 중에서 운영위원회에서 추천하여 평의원회에서 인준을 받은 사람으로 한다.

제 5 조 (회원징계)   회원으로서 본회의 명예를 손상시키거나 회칙을 준수하지 않았을 경우 평의원회의 심의와 총회의 의결에 따라 자격정지, 제명 등의 징계를 할 수 있다.

제 2 장 조직 및 기능

제 6 조 (조직)   본회는 총회·평의원회·운영위원회·편집위원회를 두며, 필요한 경우 별도의 위원회를 구성할 수 있다.

제 7 조 (총회)
① 총회는 정기총회와 임시총회로 나누며, 정기총회는 2년에 1회 정기적으로 개최하고 임시총회는 필요한 때에 소집할 수 있다.
② 총회는 회장이나 평의원회의 의결로 소집한다.
③ 총회는 평의원회에서 심의한 학회의 회칙, 운영예규의 개정 및 사업과 재정 등에 관한 보고를 받고 이를 의결한다.
④ 총회는 평의원회에서 추천한 회장, 평의원, 감사를 인준한다. 단 회장의 인준이 거부되었을 때는 평의원회에서 재추천하도록 결정하거나 총회에서 직접 선출한다.

제 8 조 (평의원회)
① 평의원은 연구회원 중 평의원회의 추천을 받아 총회에서 인준한 자로 한다.
② 평의원회는 회장을 포함한 평의원으로 구성한다.
③ 평의원회는 회장 또는 평의원 4분의 1 이상의 요구로써 소집한다.
④ 평의원회는 아래의 사항을 추천, 심의, 의결한다.
   1. 회장, 평의원, 감사, 편집위원의 추천
   2. 회칙개정안, 운영예규의 심의
   3. 학회의 재정과 사업수행의 심의
   4. 연구회원, 명예회원, 특별회원의 인준
   5. 회원의 자격정지, 제명 등의 징계를 심의

제 9 조 (운영위원회)
① 운영위원회는 회장과 회장이 지명하는 부회장, 총무·연구·편집·섭외이사 등 20명 내외로 구성하고, 실무를 담당할 간사를 둔다.
② 운영위원회는 평의원회에서 심의·의결한 사항을 집행하며, 학회의 제반 운영업무를 담당한다.
③ 부회장은 회장을 도와 학회의 업무를 총괄 지원하며, 회장 유고시에는 회장의 권한을 대행한다.

④ 총무이사는 학회의 통상 업무를 담당, 집행한다.

⑤ 연구이사는 연구발표회 및 각종 학술대회의 기획을 전담한다.

⑥ 편집이사는 편집위원을 겸하며, 학보 및 기타 간행물의 출간을 전담한다.

⑦ 섭외이사는 학술조사를 위해 자료소장기관과의 섭외업무를 전담한다.

제 10 조 (편집위원회) 편집위원회는 학보 발간 및 기타 간행물의 출간에 관한 제반사항을 담당하며, 그 구성은 따로 본회의 운영예규에 정한다.

제 11 조 (기타 위원회) 기타 위원회의 구성과 활동은 회장이 결정하며, 그 내용을 평의원회에 보고한다.

제 12 조 (임원)

① 회장은 본회를 대표하고 총회와 각급회의를 주재하며, 임기는 2년으로 한다.

② 평의원은 제 8 조의 사항을 담임하며, 임기는 종신으로 한다.

③ 감사는 평의원회에 출석하고, 본회의 업무 및 재정을 감사하여 총회에 보고하며, 그 임기는 2년으로 한다.

④ 임원의 임기는 1월 1일부터 시작한다.

⑤ 임원이 유고로 업무를 수행할 수 없게 된 때에는 평의원회에서 보궐 임원을 선출하고 다음 총회에서 인준을 받으며, 그 임기는 전임자의 잔여임기가 1년 미만인 경우는 잔여임기에 규정임기 2년을 더한 기간으로 하고, 잔여임기가 1년 이상인 경우는 잔여기간으로 한다.

제 13 조 (의결)

① 총회에서의 인준과 의결은 출석 회원의 과반수로 한다.

② 평의원회는 평의원 4분의 1 이상의 출석으로 성립하며, 의결은 출석한 평의원 과반수의 찬성으로 한다.

제 3 장 출판물의 발간

제 14 조 (출판물)

① 본회는 매년 6월 30일과 12월 31일에 학보를 발간하고, 그 명칭은 "목간과 문자"(한문 "木簡과 文字", 영문 "Wooden documents and Inscriptions Studies")로 한다.

② 본회는 학보 이외에 본회의 목적에 부합하는 출판물을 발간할 수 있다.

③ 본회가 발간하는 학보를 포함한 모든 출판물의 저작권은 본 학회에 속한다.

제 15 조 (학보 게재 논문 등의 선정과 심사)

　① 학보에는 회원의 논문 및 본회의 목적에 부합하는 주제의 글을 게재함을 원칙으로 한다.

　② 논문 등 학보 게재물은 편집위원회에서 선정한다.

　③ 논문 등 학보 게재물의 선정 기준과 절차는 따로 본회의 운영예규에 정한다.

제 4 장　재정

제 16 조 (재원)　　본회의 재원은 회비 및 기타 수입으로 한다.

제 17 조 (회계연도)　　본회의 회계연도 기준일은 1월 1일로 한다.

제 5 장　기타

제 18 조 (운영예규)　　본 회칙에 명시하지 않은 운영에 필요한 사항은 따로 운영예규에 정한다.

제 19 조 (기타사항)　　본 회칙에 규정되지 않은 사항은 일반관례에 따른다

부칙

1. 본 회칙은 2007년 1월 9일부터 시행한다.

2. 본 회칙은 2009년 1월 9일부터 시행한다.

3. 본 회칙은 2012년 1월 18일부터 시행한다.

4. 본 회칙은 2015년 10월 31일부터 시행한다.

편집위원회에 관한 규정

제1장 총칙

제 1 조 (명칭) 본 규정은 '편집위원회에 관한 규정'이라 한다.

제 2 조 (목적) 본 규정은 한국목간학회 편집위원회의 조직 및 편집 활동 전반에 관한 세부 사항을 규정하는 것을 목적으로 한다.

제2장 조직 및 권한

제 3 조 (구성) 편집위원회는 회칙에 따라 구성한다.

제 4 조 (편집위원의 임명) 편집위원은 세부 전공 분야 및 연구 업적을 감안하여 평의원회에서 추천하며, 회장이 임명한다.

제 5 조 (편집위원장의 선출) 편집위원장은 편집위원 전원의 무기명 비밀투표 방식으로 편집위원 중에서 선출한다.

제 6 조 (편집위원장의 권한) 편집위원장은 편집회의의 의장이 되며, 학회지의 편집 및 출판 활동 전반에 대하여 권한을 갖는다.

제 7 조 (편집위원의 자격) 편집위원은 다음과 같은 조건을 갖춘자로 한다.
1. 박사학위를 소지한 자.
2. 대학의 전임교수로서 5년 이상의 경력을 갖추었거나, 이와 동등한 연구 경력을 갖춘자.
3. 역사학·고고학·보존과학·국어학 또는 이와 관련된 분야에서 연구 업적이 뛰어나고 학계의 명망과 인격을 두루 갖춘자.

4. 다른 학회의 임원이나 편집위원으로 과다하게 중복되지 않은 자.

제 8 조 (편집위원의 임기)   편집위원의 임기는 2년으로 하되, 연임할 수 있다.

제 9 조 (편집자문위원)   학회지 및 기타 간행물의 편집 및 출판 활동과 관련하여 필요시 국내외의 편집자문위원을 둘 수 있다.

제 10 조 (편집간사)   학회지를 비롯한 제반 출판 활동 업무를 원활히 하기 위하여 편집간사 약간 명을 둘 수 있다.

제 3 장 임무와 활동

제 11 조 (편집위원회의 임무와 활동)   편집위원회의 임무와 활동 내용은 다음과 같다.
  1. 학회지의 간행과 관련된 제반 업무.
  2. 학술 단행본의 발행과 관련된 제반 업무.
  3. 기타 편집 및 발행과 관련된 제반 활동.

제 12 조 (편집간사의 임무)   편집간사는 편집위원회의 업무와 활동을 보조하며, 편집과 관련된 회계의 실무를 담당한다.

제 13 조 (학회지의 발간일)   학회지는 1년에 2회 발행하며, 그 발행일자는 6월 30일과 12월 31일로 한다.

제 4 장 편집회의

제 14 조 (편집회의의 소집)   편집회의는 편집위원장이 수시로 소집하되, 필요한 경우에는 3인 이상의 편집위원이 발의하여 회장의 동의를 얻어 편집회의를 소집할 수 있다. 또한 심사위원의 추천 및 선정 등에 필요한 경우에는 전자우편을 통한 의견 수렴으로 편집회의를 대신할 수 있다.

제 15 조 (편집회의의 성립)   편집회의는 편집위원장을 포함한 편집위원 과반수의 출석으로 성립된다.

제 16 조 (편집회의의 의결)   편집회의의 제반 안건은 출석 위원 과반수의 찬성으로 의결하되, 찬반 동수인 경우에는 편집위원장이 결정한다.

제 17 조 (편집회의의 의장)　　편집위원장은 편집회의의 의장이 된다. 편집위원장이 참석하지 아니한 경우에는 편집위원 중의 연장자가 의장이 된다.

제 18 조 (편집회의의 활동)　　편집회의는 학회지의 발행, 논문의 심사 및 편집, 기타 제반 출판과 관련된 사항에 대하여 논의하고 결정한다.

부칙

제1조 이 규정은 운영위원회의 의결을 거쳐 2007년 11월 24일부터 시행한다.

제2조 이 규정은 운영위원회의 의결을 거쳐 2009년 1월 9일부터 시행한다.

제3조 이 규정은 운영위원회의 의결을 거쳐 2012년 1월 18일부터 시행한다.

학회지 논문의 투고와 심사에 관한 규정

제 1 장 총칙

제 1 조 (명칭)   본 규정은 '학회지 논문의 투고와 심사에 관한 규정'이라 한다.

제 2 조 (목적)   본 규정은 한국목간학회의 학회지인 『목간과 문자』에 수록할 논문의 투고와 심사에 관한 절차를 정하고 관련 업무를 명시함에 목적을 둔다.

제 2 장 원고의 투고

제 3 조 (투고 자격)   논문의 투고 자격은 회칙에 따르되, 당해 연도 회비를 납부한 자에 한한다.

제 4 조 (투고의 조건)   본 학회에서 발표한 논문에 한하여 투고하는 것을 원칙으로 한다.

제 5 조 (원고의 분량)   원고의 분량은 학회지에 인쇄된 것을 기준으로 각종의 자료를 포함하여 30면 내외로 하되, 자료의 영인을 붙이는 경우에는 면수 계산에서 제외한다.

제 6 조 (원고의 작성 방식)   원고의 작성 방식과 요령 등에 관하여는 별도의 내규를 정하여 시행한다.

제 7 조 (원고의 언어)   원고는 한국어로 작성함을 원칙으로 하되, 외국어로 작성된 원고의 게재 여부는 편집회의에서 정한다.

제 8 조 (제목과 필자명)   논문 제목과 필자명은 영문으로 附記하여야 한다.

제 9 조 (국문초록과 핵심어)   논문을 투고할 때에는 국문과 외국어로 된 초록과 핵심어를 덧붙여야 한다. 요약문과 핵심어의 작성 요령은 다음과 같다.

1. 국문초록은 논문의 내용과 논지를 잘 간추려 작성하되, 외국어 요약문은 영어, 중국어, 일어 중의 하나로 작성한다.
2. 국문초록의 분량은 200자 원고지 5매 내외로 한다.
3. 핵심어는 논문의 주제 및 내용을 대표할 만한 단어를 뽑아서 요약문 뒤에 행을 바꾸어 제시한다.

제 10 조 (논문의 주제 및 내용 조건) 논문의 주제 및 내용은 다음에 부합하여야 한다.
1. 국내외의 출토 문자 자료에 대한 연구 논문
2. 국내외의 출토 문자 자료에 대한 소개 또는 보고 논문
3. 국내외의 출토 문자 자료에 대한 역주 또는 서평 논문

제 11 조 (논문의 제출처) 심사용 논문은 편집이사에게 제출한다.

제 3 장 원고의 심사

제 1 절 : 심사자

제 12 조 (심사자의 자격) 심사자는 논문의 주제 및 내용과 관련된 분야에서 박사학위를 소지한 자를 원칙으로 하되, 본 학회의 회원 가입 여부에 구애받지 아니한다.

제 13 조 (심사자의 수) 심사자는 논문 한 편당 2인 이상 5인 이내로 한다.

제 14 조 (심사 의뢰) 편집위원장은 편집회의에서 추천·의결한 바에 따라 심사자를 선정하여 심사를 의뢰하도록 한다. 편집회의에서의 심사자 추천은 2배수로 하고, 편집회의의 의결을 거쳐 선정한다.

제 15 조 (심사자에 대한 이의) 편집위원장은 심사자 위촉 사항에 대하여 대외비로 회장에게 보고하며, 회장은 편집위원장에게 이의를 제기할 수 있다. 심사자 위촉에 대한 이의에 대하여는 편집회의를 거쳐 편집위원장이 심사자를 변경할 수 있다. 다만, 편집회의 결과 원래의 위촉자가 재선정되었을 경우 편집위원장은 회장에게 그 사실을 구두로 통지하며, 통지된 사항에 대하여 회장은 이의를 제기할 수 없다.

제 2 절 : 익명성과 비밀 유지

제 16 조 (익명성과 비밀 유지 조건) 심사용 원고는 반드시 익명으로 하며, 심사에 관한 제반 사항은 편집위원장 책임하에 반드시 대외비로 하여야 한다.

제 17 조 (익명성과 비밀 유지 조건의 위배에 대한 조치) 위 제16조의 조건을 위배함으로 인해 심사자에게 중대한 피해를 입혔을 경우에는 편집위원 3인 이상의 발의로써 편집위원장의 동의 없이도 편집회의를 소집할 수 있으며, 다음 각 호에 따라 위배한 자에 따라 사안별로 조치한다. 또한 해당 심사자에게는 편집위원장 명의로 지체없이 사과문을 심사자에게 등기 우송하여야 한다. 편집위원장 명의를 사용하지 못할 경우에는 편집위원 전원이 연명하여 사과문을 등기 우송하여야 한다. 익명성과 비밀 유지 조건에 대한 위배 사실이 학회의 명예를 손상한 경우에는 편집위원 3인의 발의만으로써도 해당 편집위원장 및 편집위원에 대한 징계를 회장에게 요청할 수 있으며, 이 경우 그 처리 결과를 학회지에 공지하여야 한다.

1. 편집위원장이 위배한 경우에는 편집위원장을 교체한다.
2. 편집위원이 위배한 경우에는 편집위원직을 박탈한다.
3. 임원을 겸한 편집위원의 경우에는 회장에게 교체하도록 요청한다.
4. 편집간사 또는 편집보조가 위배한 경우에는 편집위원장이 당사자를 해임한다.

제 18 조 (편집위원의 논문에 대한 심사) 편집위원이 투고한 논문을 심사할 때에는 해당 편집위원을 궐석시킨 후에 심사자를 선정하여야 하며, 회장에게도 심사자의 신원을 밝히지 않는 것을 원칙으로 한다.

제 3 절 : 심사 절차

제 19 조 (논문심사서의 구성 요건) 논문심사서에는 '심사 소견', 그리고 '수정 및 지적사항'을 적는 난이 포함되어야 한다.

제 20 조 (심사 소견과 영역별 평가) 심사자는 심사 논문에 대하여 영역별 평가를 감안하여 종합판정을 한다. 심사 소견에는 영역별 평가와 종합판정에 대한 근거 및 의견을 총괄적으로 기술함을 원칙으로 한다.

제 21 조 (수정 및 지적사항) '수정 및 지적사항'란에는 심사용 논문의 면수 및 수정 내용 등을 구체적으로 지시하여야 한다.

제 22 조 (심사 결과의 전달) 편집간사는 편집위원장의 지시를 받아 투고자에게 심사자의 논문심사서와 심사용 논문을 전자우편 또는 일반우편으로 전달하되, 심사자의 신원이 드러나지 않도록 각별히 유의하여야 한다. 논문 심사서 중 심사자의 인적 사항은 편집회의에서도 공개하지 않는다.

제 23 조 (수정된 원고의 접수) 투고자는 논문심사서를 수령한 후 소정 기일 내에 원고를 수정하여 편집위원장에게 송부하여야 한다. 기한을 넘겨 접수된 수정 원고는 학회지의 다음 호에 접수된 투고 논

문과 동일한 심사 절차를 밟되, 논문심사료는 부과하지 않는다.

제 4 절 : 심사의 기준과 게재 여부 결정

제 24 조 (심사 결과의 종류)　심사 결과는 '종합판정'과 '영역별 평가'로 나누어 시행한다.

제 25 조 (종합판정과 등급)　종합판정은 ①게재 가, ②수정후 재심사, ③게재 불가 중의 하나로 한다.

제 26 조 (영역별 평가)　영역별 평가 기준은 다음과 같다.
1. 학계에의 기여도
2. 연구 내용 및 방법론의 참신성
3. 논지 전개의 타당성
4. 논문 구성의 완결성
5. 문장 표현의 정확성

제 27 조 (게재 여부의 결정 기준)　심사용 논문의 학회지 게재 여부는 심사자의 종합판정에 의거하여 이들을 합산하여 시행한다. 게재 여부의 결정은 최종 수정된 원고를 대상으로 한다.

제 28 조 (게재 여부 결정의 조건)　게재 여부 결정의 조건은 다음과 같다.
1. 심사자의 2분의 1 이상이 위 제25조의 '①게재 가'로 판정한 경우에는 게재한다.
2. 심사자의 2분의 1 이상이 위 제25조의 '③게재 불가'로 판정한 경우에는 게재를 불허한다.

제 29 조 (게재 여부에 대한 논의)　위 제28조의 경우가 아닌 논문에 대하여는 편집회의의 토의를 거친 후에 게재 여부를 확정하되, 이 때에는 영역별 평가를 참조한다.

제 30 조 (논문 게재 여부의 통보)　편집위원장은 논문 게재 여부에 대한 최종 확정 결과를 투고자에게 통보하여야 한다.

제 5 절 : 이의 신청

제 31 조 (이의 신청)　투고자는 심사와 논문 게재 여부에 대하여 이의를 신청할 수 있다. 이 때에는 200자 원고지 5매 내외의 이의신청서를 작성하여 심사 결과 통보일 15일 이내에 편집위원장에게 송부하여야 하며, 편집위원장은 이의 신청 접수일로부터 15일 이내에 이에 대한 처리 절차를 완료하여야 한다.

제 32 조 (이의 신청의 처리)　이의 신청을 한 투고자의 논문에 대해서는 편집회의에서 토의를 거쳐 이의 신청의 수락 여부를 의결한다. 수락한 이의 신청에 대한 조치 방법은 편집회의에서 결정한다.

제 4 장　게재 논문의 사후 심사 및 조치

제 1 절 : 게재 논문의 사후 심사

제 33 조 (사후 심사)　학회지에 게재된 논문에 대하여는 사후 심사를 할 수 있다.

제 34 조 (사후 심사 요건)　사후 심사는 편집위원회의 자체 판단 또는 접수된 사후심사요청서의 검토 결과, 대상 논문이 그 논문이 수록된 본 학회지 발행일자 이전의 간행물 또는 타인의 저작권에 귀속시킬 만한 연구 내용을 현저한 정도로 표절 또는 중복 게재한 것으로 의심되는 경우에 한한다.

제 35 조 (사후심사요청서의 접수)　게재 논문의 표절 또는 중복 게재와 관련하여 사후 심사를 요청하는 사후심사요청서를 편집위원장 또는 편집위원회에 접수할 수 있다. 이 경우 사후심사요청서는 밀봉하고 겉봉에 '사후심사요청'임을 명기하되, 발신자의 신원을 겉봉에 노출시키지 않음을 원칙으로 한다.

제 36 조 (사후심사요청서의 개봉)　사후심사요청서는 편집위원장 또는 편집위원장이 위촉한 편집위원이 개봉한다.

제 37 조 (사후심사요청서의 요건)　사후심사요청서는 표절 또는 중복 게재로 의심되는 내용을 구체적으로 밝혀야 한다.

제 2 절 : 사후 심사의 절차와 방법

제 38 조 (사후 심사를 위한 편집위원회 소집)　게재 논문의 표절 또는 중복 게재에 관한 사실 여부를 심의하고 사후 심사자의 선정을 비롯한 제반 사항을 의결하기 위해 편집위원장은 편집위원회를 소집할 수 있다.

제 39 조 (질의서의 우송)　편집위원회의 심의 결과 표절이나 중복 게재의 개연성이 있다고 판단된 논문에 대해서는 그 진위 여부에 대해 편집위원장 명의로 해당 논문의 필자에게 질의서를 우송한다.

제 40 조 (답변서의 제출)　위 제39조의 질의서에 대해 해당 논문 필자는 질의서 수령 후 30일 이내

편집위원장 또는 편집위원회에 답변서를 제출하여야 한다. 이 기한 내에 답변서가 없을 경우엔 질의서의 내용을 인정한 것으로 판단한다.

제 3 절 : 사후 심사 결과의 조치

제 41 조 (사후 심사 확정을 위한 편집위원회 소집)　편집위원장은 답변서를 접수한 날 또는 마감 기한으로부터 15일 이내에 사후 심사 결과를 확정하기 위한 편집위원회를 소집한다.

제 42 조 (심사 결과의 통보)　편집위원장은 편집위원회에서 확정한 사후 심사 결과를 7일 이내에 사후 심사를 요청한 이 및 관련 당사자에게 통보하여야 한다.

제 43 조 (표절 및 중복 게재에 대한 조치)　편집위원회에서 표절 또는 중복 게재로 확정된 경우에는 회장에게 지체 없이 보고하고, 회장은 운영위원회를 소집하여 다음 각 호와 같은 조치를 집행할 수 있다.
　1. 차호 학회지에 그 사실 관계 및 조치 사항들을 기록한다.
　2. 학회지 전자판에서 해당 논문을 삭제하고, 학회논문임을 취소한다.
　3. 해당 논문 필자에 대하여 제명 조치하고, 향후 5년간 재입회할 수 없도록 한다.
　4. 관련 사실을 한국연구재단에 보고한다.

제 4 절 : 제보자의 보호

제 44 조 (제보자의 보호)　표절 및 중복 게재에 관한 이의 및 논의를 제기하거나 사후 심사를 요청한 사람에 대해서는 신원을 절대적으로 밝히지 않고 익명성을 보장하여야 한다.

제 45 조 (제보자 보호 규정의 위배에 대한 조치)　위 제44조의 규정을 위배한 이에 대한 조치는 위 제17조에 준하여 시행한다.

부칙
제1조(시행일자) 본 규정은 2007년 11월 24일부터 시행한다.
제2조(시행일자) 본 규정은 2009년 1월 9일부터 시행한다.
제3조(시행일자) 본 규정은 2015년 10월 31일부터 시행한다.

학회지 논문의 투고와 원고 작성 요령에 관한 내규

제 1 조 (목적)   이 내규는 본 한국목간학회의 회칙 및 관련 규정에 따라 학회지에 게재하는 논문의 투고와 원고 작성 요령에 대하여 명시하는 것을 목적으로 한다.

제 2 조 (논문의 종류)   학회지에 게재되는 논문은 심사 논문과 기획 논문으로 나뉜다. 심사 논문은 본 학회의 학회지 논문의 투고와 심사에 관한 규정에 따른 심사 절차를 거쳐 게재된 논문을 가리키며, 기획 논문은 편집위원회에서 기획하여 특정의 연구자에게 집필을 위촉한 논문을 가리킨다.

제 3 조 (기획 논문의 집필자)   기획 논문의 집필자는 본 학회의 회원 여부에 구애받지 아니한다.

제 4 조 (기획 논문의 심사)   기획 논문에 대하여도 심사 논문과 동일한 절차의 심사를 시행하는 것을 원칙으로 하되, 편집위원회의 의결을 거쳐 심사를 면제할 수 있다.

제 5 조 (투고 기한)   논문의 투고 기한은 매년 4월 말과 10월 말로 한다.

제 6 조 (수록호)   4월 말까지 투고된 논문은 심사 과정을 거쳐 같은 해의 6월 30일에 발행하는 학회지에 수록하며, 10월 말까지 투고된 논문은 같은 해의 12월 31일에 간행하는 학회지에 수록하는 것을 원칙으로 한다.

제 7 조 (수록 예정일자의 변경 통보)   위 제6조의 예정 기일을 넘겨 논문의 심사 및 게재가 이루어질 경우 편집위원장은 투고자에게 그 사실을 통보해 주어야 한다.

제 8 조 (게재료)   논문 게재의 확정시에는 일반 논문 5만원, 연구비 수혜 논문 30만원의 게재료를 납부하여야 한다.

제 9 조 (초과 게재료)   학회지에 게재하는 논문의 분량이 인쇄본을 기준으로 30면을 넘을 경우에는

1면 당 1만원의 초과 게재료를 부과할 수 있다.

　제 10 조 (원고료)　학회지에 게재되는 논문에 대하여는 소정의 원고료를 필자에게 지불할 수 있다. 원고료에 관한 사항은 운영위원회에서 결정한다.

　제 11 조 (익명성 유지 조건)　심사용 논문에서는 졸고 및 졸저 등 투고자의 신원을 드러내는 표현을 쓸 수 없다.

　제 12 조 (컴퓨터 작성)　논문의 원고는 컴퓨터로 작성함을 원칙으로 하며, 문장편집기 프로그램은 「한글」을 사용할 것을 권장한다.

　제 13 조 (제출물)　원고 제출시에는 입력한 PC용 파일과 출력지 1부를 함께 송부하여야 한다.

　제 14 조 (투고자의 성명 삭제)　편집간사는 심사자에게 심사용 논문을 송부할 때 반드시 투고자의 성명과 기타 투고자의 신원을 알 수 있는 표현 등을 삭제하여야 한다.

　제 15 조 (출토 문자 자료의 표기 범례 등 기타)　출토 문자 자료의 표기 범례를 비롯하여 위에서 정하지 않은 학회지 논문의 투고와 원고 작성 요령 및 용어 사용 등에 관한 사항들은 일반적인 관행에 따르거나 편집위원회에서 결정한다.

　부칙
　제1조(시행일자) 이 내규는 2007년 11월 24일부터 시행한다.
　제2조(시행일자) 이 내규는 2009년 1월 9일부터 시행한다.
　제3조(시행일자) 이 내규는 2012년 1월 18일부터 시행한다.
　제4조(시행일자) 이 내규는 2015년 10월 31일부터 시행한다.

韓國木簡學會 硏究倫理 規定

제 1 장　총칙

제 1 조 (명칭)　이 규정은 '한국목간학회 연구윤리 규정'이라 한다.

제 2 조 (목적)　이 규정은 한국목간학회 회칙 및 편집위원회 규정에 따른 연구윤리 등에 관한 세부사항을 규정하는 것을 목적으로 한다.

제 2 장　저자가 지켜야 할 연구윤리

제 3 조 (표절 금지)　저자는 자신이 행하지 않은 연구나 주장의 일부분을 자신의 연구 결과이거나 주장인 것처럼 논문이나 저술에 제시하지 않는다.

제 4 조 (업적 인정)

1. 저자는 자신이 실제로 행하거나 공헌한 연구에 대해서만 저자로서의 책임을 지며, 또한 업적으로 인정받는다.

2. 논문이나 기타 출판 업적의 저자나 역자가 여러 명일 때 그 순서는 상대적 지위에 관계없이 연구에 기여한 정도에 따라 정확하게 반영하여야 한다. 단순히 어떤 직책에 있다고 해서 저자가 되거나 제1저자로서의 업적을 인정받는 것은 정당화될 수 없다. 반면, 연구나 저술(번역)에 기여했음에도 공동저자(역자)나 공동연구자로 기록되지 않는 것 또한 정당화될 수 없다. 연구나 저술(번역)에 대한 작은 기여는 각주, 서문, 사의 등에서 적절하게 고마움을 표시한다.

제 5 조 (중복 게재 금지)　저자는 이전에 출판된 자신의 연구물(게재 예정이거나 심사 중인 연구물 포함)을 새로운 연구물인 것처럼 투고하지 말아야 한다.

제 6 조 (인용 및 참고 표시)

1. 공개된 학술 자료를 인용할 경우에는 정확하게 기술하도록 노력해야 하고, 상식에 속하는 자료

가 아닌 한 반드시 그 출처를 명확히 밝혀야 한다. 논문이나 연구계획서의 평가 시 또는 개인적인 접촉을 통해서 얻은 자료의 경우에는 그 정보를 제공한 연구자의 동의를 받은 후에만 인용할 수 있다.

2. 다른 사람의 글을 인용하거나 아이디어를 차용(참고)할 경우에는 반드시 註[각주(후주)]를 통해 인용 여부 및 참고 여부를 밝혀야 하며, 이러한 표기를 통해 어떤 부분이 선행연구의 결과이고 어떤 부분이 본인의 독창적인 생각·주장·해석인지를 독자가 알 수 있도록 해야 한다.

제 7 조 (논문의 수정) 저자는 논문의 평가 과정에서 제시된 편집위원과 심사위원의 의견을 가능한 한 수용하여 논문에 반영되도록 노력하여야 하고, 이들의 의견에 동의하지 않을 경우에는 그 근거와 이유를 상세하게 적어서 편집위원(회)에게 알려야 한다.

제 3 장 편집위원이 지켜야 할 연구윤리

제 8 조 (책임 범위) 편집위원은 투고된 논문의 게재 여부를 결정하는 모든 책임을 진다.

제 9 조 (논문에 대한 태도) 편집위원은 학술지 게재를 위해 투고된 논문을 저자의 성별, 나이, 소속 기관은 물론이고 어떤 선입견이나 사적인 친분과도 무관하게 오로지 논문의 질적 수준과 투고 규정에 근거하여 공평하게 취급하여야 한다.

제 10 조 (심사 의뢰) 편집위원은 투고된 논문의 평가를 해당 분야의 전문적 지식과 공정한 판단 능력을 지닌 심사위원에게 의뢰해야 한다. 심사 의뢰 시에는 저자와 지나치게 친분이 있거나 지나치게 적대적인 심사위원을 피함으로써 가능한 한 객관적인 평가가 이루어질 수 있도록 노력한다. 단, 같은 논문에 대한 평가가 심사위원 간에 현저하게 차이가 날 경우에는 해당 분야 제3의 전문가에게 자문을 받을 수 있다.

제 11 조 (비밀 유지) 편집위원은 투고된 논문의 게재가 결정될 때까지는 심사자 이외의 사람에게 저자에 대한 사항이나 논문의 내용을 공개하면 안 된다.

제 4 장 심사위원이 지켜야 할 연구윤리

제 12조 (성실 심사) 심사위원은 학술지의 편집위원(회)이 의뢰하는 논문을 심사규정이 정한 기간 내에 성실하게 평가하고 평가 결과를 편집위원(회)에게 통보해 주어야 한다. 만약 자신이 논문의 내용을 평가하기에 적임자가 아니라고 판단될 경우에는 편집위원(회)에게 지체 없이 그 사실을 통보한다.

제 13 조 (공정 심사) 심사위원은 논문을 개인적인 학술적 신념이나 저자와의 사적인 친분 관계를 떠나 객관적 기준에 의해 공정하게 평가하여야 한다. 충분한 근거를 명시하지 않은 채 논문을 탈락시키거나, 심사자 본인의 관점이나 해석과 상충된다는 이유로 논문을 탈락시켜서는 안 되며, 심사 대상 논문을 제대로 읽지 않은 채 평가해서도 안 된다.

제 14 조 (평가근거의 명시) 심사위원은 전문 지식인으로서의 저자의 인격과 독립성을 존중하여야 한다. 평가 의견서에는 논문에 대한 자신의 판단을 밝히되, 보완이 필요하다고 생각되는 부분에 대해서는 그 이유도 함께 상세하게 설명해야 한다.

제 15 조 (비밀 유지) 심사위원은 심사 대상 논문에 대한 비밀을 지켜야 한다. 논문 평가를 위해 특별히 조언을 구하는 경우가 아니라면 논문을 다른 사람에게 보여주거나 논문 내용을 놓고 다른 사람과 논의하는 것도 바람직하지 않다. 또한 논문이 게재된 학술지가 출판되기 전에 저자의 동의 없이 논문의 내용을 인용해서는 안 된다.

제 5 장 윤리규정 시행 지침

제 16 조 (윤리규정 서약) 한국목간학회의 신규 회원은 본 윤리규정을 준수하기로 서약해야 한다. 기존 회원은 윤리규정의 발효 시 윤리규정을 준수하기로 서약한 것으로 간주한다.

제 17 조 (윤리규정 위반 보고) 회원은 다른 회원이 윤리규정을 위반한 것을 인지할 경우 그 회원으로 하여금 윤리규정을 환기시킴으로써 문제를 바로잡도록 노력해야 한다. 그러나 문제가 바로잡히지 않거나 명백한 윤리규정 위반 사례가 드러날 경우에는 학회 윤리위원회에 보고할 수 있다. 윤리위원회는 윤리규정 위반 문제를 학회에 보고한 회원의 신원을 외부에 공개해서는 안 된다.

제 18 조 (윤리위원회 구성) 윤리위원회는 회원 5인 이상으로 구성되며, 위원은 평의원회의 추천을 받아 회장이 임명한다.

제 19 조 (윤리위원회의 권한) 윤리위원회는 윤리규정 위반으로 보고된 사안에 대하여 제보자, 피조사자, 증인, 참고인 및 증거자료 등을 통하여 폭넓게 조사를 실시한 후, 윤리규정 위반이 사실로 판정된 경우에는 회장에게 적절한 제재조치를 건의할 수 있다.
단, 사안이 학회지 게재 논문의 표절 또는 중복 게재와 관련된 경우에는 '학회지 논문의 투고와 심사에 관한 규정'에 따라 편집위원회에 조사를 의뢰하고 사후 조치를 취한다.

제 20 조 (윤리위원회의 조사 및 심의)   윤리규정 위반으로 보고된 회원은 윤리위원회에서 행하는 조사에 협조해야 한다. 이 조사에 협조하지 않는 것은 그 자체로 윤리규정 위반이 된다.

제 21 조 (소명 기회의 보장)   윤리규정 위반으로 보고된 회원에게는 충분한 소명 기회를 주어야 한다.

제 22 조 (조사 대상자에 대한 비밀 보호)   윤리규정 위반에 대해 학회의 최종적인 징계 결정이 내려질 때까지 윤리위원은 해당 회원의 신원을 외부에 공개해서는 안 된다.

제 23 조 (징계의 절차 및 내용)   윤리위원회의 징계 건의가 있을 경우, 회장은 이사회를 소집하여 징계 여부 및 징계 내용을 최종적으로 결정한다. 윤리규정을 위반했다고 판정된 회원에 대해서는 경고, 회원자격정지 내지 박탈 등의 징계를 할 수 있으며, 이 조처를 다른 기관이나 개인에게 알릴 수 있다.

제 6 장 보칙

제 24 조 (규정의 개정)
   1. 편집위원장 또는 편집위원 3인 이상이 규정의 개정을 發議할 수 있다.
   2. 재적 편집위원 3분의 2 이상의 찬성으로 개정하며, 총회의 인준을 얻어야 효력이 발생한다.

제 25 조 (보칙)   이 규정에 정해지지 않은 사항은 학회의 관례에 따른다.

부칙
제1조(시행일자) 이 규정은 2007년 11월 24일부터 시행한다.

Wooden Documents and Inscriptions Studies No. 19.   December. 2017

[Contents]

The Korean Society for the Study of Wooden Documents

木蘭과 文字 연구 18

엮은이 | 한국목간학회
펴낸이 | 최병식
펴낸날 | 2018년 2월 12일
펴낸곳 | 주류성출판사
　　　　서울시 서초구 강남대로 435
　　　　전화 | 02-3481-1024 / 전송 | 02-3482-0656
　　　　www.juluesung.co.kr
　　　　e-mail | juluesung@daum.net

책　값 | 20,000원
ISBN　978-89-6246-336-1　94910
세트　978-89-6246-006-3　94910